BIBLIOTHEQUE NATIONALE
PARIS

DEPARTEMENT DES IMPRIMES

EXPOSITION INTERNATIONALE (1900 ; Paris).
Les Plaisirs et les curiosités de l'Exposition : [guide de
l'Exposition universelle de 1900 à Paris]. - Paris :
Chaix, 1900. - XI-310 p.-[23] plans : ill. ; 19 cm.
- (Guide Chaix).

1992. Bibliothèque Nationale. Paris.

8° V. 29214
SR 92/568

Réduction : 7

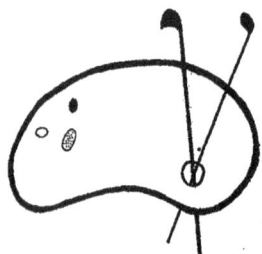

COUVERTURE SUPERIEURE ET INFERIEURE
EN COULEUR

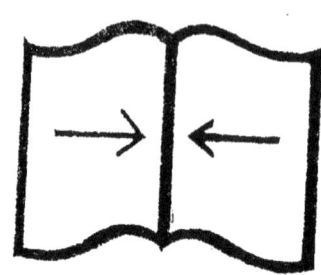

RELIURE SERREE
Absence de marges
intérieures

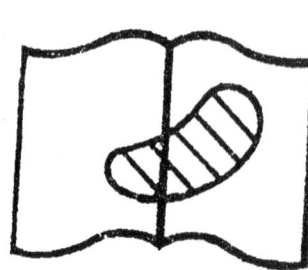

Illisibilité partielle

VALABLE POUR TOUT OU PARTIE DU
DOCUMENT REPRODUIT

EXPOSITION UNIVERSELLE DE 1900

Guide-Chaix

Prix : 2 Francs

L'URBAINE  **L'URBAINE**
Cie d'Assurances sur la Vie — 3, rue Le Peletier, Paris

8°V
29214

Original en couleur

NF Z 43-120-8

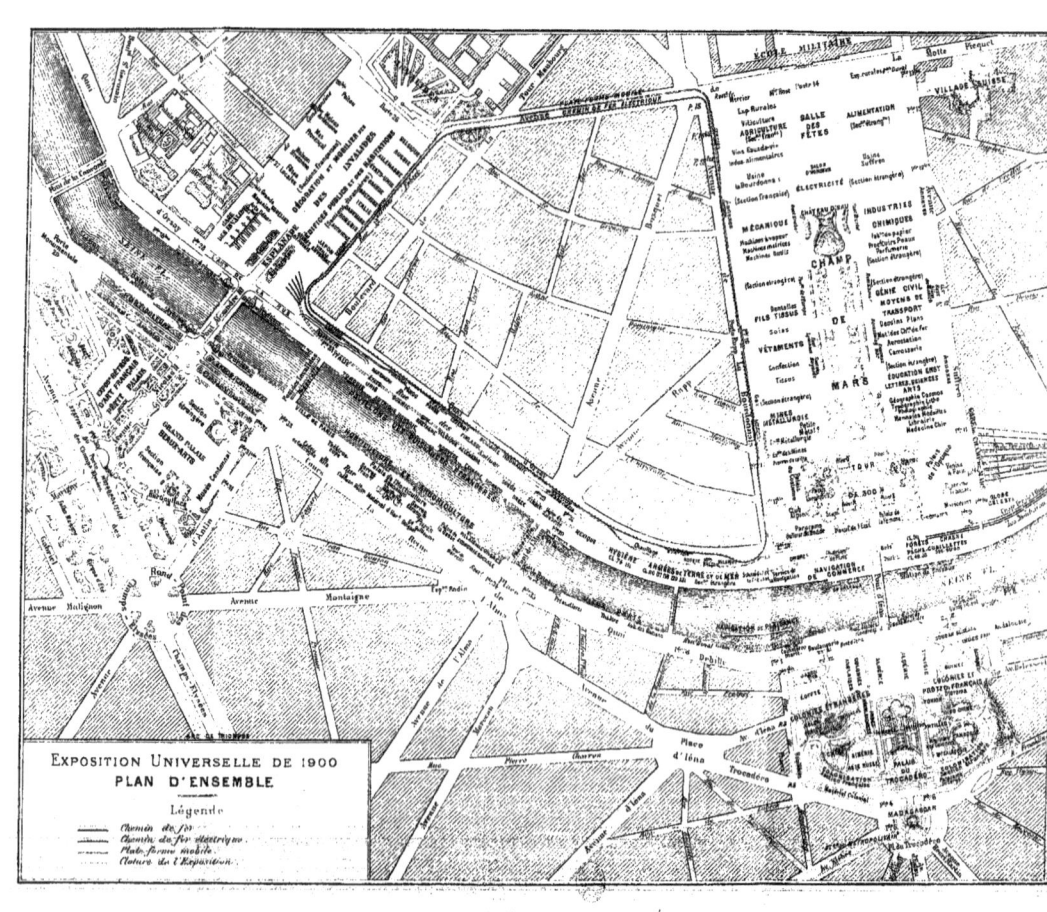

Compagnie Coloniale

CHOCOLATS
DE
QUALITÉ SUPÉRIEURE

THÉ QUALITÉ UNIQUE (QUALITÉ SUPÉRIEURE)
Composée exclusivement de THÉS NOIRS de Chine

En Boîtes de 75, 150 et 300 grammes.

ENTREPOT GÉN^{ral} : 19, Avenue de l'Opéra, Paris

DANS TOUTES LES VILLES, CHEZ LES PRINCIPAUX COMMERÇANTS

SOCIÉTÉ d'exploitation de la lampe de sûreté à l'acétylène

"L'INEXPLOSIBLE"

et de fabrication de
carbure de calcium

Capital : 600.000 francs.

SIÈGE SOCIAL :
27, Rue Drouot, PARIS

USINES A
St-MICHEL (Savoie)

Adresser les commandes et la correspondance
27, Rue Drouot
PARIS

Acétylène

Générateurs industriels
Production automatique
Basse pression

Installations d'éclairage
de villes, usines, châteaux,
maisons particulières.

ÉTUDES ET DEVIS

CARBURE DE CALCIUM
Tout-venant, concassé
Rendement garanti : 300 litres au kilogramme

Carbure granulé pour petits appareils. Poussière de carbure pour la viticulture
Voir notice, classe 24, page 223.

CARBURE DE CALCIUM

BŒUF A LA MODE 8, rue de Valois
PALAIS-ROYAL

Le plus vieux Restaurant de Paris, à deux pas de la Comédie-Française.

Guide Chaix

Les Plaisirs et les Curiosités

DE

L'Exposition

GRANDS VINS DE CHAMPAGNE
DE

THÉOPHILE ROEDERER & C°
REIMS
MAISON FONDÉE EN 1864

Les caves de cette maison sont une des plus grandes curiosités naturelles de la Champagne

Adresse Postale
MAISON THÉOPHILE ROEDERER & C°
REIMS

Adresse Télégraphique
"CRISTAL"
REIMS

MAISON PRINCIPALE

REIMS

BUREAUX & CAVES
6, Avenue de Châlons

PARIS : 5, Boulevard des Italiens
LONDRES : 79, Mark Lane, E. C.
NEW-YORK : 34, Murray Street

GUIDE CHAIX

Les Plaisirs et les Curiosités

DE

l'Exposition

Avec 20 plans et des illustrations

⇒ 1900 ⇐

PARIS

à la **Librairie Chaix**, rue Bergère, 20

M. ALFRED PICARD
Commissaire général de l'Exposition.

M. LOUIS DELAUNAY-BELLEVILLE
Directeur général de l'exploitation.

M. STÉPHANE DERVILLÉ
Directeur général adjoint de l'exploitation
Chargé de la Section française.

Nous avons voulu, en plaçant ces portraits en tête de notre Guide, rendre aux organisateurs de l'œuvre grandiose dont nous avons essayé de donner un aperçu le juste hommage qui leur est dû.

Nous adressons en même temps nos remerciements à toutes les personnes qui ont bien voulu nous prêter leur concours. Grâce à elles, nous avons pu, dès le jour de l'ouverture, offrir aux visiteurs de l'Exposition un guide aussi complet que possible.

Table alphabétique

Aérostation	206
Agronomie	229
Alcools d'industrie	231
Alcools russes (Pavillon des)	133
Algérie	252
Aliments (industries alimentaires)	231
Allemagne. 62, 86, 107, 148, 160, 170, 196, 203, 211, 246 et	248
Alliance française	257
Allumettes	174
Andalousie au temps des Maures	260
Appareils de la mécanique générale	167
Aquarium de Paris	301
Aquiculture	243
Ardoisières d'Angers (Pavillon des)	121
Armées de terre et de mer	98
Armement	104
Armes de chasse	242
Artillerie	104
Art nouveau « Bing »	52
Arts chimiques	174
Arts décoratifs (Pavillon des)	44
Art théâtral	213
Asie russe	271
Assistance publique	232
Attractions diverses (voir la table page X).	
Auteurs gais (Théâtre des)	301
Automobiles	209
Autriche. 59, 82, 107, 147, 160, 170, 197, 204, 211, 245 et	248
Ballon cinéorama	134
Banques et bureaux de change	19
Bateaux desservant l'Exposition	11
Beauvais (Manufacture nationale de)	73
Beaux-arts	29 à 38
Belgique. 64, 86, 108, 147, 160, 170, 196, 204, 212 et	245
Berlitz-School	260
Bicyclettes	209
Bicyclettes (Garage de)	20
Bijouterie	48
Bimbeloterie	70
Biscuits Pernot (Pavillon des)	282
Blanchîment	150
Boissons diverses	181
Bon Marché (Pavillon des magasins du)	44
Bonshommes Guillaume	301
Bosnie-Herzégovine	83
Boulangerie	178
Bourrellerie	209
Brasserie	181
Bretonne (Exposition)	51
Broderies	151
Bronzes d'art	45
Brosserie	71
Bulgarie	92
Bureaux de change et banques	19
Cabinets de toilette	20
Campement	70
Caoutchouc	70
Carrières	143
Carrosserie	209
Cartes et appareils de géographie	219
Cartographie	106
Céramique	55
Céramique architecturale (Pavillon de la)	130
Châlet suisse	121
Chambre de commerce de Paris	247

1.

— II —

Chambres de commerce maritime. 287
Champagne (Palais du). . . 182
Chanson (La) 302
Charronnage. 209
Chasse (Produits de la). . . 243
Château tyrolien. 133
Chauffage et ventilation. . . 99
Chemins de fer desservant l'Exposition. . . . 12 à 15
Chemins de fer électriques. 17
Chemins de fer (Exposition des) 205
Chemin de fer métropolitain. 15
Chimie. 174
Chine. 274
Chirurgie. 220
Cinéorama. 134
Cidrerie. 181
Club alpin . . . . 117 et 136
Colonies françaises et protectorats :
  Algérie. 252
  Congo. 262
  Côte d'Ivoire. 256
  Dahomey. 257
  Guadeloupe. 260
  Guinée française. 256
  Guyane. 260
  Inde française. 258
  Indo-Chine. 259
  Madagascar. 263
  Martinique 260
  Nouvelle-Calédonie . . . 262
  Panorama de la mission Marchand. 264
  Pavillon du ministère des Colonies. 261
  Réunion. 260
  Saint-Pierre et Miquelon. 258
  Sénégal. 256
  Soudan. 256
  Tunisie. 254
Colonies étrangères :
  Asie russe. 271
  Autriche (colonies). . . . 251
  Belgique (colonies). . . . 251
  Chine. 274
  Danemark (colonies). . . 251
  Egypte 278
  Etats-Unis (colonies). . . 251
  Grande-Bretagne (colonies) 277
  Indes néerlandaises . . . 276
  Japon. 279
  Missions 275
  Portugal (colonies). . . . 275
  Train transsibérien . . . 272
  Transvaal. 276
Colonisation (Procédés de) . 251
Compagnie du gaz. . 100 et 133
Compagnie française de la côte occidentale d'Afrique. 257
Comptoir national d'Escompte de Paris (Pavillon du). 124
Condiments. 179
Confection et couture. . . . 150
Confiserie 179
Congo. 262
Conserves de viandes, de poissons, etc. 231
Corée (Pavillon de). 205
Cosmographie. 219
Costume (Palais du) 119
Coutellerie 49
Crédit Lyonnais (Pavillon du) 113
Creusot (Pavillon du). . . . 108
Cristaux. 72
Cueillettes (engins et produits des). 244
Cuirs et peaux. 174
Cycles. 209

Dahomey. 257
Danemark. 61, 90, 170, 196, 220
Danse (Palais de la) 297
Décoration fixe des édifices et des habitations 43
Décoration mobile et ouvrages du tapissier. 65
Dentelles. 151
Distillerie. 180

Eaux-de-vie de vins. 186
Eclairage (appareils et procédés). 45
Eclairage électrique 224
Economie sociale. 293
Education de l'enfant. . . . 221
Egypte. 278
Electricité. 224
Electricité (applications diverses). . . . . . 166 et 224
Electro-chimie. 223
Enseignement des adultes. . 221
Enseignement primaire. . . 221
Enseignement secondaire. . 221
Enseignement spécial agricole. 222
Enseignement spécial artistique. 212
Enseignement spécial industriel et commercial. . . . 222
Enseignement supérieur . . 221
Equateur 136
Espagne. 78, 88, 107, 160, 170, 198. . . . . . . et 246

Etats-Unis. 62, 82, 107, 147, 160, 169, 195, 204, 211, 245 . . . . et	248
Exploitations rurales . . .	186
Exportation dans les colonies	252
Fauteuils roulants	17
Femme (palais de la)	137
Ferronnerie d'art	45
Filature et Corderie	149
Fils de lin, chanvre, etc. . .	149
Fils et Tissus de coton . . .	225
Fils et Tissus de laine . . .	225
Finlande	91
Forêts (industries forestières)	241
Génie civil . . . . 203 et	207
Génie maritime	103
Génie militaire	105
Géographie (cartes et appareils)	219
Gobelins (manufacture nationale des)	67
Grande-Bretagne . 61, 85, 107, 148, 160, 170, 196, 205, 211, 245 . . . . et	248
Grande-Bretagne (colonies) .	277
Grand globe céleste	239
Grand Guignol	301
Grèce	89
Groupes électrogènes . . .	166
Guadeloupe	260
Guinée française	256
Gutta-percha	70
Guyane	260
Herzégovine	83
Hongrie . . 61, 83, 107, 147, 160, 170, 198, 204, 211 et	244
Horlogerie	69
Horticulture	298
Huilerie	186
Hydrographie	106
Hygiène	103
Hygiène et matériel sanitaire de l'armée	105
Impression et apprêt des matières textiles	150
Indes françaises	258
Indes néerlandaises	276
Indo-Chine	259
Industries chimiques	171
Insectes	232

Institution des enfants arriérés	226
Institutions scientifiques . .	221
Instruments de précision . .	215
Italie. 61, 79, 108, 148, 160, 170, 198, 204 . . . . . et	212
Japon. 59, 160, 197, 220 et	279
Jardins. 27, 37, 41 . . et	142
Joaillerie	48
Kammerzell (restaurant) . .	135
Laiterie	187
Librairie	214
Liqueurs	231
Lithographie	213
Louvre (Pavillon des magasins du)	44
Luxembourg . . . . 91 et	148
Machines à vapeur	167
Machines motrices	165
Machines-outils	165
Madagascar	263
Maison du « Rire »	300
Manufactures de l'Etat (Pavillon des) (tabacs, allumettes)	115
Manufactures nationales (Palais des)	39
Maréorama d'Hugo d'Alési .	132
Maroc	127
Maroquinerie	71
Martinique	260
Mas provençal	51
Matériel colonial	251
Mécanique générale (appareils de la)	167
Médailles	215
Médecine	220
Menier (vaisseau)	179
Mercier (pavillon)	190
Métallurgie (grosse)	144
— (petite)	146
Métaux repoussés	45
Meubles	45
Meunerie . . . . . 177 et	178
Mexique	97
Mines (exposition minière souterraine)	267
Mines, minières	143
Ministère des Colonies (Pavillon du)	261

Mission Marchand (Panorama de la)	264
Missions	275
Monaco	88
Monde souterrain	269
Monnaies	215
Moulin Abel Leblanc	179
Musées centennaux :	
Aérostation	207
Archives départementales et municipales	306
Armes de chasse	242
Art théâtral	213
Assistance publique	232
Beaux-Arts	31
Bimbeloterie	71
Brosserie, maroquinerie, tabletterie	71
Carrosserie, sellerie	209
Cartes et appareils de géographie, etc.	220
Chemins de fer	206
Commission du Vieux-Paris	305
Coutellerie	49
Décoration et mobilier	46
Eclairage	45
Economie sociale	296
Electricité	225
Fils, tissus, vêtements	150
Horlogerie	70
Industries chimiques	175
Instruments de musique	219
Librairie	214
Maisons d'éducation de la Légion d'honneur	221
Médecine et chirurgie	220
Militaire	106
Mines, carrières, grosse métallurgie	146
Orfèvrerie	48
Papeterie	69
Papiers peints	68
Photographie	219
Service des travaux historiques	305
Travaux publics	223
Typographie et lithographie	214
Verrerie, cristaux	73
Ville de Paris	304
Viticulture	190
Vitraux	72
Musée du dépôt des phares	275
Musique (éditions musicales)	214
Musique (instruments de)	215
Navigation de commerce (matériel de la)	246
Navigation de plaisance	287
Navire-terreneuvien	102
Norwège. 78, 86, 107, 147, 195 et	220
Nouvelle-Calédonie	262
Omnibus desservant l'Exposition 10 et	11
Orfèvrerie	47
Optique (palais de l')	128
— (restaurant de l')	129
Palais :	
Agriculture et alimentation	177
Armées de terre et de mer	98
Beaux-Arts (grand palais des)	29
Beaux-Arts (petit palais des)	35
Champagne (du)	182
Costume (du)	119
Danse (de la)	297
Décoration et Mobilier	42
Economie sociale et congrès	293
Education et enseignement	211
Femme (de la)	137
Fils, tissus et vêtements	149
Forêts, chasses, pêches et cueillettes	239
Génie civil et moyens de transport	203
Horticulture (de l')	298
Industries diverses	42
Industries chimiques	171
Lumineux Ponsin	118
Manufactures nationales	42
Mécanique; électricité, château-d'eau	165
Mines et métallurgie	143
Navigation de commerce (de la)	246
Puissances étrangères (palais et pavillons). 79 à	93
Salle des fêtes	193
Ville de Paris	303
Panorama de Madagascar	265
Panorama de la mission Marchand	264
Panorama transatlantique	130
Papeterie	68
Papier (fabrication du)	173
Papiers peints	68
Parfumerie	151
Pavillons divers (voir la table page IX).	
Paris en 1400	194
Passementerie	151
Pays-Bas. 78, 169, 196, 204, 211 et	246

Peaux	174
Pêche (engins, instruments et produits)	241
Pérou	90
Perse 91 et	160
Pharmacie	174
Phono-cinéma-théâtre	302
Photographie	219
Plate-forme roulante	16
Poitou	49
Pont Alexandre-III	41
Portes d'entrée	18
Porte monumentale	25
Portugal (colonies). 90, 107, 197 et	275
Postes, télégraphes, téléphones	19
Presse coloniale	260
Printemps (pavillon des magasins du)	44
Produits agricoles alimentaires	231
Produits agricoles non alimentaires	231
Produits farineux	231
Reliure	214
Restaurants :	
Allemand	87
Bosniaque	83
Boulant	109
Breton	51
Champeaux (palais du costume)	119
Chinois	273
Colonial britannique	279
Congrès (des)	291
Duval	viii
Espagnol	88
Hongrois	84
Kammerzell	135
Maroc (du)	127
Mas Provençal (du)	51
Mexicain	97
Palais de l'Optique (du)	129
Pavillon bleu (du)	138
Poitou (du)	49
Roumain	98
Russe du Transsibérien	273
Turc	82
Vieil Arles	52
Vieille Auvergne	57
Viennois	60
Vieux Paris	289
Restaurants divers :	
Près la Tour de 300 mètres ;	
Au Champ-de-Mars (le long de la façade intérieure) ;	
International (au Trocadéro, entre le palais de l'Egypte et celui des colonies anglaises) ;	
De la Belle Meunière (aval du pont d'Iéna, rive droite) ;	
Des voyages animés (amont du pont d'Iéna, rive droite) ;	
Du Congo (au Trocadéro) ;	
Heitz-Catelain (dans Venise à Paris) ;	
Vianney (dans le Maréorama) ;	
Pousset (avenue de Suffren) ;	
Des Cadets de Gascogne (rue de Paris) ;	
Du Palais des mines (avenue de La Bourdonnais) ;	
Espagnol (avenue de Suffren, près la classe 89) ;	
Près la porte 15 (avenue de La Motte Piquet) ;	
Rue de Paris (entre le palais de l'Horticulture et le Phono-cinéma-théâtre).	
Réunion	260
Roulotte (la)	301
Roumanie 92, 199 et	245
Russie. 62, 106, 148, 160, 169, 197, 203, 212, 244 et	247
Saint-Marin (pavillon de)	121
Saint-Pierre et Miquelon	258
Salle des Fêtes	193
Sellerie	209
Sénégal	256
Serbie	89
Services administratifs de l'armée	105
Sèvres (manufacture nationale de)	73
Sirops	231
Société Générale (pavillon de la)	122
Soieries	151
Soudan	256
Spiritueux	231
Stimulants	179
Sucres	179
Suède. 78, 89, 148, 160, 169, 198, 220 et	246
Suisse. 59, 160, 170, 195, 203 et	212
Tabacs	174
Tableaux vivants	302
Tabletterie	71

Tapis, tapisseries	44	Train transsibérien	272
Teintures	150	Tramways desservant l'exposition	10 et 11
Télégraphie	224		
Télégraphe (bureaux de)	19	Tramways (exposition des)	205
Téléphone (bureaux de)	19	Transvaal	276
Téléphonie	224	Travaux hydrauliques	103
Théâtres :		Travaux publics (modèles, plans et dessins)	222
Auteurs gais (des)	301		
Bonshommes Guillaume (des)	301	Tunisie	254
		Turquie	82 et 107
Cambodgien	260	Typographie	213
Chanson (la)	302		
Grand-Guignol	301	Vaisseau Menier	179
Maison du rire	300	Vannerie	71
Phono-cinéma-théâtre	302	Venise à Paris	131
Palais de la danse	297	Ventilation	99
Roulotte (la)	301	Verrerie	72
Tableaux vivants	302	Vêtement (industries du)	149
Tickets	19	Vieil Arles	52
Tissus d'ameublement	44	Vieille Auvergne	57
Tissus de coton	225	Vieux Paris	288
— de laine	225	Village Suisse	199
— de lin, chanvre, etc.	149	Ville de Paris (pavillon de la)	303
— de soie	151	Vins	188
— (matériel et procédés de fabrication des)	149	Viticulture	188
		Vitraux	71
Topographie	219	Voitures de place	290
Torpilles	103	Voyages animés	281
Tour de 300 mètres	109	Voyages (articles de)	70
Tour du merveilleux	301		
Tour du Monde	111		
Touring-Club	136	Water-closets	20

Table des matières

Table alphabétique I
Plan général du Guide. 1
Table des groupes et des classes 3

Renseignements généraux :
   Moyens de transport (voitures de place, omnibus, tramways, bateaux, chemins de fer, chemin de fer métropolitain, plate-forme roulante, chemin de fer électrique, fauteuils roulants) 10
   Portes d'entrée. 18
   Tickets 19
   Banques et bureaux de change 19
   Postes et télégraphes. 19
   Water-closets et cabinets de toilette 20

Grands palais et monuments

Agriculture et alimentation. . . . . 177 et 229
Armées de terre et de mer. 98
Beaux-arts : grand palais 29
— petit palais. 35
Décoration et mobilier . 42
Economie sociale et congrès 293
Education, enseignement, lettres, sciences et arts. 211
Fils, tissus et vêtements 149
Forêts, chasse, pêche et cueillettes. 241
Génie civil et moyens de transport . . 203 et 207

Horticulture et arboriculture. 298
Industries diverses. . . 42
Industries chimiques. . 171
Manufactures nationales :
  Gobelins. 67
  Sèvres et Beauvais. . 73
Mécanique, électricité et château d'eau 165
Mines et métallurgie . . 143
Navigation de commerce. 246
Pont Alexandre III. . . 41
Porte monumentale . . 25
Salle des fêtes 193
Ville de Paris 303

Compagnie anonyme
DES
Établissements DUVAL

SIÈGE SOCIAL, ADMINISTRATION, CAISSE
21, Rue Saint-Fiacre - PARIS

Restaurants

Rue Montesquieu, 6.
Boulevard Saint-Denis, 11, et boulevard Sébastopol, 141.
Place et boulevard de la Madeleine, 27.
Avenue de l'Opéra, 31, et rue des Petits Champs, 65.
Rue de Rivoli, 47.
Rue du Faubourg Saint-Denis, 47.
Rue de Turbigo, 3 (Halles).
Boulevard Montmartre, 21.
Place du Hâvre, 12 et 14.
Boulevard des Italiens, 29.
Rue de Rome, 13.
Place de la République, 17, et rue Meslay, 6.
Rue du Faubourg-Montmartre, 48. et rue Lafayette, 52.

Boulevard Poissonnière, 11.
Rue Lafayette, 63 (Place Cadet).
Rue du Quatre-Septembre, 1.
Rue Saint-Antoine, 234 (Bastille).
Boulevard des Capucines, 39.
Rue de Sèvres, 67.
Rue du Pont-Neuf, 10, et rue de Rivoli, 73.
Boulevard Saint-Denis, 26.
Boulevard Saint-Michel, 26.
Rue de Rivoli, 194 (Place des Pyramides)
Boulevard Magenta, 101, et rue Lafayette, 123.
Rues Turbigo, 45, et Saint-Martin, 250.
Rue de Buci, 18.
Rue de Strasbourg, 6.
Boulevard Saint-Germain, 170.

Exposition Universelle de 1900

Principaux Établissements dans l'Intérieur de l'Exposition :
Quai de Billy, près du " Vieux Paris ".
Avenue de Suffren, au coin de l'avenue de La Motte-Picquet.

Hôtels de la Compagnie

HOTEL DUVAL
6, Rue Montesquieu
(près le Palais-Royal)

HOTEL DU LION D'ARGENT
2, Rue d'Enghien
(au coin du Faubourg Saint-Denis)

Magasins généraux

BOULANGERIE
PATISSERIE, BLANCHISSERIE, etc.
90, rue Cardinet

BOUCHERIES POUR LA VILLE
31, rue Tronchet et 3, rue du Jour

BOUCHERIE et APPROVISIONNEMENTS
GÉNÉRAUX DES ÉTABLISSEMENTS
90, rue Saint-Honoré

Service des Caves

CAVES CENTRALES : 8, rue Bausset
DÉPOT : 90, rue Cardinet
MAGASINS : à Bercy, 40, rue Soulages
CHAIS à Bordeaux

Service à domicile ; expédition en province et à l'étranger des vins en fûts et en bouteilles.

Demander le Tarif spécial, 21, rue St-Fiacre et dans tous les établissements.

TABLE DES MATIÈRES *(Suite)*

Palais et Pavillons des Puissances étrangères

Allemagne	87	Italie	81
Autriche	83	Luxembourg	94
Belgique	85	Maroc	127
Bosnie-Herzégovine	83	Mexique	97
Bulgarie	92	Monaco	89
Corée	205	Norvège	86
Danemark	90	Pérou	91
Equateur	136	Perse	91
Espagne	88	Portugal	90
Etats-Unis	82	Roumanie	92
Finlande	92	Saint-Marin	121
Grande-Bretagne	85	Serbie	90
Grèce	89	Suède	89
Hongrie	84	Turquie	82

Jardins 37, 41, 142, 298

Colonies

Colonies françaises (au Trocadéro)

Algérie	232	Miquelon	258
Congo	262	Nouvelle-Calédonie	262
Côte d'Ivoire	256	Réunion	260
Dahomey	257	Saint-Pierre	258
Guadeloupe	260	Sénégal	256
Guinée française	236	Soudan	256
Guyane	260	Tunisie	254
Inde française	258	Pavillon du ministère des colonies	261
Indo-Chine	259	Presse coloniale	260
Madagascar	263		
Martinique	260		

Colonies et expositions étrangères (au Trocadéro)

Asie russe	271	Egypte	279
Colonies anglaises	278	Indes néerlandaises	276
Colonies danoises	251	Japon	280
Colonies des États-Unis	251	Missions	275
Colonies portugaises	275	Transsibérien	272
Chine	274	Transvaal	276

Pavillons divers

Alcools russes	133	Elévation des eaux Worthington	242
Alliance française	257	Enseignement Berlitz	260
Ardoisières d'Angers	121	Huilerie	186
Arts décoratifs	44	Institution des enfants arriérés	226
Art nouveau « Bing »	53		
Biscuits Pernot	282	Laiterie	187
Brasserie	181	Magasins du Bon Marché, du Printemps et du Louvre	44
Chalet suisse	120		
Chambre de commerce de Paris	247		
		Maison bretonne	51
Chambres de commerce maritimes	287	Manufactures de l'Etat (tabacs et allumettes)	115
Château tyrolien	133	Mas provençal	51
Cidrerie	181	Messageries maritimes	247
Cité de la viticulture	188	Moulin Abel Leblanc	179
Club alpin français 117 et	136	Palais du champagne	182
Compagnie parisienne d'éclairage et de chauffage par le gaz 100 et	133	Pavillon Mercier	190
		Poitou	49
		Société Générale	122
Comptoir national d'Escompte de Paris	124	Touring-Club	136
		Usine de salubrité	93
Crédit Lyonnais	113	Vaisseau Menier	179
Creusot	108	Vieil Arles	52
Distillerie	180	Vieille Auvergne	57

Attractions diverses

Andalousie au temps des Maures	260	Palais lumineux Poncin	148
Aquarium de Paris	301	Panorama de Madagascar	265
Auteurs gais	301	Panorama Marchand	264
Ballon cinéorama	134	Panorama du Tour du monde	111
Bonshommes Guillaume	301		
Chansons	302	Panorama transatlantique	130
Exposition minière souterraine	267	Phono-Cinéma-Théâtre	302
		La Roulotte	301
Grand globe céleste	239	Tableaux vivants	302
Grand Guignol	301	Théâtre cambodgien	260
Maison du rire	300	Théâtre de la Loïe Fuller	301
Maréorama Hugo d'Alési	132	Théâtroscope	302
Monde souterrain	269	Tour de 300 mètres	109
Navire terre-neuvien sur la Seine	102	Tour du merveilleux	301
		Tour du monde	111
Palais de la danse	297	Village suisse	199
Palais de la femme	137	Voyages animés	281
Palais de l'optique	128	Venise à Paris	131
Palais du costume	119	Vieux Paris	288

Musées rétrospectifs centennaux

Aérostation (classe 34).	207
Armes de chasse (cl. 51).	242
Assistance publique (classe 112)	232
Beaux-Arts	31 à 33
Brosserie, maroquinerie, tabletterie, vannerie (classe 98).	71
Carrosserie, charronnage, automobiles, cycles (classe 30).	209
Cartes et appareils de géographie, de cosmographie.-Topographie.	220
Chemins de fer.	206
Coutellerie (classe 93).	49
Cristaux et verrerie (classe 73).	73
Décoration et mobilier (groupe XII).	46
Eclairage (classe 75).	45
Economie sociale (gr. XVI)	296
Electricité (classe 23).	225
Fils, tissus, vêtements.	150
Horlogerie (classe 96).	70
Industries chimiques (groupe XIV).	175
Instruments de musique (classe 17).	219
Librairie, éditions musicales, reliure (cl. 13).	214
Maisons d'éducation de la Légion d'Honneur.	221
Matériel de l'Art théâtral (classe 18).	213
Matériel des chemins de fer et des tramways (classe 32).	206
Médecine et chirurgie.	220
Militaire.	106
Mines et métallurgie (groupe XI)	146
Modèles, plans et dessins de travaux publics (classe 29).	223
Orfèvrerie (classe 94).	48
Papeterie (classe 92).	69
Papiers peints (classe 68).	68
Photographie (classe 12).	219
Sellerie et bourrellerie (classe 31).	209
Typographie (classe 11).	214
Ville de Paris.	303
Viticulture (classe 36).	190
Vitraux.	72

Annexes de Vincennes. 307

LA MUTUAL LIFE

Compagnie d'ASSURANCES sur la VIE — RENTES VIAGÈRES

Fondée à New-York en 1843, sous le contrôle du Gouvernement

La plus ancienne des États-Unis

La plus importante du Monde

Avec un FONDS DE GARANTIE de

UN MILLIARD 437 MILLIONS

DÉPASSANT de **708 MILLIONS** celui de la plus importante Compagnie d'Europe

et de **102 MILLIONS** celui de toute autre Compagnie Américaine

GARANTIT A L'ASSURÉ, après 20 ans, une valeur espèces de **16.70 0/0** plus forte que celle consentie par toute autre Compagnie au Monde (Police-Vie, à valeurs garanties, de **20** ans, âge **40**), et cela en dehors de tous bénéfices, toujours plus considérables à la *Mutual Life* comme l'attestent les résultats passés et actuels de ses polices et les **507** millions de bénéfices qu'elle a déjà répartis aux assurés.

La *Mutual Life* **GARANTIT** également **AUX RENTIERS VIAGERS** (Hommes), pour les âges de 50 à 90 ans, un avantage moyen de **16 0/0** de rente, sur les Compagnies par actions.

La *Mutual Life* fournit la preuve que, sans tenir aucun compte des bénéfices, par la seule différence des primes, les assurés ont un avantage final s'élevant jusqu'à **30 0/0**, à traiter avec elle plutôt qu'avec ces Compagnies.

Pour tous renseignements, s'adresser ou écrire à la **Direction Française, 20, Boulevard Montmartre** (angle de la rue Drouot), **Paris**.

---

(1) Ne pas confondre le chiffre de **1** milliard 437 millions de **garanties** de la *Mutual Life*, avec celui de 15 milliards d'une autre Compagnie (de 102 millions moins important) qui représente les **affaires souscrites** depuis la fondation et dont les deux tiers, soit **dix milliards**, n'ont eu aucune suite ou ont disparu depuis.

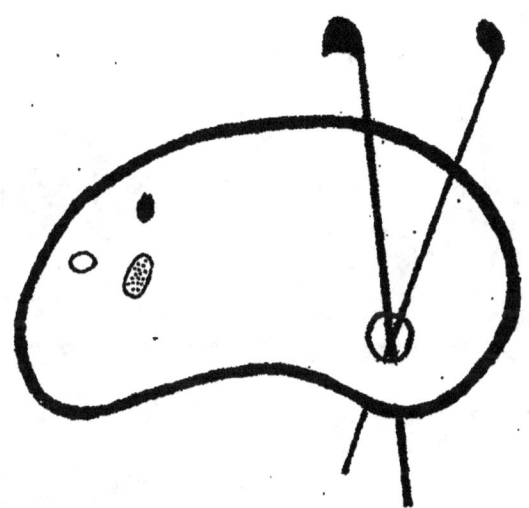

DEBUT D'UNE SERIE DE DOCUMENTS
EN COULEUR

PLAN D'ASSEMBLAGE
divisé en vingt Sections

Lits, Fauteuils, Voitures et Tables mécaniques pour Malades

BRULAND
Fabricant breveté S. G. D. G.
14, RUE MONSIEUR-LE-PRINCE
PARIS

Envoi franco du Catalogue.

Table de malade à différentes transformations.

Garde-robe inodore avec réservoir dans le dossier.

Appareil servant à élever les malades.

Voiture de malades.

Fauteuil Voltaire à dossier articulé et à garde-robe.

Taverne du Nègre
Paris
17, BOULEVARD SAINT-DENIS

Consommations de Premier Choix
BIÈRE DE MUNICH

DÉJEUNER :	DINER :
3 francs, Café compris.	3 fr. 50 c., Café compris.
1 bouteille rouge, gris, blanc ou 1 carafe de bière.	1 bouteille rouge, gris, blanc ou 1 carafe de bière.
1 hors-d'œuvre, 3 plats au choix, 1 fromage, 1 dessert.	1 potage, 3 plats au choix, 1 salade, 1 fromage ou 1 entremets, 1 dessert.

SERVICE A LA CARTE

Courriers pour les gares et poste restante
TÉLÉPHONE POUR LA PROVINCE ET L'ÉTRANGER

DOTATION DES ENFANTS
LE CONSERVATEUR
COMPAGNIE D'ASSURANCES MUTUELLES SUR LA VIE

18 r. La Fayette
PARIS

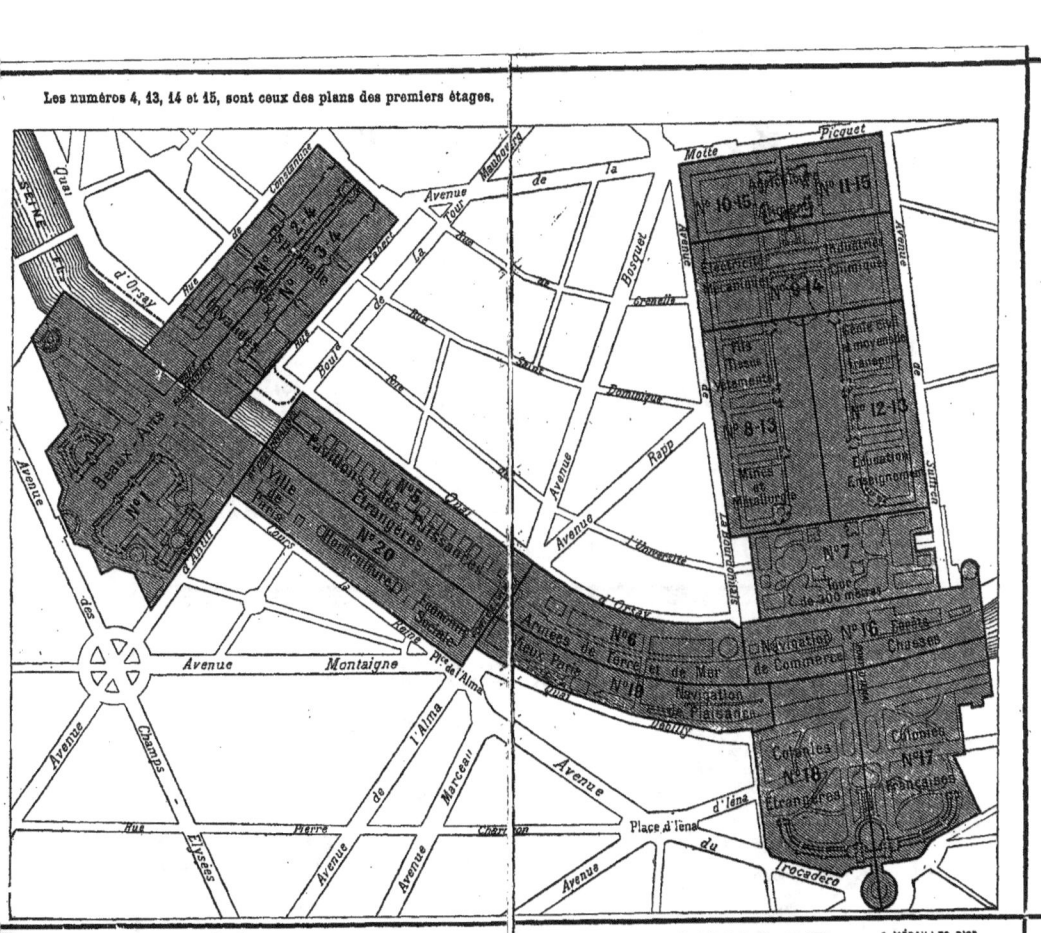

PLAN D'ASSEMBLAGE
divisé en vingt Sections

COMMISSION

Chaussures Huard
BARQUE Succr

Médaille d'Or 1889

LH

Marque de Fabrique

Chaussures cousues à la main
TALONS LOUIS XV

Dans tous les Magasins

Pour le Gros : 8, RUE DE VALOIS

EXPORTATION

PARIS – Palais-Royal

Aux Laines Écossaises

MARQUE DÉPOSÉE

Laines et Ouvrages de Dames

TAPISSERIES & BRODERIES

Mme L. Charette

181, Boulevard Saint-Germain

EXPÉDITION FRANCE ET ÉTRANGER   PARIS

J. Delage NG Ingénieur-Conseil. Brevets d'Invention
90, boulevard Richard-Lenoir, PARIS
Dépôt de Marques et Modèles en France et à l'Etranger.   Procès en contrefaçon.

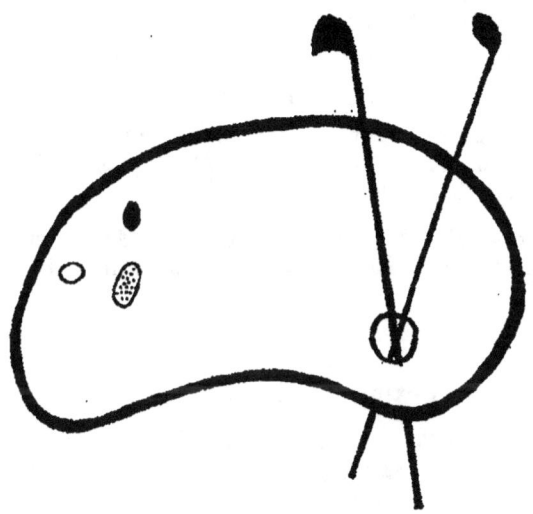

FIN D'UNE SERIE DE DOCUMENTS
EN COULEUR

Plan général du Guide

―――◆◆◆―――

Pour la clarté de la description et de l'itinéraire, nous avons divisé l'Exposition en vingt sections.

L'Exposition de Vincennes forme une section annexe.

A chaque section correspond un plan détaillé.

Un plan d'ensemble, embrassant toutes les sections, indique, au moyen d'un numéro très apparent, le plan partiel agrandi qu'il faut consulter pour chacune d'elles.

L'ordre ci-après, dans lequel sont énumérées les sections, indique le meilleur itinéraire à suivre pour visiter l'Exposition.

Pages.

1re Section. — Champs-Élysées. Beaux-Arts. 25

2e Section. — Pont Alexandre-III. Esplanade des Invalides, rez-de-chaussée de gauche. Décoration et mobilier, industries diverses, manufactures nationales. 39

3e Section. — Esplanade des Invalides, rez-de-chaussée de droite. Décoration et mobilier, industries diverses, manufactures nationales 55

4e Section. — Esplanade des Invalides, premier étage. Décoration et mobilier, industries diverses, manufactures nationales. 65

5e Section. — Le quai d'Orsay. Pavillons des puissances étrangères 79

6e Section. — Le quai d'Orsay. Hygiène, armées de terre et de mer 95

7e Section. — Pavillons et attractions avoisinant la tour de 300 mètres. 109

8ᵉ Section. — Le Champ-de-Mars, rez-de-chaussée. Mines et métallurgie, fils, tissus et vêtements............ 139

9ᵉ Section. — Le Champ-de-Mars, rez-de-chaussée. Mécanique, électricité et chimie, château d'eau.......... 163

10ᵉ Section. — Ancienne galerie des machines (rez-de-chaussée. Agriculture, Aliments (section française)......... 177

11ᵉ Section. — Ancienne galerie des machines (rez-de-chaussée. Agriculture, Aliments (sections étrangères), Salle des Fêtes. 193

12ᵉ Section. — Le Champ-de-Mars, rez-de-chaussée. Génie civil et moyens de transport, éducation et enseignement.... 201

13ᵉ Section. — Le Champ-de-Mars, premier étage. Mines, métallurgie, fils, tissus, vêtements, génie civil et moyens de transport, éducation et enseignement............... 217

14ᵉ Section. — Le Champ-de-Mars, premier étage. Mécanique, électricité, chimie.... 217

15ᵉ Section. — Ancienne galerie des machines, premier étage. Agriculture, aliments. 229

16ᵉ Section. — Le quai d'Orsay, Navigation de Commerce. Forêts, chasse, pêche et cueillettes............ 237

17ᵉ Section. — Le Trocadéro. Colonies françaises .. 249

18ᵉ Section. — Le Trocadéro. Colonies étrangères .. 266

19ᵉ Section. — Le quai Debilly. Navigation de Plaisance et Vieux Paris........ 285

20ᵉ Section. — Cours-la-Reine. Économie sociale, horticulture et arboriculture, Ville de Paris............... 291

Annexes de Vincennes 307

Table des groupes et des classes

Les produits exposés sont classés en dix-huit groupes se subdivisant en cent-vingt et une classes. Ces groupes sont ainsi répartis :

Champs-Élysées : Groupe II (classes 7 à 10).

Esplanade des Invalides : Groupe XII (classes 66 à 75), et groupe XV (classes 92 à 100).

Quai d'Orsay : Groupe IX (classes 49 à 54); une partie du groupe XII (classe 74); une partie du groupe XVI (classe 111); groupe XVIII (classes 116 à 121).

Champ-de-Mars : Groupe Ier (classes 1 à 6); groupe III (classes 11 à 18); groupe IV (classes 19 à 22); groupe V (classes 23 à 27); groupe VI (classes 28 à 34); groupe VII (classes 35 à 42); groupe X (classes 55 à 62); groupe XI (classes 63 à 65); groupe XIII (classes 76 à 86); groupe XIV (classes 87 à 91); une partie du groupe XVI (classe 112).

Trocadéro : Groupe XVII (classes 113 à 115).

Quai de la Conférence et Cours-la-Reine : Groupe VIII (classes 43 à 48); groupe XVI (classes 101 à 110).

Groupe I. — Éducation et enseignement (Champ-de-Mars, aile droite) :

Classe 1. — Education de l'enfant. — Enseignement primaire. — Enseignement des adultes.	221
— 2. — Enseignement secondaire	221
— 3. — Enseignement supérieur. — Institutions scientifiques	221
— 4. — Enseignement spécial artistique	212
— 5. — Enseignement spécial agricole	222
— 6. — Enseignement spécial industriel et commercial	222

Groupe II. — Œuvres d'art (Champs-Élysées) :

Classe 7. — Peintures. — Cartons. — Dessins. 25 à	38
— 8. — Gravure et lithographie	35
— 9. — Sculpture et gravure en médailles et sur pierres fines	35
— 10. — Architecture	35

Groupe III. — Instruments et procédés généraux des lettres, des sciences et des arts (Champ-de-Mars) :

Classe 11. — Typographie. — Impressions diverses (matériel, procédés et produits)	213
— 12. — Photographie (matériel, procédés et produits)	219

TABLE DES GROUPES ET DES CLASSES *(Suite)*

Classe 13. — Librairie; éditions musicales. — Reliure (matériel et produits). — Journaux. — Affiches 214
— 14. — Cartes et appareils de géographie et de cosmographie. — Topographie 219
— 15. — Instruments de précision. — Monnaies et médailles (matériel, procédés et produits) 215
— 16. — Médecine et chirurgie 220
— 17. — Instruments de musique (matériel, procédés et produits) 215
— 18. — Matériel de l'art théâtral 213

Groupe IV. — **Matériel et procédés généraux de la mécanique** (Champ-de-Mars, aile gauche) :

Classe 19. — Machines à vapeur 167
— 20. — Machines motrices diverses 165
— 21. — Appareils divers de la mécanique générale 167
— 22. — Machines-outils 165

Groupe V. — **Électricité** (Champ-de-Mars) :

Classe 23. — Production et utilisation mécaniques de l'électricité 166
— 24. — Électrochimie 223
— 25. — Éclairage électrique 224
— 26. — Télégraphie et téléphonie 224
— 27. — Applications diverses de l'électricité . . 224

Groupe VI. — **Génie civil.** — **Moyens de transport** (Champ-de-Mars, aile droite) :

Classe 28. — Matériaux, matériel et procédés du génie civil 207
— 29. — Modèles, plans et dessins de travaux publics 222
— 30. — Carrosserie et charronnage, automobiles et cycles (véhicules autres que ceux des voies ferrées) 209
— 31. — Sellerie et bourrellerie 209
— 32. — Matériel des chemins de fer et tramways 205
— 33. — Matériel de la navigation de commerce. 216
— 34. — Aérostation 206

Groupe VII. — **Agriculture** (Champ-de-Mars, ancienne Galerie des Machines) :

Classe 35. — Matériel et procédés des exploitations rurales 186
— 36. — Matériel et procédés de la viticulture . . 188

1 *bis*

Classe 37. — Matériel et procédés des industries agricoles.................. 187
— 38. — Agronomie. — Statistique agricole... 229
— 39. — Produits agricoles alimentaires d'origine végétale.................. 231
— 40. — Produits agricoles alimentaires d'origine animale.................. 231
— 41. — Produits agricoles non alimentaires... 231
— 42. — Insectes utiles et leurs produits. - Insectes nuisibles et végétaux parasitaires... 232

Groupe VIII. — **Horticulture et arboriculture** (quai de la Conférence et Cours-la-Reine) :
Classe 43. — Matériel et procédés de l'horticulture et de l'arboriculture............ 298
— 44. — Plantes potagères............ 298
— 45. — Arbres fruitiers et fruits........ 298
— 46. — Arbres, arbustes, plantes et fleurs d'ornement............ 298
— 47. — Plantes de serre............ 298
— 48. — Graines, semences et plants de l'horticulture et des pépinières........ 298

Groupe IX. — **Forêts.** — **Chasse.** — **Pêche.** — **Cueillettes** (quai d'Orsay) :
Classe 49. — Matériel et procédés des exploitations et des industries forestières....... 241
— 50. — Produits des exploitations et des industries forestières............ 242
— 51. — Armes de chasse (matériel de fabrication et produits)............ 242
— 52. — Produits de la chasse.......... 243
— 53. — Engins, instruments et produits de la pêche. — Aquiculture......... 243
— 54. — Engins, instruments et produits des cueillettes............ 244

Groupe X. — **Aliments** (Champ-de-Mars, ancienne Galerie des Machines) :
Classe 55. — Matériel et procédés des industries alimentaires............ 180
— 56. — Produits farineux et leurs dérivés... 231
— 57. — Produits de la boulangerie et de la pâtisserie.................. 180
— 58. — Conserves de viandes, de poissons, de légumes et de fruits.......... 231
— 59. — Sucres et produits de la confiserie; condiments et stimulants.......... 179
— 60. — Vins et eaux-de-vie de vin....... 188
— 61. — Sirops et liqueurs; spiritueux divers; alcools d'industrie........... 231
— 62. — Boissons diverses............ 181

Groupe XI. — Mines, métallurgie (Champ-de-Mars, aile gauche) :

Classe 63. — Exploitation des mines, minières et carrières (matériel, procédés et produits) 143
— 64. — Grosse métallurgie (matériel, procédés et produits) 144
— 65. — Petite métallurgie (matériel, procédés et produits) 146

Groupe XII. — Décoration et mobilier des édifices publics et des habitations (Esplanade des Invalides) :

Classe 66. — Décoration fixe des édifices publics et des habitations 43
— 67. — Vitraux 71
— 68. — Papiers peints (matières premières, matériel, procédés et produits) . . . 68
— 69. — Meubles à bon marché et meubles de luxe 45
— 70. — Tapis, tapisseries et autres tissus d'ameublement (matériel, procédés et produits) 44
— 71. — Décoration mobile et ouvrages du tapissier 65
— 72. — Céramique (matières premières, matériel, procédés et produits) . . 55 et 72
— 73. — Cristaux, verrerie (matières premières, matériel, procédés et produits) . . . 72
— 74. — Appareils et procédés du chauffage et de la ventilation 99
— 75. — Appareils et procédés d'éclairage non électrique 45

Groupe XIII. — Fils, tissus, vêtements (Champ-de-Mars, aile gauche) :

Classe 76. — Matériel et procédés de la filature et de la corderie 149
— 77. — Matériel et procédés de la fabrication des tissus 149
— 78. — Matériel et procédés du blanchiment, de la teinture, de l'impression et de l'apprêt des matières textiles à leurs divers états 150
— 79. — Matériel et procédés de la couture et et de la fabrication de l'habillement. 150
— 80. — Fils et tissus de coton 225
— 81. — Fils et tissus de lin, de chanvre, etc. — Produits de la corderie 149
— 82. — Fils et tissus de laine 225
— 83. — Soies et tissus de soie 151
— 84. — Dentelles, broderies et passementeries. 151

Classe 85. — Industries de la confection et de la couture pour hommes, femmes et enfants 150
— 86. — Industries diverses du vêtement . . . 149

Groupe XIV. — **Industrie chimique** (Champ-de-Mars, aile droite) :

Classe 87. — Arts chimiques et pharmacie (matériel, procédés et produits. 174
— 88. — Fabrication du papier (matières premières, matériel, procédés et produits) 173
— 89. — Cuirs et peaux (matières premières, matériel, procédés et produits). . . 174
— 90. — Parfumerie (matières premières, matériel, procédés et produits) . . 151 et 175
— 91. — Manufactures de tabacs et d'allumettes chimiques (matériel, procédés et produits). 174

Groupe XV. — **Industries diverses** (Esplanade des Invalides) :

Classe 92. — Papeterie (matériel, procédés et produits). 68
— 93. — Coutellerie (matériel, procédés et produits). 49
— 94. — Orfèvrerie (matériel, procédés et produits). 47
— 95. — Joaillerie et bijouterie (matériel, procédés et produits). 48
— 96. — Horlogerie (matériel, procédés et produits). 69
— 97. — Bronze, fonte et ferronnerie d'art. — Métaux repoussés (matériel, procédés et produits). 46
— 98. — Brosserie, maroquinerie, tabletterie et vannerie (matériel, procédés et produits). 71
— 99. — Industrie du caoutchouc et de la gutta-percha (matériel, procédés et produits). — Objets de voyage et de campement. 70
— 100. — Bimbeloterie 70

Groupe XVI. — **Économie sociale, hygiène, assistance publique** (Cours la Reine) :

Classe 101. — Apprentissage. — Protection de l'enfance ouvrière. 295
— 102. — Rémunération du travail. — Participation aux bénéfices 295
— 103. — Grande et petite industrie. — Associations coopératives de production ou de crédit. — Syndicats professionnels. 295

Classe 104.	— Grande et petite culture. — Syndicats agricoles. — Crédit agricole.	294
— 105.	— Sécurité des ateliers. — Réglementation du travail.	294
— 106.	— Habitations ouvrières.	296
— 107.	— Sociétés coopératives de consommation	294
— 108.	— Institutions pour le développement intellectuel et moral des ouvriers.	295
— 109.	— Institutions de prévoyance	294
— 110.	— Initiative publique ou privée en vue du bien-être des citoyens.	295

Quai d'Orsay :

— 111.	— Hygiène.	103

Champ-de-Mars (ancienne Galerie des Machines) :

— 112.	— Assistance publique	232

Groupe XVII. — **Colonisation** (Trocadéro) :

Classe 113.	— Procédés de colonisation	251
— 114.	— Matériel colonial.	251
— 115.	— Produits spéciaux destinés à l'exportation dans les colonies.	252

Groupe XVIII. — **Armées de terre et de mer**
(Quai d'Orsay) :

Classe 116.	— Armement et matériel de l'artillerie.	104
— 117.	— Génie militaire et services y ressortissant	105
— 118.	— Génie maritime. — Travaux hydrauliques. — Torpilles.	103
— 119.	— Cartographie, hydrographie, instruments divers	106
— 120.	— Services administratifs	105
— 121.	— Hygiène et matériel sanitaire	105

Renseignements généraux

Moyens de transport

Voitures de place. — Voir le tarif, page 290.

Omnibus et Tramways. — *Entrée par la place de la Concorde :* lignes de la place de l'Etoile au Palais-Royal, — de Javel à la gare Saint-Lazare, — de l'Ecole Militaire à la gare Saint-Lazare, — du Panthéon à la place de Courcelles, — de la gare des Batignolles à la gare Montparnasse, — de la gare du Nord à la place de l'Alma, — de la gare de Lyon à Saint-Philippe-du-Roule, — de Passy à l'Hôtel de Ville, — de la Bastille à l'avenue Rapp, — de la gare de Lyon à la place de l'Alma, — du Louvre à Saint-Cloud, Sèvres et Versailles, — de la porte Maillot à l'Hôtel de Ville, — de la gare de l'Est à la place de la Concorde, — de la place de la République à la place de la Concorde, — de la Bastille à la place de la Concorde, — de la porte Saint-Martin à la place de la Concorde, — de la place de la Contrescarpe à Saint-Augustin, — de la place de Courcelles à la place Saint-Sulpice.

Entrée par l'avenue des Champs-Elysées (entrée des palais) : lignes de la place de l'Etoile au Palais-Royal, — de la porte Maillot à l'Hôtel de Ville, — de la gare du Nord à la place de l'Alma.

Entrées par l'avenue d'Antin, le pont des Invalides : lignes de Montrouge à Saint-Philippe-du-Roule, — de la Bastille à l'avenue Rapp, — de la gare de Lyon à la place de l'Alma, — du Louvre à Saint-Cloud, Sèvres et Versailles, — de Vanves à Saint-Philippe-du-Roule.

Entrées par la place de l'Alma : lignes de la gare du Nord à la place de l'Alma, — de Passy à l'Hôtel de Ville, — de la Bastille à l'avenue Rapp, — de la gare de Lyon à la place de l'Alma, — du Louvre à Saint-Cloud, Sèvres et Versailles, — de la place de l'Etoile à la gare Montparnasse, du Point-du-Jour à la place de l'Alma, — de Montmartre (square Saint-Pierre) à la porte Rapp.

Entrée par le quai Debilly (Manutention) : ligne du Louvre à Saint-Cloud, Sèvres et Versailles, — du Point du Jour à la place de l'Alma.

Entrées par le Trocadéro : lignes du Trocadéro à la gare de l'Est, — d'Auteuil à la Madeleine, — de Passy à l'Hôtel de Ville, — du Trocadéro à la Villette, — du Trocadéro-Ceinture à la place Pigalle, — du Trocadéro-Ceinture à l'Etoile et à l'Opéra.

Entrées par l'Ecole Militaire : lignes de Grenelle à la porte Saint-Martin, — du Champ-de-Mars au quai de Valmy, — de Javel à la gare Saint-Lazare, — de l'Ecole Militaire à la gare Saint-Lazare, — de Montrouge à Saint-Philippe-du-Roule, — de la place de l'Etoile à la gare Montparnasse, — de Vanves à Saint-Philippe-du-Roule, — du Palais-Royal à l'École Militaire.

Entrées par l'avenue de La Bourdonnais : lignes de la Bastille à l'avenue Rapp, — du Champ-de-Mars au quai de Valmy, — de Montmartre (square Saint-Pierre) à la porte Rapp.

Entrées par le quai d'Orsay : lignes de la Bastille au quai d'Orsay, — du Panthéon à la place de Courcelles, — de Javel à la gare Saint-Lazare, — de l'Ecole Militaire à la gare Saint-Lazare, — de la gare des Batignolles à la gare Montparnasse.

Entrées par l'esplanade des Invalides : lignes de Grenelle à la porte Saint-Martin, — de Javel à la gare Saint-Lazare, — de l'Ecole Militaire à la gare Saint-Lazare, — du Palais-Royal à l'École Militaire.

Entrées par la rue Fabert : lignes de Montrouge à Saint-Philippe-du-Roule, — de Vanves à Saint-Philippe-du-Roule.

Bateaux-Parisiens. — De Charenton-Saint-Maurice au viaduc d'Auteuil (Point-du-Jour), par la rive gauche.
D'Austerlitz à Auteuil (Point-du-Jour), par la rive droite.
Du quai des Tuileries à Suresnes, par la rive droite.
Du Pont d'Iéna vers Paris.

Chemins de fer. — Les personnes qui habitent à proximité de la gare Saint-Lazare, de la gare du Nord ou des stations de la ligne de ceinture, prennent ces lignes, dont les trains sont très fréquents, et arrivent aux gares du Champ-de-Mars et des Invalides soit directement soit en changeant de train (voir tableaux ci-après).

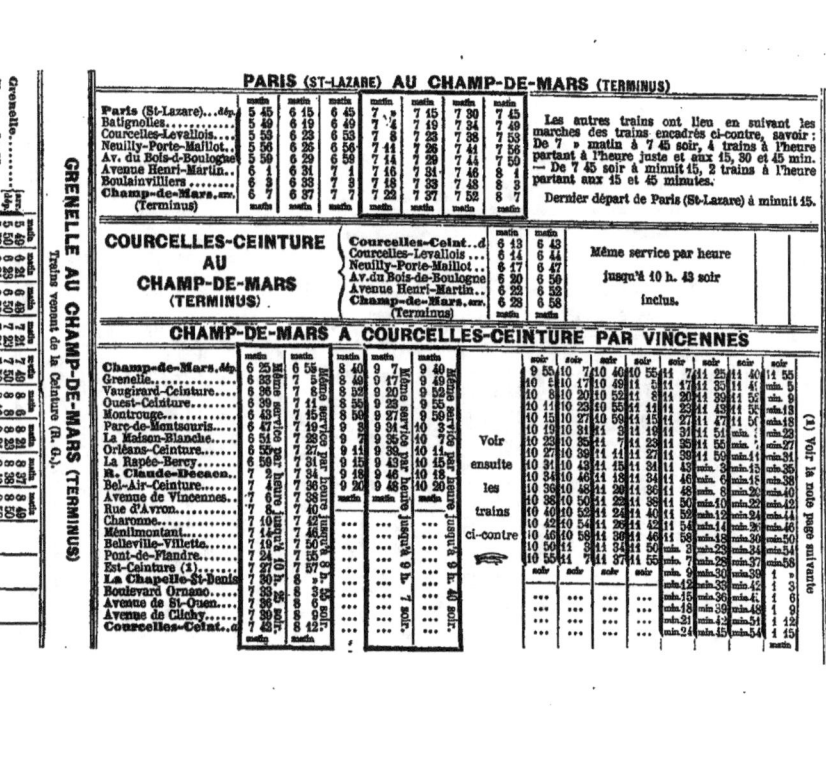

Services du Champ-de-Mars

CHAMP-DE-MARS (TERMINUS) A PARIS (ST-LAZARE)

	matin	matin	matin	matin	matin	matin	matin	matin	matin	
Champ-de-Mars..dép.	5 37	6 7	6 22	6 37	6 52	7 7	7 22	7 37	7 52	Les autres trains ont lieu en suivant les marches des trains encadrés ci-contre, savoir : De 6 h. 7 matin à 7 h. 7 soir, 4 trains à l'heure partant aux 7, 22, 37 et 52 minutes. — De 7 h. 7 soir à minuit 7, 2 trains à l'heure partant aux 7 et 37 minutes. — Dernier départ du Champ-de-Mars à min. 7.
Boulainvilliers	5 41	6 11	6 26	6 41	6 56	7 11	7 26	7 41	7 56	
Avenue Henri-Martin	5 44	6 14	6 29	6 44	6 59	7 14	7 29	7 44	7 59	
Av. du Bois-de-Boulogne	5 46	6 16	6 31	6 46	7 1	7 16	7 31	7 46	8 1	
Neuilly-Porte-Maillot	5 49	6 19	6 34	6 49	7 4	7 19	7 34	7 49	8 4	
Courcelles-Levallois	5 53	6 23	6 38	6 53	7 8	7 23	7 38	7 53	8 8	
Batignolles	5 56	6 26	6 41	6 56	7 11	7 26	7 41	7 56	8 11	
Paris (St-Lazare)...arr.	6 »	6 30	6 45	7 »	7 15	7 30	7 45	8 »	8 15	

CHAMP-DE-MARS (TERMINUS) A COURCELLES-CEINTURE

(Terminus)	matin	matin	
Champ-de-Mars..dép.	6 58	7 28	Même service par heure jusqu'à 10 h. 58 soir inclus. Voir, en outre, le train ci-après.
Avenue Henri-Martin	7 »	7 35	
Av. du Bois-de-Boulogne	7 7	7 37	
Neuilly-Porte-Maillot	7 10	7 40	
Courcelles-Levallois	7 13	7 43	
Courcelles-Céint...a	7 14	7 44	soir 11 43 11 50 11 52 11 55 11 58 11 59

COURCELLES-CEINTURE AU CHAMP-DE-MARS, PAR VINCENNES

	matin	matin	matin	matin	matin		matin	matin	matin	matin	matin	matin	matin	matin
Courcelles-Céint..d.	4 42	5 15	5 39	6 9	6 43	...	7 15	7 45		8 18	8 36		9 36	10 8
Avenue de Clichy	4 45	5 18	5 42	6 12	6 45		7 18	7 48		8 21	8 40		9 39	10 11
Avenue de Saint-Ouen	4 48	5 21	5 45	6 15	6 48		7 21	7 51		8 24	8 43		9 42	10 14
Boulevard Ornano	4 52	5 25	5 49	6 19	6 52	7 10	7 25	7 55		8 28	8 46		9 45	10 18
La Chapelle-St-Denis	4 55	5 28	5 52	6 22	6 55	7 13	7 28	7 58		8 31	8 49		9 48	10 21
Est-Ceinture (1)	4 58	5 31	5 55	6 26	6 58	7 17	7 32		matin	8 34		matin	9 51	10 24
Pont-de-Flandre	5 1	5 33	5 57	6 29	7 1	7 18	7 34			8 37			9 54	10 27
Belleville-Villette	5 5	5 38	6 2	6 34	7 6	7 23	7 38		7 49	8 42	8 54		9 59	10 32
Ménilmontant	5 10	5 42	6 6	6 38	7 10	7 27	7 42	7 54		8 46	8 58		10 3	10 36
Charonne	5 14	5 46	6 10	6 42	7 14	7 30	7 46	7 58		8 50	9 2		10 7	10 40
Rue d'Avron	5 16	5 48	6 12	6 44	7 16	7 32	7 48	8 »		8 52	9 4		10 9	10 42
Avenue de Vincennes	5 18	5 50	6 14	6 46	7 18	7 34	7 50	8 2		8 54	9 6		10 11	10 44
Bel-Air-Ceinture	5 20	5 52	6 16	6 48	7 20	7 36	7 52			8 56	9 8		10 13	10 46
R. Claude-Decaen	5 22	5 54	6 18	6 50	7 22	7 38	7 54			8 58	9 10		10 15	10 48
La Rapée-Bercy	5 25	5 57	6 21	6 53	7 25	7 41	7 57			9 1	9 13		10 18	10 51
Orléans-Ceinture	5 29	6 1	6 25	6 57	7 29	7 45	8 1			9 5	9 17		10 22	10 55
La Maison-Blanche	5 32	6 4	6 28	7 »	7 32	7 48	8 4			9 8	9 20		10 25	10 58
Parc-de-Montsouris	5 35	6 6	6 32	7 4	7 35	7 51	8 7			9 11	9 23		10 28	11 »
Montrouge	5 39	6 11	6 36	7 7	7 39	7 55	8 11			9 15	9 27		10 32	11 4
Ouest-Ceinture	5 43	6 15	6 41	7 11	7 43	7 58	8 15			9 19	9 31		10 36	11 8
Vaugirard-Ceinture	5 46	6 18	6 45	7 14	7 46	8 2	8 18			9 23	9 34		10 40	11 12
Grenelle	5 50	6 23	6 49	7 18	7 50	8 6	8 22			9 27	9 38		10 44	11 16
Champ-de-Mars..arr.	5 58	6 31	6 58	7 26	7 58	8 16	8 31			9 36	9 46		10 52	11 24

(1) La halte d'Est-Ceinture est affectée exclusivement à la correspondance du chemin de fer de l'Est et n'a pas de sortie extérieure sur la voie publique.

CHAMP-DE-MARS (TERMINUS) A GRENELLE

	matin	matin	matin	matin	matin	matin	matin	soir	soir
Champ-de-Mars..dép.	6 25	6 55	7 25	7 35	8 5	8 40		10 40	
Grenelle...arr.	6 33	7 3	7 33	7 43	8 13	8 49		10 48	10 55

Les autres trains ont lieu en suivant les marches indiquées ci-dessus, savoir :
De 9 h. 7 matin à 11 h. 55 soir — 4 trains à l'heure partant du Champ-de-Mars (Terminus) aux 7, 25, 40 et 55 minutes. — Trains continuant sur la Ceinture (R. G.).
Dernier départ du Champ-de-Mars (Terminus) à 11 h. 55 soir.

Des trains supplémentaires pourront être mis en circulation suivant les besoins du service.
Pendant la durée de l'Exposition, les gares du Champ-de-Mars (Terminus), du Champ-de-Mars (gare de passage), du Pont-de-l'Alma, des Invalides et du Pont-de-Grenelle ne seront ouvertes qu'au service des voyageurs sans bagages ni chiens.

Services du Champ-de-Mars

Organisation d'un service spécial de trains directs (1re et 2e classes) entre Paris-Nord (Gare de Ceinture) et le Champ-de-Mars (sans transbordement).

PARIS-NORD AU CHAMP-DE-MARS (via COURCELLES)

ALLER

STATIONS	1o Tous les jours sans exception 1 train à l'heure.		2o Les dimanches et fêtes seulement 1 train supplémentaire à l'heure.		Samedis, dimanches et fêtes et jours de fêtes de nuit à l'Exposition.
	matin	Les autres trains	matin	Les autres trains	soir
Paris-Nord.........dép.	8 »	ont lieu au départ	8 30	ont lieu au départ	11 30
Pont-Marcadet......{arr. dép.}	8 3 / 8 4	de Paris-Nord toutes les heures,	8 33 / 8 34	de Paris-Nord toutes les heures,	11 33 / 11 34
Boulevard Ornano........	8 9	à l'heure juste, de	8 39	à l'heure 30, de	11 39
Avenue de Saint-Ouen.....	8 12	9 heures du matin	8 42	9 h. 30 du matin à	11 42
Avenue de Clichy........	8 15	à 11 h. du soir, et	8 45	10 h. 30 du soir, et	11 45
Courcelles-Ceinture........	8 19	suivent la marche	8 49	suivent la marche	11 49
Avenue Henri-Martin......	8 28	du train ci-contre.	8 58	du train ci-contre.	11 58
Champ-de-Mars (1)..arr.	8 34		9 4		min. 4
	matin		matin		

RETOUR

STATIONS	1o Tous les jours sans exception 1 train à l'heure.		2o Les dimanches et fêtes seulement 1 train supplémentaire à l'heure.		Nuits des samedis aux dimanches, des dimanches aux lundis, des jours de fêtes aux lendemains de fêtes et nuits de fêtes à l'Exposition.
	matin	Les autres trains	matin	Les autres trains	
Champ-de-Mars (1)..dép.	8 46	ont lieu au départ	9 16	ont lieu au départ	min.16
Avenue Henri-Martin......	8 53	du Champ-de-Mars	9 23	du Champ-de-Mars	min.23
Courcelles-Ceinture........	9 3	toutes les heures, à	9 33	toutes les heures,	min.33
Avenue de Clichy........	9 6	l'heure 46, de 9 h.46	9 36	à l'heure 16, de	min.36
Avenue de Saint-Ouen.....	9 9	du matin à 11 h. 46	9 39	10 h. 16 matin à	min.39
Boulevard Ornano........	9 12	du soir, et suivent	9 42	11 h.16 soir, et sui-	min.42
Pont-Marcadet......{arr. dép.}	9 18 / 9 19	la marche du train ci-contre.	9 49 / 9 50	vent la marche du train ci-contre.	min.49 / min.50
Paris-Nord............arr.	9 22		9 53		min.53
	matin		matin		

(1 La gare du Champ-de-Mars n'est ouverte qu'au service des voyageurs sans bagages ou porteurs de bagages à la main et à celui des chiens accompagnés.

Service des trains entre PARIS-NORD et l'ANNEXE DU BOIS DE VINCENNES desservie par le nouvel arrêt de la rue CLAUDE-DECAEN.

PARIS-NORD à l'arrêt de la Rue CLAUDE-DECAEN, situé entre la station de BEL-AIR-CEINTURE et celle de la RAPÉE-BERCY, desservant l'ANNEXE DU BOIS DE VINCENNES.

L'annexe de l'Exposition universelle, située au bois de Vincennes, est desservie à partir du 5 mai, deux fois à l'heure dans chaque sens par des trains s'arrêtant à la rue CLAUDE-DECAEN, arrêt situé à proximité de l'annexe; ces trains quittent PARIS-NORD à 5 h. 56 matin, en outre à l'heure 12 et à l'heure 42, de 6 h. 12 matin à 8 h. 42 soir en semaine, 9 h. 42 soir les dimanches et fêtes.

Au retour, ces trains quittent la rue CLAUDE-DECAEN à 5 h. 10, 5 h. 46, 6 h. 18, 6 h. 46, et à l'heure 14 et et à l'heure 42, de 7 h. 14 matin à 10 h. 14 soir en semaine, et 11 h. 14 soir les dimanches et fêtes. D'autres départs de la rue CLAUDE-DECAEN ont lieu à 11 h. 22 et 11 h. 54 soir et minuit 38.

La durée du trajet est de 30 minutes environ dans les deux sens.

Pour ces relations, il est délivré, au départ de Paris-Nord, des billets simples et d'aller et retour aux prix suivants :

	1re CLASSE	2e CLASSE
Billets simples................	0 fr. 55	0 fr. 30
Billets d'aller et retour (valables une seule journée)	0 fr. 90	0 fr. 50

Afin de donner plus de facilités aux voyageurs qui vont visiter l'Exposition, la Compagnie du Nord fait délivrer par toutes ses gares les billets ci-dessus en même temps que ceux pour Paris, à tous les voyageurs qui en font la demande.

En descendant du train munis de leur billet de Ceinture, les voyageurs peuvent, sans sortir de la gare principale, se rendre directement à la gare de Ceinture, en passant par le souterrain, dont l'escalier d'accès se trouve à gauche de l'horloge centrale, en face du quai no 14.

Services du Champ-de-Mars

LES INVALIDES AU CHAMP-DE-MARS (GARE DE PASSAGE) (2e classe seulement).

	matin	matin	matin	matin	matin	matin	matin	matin	
Les Invalides.........dép.	5 55	6 25	7 10	7 40	8 10	8 25	8 40	8 55	Pour les autres trains, voir ci-dessous.
Pont-de-l'Alma............	5 58	6 28	7 13	7 43	8 13	8 28	8 43	8 58	
Champ-de-Mars......arr.	6 2	6 32	7 17	7 47	8 17	8 32	8 47	9 2	
(gare de passage)	matin	matin	matin	matin	matin	matin	matin	matin	

Les autres trains ont lieu en suivant les marches indiquées ci-dessus :
De 8 h. 10 matin à 11 h. 55 soir. — 4 trains à l'heure partant des Invalides aux 10, 25, 40 et 55 minutes. — Dernier départ des Invalides à 11 h. 55 soir.

CHAMP-DE-MARS (GARE DE PASSAGE) **AUX INVALIDES** (2e classe seulement).

	matin	matin	matin	matin	matin	matin	matin	
(gare de passage)								
Champ-de-Mars......dép.	6 12	6 42	7 27	7 57	8 27	8 42	8 57	9 12
Pont-de-l'Alma............	6 15	6 45	7 30	8 »	8 30	8 45	9 »	9 15
Les Invalides..........arr.	6 19	6 49	7 34	8 4	8 34	8 49	9 4	9 19
	matin	matin	matin	matin	matin	matin	matin	matin

Les autres trains ont lieu en suivant les marches indiquées ci-dessus :
De 8 h. 27 matin à minuit 12. — 4 trains à l'heure partant du Champ-de-Mars aux 12, 27, 42, et 57 minutes. — Dernier départ du Champ-de-Mars (gare de passage) à minuit 12.

Des trains supplémentaires pourront être mis en circulation suivant les besoins du service.

Chemin de fer métropolitain

Une des principales artères du métropolitain de Paris est celle qui va de la porte de Vincennes à la porte Maillot; les travaux de cette ligne sont en grande partie terminés, mais nous ne savons encore l'époque à laquelle aura lieu l'ouverture à l'exploitation. Nous croyons cependant intéressant de mettre sous les yeux de nos lecteurs les différentes stations :

Porte de Vincennes, — place de la Nation, — rue de Reuilly, — gare de Lyon, — place de la Bastille, — Saint-Paul, — Hôtel-de-Ville, — Châtelet, — Louvre, — Palais-Royal, — Tuileries, — place de la Concorde, — Champs-Elysées, — rue Marbeuf, — avenue de l'Alma, — place de l'Étoile (station double), — rue d'Obligado, — porte Maillot.

Place de l'Étoile, — place Victor-Hugo, — porte Dauphine.

Place de l'Étoile, — avenue Kléber, — rue Boissière, — place du Trocadéro.

Plate-forme mobile
et chemin de fer électrique

Plate-forme mobile. — La plate-forme mobile se compose essentiellement de deux trottoirs roulants, animés de vitesses différentes, et d'un trottoir fixe permettant de passer de l'arrêt à la vitesse de 4 kilomètres 250 mètres à l'heure et de celle-ci à celle de 8 kilomètres 500 mètres ou inversement.

Les trottoirs roulants ont l'aspect d'un ruban sans fin formé alternativement d'un truck sans roue de faible longueur prenant appui sur les deux trucks voisins surportés par quatre roues.

Sous chaque truck est fixé une sorte de rail, dit poutre axiale, dont les extrémités s'articulent avec celles des trucks adjacents.

Les roues des trucks à roues sont guidées par des rails à patins tirefonnés sur des longrines en bois.

Le mouvement est produit par l'adhérence de la poutre axiale sur des galets moteurs actionnés par des treuils mus électriquement et disposés tout le long de la voie.

Tout ce système a été élevé sur un viaduc métallique, supporté par des palées en bois, de manière à mettre les trottoirs au niveau des premiers étages des palais de l'Exposition.

La largeur de la plate-forme est d'environ 4 mètres; le trottoir de grande vitesse a 2 mètres de large, celui de petite vitesse $0^m,90$ et le trottoir fixe $1^m,10$.

Des barres d'appui, placées à intervalles réguliers sur les trottoirs roulants, sont destinées à faciliter le passage de l'un à l'autre.

Itinéraire. — L'itinéraire est le suivant, en partant de l'esplanade des Invalides : quai d'Orsay, avenue de La Bourdonnais, avenue de La Motte-Picquet, rue Fabert. Le parcours de la plate-forme est de 3.370 mètres environ.

Stations et accès. — On accède sur la plate-forme par des stations, simples élargissements du trottoir fixe; on y communique du sol par des escaliers. Des passerelles et un certain nombre de passages les font communiquer directement avec les premiers étages des palais.

La plate-forme marchant en sens inverse des aiguilles d'une montre, les stations rencontrées en partant des Invalides sont :

1º Les Invalides, rue Saint-Dominique, desservant les palais de l'esplanade des Invalides et la gare de l'Ouest;
2º Les Invalides, rue de l'Université;
3º Quai d'Orsay, pont des Invalides, contigüe à la passerelle qui franchit le boulevard La Tour-Maubourg;
4º Quai d'Orsay, passerelle de la Perse, desservant le palais de la Perse;
5º Quai d'Orsay, puissances étrangères, desservant les palais des puissances étrangères;
6º Quai d'Orsay, passerelle de l'Hygiène, desservant le palais de l'hygiène;
7º Quai d'Orsay, pont de l'Alma, contigüe à la passerelle de l'Exposition qui franchit le carrefour Rapp-Bosquet;
8º Quai d'Orsay, guerre et marine, desservant les palais des armées de terre et de mer, la passerelle du quai Debilly;
9º Champ-de-Mars, tour de 300 mètres, desservant la tour de 300 mètres et le palais des mines;
10º Champ-de-Mars, porte Rapp;
11º Champ-de-Mars, agriculture, desservant le palais de l'agriculture et celui de l'électricité.

Prix d'entrée. — Le prix d'entrée est fixé à 50 centimes pour un trajet n'excédant pas un tour complet; il sera perçu par des receveurs placés à des tourniquets.

Des bureaux de change gratuits permettront aux voyageurs de se procurer de la monnaie.

Circulation des voyageurs. — Une fois les tourniquets franchis, les voyageurs seront absolument libres de circuler d'un trottoir à l'autre, de s'arrêter sur le trottoir fixe et de se rendre en un point quelconque du parcours.

Des agents aideront les voyageurs qui craindraient le passage d'une vitesse à l'autre.

Chemin de fer électrique. — Le chemin de fer électrique à rail latéral est destiné à compléter la plate-forme de manière à permettre au voyageur de circuler en sens inverse de celle-ci.

Le service sera fait par des trains composés de trois voitures pouvant transporter deux cents personnes environ, ces trains se succédant de deux minutes en deux minutes.

La première voiture de chaque train est automobile; à cet effet, elle est munie de quatre moteurs de 35 chevaux; la puissance de ces moteurs permet de faire un tour complet en 12 minutes environ, arrêts compris.

Tracé, voie. — Le chemin de fer suit à peu près le même tracé que la plate-forme; il passe en général sous les palées de celle-ci, lui est quelquefois parallèle, et ne s'en écarte jamais sensiblement. Il forme un circuit fermé qu'il parcourt dans le sens des aiguilles d'une montre.

Pour ne pas gêner la circulation dans les rues et avenues qu'il traverse, il est tantôt en tranchées ou en souterrain, tantôt en viaduc. La largeur de la voie est de 1 mètre.

Stations. — Cinq stations desservent le chemin de fer :

1º Station Electricité, desservant le palais de l'électricité, celui de l'agriculture, le château d'eau;
2º Tour de 300 mètres, desservant le palais des mines, celui du costume, la tour de 300 mètres, etc.;
3º Guerre et marine, desservant le palais des armées de terre et de mer, la passerelle du quai Debilly;
4º Puissances étrangères, situé quai d'Orsay, dessert le palais des puissances étrangères;
5º Invalides, desservant l'esplanade des Invalides.

Prix d'entrée. Perception. — Le prix d'entrée est fixé à 25 centimes pour un parcours n'excédant pas un tour complet.

En arrivant à l'entrée des gares, les voyageurs trouveront des guichets où on leur donnera, en échange des 25 centimes perçus, un jeton en cuivre; ce jeton devra être déposé dans un des tourniquets placés à l'entrée.

Fauteuils roulants. — *Emplacements de jour :*
Au pied de la Tour Eiffel;
Près du pont Alexandre III;

Au Trocadéro, près de la porte d'entrée de la rue de **Magdebourg**.

Emplacements de nuit :

Sous les palais du Trocadéro, des Armées de Terre et de Mer et le grand palais des Beaux-Arts.

Tarif :

1 heure, 2 fr. 60; — 1 h. 1/4, 3 fr. 25; — 1 h. 1/2, 3 fr. 90; 1 h. 3/4, 4 fr. 55; — 2 heures, 5 fr. 20.

Nota. — Un service spécial est établi pour prendre ou rendre à domicile les personnes qui le désirent. S'adresser à la direction (Fauteuils roulants, sous-sols du Palais des Beaux-Arts, Champs-Elysées, 1er lot). Téléphone 291-52.

Portes d'entrée. — *Place de la Concorde.* — Porte monumentale donnant directement accès à l'exposition d'horticulture.

Avenue des Champs-Elysées. — Deux portes situées à la station du Métropolitain et vis-à-vis les palais.

Avenue d'Antin. — Deux portes situées derrière le grand palais.

Quai de la Conférence. — Entrées de chaque côté du pont des Invalides.

Place de l'Alma. — Deux entrées : à l'angle de la place et du Cours-la-Reine et sur le quai Debilly, à droite du pont.

Quai Debilly. — Quatre entrées : en face la Manutention et vis-à-vis les extrémités droite et gauche du Trocadéro.

Trocadéro. — Six entrées : angle du quai Debilly (côté des colonies étrangères); en face de l'avenue d'Iéna; avenue du Trocadéro; place du Trocadéro, en face de l'avenue Kléber; à l'angle de l'avenue du Trocadéro et en face de l'avenue Henri Martin; — en face de l'avenue Delessert.

Champ-de-Mars. — Sept entrées avenue de Suffren: deux à l'angle du quai, une à l'angle du palais, face à la rue Desaix, face à la rue de la Fédération, entre la rue Dupleix et le village suisse, angle de l'avenue de La Motte-Picquet; — une entrée face à l'Ecole Militaire; huit entrées avenue de La Bourdonnais; à l'angle de l'avenue de La Motte-Piquet, entre l'avenue de La Motte-Picquet et la rue du Champ-de-Mars, face à la rue du Champ-de-Mars (section de mécanique), face à l'avenue Rapp, à la rue Montessuy, à la rue de l'Université, deux à l'angle du quai d'Orsay.

Quai d'Orsay. — Sept entrées : trois au pont de l'Alma, deux au pont des Invalides, une à l'angle de la rue de Constantine, une face au ministère des affaires étrangères.

Esplanade des Invalides. — Une entrée rue Fabert, entre les rues Saint-Dominique et de l'Université; une entrée en face de l'hôtel des Invalides; quatre entrées rue de Constantine: à l'angle de la place, entre les rues de Grenelle et Saint-Dominique, entre les rues Saint-Dominique et de l'Université, près de la gare.

Tickets. — Le visiteur devra se munir d'avance de tickets d'entrée à l'Exposition, qu'il pourra se procurer dans les bureaux de poste, bureaux de tabac, kiosques spéciaux établis aux abords de l'Exposition, ainsi que dans la plupart des compagnies de chemins de fer, bureaux d'omnibus, de tramways, de voitures de place, de bateaux à vapeur, d'hôtels, cafés, etc.

Droits d'entrée. — Le matin, avant 10 heures : deux tickets; — de 10 heures du matin à 6 heures du soir : un ticket; — le soir, après 6 heures : deux tickets en semaine, un ticket les dimanches et jours de fêtes et certains jours déterminés par le Ministre du Commerce.

Un tarif supérieur pourra être mis en vigueur à des jours fixés par décision du Ministre du Commerce sur proposition du Commissaire général.

Heures d'ouverture et de fermeture. — Ces heures seront fixées par des avis insérés au *Journal officiel* et affichés.

Banques et Bureaux de Change. — Société générale (voir page 122); Crédit Lyonnais (voir page 113); Comptoir d'Escompte (voir page 124).

Bureaux de postes, télégraphe et téléphone

1. **Bureau Central**, avenue de La Bourdonnais (porte Rapp).
   Ce bureau centralise l'arrivée et la distribution de toutes les correspondances.
2. **Pavillon de la Presse** (quai d'Orsay).
   (Ouvert d'un côté au public et de l'autre à la presse.)
3. **Palais des Beaux-Arts** (Champs-Élysées).
4. **Avenue de Suffren** (près la rue de la Fédération).
5. **Quai Debilly** (pont d'Iéna).
6. **Cours-la-Reine** (près le pont de l'Alma).
7. **Quai d'Orsay** (angle rue Fabert et esplanade des Invalides). Ces bureaux reçoivent les correspondances postales qu'ils envoient au bureau central. Ils sont reliés au poste central des télégraphes pour l'expédition des correspondances électriques.

ANNEXES DES BUREAUX DE POSTES

Vincennes. — Bureau complet (postal, télégraphique et téléphonique).

Tour Eiffel. — Service téléphonique 1re et 2e plates-formes. et service télégraphique 3e plate-forme.

76 boîtes supplémentaires postales disséminées.

56 cabines téléphoniques.

Water-closets et cabinets de toilette. — *Champs-Élysées*: exposition d'horticulture (jardins et berges de la Seine); — près des palais des Champs-Elysées; — section des cabarets artistiques; — entrée de la place de l'Alma; — quai Debilly en face le Trocadéro).

Jardin du Trocadéro: près des Palais étrangers et des Colonies étrangères; — derrière le Palais central du Trocadéro (à droite et à gauche); — près des Colonies françaises et l'Andalousie.

Champ-de-Mars : avenue de Suffren (galerie du Génie Civil et près l'avenue de La Motte-Picquet); — avenue de La Bourdonnais (près de la cheminée monumentale, près de la porte Rapp et de la porte Montessuy); — dans le jardin central; — dans le jardin, côté gauche de la Tour Eiffel.

Quai d'Orsay : devant le Château tyrolien, à l'angle du pont d'Iéna, près du Pavillon belge, du Creusot, du Mexique, aux angles du pont de l'Alma, à l'angle du pont des Invalides, dans la section des puissances étrangères et dans l'exposition d'horticulture.

Esplanade des Invalides: rue Fabert (à l'angle du quai d'Orsay, près du pavillon du Japon et à l'angle de la place des Invalides); — rue de Constantine, à l'angle de la place des Invalides; — dans l'intérieur, en face la rue Saint-Dominique.

Garages de bicyclettes. — Avenue des Champs-Elysées, entre la porte de la place de la Concorde et le Palais; — quai d'Orsay, près de l'Esplanade des Invalides (côté droit).

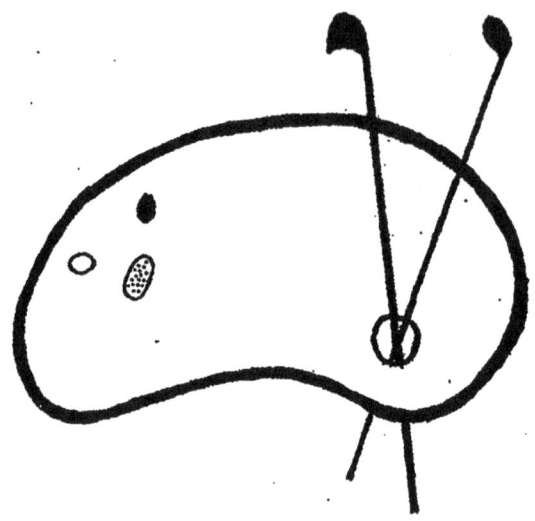

DEBUT D'UNE SERIE DE DOCUMENTS
EN COULEUR

Ire SECTION DU GUIDE
Champs-Élysées.
Beaux-Arts

Société Française des Cylindres Artistiques
POUR
Phonographes et Graphophones

Exiger sur toutes nos Boîtes   *la marque ci-dessus.*

Désormais le phonographe intéressera tout le monde, même les plus difficiles au point de vue artistique : grâce à **nos merveilleux Cylindres** impressionnés par les **premiers Artistes de Paris**, sous la direction de **MM. Trespaillé-Barrau**, Vice-Président de l'Association des Concerts Lamoureux, et **H. Sabathier**, ex-Professeur au Conservatoire de Paris (1er Prix), soliste à la même Association et membre du Comité.

Les natures les plus musiciennes éprouveront le plus grand plaisir à entendre les œuvres des Maîtres Français et Étrangers reproduites avec un souci d'art consommé, comme seuls **des Artistes** de cette valeur peuvent le faire.

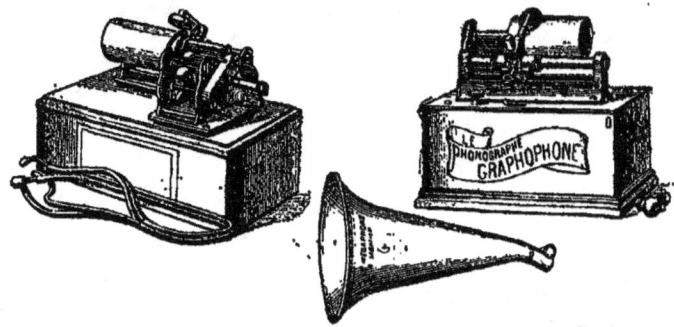

Le Pavillon breveté S. G. D. G. ci-dessus appelé " **LE MÉGAPHONE H. SABATHIER** ", dont notre collaborateur est l'inventeur, reproduit avec la plus grande exactitude l'orchestre, comme la voix humaine.

S'adresser à notre **SIÈGE SOCIAL : 12, rue Le Peletier**
POUR TOUTES DEMANDES DE :
Phonographes, Graphophones, Accessoires de toutes marques.

Orgues d'Alexandre
81, RUE LAFAYETTE, PARIS — *Demander le Catalogue général illustré*

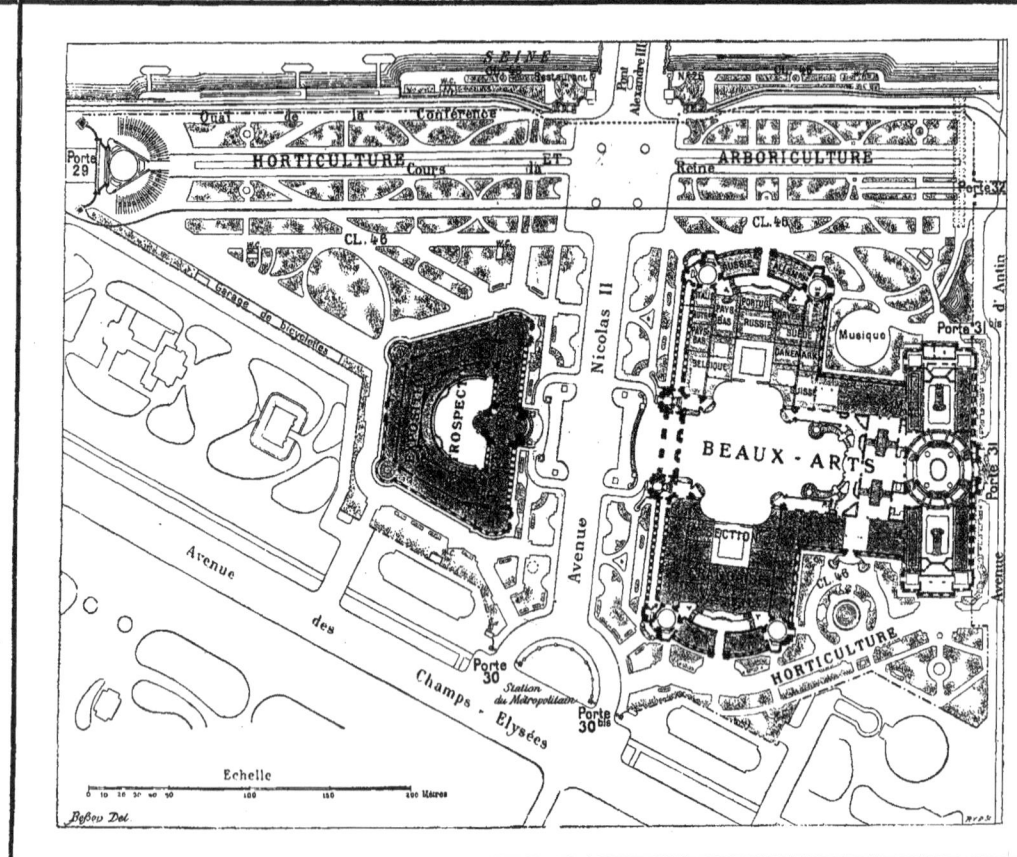

HYGIÈNE ET ANTISEPSIE DE LA TOILETTE
SANÉDOL Eau parfumée et antiseptique, très douce à la peau. S'emploie en lotions contre les rougeurs ou boutons du visage et sert dans tous les soins de la toilette du corps, en remplacement des Coaltars et autres produits d'odeur désagréable. — 1.75 le flac., 3 fr. le 1/2 lit., 5 fr. le lit. (Port en plus.)
Gros et Détail : **LAVOINNE, 176, avenue du Maine, PARIS**

Madeleines Champagne
ROUSSEAUX - Reims (Voir Classe 57)

Iʳᵉ SECTION DU GUIDE
Champs-Élysées.
Beaux-Arts

PIERRE PETIT et Fils

Photographie Nouvelle

HOTEL PARTICULIER

122, Rue Lafayette, 122

TOUS LES PROCÉDÉS

TOUTES LES RÉCOMPENSES

Chevalier de la Légion d'honneur.

Modes **Mᵐᵉ *Esther Astruc***

34, Avenue de l'Opéra (A l'Entresol)

MAGASIN   ENGLISH SPOKEN

43, Rue Saint-Augustin — PARIS —

MANTEAUX Hygiéniques, Imperméables sans Caoutchouc
CONFECTIONS
Vêtements Imperméables **DE PLUIE**

Ces manteaux de ville ont le grand avantage de ne pas provoquer la transpiration et de n'avoir aucune odeur; ils peuvent également servir de manteaux de voyage et de cache-poussière. On les fait en toutes nuances unies et fantaisies.

J. D'ANTHOINE   SPÉCIALITÉ DE COSTUMES
24, Rue des Bons-Enfants — PARIS   IMPERMÉABLES POUR CYCLISTES

Envoi franco du Catalogue et Échantillons Manteaux de Pluie

LYSOL   ANTISEPTIQUE, DÉSINFECTANT
Dans toutes les Pharmacies
et à la SOCIÉTÉ FRANÇAISE du LYSOL
22 et 24, place Vendôme, PARIS

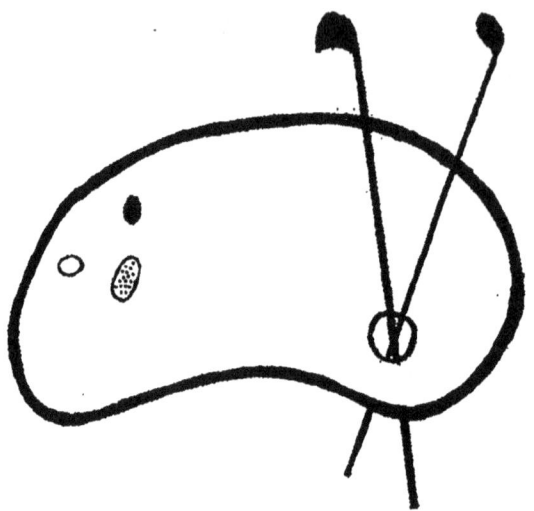

FIN D'UNE SERIE DE DOCUMENTS
EN COULEUR

Ire Section du Guide
Groupe II

Porte monumentale
Palais des Beaux-Arts

Classe 7. — Peinture, cartons, dessins.
— **8.** — Gravure et lithographie.
— **9.** — Sculpture et gravure en médailles et sur pierres fines.
— **10.** — Architecture.

Portes d'entrée : Portes n° 29, place de la Concorde ; — n°s 30 et 30 *bis*, avenue des Champs-Elysées, coin de l'avenue Nicolas II ; — n°s 31 et 31 *bis*, avenue d'Antin ; — n° 32, avenue d'Antin (coin du quai de la Conférence).

Restaurant : A gauche du pont Alexandre III.

La porte monumentale de la place de la Concorde

Le visiteur pénétrera dans l'enceinte de l'Exposition par la porte monumentale de la place de la Concorde, où se trouvent trente-six guichets permettant l'entrée de soixante mille personnes par heure. Cette porte, œuvre de M. Binet, est formée de trois grands arcs égaux, supportant une immense coupole dont le sommet est à 45 mètres du sol. La face d'avant est surmontée du navire de la ville de Paris, au-dessus duquel se dresse, sur un magnifique socle, une statue de M. Moreau-Vauthier qui symbolise la ville de Paris faisant accueil aux visiteurs.

On admirera le luxe délicat de l'ornementation : la dentelle qui borde les arcs, les voussures si artistement découpées à jour, l'or et les riches tons des peintures, etc. Une multitude de cabochons de verre, finement coloriés et qui brillent la nuit de mille feux, donnent au monument un aspect des plus chatoyants.

A droite et à gauche de l'arc principal, se développe une remarquable frise en exèdre, sortant des ateliers de la grande tuilerie d'Ivry (Maison Émile Muller et Cie), *la Frise des Travailleurs*, de M. Guillot, qui représente des ouvriers apportant,

Cie Gle de Cinématographes, PHONOGRAPHES & Pellicules
SOCIÉTÉ ANONYME AU CAPITAL DE 2.000.000 DE FRANCS
Anciens Établissements PATHÉ Frères
98, Rue Richelieu, PARIS

Établissements les plus Importants d'Europe

Le GAULOIS
Phonographe des Familles

Dernière Création

PHONOGRAPHES PATHÉ
Exposition Universelle, Gr. III, Cl. 17, 18 et 115 Colonies

Le STENTOR
Plus puissant que la voix humaine

Catalogues illustrés sur demande
Cylindres en Langues étrangères

Visiter le **Salon du Phonographe**
Concert public (5.000 morceaux au choix)
26, BOULEVARD DES ITALIENS, 26

HOTEL MÉTROPOLE

6, RUE CASTIGLIONE — Près la Porte monumentale
PARIS de l'Exposition et les Tuileries

Lumière Électrique   **Mme SAVOYT**, Propre
BAINS   *CHAMBRES ET APPARTEMENTS*
Ascenseur   POUR FAMILLES
TÉLÉPHONE   Service de premier ordre

PRIX MODÉRÉS

Near the monumental gate of the Exhibition and the Tuileries

Mme SAVOYT, Proprietress   ELECTRIC LIGHT
ROOMS AND APARTMENTS FOR FAMILIES   Baths
First Class Attendance   LIFT
MODERATE CHARGES   TELEPHON

INSTITUT DERMATOLOGIQUE
TRAITEMENT SUR PLACE DES MALADIES DE LA **PEAU**

à flots pressés, leur travail à l'Exposition. A remarquer aussi, sur les soubassements, une belle frise d'animaux de M. Jouve. Aux deux extrémités s'élèvent, avec une élégance pleine de hardiesse, deux très hauts minarets. L'entrée des guichets est décorée de cartouches aux armes des principales villes de France. Sur le monument flottent les pavillons de toutes les nations qui participent à l'Exposition. Ces cartouches et ces oriflammes multicolores ajoutent leurs notes gaies à ce brillant ensemble.

Après avoir franchi la porte monumentale, le visiteur remarquera les beaux jardins de style anglais du Cours-la-Reine et

du quai de la Conférence. Cette partie de l'Exposition, ornée de belles statues, de groupes en bronze et en marbre, offre un grand intérêt à l'amateur de jardin, qui y trouvera réunies les plus belles collections de plantes de serres et de plantes de pleine terre, d'arbrisseaux et d'arbustes apportés par les horticulteurs de tous les pays (classe 46). Là aussi sont exposées, pour former des concours temporaires, les plus belles productions fruitières et potagères. Sur les berges de la Seine (rive droite et rive gauche), surélevées à cet effet, du pont de la Concorde à celui des Invalides, se trouvent les collections d'arbres fruitiers formés (classe 45).

Le visiteur se dirigera, en suivant le Cours-la-Reine, vers l'avenue Nicolas II qui se trouve entre les deux palais des Champs-Elysées, dans l'axe du pont Alexandre III, et où l'attend un merveilleux spectacle : à droite et à gauche, le grand et le petit palais des beaux-arts; en face, la perspective du pont Alexandre III et de l'esplanade des Invalides, avec ses nombreux palais et son admirable dôme doré; à droite, sur la rive gauche de la Seine, du pont des Invalides au pont de l'Alma, la ligne pittoresque des palais et pavillons des puissances étrangères.

Haro & Cie

PEINTRE-EXPERT

Restaurateur de Tableaux
du Ministère des Travaux Publics et de la Ville de Paris.

DIRECTION DE VENTES PUBLIQUES

Éditeurs d'Estampes et Publications Artistiques de la Ville de Paris

20, Rue Bonaparte

Galeries de Tableaux Anciens & Modernes — Ateliers

14, Rue Visconti

Grande Tuilerie d'Ivry
Émile MULLER & Cie

Fondée en 1854

Téléphone 801-40   IVRY-PORT, près PARIS

SALON D'EXPOSITION ET DE VENTE

Téléphone 110-32   PARIS, 3, RUE HALÉVY

Produits Céramiques pour Constructions et Industries

Tuiles et accessoires de couverture	Décoration architecturale extérieure et intérieure, en grès, faïence, terre cuite
Briques en terre cuite et en grès, émaillées ou non	Cheminées, colonnes, colonnettes, vases, bustes, statues, statuettes, balustrades
Creusets français en plombagine	
Produits réfractaires de toute nature	Pièces décoratives pour jardins
	Pièces d'art
Tuyaux et accessoires en grès et en fonte	Coton minéral, calorifuge

Le grand palais des beaux-arts

Le grand palais, exécuté sous la haute direction de M. Charles Girault, architecte en chef, est l'œuvre de trois architectes : M. Deglane, pour la façade principale sur l'avenue nouvelle ; M. Louvet, pour la partie intermédiaire, et M. Thomas, pour la partie postérieure, qui se trouve en façade sur l'avenue d'Antin.

Avec sa superbe colonnade, le caractère magistral de sa triple entrée monumentale, la noble sobriété de ses lignes, le grand palais produit un effet des plus imposants, que complète un magnifique ensemble de statuaire.

A remarquer d'abord le motif de M. Jules Desbois, placé en haut du porche central; le couronnement des grands pylônes, de MM. Lombard et Verlet, représentant *la Paix* et *l'Art*. Contre ces motifs, les figures de MM. Greber et Seysse; au pied des pylônes, les groupes décoratifs de MM. Boucher et Gasq; entre les colonnes du porche central, des figures de marbre de MM. Camille Lefèvre, Labatut, Antonin Carlès et Cordonnier ; au-dessus des entrées latérales de ce même porche, les bas-reliefs de M. Carli. Enfin, pour compléter cette superbe décoration, les figures de M. Capellaro.

Le bas, de chaque côté de la colonnade, est orné de statues assises qui représentent, en commençant par le côté Seine : *l'Art asiatique*, de M. Bareau ; *l'Art égyptien*, de M. Suchetet ; *l'Art grec*, de M. Béguine ; *l'Art romain*, de M. Clausade ; *l'Art du Moyen-âge*, de M. Boutry ; *l'Art de la Renaissance*, de M. Enderlin ; *l'Art au dix-huitième siècle*, de M. H. Lefebvre ; *l'Art contemporain*, de M. Charpentier.

Au-dessus de ces statues, sous le portique formé par la colonnade, la frise de mosaïque d'émail, de M. Guilbert-Martin, exécutée d'après les cartons du peintre Fournier, qui représente, en plusieurs parties, *l'Histoire de l'Art*. Chacune des époques de cette histoire est symbolisée par les statues dont nous venons de parler, et ces diverses phases de l'art de la frise sont séparées par deux figures haut-reliefs de MM. Soldi, Levasseur, de la Vingtrie et André.

Les angles de la façade présentent un pan coupé arrondi, motif charmant qui donne un accès secondaire au palais. Sur le perron, côté Champs-Elysées, deux statues de MM. Léonard et Daillion; côté Seine, deux autres de MM. Villeneuve et Lafond. Au-dessus de ces angles, les quadriges colossaux de M. Georges Recipon : *l'Immortalité devance le Temps* et *l'Harmonie terrassant la Discorde*.

En quittant l'avenue nouvelle pour suivre les façades latérales, dont la courbe regarde les Champs-Elysées et le Cours-la-Reine, nous trouvons deux entrées donnant accès directement à la grande piste; au-dessus de ces entrées, deux figures de MM. Allar et Madeline.

Nous arrivons ainsi aux deux renfoncements de l'édifice qui constituent la partie intermédiaire. Cette partie développe une façade très sobre sur le Cours-la-Reine, derrière les grands arbres de l'ancien Jardin de Paris. Sur les Champs-Elysées, un perron monumental donne accès à une entrée surmontée d'un haut-relief de M. Theunissen : *les Arts et les Sciences rendant hommage au nouveau Siècle;* les deux groupes placés sur la balustrade : *l'Aurore* et *la Nuit*, sont de MM. Soulès et Sicard.

En continuant vers l'avenue d'Antin, nous trouvons les entrées de service du palais, aux deux extrémités de la partie construite par M. Thomas. C'est par ces entrées que l'on se rendra aux dépôts d'œuvres d'art et, en temps de concours hippique, aux écuries qui ont été aménagées dans les sous-sols avec un soin tout particulier et dont l'ancien palais de l'Industrie était totalement dépourvu. Sur la balustrade de ces entrées, deux grands groupes décoratifs.

La grande façade de cette portion du palais sur l'avenue d'Antin présente une loggia de colonnes accouplées qui abrite la grande frise polychrome en grès cérame, *l'Art à travers les Ages*, de 90 mètres de long sur 4 mètres de haut, exécutée par la Manufacture nationale de Sèvres, d'après les cartons de M. Joseph Blanc et sous la direction de M. Vogt, directeur des travaux techniques de la Manufacture.

Le visiteur admirera sur cette façade la grande figure assise de M. Barrias; les quatre groupes de MM. Larche, Allar, Coutan et Marqueste; au-dessus de la balustrade, le motif en fonte de M. Tony Noël; près du perron, des bas-reliefs en médaillon, et, sur les marches, les lions de M. Germain, l'ornemaniste de toute cette portion du palais; enfin, aux extrémités de la façade, deux groupes de MM. Antonin Mercié et Tony Noël.

Après avoir gravi ce perron, nous entrons dans un grand hall elliptique entouré d'escaliers et de deux étages de galeries formant le plus vivant et le plus intéressant des promenoirs. A droite et à gauche s'ouvrent deux grands halls, renfermant chacun un escalier monumental qui conduit aux salles du premier étage.

Si, revenant dans l'avenue nouvelle, nous pénétrons dans le grand porche, nous serons frappés de la majesté du grand hall vitré. Le fond de la salle, en face de l'entrée, est occupé par l'escalier d'honneur qui mène à la galerie et aux salles du premier étage et directement à la salle des fêtes. Ce remarquable escalier appuie sur des colonnes de porphyre vert comme sur des troncs, et les enroulements de ses volutes en fer font penser aux branches d'arbres étranges. La balustrade, en bronze et fer, ajoute encore à cet effet inédit une note d'art nouveau qui fait le plus grand honneur au jeune maître, M. Louvet.

Du reste, dans l'intérieur comme à l'extérieur de ce palais, on sent qu'une pléiade de jeunes artistes s'est donnée tout entière pour seconder la vigueur artistique de M. Deglane et l'expérience d'art de M. Thomas.

Dans le grand palais sont réunies :
1º L'exposition centennale de l'art français et des arts décoratifs comprenant la période de 1800 à 1889;
2º L'exposition décennale de l'art français qui part de 1889 pour aller jusqu'à 1900;
3º Enfin, les expositions décennales d'art organisées par les nations étrangères.

L'exposition centennale a été préparée par les soins de M. Emile Molinier, conservateur au Musée du Louvre, et plus particulièrement de M. Roger Marx, inspecteur général des musées; elle retrace, dans leur ordre chronologique, à l'aide des œuvres les plus importantes des maîtres de ce siècle, les diverses évolutions et transformations que notre génie artistique a subies durant cette période et permet en même temps de se rendre compte de la surprenante unité qu'il a toujours su garder dans ses efforts incessamment renouvelés pour atteindre à plus de vérité et plus de beauté.

L'exposition centennale occupe la partie du grand palais qui se trouve en bordure de l'avenue d'Antin; elle commence dans la salle du rez-de-chaussée qui est à l'angle de cette avenue et du Cours-la-Reine.

Salle I. Là sont groupées les œuvres de la période révolutionnaire et du début du xixe siècle, qui montrent les premières tendances de l'art français moderne se dégageant peu à peu des formules de l'époque précédente. C'est, de Greuze, *la Prière du matin* et *Egine et Jupiter*; de Demarne, *le Canal*; de Mme Vigée-Lebrun et de Danloux, des portraits; de Prud'hon, *le Jeune Zéphyr*.

La **salle II** renferme les œuvres de David (*la Mort d'Ugolin*, *Portraits de Mme Vigée-Lebrun, du peintre Vincent*), ainsi que celles de Gros (*Bonaparte passant une revue*, esquisse du *Combat de Nazareth*). — De Gros encore, dans la **salle III**, *l'Embarquement de la duchesse d'Angoulême à Pauillac*; à côté, le portrait de Mme Lætitia par le baron Gérard, et ceux de Riesener, de Court, de Girodet; entre les deux fenêtres, une esquisse de Géricault pour le *Radeau de la Méduse*.

Ingres a les honneurs de la **salle IV** qui lui est consacrée presque tout entière; on voit de lui *le Vœu de Louis XIII*, de la cathédrale de Montauban, l'*Entrée de Charles V à Paris*, et quelques-uns de ses célèbres portraits d'une beauté si pure et si pénétrante (*Mme de Senones*, du Musée de Nantes, *Mme Panckouke*, *Bartolini, la Princesse de Broglie, le peintre Granet*, etc.)

De l'autre côté de la coupole, la **salle V** contient l'œuvre de Delacroix; là se trouvent réunis le *Saint-Sébastien*, de l'église de Nantua, une *Entrée des Croisés à Constantinople*, des *Cavaliers arabes, la Grèce expirante sur les ruines de Missolonghi*, etc. En face, Théodore Chassériau, avec la *Toilette d'Esther*, le portrait des *Deux Sœurs, Apollon et Daphné*.

La **salle VI** offre un grand tableau d'Eugène Lami, *la Bataille de Wattignies*, une étude d'anatomie de Heim, des plus remarquables, de beaux portraits de Delaroche, de Robert-Fleury, d'Ary Scheffer.

Courbet et Millet sont réunis dans la **salle VII**. Du premier l'on trouve *la Sieste, les Cribleuses de blé, la Source*; du second, une *Femme faisant manger son enfant, l'Homme à la Houe, le Retour des Champs*.

Tout une partie de la **salle VIII** est consacrée à l'œuvre de Daumier (*Avocats, l'Amateur, le Fardeau, les Émigrants*, etc.). On y voit encore de petits tableaux de Lami et des esquisses historiques de Heim et d'Eugène Devéria.

Les petites salles qui suivent sont consacrées à l'histoire de la peinture de paysage : Pillement, Dagnan (*Vue du boulevard Saint-Martin*), puis G. Michel (*l'Orage, la Ferme*); Cabat (*Lisière d'une forêt*; J. Dupré (*Coucher de Soleil, Passage du Gué*, etc.) occupent la première (**salle IX**); les vingt-quatre numéros de Corot (*la Cathédrale de Chartres, le Manoir de Beaune-la-Rolande, Vue de Volterra, l'Atelier*, etc.) remplissent la **salle X**; et cette revue de notre école du plein air se continue (**salle XI**) par Th. Rousseau (*Environs de Fribourg, la Mare*); Diaz (*Forêt de Fontainebleau*); Monticelli (*le Parc de Saint-Cloud*), et (**salle XII**), par Daubigny (*l'Hiver, le Marais d'Optevoz*); Troyon (*Bœufs au labour, un Fermier dans sa charrette*); Chintreuil (*le Passeur*, etc.).

Il nous faut parcourir la **salle XIII** où sont groupés les pastels, gravir l'escalier à gauche de la coupole et traverser deux salles de la décennale pour reprendre dans la **salle XXII** notre promenade un instant interrompue. Nous y trouvons d'Harpignies *le Ravin de Cernay*; de Jules Breton *le Soir* et *la Fin de la journée*; de Fromentin, une *Fantasia arabe* et un *Palais à Venise*, en même temps qu'une belle série de portraits, de Ricard.

Dans la **salle XXIII**, une *Vue de Tanger* de Regnault; *le Cabaret normand* de Th. Ribot; une *Danse des nègres* par Dehodencq; des Meissonier et un Regamey (*Batterie de tambours*).

L'*Albaydé* de Cabanel; le *Portrait de curé* d'Henner et celui de *Gounod* par Delaunay; la *Salomé* et *Médée et Jason*, de Gustave Moreau; *la Muse populaire* d'Hébert garnissent la **salle XXIV**.

La **salle XXV**, que nous gagnons en passant devant un fragment de la décoration de l'ancienne Cour des Comptes de

Chasseriau, devant la *Distribution des Aigles* de David, et le *Bailly proclamé maire*, de Cogniet, renferme une série fort complète de Manet (*le Déjeuner sur l'herbe, portraits de Marcellin Desboutin et de M*me *Gonzalès, un Bar aux Folies-Bergères*, etc.); et aussi des *Cuirassiers* de Régamey; *le Coin de table* de Fantin-Latour; *l'Ex-voto* d'A. Legros.

Dans la **salle XXVI** est groupé l'œuvre des peintres impressionnistes, Claude Monet (*Argenteuil, la Falaise d'Étretat*); Pissaro (*Une rue à Sydenham, Effet d'hiver*); Sisley (*le Canal*); Renoir (*la Loge*); Degas (*Répétition*); Berthe Morisot, etc.

Nous trouvons rassemblés dans la **salle XXVII** l'*Assomption*, de l'église Saint-André à Bayonne, de Bonnat; *les Cherifas*, de Benjamin-Constant; *la salle Graffard*, de Jean Béraud; *Pas mèche*, de Bastien-Lepage; dans la **salle XXVIII**, *le Pauvre Pêcheur* et l'esquisse du *Ludus pro patria*, de Puvis de Chavannes; *le Vin*, de Lhermitte, etc.

Enfin, la **salle XXIX**, la dernière de la Centennale, forme une sorte de salon d'honneur, où toutes les tendances qui se sont manifestées avec quelque éclat dans ces vingt-cinq dernières années sont également représentées; les tableaux les plus importants de Carolus-Duran, Cazin, Eug. Carrière, Fantin-Latour, Besnard, J.-P. Laurens, etc., montrent à l'aube de l'ère nouvelle notre génie artistique toujours vivace, n'ayant rien abdiqué du rang qu'il a occupé jusqu'ici dans le monde.

Cette exposition de peinture se complète par une ample collection de dessins (portraits d'Ingres, études de Prud'hon) qui occupe les galeries latérales du premier étage.

L'exposition centennale de sculpture, placée sous la coupole et dans la nef, présente, elle aussi, un intérêt considérable par la réunion, accomplie pour la première fois d'une façon suivie et complète, des pièces capitales des grands maîtres et d'un certain nombre d'œuvres moins connues ou à peu près oubliées qu'elle remet à leur véritable place.

Au centre de la coupole est placé le *Vergniaud*, de Cartellier; tout autour, le *Général Hoche*, de Milhomme; *la Paix*, de Chaudet; *Napoléon I*er, de Ramey; le *Duc d'Orléans*, de Jaley; *le Lion des Tuileries*, de Barye; *Cuvier*, de David d'Angers; *Jeanne d'Arc*, de Rude; *Ugolin*, de Carpeaux; *la Liberté éclairant le monde*, de Bartholdi; le *Porte-falot*, de Frémiet; *l'Age d'Airain* et la *Création de l'homme*, de Rodin; dans la nef de droite, Pradier est représenté par *Chloris* et *Phryné*; Cabet par la *Sortie du bain*; Simart par le *Joueur de Ruzzica*; dans celle de gauche, c'est Falguière (*Diane, Bacchantes*); Mercié (*David*); Pollet (*une Heure de la Nuit*); Chapu (*la Jeunesse*), etc.

L'exposition centennale s'achève par des salles d'aquarelles, de gravure, de médailles, d'architecture (**salles XIV à XXI**) où l'évolution de ces différents genres est remise en lumière, et enfin par des salons de repos dans lesquels sont présentées des séries aussi complètes que possible de meubles et d'objets d'art industriel, caractéristiques des différents styles qui se sont manifestés durant ce siècle.

L'exposition décennale de l'art français (1889-1900) se trouve dans les salles du grand palais qui sont situées du côté des Champs-Elysées. Elle contient les principales œuvres parues aux Salons de ces dix dernières années ; en voici les plus importantes :

Salle 1. Ch. Cottet, *Repas d'adieu, Ceux qui sont partis, Celles qui restent,* tryptique ; Albert Maignan, *la Fortune passe, la Muse verte* ; Edouard Dantan, *Intérieur d'atelier.* — **Salle 1 bis.** François Flameng, *la Fuite en Egypte* ; Barrias, *Retour de la Circoncision.* — **Salle 2.** Dagnan-Bouveret, *la Cène, Les Conscrits* ; Ary Renan, *l'Epave.* — **Salle 3.** Henner, *Eglogue, le Lévite d'Ephraïm* ; Billotte, *Paysages.* — **Salle 4.** Guillemet et H. Zuber, *Paysages* ; Weerts, *Portraits* ; Mme Demont-Breton, *Dans l'eau bleue, Ismaël.* — **Salle 5.** Montenard, *les Vendanges* ; E. Quost, *Mes Ruches.* — **Salle 6.** Courtois, *l'Amour au banquet* ; L.-A. Girardot, *Scènes arabes.* — **Salle 7.** Guillaume Dubufe, *la Maison de la Vierge* ; M. Lobre, *le Château de Versailles* ; Louis Picard, *Portraits.* — **Salle 8.** Jean Geoffroy, *Asile de nuit* et la *Prière des Humbles.* — **Salle 9.** Tony Robert-Fleury, *Perquisition sous la Terreur, Au coin du feu* ; Henri Royer, *l'Ex-Voto, En Flandre, le soir.*

Salle 10 (salon d'honneur). A droite : J.-P. Laurens, *Jean Chrysostome* ; Cormon, *Funérailles d'un chef* ; Vollon, *le Potiron* et *Bord de mer à Trouville* ; Jules Lefebvre, *Portraits.* — En revenant : Gervex, *la Distribution des Récompenses (1889)* ; Lhermitte, *la Mort et le Bûcheron* et *le Repos des Moissonneurs* ; Agache, *l'Epée.*

Salle 11. Roybet, *Charles le Téméraire à Nesles, la Main chaude, l'Astronome.* — **Salle 12.** A. Besnard, *Portrait de théâtre* et *Poneys au soleil* ; Franc-Lamy, *Octobre.* — **Salle 13.** H. Martin, *Apparition de Clémence Isaure aux troubadours.* — **Salle 14.** G. Rochegrosse, *Assassinat de l'empereur Géta* ; Boutet de Monvel, *Jeanne d'Arc à Chinon.* — **Salle 15.** Edouard Detaille, *Sortie de la garnison de Huningue, les Victimes du devoir, la Revue de Châlons, les Funérailles de Pasteur.* — **Salle 16.** Eug. Carrière, *Théâtre populaire, Christ en croix, Paul Verlaine* ; R. Collin, *Au bord de la mer* ; Ernest Laurent, *Portraits.* — **Salle 17.** F. Humbert, *Portrait de M. Jules Lemaître* ; G. Jeanniot, *le Soldat* et *Vieux Ménage.* — **Salle 18.** J.-C. Cazin, *Paysages* ; Hébert, *la Vierge au Chardonneret, la Lavandara* ; René Ménard, *Harmonie du soir, Terre antique.* — **Salle 19.** Bonnat, *Portraits de Renan, de Taine, de Joseph Bertrand* ; Vibert, *les Allées du Monastère.* — **Salle 20.** Jean Béraud, *la Madeleine chez le Pharisien* ; E. Wéry, *Retour d'école à Plougastel.* — **Salle 21.** Carolus-Duran, *Portrait de Mme G. F.* ; P.-A. Laurens, *la Bourrasque* ; Jules Breton, *le Pardon à Kerghoat.* — **Salle 22.** Harpignies, *Paysages* ; Aman-Jean, *Portraits* ; Roll, *la Malade* — **Salle 23.** Benjamin-Constant, *Portrait de S. M. la reine d'Angleterre, Mes deux Fils.*

La sculpture de l'exposition décennale française remplit la partie centrale du grand hall et tout le côté des Champs-Elysées. On remarque principalement le *Monument de Victor Hugo*, par Barrias; *Caïn portant Abel*, par Falguière; *les Lutteurs* de Boucher; *la Seine* de Puech; le *Monument aux Morts* (fragment), de Bartholomé; la *Statue tombale du duc d'Aumale*, par Paul Dubois; le *Saint Michel* de Frémiet; la *Première Communiante* de Saint-Marceaux, etc.

Les diverses expositions décennales des artistes étrangers sont placées du côté de la Seine. Au premier étage, c'est le Japon, les Etats-Unis, l'Angleterre, l'Espagne, l'Allemagne, l'Italie, l'Autriche, la Hongrie; au rez-de-chaussée, la Suisse, le Danemark, la Suède, la Norvège, le Portugal, la Russie, la Belgique, les Pays-Bas; enfin, une salle est consacrée aux Républiques Sud-Américaines.

Le petit palais des beaux-arts

Le petit palais est l'œuvre de M. Charles Girault, architecte en chef des deux palais des Champs-Elysées. Ses quatre façades regardent l'avenue Nicolas II, les Champs-Elysées, la Seine et la place de la Concorde. La façade principale, qui fait face au grand palais, et qui n'a pas moins de 129 mètres de longueur, est des plus grandioses. Le porche, si remarquable dans son monumental ensemble, mérite d'être examiné avec un soin particulier; au-dessus du portique, un bas-relief de M. Injalbert : *La Ville de Paris protégeant les Arts*; de chaque côté de l'entrée, des groupes : *La Seine et ses affluents*, par M. Ferrary, et *les Quatre Saisons*, par M. Convers; en haut, des deux côtés, le *Génie de la Peinture* et le *Génie de la Sculpture*, par M. de Saint-Marceaux.

Trente-deux colonnes, ornées de chapiteaux de l'ordre ionique, s'érigent sur les soubassements de l'édifice. Entre le porche et les deux pavillons d'angle, dix-huit bas-reliefs; neuf à droite, de M. Hugues : *l'Architecture, la Sculpture, la Gravure en médailles, la Poterie, la Serrurerie, la Verrerie, la Galvanoplastie, l'Art de l'Ameublement, l'Armurerie*; et neuf à gauche, de M. Fagel : *la Peinture, la Gravure en taille douce, l'Imprimerie, la Photographie, les Fleurs, la Musique, les Bronzes, l'Orfèvrerie, les Tissus*.

Parmi les autres remarquables sculptures du monument, on doit signaler, en retour de la façade principale, côté de la Seine et côté des Champs-Elysées, les motifs de M. Mourel : *Junon* et *Vénus*; sur les pavillons d'angle, les bas-reliefs de M. Peynot : *Génies soutenant les Armes de la Ville*; sur la façade postérieure, *les Heures*, de M. Lemaire; *l'Histoire et l'Archéologie*, de M. Dessergues; sur la cour, les motifs de M. Lefeuvre : *l'Art dans la Fantaisie* et *l'Art dans la Vérité*; les bas-reliefs de M. Carlus : *les Sciences et les Lettres; les Enfants*, de M. Hercule; deux *Renommées* en métal, de M. Peynot. Dans l'intérieur de la cour, des groupes d'enfants de MM. Ferrary et Convers.

M. Gustave Germain a étudié toute la sculpture décorative extérieure. La décoration intérieure a été exécutée par M. Cruchet.

En pénétrant dans le palais par le porche, le visiteur gravira les degrés d'un escalier qui le conduira dans un vaste vestibule circulaire situé sous la rotonde. A droite et à gauche de ce vestibule s'ouvrent deux grandes galeries qui viennent aboutir aux deux pavillons d'angle dans de spacieux salons terminés en arcs de cercle. De là, les deux galeries se continuent le long des façades latérales et de la façade postérieure.

Si le visiteur passe par le fond de la rotonde, il arrive dans une élégante cour en hémicycle, décorée de bassins en mosaïque d'émail. Cette cour est entourée d'un large portique circulaire que forme un rang de doubles colonnes de granit et qu'enrichissent des revêtements de pierre polie et de marbre. Le portique donne accès aux galeries intérieures qui viennent rejoindre les galeries de façade. Elles communiquent, en outre, avec les salles des façades latérales et postérieures citées plus haut et avec les deux escaliers monumentaux des tourelles d'angle qui descendent au rez-de-chaussée.

Dans le rez-de-chaussée, imposant par la puissance de ses points d'appui, la partie réservée au public fait le pourtour du monument. Les parties centrales, très spacieuses, sont réservées pour des dépôts. On remarquera surtout le grand vestibule de la façade postérieure, décoré de marbre gris-bleu, et le dessous de la rotonde, avec ses voûtes hardies et son énorme pilier.

Deux petits escaliers nous ramènent au point de départ.

Les salles et galeries du petit palais contiennent l'exposition rétrospective des objets d'art industriel depuis les origines jusqu'en 1800, organisée par M. Emile Molinier et M. P.[Frantz-Marcou, inspecteur général adjoint des Monuments historiques. On pénètre dans ces salles, du côté des Champs-Elysées, par une large galerie décorée de plantes et d'armures, puis, passant devant des vitrines où sont rangés les bijoux mérovingiens, on arrive à la salle des ivoires. Là sont rassemblées la célèbre Vierge de Villeneuve-lez-Avignon du xive siècle, les Vierges des collections Oppenheim et Martin-Leroy, l'Annonciation, des collections Chalandon et Garnier. La salle suivante est consacrée aux bronzes, à la dinanderie et à la ferronnerie (timon de char du musée de Toulouse, la Femme du lai d'Aristote). Viennent ensuite les faïences et les porcelaines ; c'est la poterie gallo-romaine, les vases en terre vernissée du moyen âge, puis la suite des Bernard Palissy, les séries de céramiques de Nevers, de Moustiers, de Strasbourg, de Niederwiller, de Rouen, de Sèvres. On pénètre alors dans trois salles consacrées à l'orfèvrerie religieuse ; les différents éléments en ont été puisés dans les trésors de nos principales églises : de celle d'Aix, le célèbre triptyque du *Buisson ardent ;* de la cathédrale de Nancy sont venus l'évangéliaire et le calice ; entre les deux, la sainte Foy du trésor de Conques, faite de plaques d'argent repoussé enrichies de pierres précieuses ; plus loin, des colombes eucharistiques, le Christ en émail de la collection Chandon de Briailles, les boîtes à encens de la collection Doisteau, la châsse du martyre de saint Martial.

La salle suivante contient les émaux : la Vénus de la collection Mannheim, la suite des mois de Jean II Pénicaud, le chandelier de Léonard Limousin, de la collection Taylor de Londres. Puis, dans les dernières salles, des étoffes (chasubles des sacres de rois, de la cathédrale de Reims), des miniatures, des sceaux, des médailles, des monnaies, des manuscrits.

La seconde série de salles qui prend jour sur les Champs-Elysées est consacrée au mobilier ; son histoire y est écrite à l'aide des plus beaux spécimens depuis le moyen âge jusqu'à la Révolution : ce sont les portes de la cathédrale du Puy et le Christ, de la collection Hœntschel (xiiie siècle); le coffre de la cathédrale de Rodez (xve siècle) ; le lit d'Antoine de Lorraine et l'armoire de la collection de la marquise Arconati-Visconti, du xvie siècle ; de la première période de Louis XIV, le grand cartel de Fontainebleau, les commodes de la bibliothèque Mazarine ; de la seconde, les tapisseries de l'histoire de Scipion, le service et le nécessaire en vermeil du grand dauphin ; l'art de la Régence est représenté par une armoire de Cressent en acajou, une curieuse pendule à orgue avec personnages ; du temps de Louis XV, un secrétaire à galerie appartenant à M. Scott, des vitrines remplies de souvenirs, de boîtes à mouche, de tabatières. De la période Louis XVI enfin, on voit l'armoire à bijoux de Marie-Antoinette, la pendule des *Trois Grâces* de Falconet (collection Isaac de Camondo), des biscuits et de petites terres cuites de la plus rare beauté.

On ne quittera pas les deux palais des beaux-arts sans jeter un coup d'œil sur les jardins qui les encadrent si gracieusement de verdure et de fleurs, sans les masquer. Ils sont du style composite. Ceux de l'avenue Nicolas II, entre les deux palais, sont particulièrement remarquables par la correction de leur tracé et leurs richesses florales.

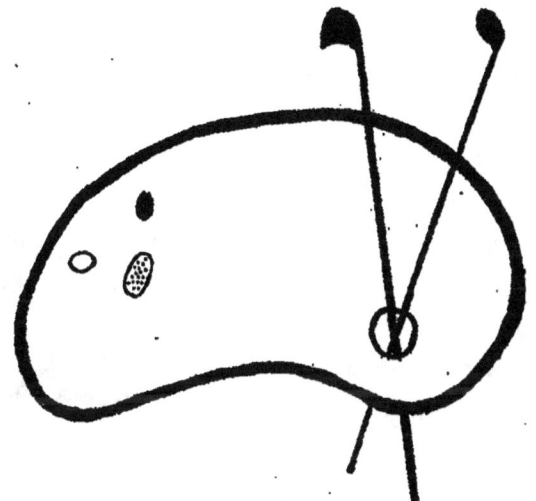

DEBUT D'UNE SERIE DE DOCUMENTS
EN COULEUR

2ᵉ SECTION DU GUIDE
Esplanade des Invalides, rez-de-chaussée de gauche.
Décoration et Mobilier. — Industries diverses.

Exposition universelle Paris 1889, Médailles d'or — Comités Paris 1900
Jury, Hors concours, Barcelone, Londres, Vienne, Madrid, Moscou, Chicago, etc.

ÉLÉVATIONS ET DISTRIBUTIONS D'EAU - FILTRES - CIMENTS
Hydraulique - Mécanique - Hygiène - Génies sanitaires et civil

CARRÉ FILS AINÉ & Cⁱᵉ
Ingénieurs civils

Anciennement, 127, quai d'Orsay, Paris.
Pour cause d'expropriation, transféré
13, rue de la Boétie, place Saint-Augustin.

Fournisseurs de l'État, de la Ville de Paris, des Chemins de fer, etc.
EXPOSANTS : CLASSES 21, 28, 111, 121 - VIEUX PARIS - PAVILLON DES EAUX ET FORÊTS, ETC.

L'EAU A LA VILLE (Invention française)
Le RÉSERVOIR ÉLÉVATEUR D'EAU par l'air comprimé
breveté s. g. d. g. Système CARRÉ

SUPPRIME les réservoirs dans les combles et tous leurs inconvénients ;
AUGMENTE la pression insuffisante de la Ville et la régularise ;
SE PLACE en cave ou sous-sol ;

Marche à moteur au système CARRÉ

ÉVITE gelée, chaleur, contamination ; garantit l'eau en pression utile pour les services d'incendie, d'ascenseurs, w.-c., tout à l'égout, hydrothérapie, etc.

L'EAU SOUS PRESSION A LA CAMPAGNE
AVEC LES MÊMES AVANTAGES QU'A LA VILLE
Par le RÉSERVOIR ÉLÉVATEUR D'EAU br. s. g. d. g., Syst. Carré (Inv. française)

SUPPRIME les réservoirs en élévation sous les toits ou sur pylones ;
ÉVITE gelée, échauffement, surcharges ;
MARCHE à bras, à manège, à moteur quelconque (turbine, bélier, dynamo, roue hydraulique, moteur à gaz, à pétrole, etc.)
ÉLÈVE l'eau des puits, citernes, étangs, sources, dans les châteaux, villas, hôpitaux, collèges et communautés, et la distribue en pression pour cuisines, lavabos, W.-C., bains, incendie, lavage des voitures, douchage des chevaux, etc.

ARROSAGE EN PRESSION DE PARCS ET JARDINS

FILTRES CARRÉ BREVETÉS S.G.D.G.	**TRAVAUX EN CIMENT**
EAU FILTRÉE ET STÉRILISÉE CHAUDE ET FROIDE POUR Usage domestique, Collèges, Hôpitaux.	Pour Usines, Ateliers et Jardins, Massifs de machines, Dallages, Planchers, Canalisations, Réservoirs, Étanchéités.

ÉCONOMIE D'INSTALLATION - HYGIÈNE - SÉCURITÉ
A chaque cas s'applique un appareil spécial système **CARRÉ**
c'est la cause du succès et du parfait fonctionnement
des 6.000 appareils CARRÉ, breveté s. g. d. g.
Envoi franco — Albums et devis — Études sans frais

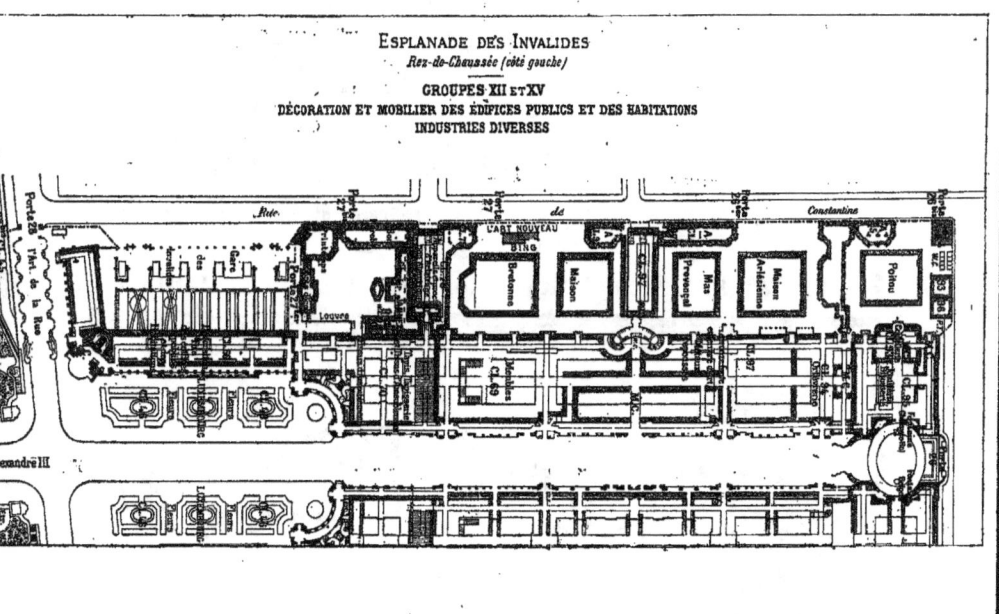

ESPLANADE DES INVALIDES
Rez-de-Chaussée (côté gauche)

GROUPES XII ET XV
DÉCORATION ET MOBILIER DES ÉDIFICES PUBLICS ET DES HABITATIONS
INDUSTRIES DIVERSES

M. C. Musée Centennal.

2e SECTION DU GUIDE
Esplanade des Invalides, rez-de-chaussée de gauche.
Décoration et Mobilier. — Industries diverses.

EAU DE SUEZ
Vaccine de la bouche

Dentifrice antiseptique
Préserve et conserve les DENTS

POUDRE & PATE DE SUEZ

Le seul dentifrice guérissant les **MAUX de DENTS**

EUCALYPTA de SUEZ, Eau de toilette hygiénique à l'Eucalyptus
— EN VENTE PARTOUT —
Dépôt : Pharmacie BÉRAL, 14, rue de la Paix, PARIS

GANT PERRIN

45, Avenue de l'Opéra, 45

PARIS

Tarif franco sur demande.

CHICORÉE EXTRA SUPÉRIEURE
Paul MAIRESSE **A LA FRANÇAISE**
CAMBRAI (Nord)

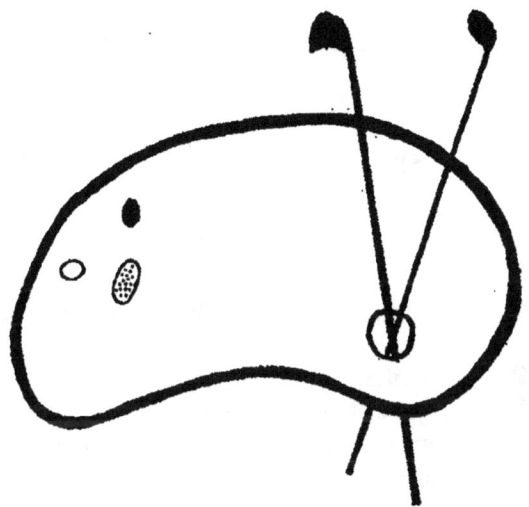

FIN D'UNE SERIE DE DOCUMENTS
EN COULEUR

IIe Section du Guide

Groupes XII et XV

Pont Alexandre III

Palais des Manufactures nationales

Palais de la Décoration et du Mobilier

Palais des Industries diverses

Classe 66. — Décoration fixe des édifices publics et des habitations.
— **69.** — Meubles.
— **70.** — Tapis et tissus d'ameublement.
— **75.** — Appareils et procédés d'éclairage non électrique.
— **93.** — Coutellerie.
— **94.** — Orfèvrerie.
— **95.** — Joaillerie et bijouterie.
— **97.** — Bronze, fonte et ferronnerie d'art, métaux repoussés.

Portes d'entrée : Portes n° 26, au milieu de la façade, face à l'Hôtel des Invalides ; — n°s 26 *bis*, 26 *ter*, 27, 27 *bis*, rue de Constantine ; — n° 28, coin de la rue de Constantine et du quai d'Orsay.

Restaurants : Au pont Alexandre III ; — dans l'exposition du Poitou ; — dans le Viel Arles ; — dans le Mas Provençal ; — dans l'Exposition bretonne.

SERRURERIE ARTISTIQUE, CONSTRUCTIONS MÉTALLIQUES

Ancienne Maison Augustin CASSORET, fondée en 1870

Léonce CASSORET Fils, Sr Membre de la Société des Agriculteurs de France

USINE A SAINT-SAUVEUR-ARRAS (Pas-de-Calais)

Envoi franco sur demande Catalogue et Devis

NOTA. — La Maison s'est rendue acquéreur de la Société Métallurgique d'Arras.

BEC AUER

BREVETÉ S. G. D. G.   NOUVELLES INVENTIONS   BREVETÉ S. G. D. G.

Becs Intensifs ⚓ Bec à Récupération

Siège social à Paris, 147, rue de Courcelles. — Représentants en province

MÉFIEZ-VOUS DES CONTREFACTEURS

ÉCLAIRAGE ROBERT

Appareils d'éclairage, Lampes, Suspensions, Lampadaires, etc.

RÉPARATIONS ET TRANSFORMATIONS DE TOUS STYLES

Spécialité d'Abat-jour en tous genres

Bougies-veilleuses au Gazogène. — Pétrole Lumière rectifié.

PAUL MONNET, 10, rue Tronchet, Paris

USINE ET ENTREPOT :

163, rue des Voies-du-Bois, à Colombes (Seine)

TRAITEMENT des VIGNES

MILDIOU   VERDET JJ8 MOLLERAT   BLACK ROT

VOIR L'ANNONCE PAGE 191.

Le pont Alexandre III

Le pont Alexandre III, dont les auteurs sont MM. Resal et Albi, ingénieurs des ponts et chaussées, relie les deux rives de la Seine par une arche hardie de 107 mètres d'ouverture. L'empereur de Russie Nicolas II et le président Félix Faure en ont posé la première pierre le 7 octobre 1896. Le tablier a été baissé autant que le permettait le service de la navigation, pour conserver la perspective de l'esplanade des Invalides. Ce magnifique passage n'a pas moins de 40 mètres de largeur.

Les architectes de la partie décorative, MM. Cassien-Bernard et Cousin, se sont inspirés de l'époque de Louis XIV à laquelle appartient le palais des Invalides. D'élégantes guirlandes festonnent le tablier. La balustrade, coupée de distance en distance par des lampadaires, est décorée, dans le milieu, de deux groupes de M. Recipon, en cuivre repoussé, supportant, en aval, les armoiries de la ville de Paris; en amont, les armes de Russie.

A chaque extrémité du pont s'élèvent deux pylônes de 17 mètres de hauteur. Ils sont surmontés d'un groupe en bronze doré figurant, sous la forme d'un cheval ailé conduit par un héraut, les *Renommées* des *Arts*, des *Sciences*, du *Commerce* et de l'*Industrie*. Ces groupes sont de M. Fremiet, sur la rive droite; de MM. Granet et Steiner, sur la rive gauche. — Les statues allégoriques qui ornent le devant représentent, sur la rive droite : en amont, la *France de Charlemagne*, par M. Lenoir; en aval, la *France moderne*, par M. Michel; sur la rive gauche : en amont, la *France de la Renaissance*, par M. Coutan; en aval, la *France de Louis XIV*, par M. Marqueste. — Les superbes lions de la rive droite sont de M. Gardet; ceux de la rive gauche, de M. Dalou. — Les gracieux groupes d'enfants des candélabres ont été ciselés par M. Quauquié. — La sculpture monumentale est de M. Poulin.

De quelque côté qu'il se tourne, le visiteur jouira sur ce pont d'une vue incomparable.

Les palais de l'esplanade des Invalides

Après avoir quitté le pont Alexandre III et traversé le quai d'Orsay, le visiteur se trouve dans le jardin et devant les palais de l'esplanade des Invalides. Il est tout d'abord frappé du caractère décoratif de ce magnifique quartier de l'Exposition. Le jardin français établi à l'entrée, au-dessus de la nouvelle gare des Invalides, est symétriquement divisé en six parties. On l'a entièrement affecté aux collections de roses. Pendant toute la durée de l'Exposition, la reine des fleurs sera représentée là par des milliers de variétés, qui constitueront un ensemble de coloris merveilleux.

Les deux palais qui regardent les quais sont ceux des Manufactures nationales. Ils forment, au fond, deux courbes élégantes de portiques qui avancent jusqu'au quai d'Orsay et s'y étendent, à droite et à gauche, avec deux majestueuses façades. Entre ces deux palais commence une avenue, large de 25 mètres, qui conduit à l'Hôtel des Invalides et que bordent les palais de la Décoration, du Mobilier et ceux des industries diverses.

Les architectes des palais des Manufactures nationales sont MM. Toudoire et Pradelle. Leurs constructions faisant face aux merveilles du pont Alexandre III et de l'avenue Nicolas II, ils ont dû les faire grandioses et séduisantes. Rien de plus noble

et de plus gracieux, en effet, que cette succession de portiques qui donnent accès aux salles d'expositions. Le promenoir du premier étage offre un attrait exceptionnel, soit qu'on se trouve à ciel ouvert, soit qu'on passe sous les campaniles des ravissants pavillons qui s'élancent au-dessus des édifices avec une si pittoresque fantaisie. Les peintures décoratives qui égayent les surfaces murales sont consacrées aux arts industriels. Sur la corniche supérieure, au-dessus de laquelle flottent les multicolores étoffes du pavoisement, on voit dans des cartouches polychromes les armoiries des grandes villes de France et des principaux états.

Au delà des palais des Manufactures nationales, s'élèvent deux autres palais contenant : celui de gauche (architecte, M. Esquié), les expositions des industries françaises; celui de droite (architectes, MM. Larche et Nachon), les expositions des industries étrangères. Ici encore nous voyons une succession de portiques, avec jolis pavillons, rehaussés de figures allégoriques et d'une ornementation de feuillages, de fleurs et de fruits enguirlandés du plus pimpant effet. Les peintures murales qui ornent les promenoirs du premier étage sont composées de feuilles, de fleurs et de médaillons aux nuances harmonieusement combinées.

Viennent ensuite deux palais identiques, symétriquement

édifiés l'un vis-à-vis de l'autre et donnant, d'un côté, sur l'avenue intérieure et, de l'autre, sur la rue de Grenelle. On remarquera les façades intérieures, creusées en demi-cercle, avec portiques et loggias peintes en vert et or ; les quatre tours carrées, percées de jolies baies et dominées par de pittoresques clochers ; une profusion d'ornementations auxquelles le blanc et l'or donnent une grâce charmante; enfin, sur les façades de la rue de Grenelle, deux frises de 27 mètres de longueur, représentant, en bas-relief, des travailleurs des industries du feu, ces palais ayant été primitivement destinés à la céramique et à la verrerie. L'architecte de ces deux palais est M. Tropey-Bailly.

Après avoir admiré ces richesses extérieures, le visiteur pénétrera dans les salles d'exposition par l'entrée située à l'angle de la façade de gauche sur le quai d'Orsay. Il se trouvera dans la classe 66.

Rez=de=chaussée de gauche des palais de l'esplanade des Invalides

Classe 66. — La classe 66 : **décoration fixe des édifices publics et des habitations**, s'étend jusqu'à l'entrée du palais des Manufactures nationales.

La partie qui fait face au quai comprend la décoration religieuse. On y voit notamment un autel en marbre, bronze et mosaïque, exécuté pour la cathédrale de Sens par la maison Poussielgue-Rusand; un autel en marbre et bronze doré de la maison Brunet; un autre très bel autel de MM. Jacquier et Cie; de superbes chaires en bois sculpté, etc. — Dans les galeries qui suivent on admire de charmantes décorations intérieures : celles de M. Bigaux, architecte-décorateur, exécutées par la maison Le Cœur pour l'ébenisterie et par la maison Baguès pour la décoration; les remarquables boiseries sculptées avec porte et cheminée de la maison Georges Turck. — Le visiteur s'arrêtera longuement dans le salon central, dont le milieu est occupé par une artistique porte monumentale en bois sculpté exécutée, d'après les dessins de M. Paul Sédille, par la maison Bourgaux pour le Musée historique de l'armée. De chaque côté de cette porte, un panneau décoratif de Puvis de Chavannes, *la Rivière* et *le Cidre*. Plus loin, un panneau décoratif de Mme Louise Abbema pour l'abbaye de Fécamp; un autre, signé Madeleine Lemaire ; dans le même salon, une superbe cheminée de M. Charpentier.

Le visiteur remarquera encore dans cette belle classe de nombreuses œuvres d'artistes en renom : dessins de M. Roll; panneau sculpté de M. Dagonnet; une reconstitution saisissante, faite par la grande Tuilerie d'Ivry (maison Emile Muller et Cie), de l'art chaldéo-persique, *la Frise des Lions*, rapportée de Suze par la mission Dieulafoy; un grand bas-relief, par M. Alexandre Charpentier, *les Boulangers*; une réduction de la *Frise des Travailleurs*, qui orne la porte monumentale de la place de la

Concorde, et une composition décorative de M. Albert Lefeuvre, le panneau *les Sylphes*, exposés par la même maison; — un ensemble de panneaux de lave émaillée, d'après M. Grasset, exposés par la maison Félix Gaudin; — une statue de saint Michel, en cuivre martelé, par la maison Ph. Monduit fils, d'après le modèle de M. Frémiet, et d'autres statues et pièces remarquables de plomberie et cuivrerie d'art de la même maison; — des mosaïques de M. Facchina; — de jolis balcons, rampes et grilles de la maison Robert et de la maison Bergeotte; — de curieuses serrures et ferrures décoratives de MM. Bricard frères, de la maison Fontaine, etc., etc. Nous verrons tout à l'heure, sous les quinconces, la belle fontaine octogonale de MM. Jules Lœbnitz et fils, exécutée en faïence, d'après les dessins et sous la direction de M. Paul Sédille. Elle n'a pu, faute de hauteur, trouver place dans les salles de la classe 66.

Nous ne pouvons naturellement donner qu'une courte énumération des nombreuses et remarquables expositions de la classe 66.

Classe 70. — Vient ensuite la classe 70 : **tapis, tapisseries et autres tissus d'ameublement**, au rez-de-chaussée du palais de gauche des Manufactures nationales, dont le premier étage est si richement occupé par les tapisseries des Gobelins et de la Savonnerie. — On y voit les belles étoffes d'ameublement, les tentures et tapis de MM. Saint frères; — des panneaux des manufactures d'Aubusson et de Felletin, de MM. Braquenié et Cie : *la Danse antique* et *la Danse moderne*, par M. G. Dubufe fils; *Scènes vénitiennes*, par M. J. Wagrez; *la Chasse aux sangliers*, par M. J. Gélibert; un *Portrait de Mme de Pompadour*, d'après le pastel de Latour, du Musée du Louvre, etc.; — un magnifique panneau moderne, très admiré, de la maison Hamot, *Conversation au bois*, par M. G. Dubufe, et, dans le style ancien, trois panneaux d'après Boucher, de la même maison; — les tapis de linoleum incrusté de la Compagnie française du Linoleum; — différentes variétés de velours de MM. Chanée et Cie et mille autres richesses. Le visiteur verra avec intérêt un métier de cette dernière maison sur lequel un ouvrier tisse du velours d'Utrecht.

A remarquer aussi une série de damas, de lampas et de velours ciselés de MM. Cornille frères, représentant tous les styles, du gothique à l'empire, et particulièrement un rideau jaune pâle avec trames blanches et or, exécuté pour la décoration de la chambre Louis XV du palais du Costume. C'est la maison Cornille frères qui a exécuté les étoffes des vitrines et la tenture de l'exposition de Sèvres, sur les dessins de M. Alexandre Sandier. (On verra notamment dans cette dernière exposition la belle portière velours *les Angéliques*.)

Des métiers fonctionnent sous les yeux des visiteurs. Nous signalerons notamment celui de MM. Nicolas Piquée et ses fils.

Les arts décoratifs, les grands magasins du Bon Marché, du Printemps et du Louvre ont leurs brillantes expositions dans des pavillons contigus à la classe 70, artistement agencés sous les quinconces de l'esplanade, à deux pas de la gare des Invalides.

Classe 75. — La classe 75 est également contiguë à la classe 70. Elle comprend les **appareils et procédés d'éclairage non électrique.** — MM. Paul Jean et Bouchon (ancienne maison Chabrié) exposent des motifs pour illuminations et pour décoration lumineuse par réflecteurs métalliques de leur système. Dans les autres expositions de cette classe, nous voyons toutes les variétés de lampes à huile, à pétrole et à gaz, ainsi que les accessoires de l'éclairage.

Musée rétrospectif de la classe 75. — On a cherché à faire une histoire aussi complète que possible de l'éclairage. A côté des antiques lampes gallo-romaines en terre, nous apercevons des spécimens en bronze (forme de la colombe, emblème des premiers chrétiens), puis les rudimentaires travaux de dinanderie figurant un mouton ou un animal fantastique.

Pour le XIIIe siècle, nous avons ces bougeoirs de voyage si curieux, en émail de Limoges. Les luminaires XIVe, XVe et XVIe siècles sont aussi représentés par toute une série de flambeaux d'une ornementation sobre mais dont la ligne est agréable à l'œil.

L'exposition centennale proprement dite comprend toute la série des chandeliers à l'huile et des quinquets dont la décoration et les modèles sont variés à l'infini.

Classe 69. — La classe 69, qui suit, comprend les **meubles à bon marché et les meubles de luxe** : buffets, bibliothèques, tables, lits, toilettes, sièges, billards, etc. La maison Krieger expose un salon et une salle à manger genre moderne. Le salon, avec boiseries peintes en blanc et panneaux en étoffe, se compose de meubles d'ébénisterie d'art et de bronzes dorés (sièges en bois doré, petits meubles artistiques). La salle à manger est en chêne clair, avec belles boiseries et panneaux marqueterie, tenture murale décorative et plafond peint avec une grande cheminée (deux buffets, table, fauteuils, chaises et banquettes également en chêne sculpté ornés de marqueteries). — Le visiteur admirera le superbe salon Louis XVI exposé par la maison Dienst et fils; le cabinet de travail Louis XV, en satiné et violette avec bronze ciselé, d'un si artistique effet, de la maison Linke; les beaux meubles de la maison Sormani ; la chambre à coucher Directoire, de MM. Mercier frères; un splendide salon Louis XVI (transition) de M. Jémont. (On remarquera encore dans l'exposition de cette dernière maison, une bergère de style faite d'une seule pièce de bois.) — La maison Perol frères expose une salle à manger art nouveau en acajou et bronze doré et une chambre à coucher en citronnier orné de marqueteries. — La manufacture d'ébénisterie d'art de Nancy, de M. Emile Gallé, présente un petit salon à déjeuner dont le mobilier, l'ornementation, les tentures et les services de la table sont tirés de la clématite et de ses fruits, et un salon d'exposition contenant des œuvres d'ébénisterie exécutées d'après des thèmes poétiques : les ombellifères, les primevères, etc. — Que d'autres meubles artistiques seraient à citer dans cette intéressante classe.

Classe 97. — Ici, nous nous trouvons dans les somptueux salons des **bronze, fonte et ferronnerie d'art, métaux repoussés.** La maison Barbedienne y expose une grande cheminée de style Louis XVI, en marbre fleur de pêcher, avec ornements finement ciselés en bronze doré vieil or, et deux figures allégoriques : *la Science* et *les Arts;* deux grands vases en émail cloisonné fond bleu turquoise, avec monture en bronze doré vieil or ; la *Jeanne d'Arc*, de Paul Dubois, statuette équestre en argent ; *l'Enlèvement de Déjanire*, par Crauck, et différentes œuvres de maîtres de la sculpture moderne. — Dans l'exposition de MM. Susse frères, on remarquera *la Nature se dévoilant* et *la Renommée*, de M. Barrias, exécutées et combinées en argent, bronze doré, patine et ivoire; le *Lavoisier*, de M. Dalou; *l'Hirondelle blessée*, de Boucher; *la Pensée*, de Michel (médaille d'honneur du Salon de 1896); la si charmante composition, *le Puits qui parle*, par F. Mengère ; — des sculptures de MM. E. Barrias, Falguière, etc. — On sera charmé par la gracieuse variété des œuvres d'art de ce ravissant carré ; — La maison Siot-Decauville expose un choix d'œuvres maîtresses, bronzes et étains; les patines dont les bronzes sont revêtus en font de véritables pièces de musées. — Dans le beau salon de MM. Thiébaut frères, on s'arrêtera devant un admirable *Saint Georges terrassant le Dragon*, de Frémiet, en bronze doré, de 3^m,75 de hauteur (poids : 2.000 kilogrammes). On y remarquera encore, au milieu de nombreuses œuvres d'art, une série de fines pièces fondues à cire perdue : *les Panthères*, de Gardet, une torchère, etc. Voir aussi la *Judith* d'Aizelin (copiée au Luxembourg) ; un délicieux buste de femme, en matières diverses, de Louis Convers, etc., etc. — En face, M. Froment-Meurice nous montre quelques œuvres maîtresses signées de ce nom célèbre. — M. More expose un ensemble de bronzes d'art, œuvres de Frémiet. — Il faudrait un volume entier pour décrire toutes les richesses de cette classe : les bronzes, étains, fontes d'art des deux salons de la maison Blot; les torchères, le lustre, les candélabres, les jardinières de MM. Lerolle frères; les serrures et la ferronnerie d'art de MM. Bricard frères, etc.

Dans la galerie extérieure du palais on voit les œuvres monumentales de la fonderie du Val-d'Osne, et de la maison Durenne.

Musée centennal de la décoration et du mobilier (groupe XII). — Nous voici dans l'une des plus intéressantes expositions rétrospectives de 1900. Elle occupe un vaste emplacement parallèlement avec une partie des classes 69 et 97. Sur la proposition de M. Henri Cain, membre des comités d'admission et d'installation de la classe 70, les classes du groupe XII ont formé, pour ce groupe, un seul musée centennal. Là, se trouvent réunis les types les mieux choisis pour faire valoir les étapes, depuis cent ans, de la décoration des appartements : meubles, tapisseries, bronzes, etc. On a même voulu présenter une véritable leçon de choses par de remarquables reconstitutions. Nous voyons, en effet, une série de salons représentant chacun une époque différente : Louis XVI, Directoire, Empire, Restauration, Louis-Philippe, Napoléon III. Les décorations et ameublements sont disposés selon le goût de l'époque, avec des pièces absolument authentiques appartenant soit au mobilier national, soit à des particuliers. Le visiteur s'intéressera vivement à cette consciencieuse reconstitution qui fait le plus grand honneur aux organisateurs, MM. Cain, Le Corbeiller, etc., à M. François Carnot, délégué général aux musées centennaux, et à M. Hermant, architecte.

Classe 94. — La classe 94, qui touche à la classe 97, est celle de l'**orfèvrerie**. La maison Christofle et Cie y occupe un espace de 140 mètres superficiels. Elle expose, dans de grandes vitrines, les types de la fabrication de couverts et de petite orfèvrerie de son usine de Saint-Denis, et l'orfèvrerie argentée d'usage et de luxe; sur des tables à deux étages, en ébénisterie rehaussée de bronzes dorés, style Louis XV et Louis XVI, de charmants services à thé en argent; puis, dans quatre vitrines, de nombreux objets exécutés dans un art plus moderne, avec décoration de fleurs, de fruits et de feuillages.

En dehors du grand stand central qui contient ces expositions, nous voyons trois salons de la même maison, séparés par un chemin de 3 mètres de largeur. Le salon de droite et celui de gauche contiennent des spécimens de l'argenterie de luxe exécutée pour les hôtels Ritz, à Paris, et Riviera Palace, à Monte-Carlo. Le salon du milieu est réservé aux pièces d'art en argent massif. On admirera particulièrement un surtout composé par le sculpteur Rozet, dans lequel le métal précieux, l'ivoire, les émaux et le cristal s'harmonisent avec un art exceptionnel. Dans des vitrines avoisinant ce salon, sont exposés des vases, des coupes, des surtouts, des lampadaires, des services de table en argent d'un art très moderne, mais pondéré et restant très français. Au centre du chemin de 3 mètres, un grand vase de 1^m,20 de hauteur fait le plus grand honneur au sculpteur Arnoux qui l'a composé. — Tous les objets exposés par MM. Christofle et Cie ont été fabriqués depuis 1889. Il est juste de citer les artistes de la maison qui ont concouru à produire ces merveilles : MM. Mallet et Arnoux, sculpteurs; Henri Godin, Charpeaux et Bruneau, dessinateurs.

Dans l'annexe de la classe 94, sous les quinconces de l'esplanade, MM. Christofle et Cie ont organisé un atelier mécanique où sont installés les principaux outils de l'orfèvrerie. Une quinzaine d'ouvriers exécutent sous les yeux du public des objets de petite et de grosse orfèvrerie, dont les modèles ont été faits spécialement pour l'Exposition, avec le concours des maîtres graveurs : MM. Roty, de l'Institut ; Vernon, grand prix de Rome, et les principaux artistes de la maison.

M. Froment-Meurice expose un surtout de table de marbre blanc et vermeil, style Empire; un grand seau à palmier en marbre blanc et bronze doré, style Régence ; une table-bureau d'ivoire et vermeil, ornée de pierreries (appartenant à S. M. la reine de Roumanie); un reliquaire en argent émaillé, orné de pierreries (appartenant à la basilique de Sainte-Clotilde); des bijoux d'or émaillé, de diamants, de perles et de pierreries.

La maison A. Boulenger et Cie a également une remarquable exposition, dans laquelle on admire principalement deux pièces d'une grande valeur artistique : un grand surtout Louis XV, avec plateau glace, corbeille et luminaire, modelé par M. Coupré, et un objet d'art, *la Vague*, prix de la coupe de 1896 de la Société d'encouragement des Courses du Bois de Boulogne, sculpté par MM. François et Louis Moreau.

Grand surtout Louis XV
(CH. BOULENGER et Cie, *orfèvres* - COUPRÉ, *sculpteur*)

L'importante et très ancienne maison Marmuse nous montre, dans la petite orfèvrerie de table et de fantaisie, des objets très variés, du meilleur goût artistique.

Nous devons encore mentionner, dans l'orfèvrerie religieuse, l'ameublement de la chapelle commémorative de la rue Jean-Goujon, qui rappelle un si douloureux souvenir. Ces objets sont exposés par la maison Poussielgue-Rusand, avec un grand nombre d'autres. La maison Brunet expose également des objets destinés à la même chapelle commémorative.

Musée rétrospectif de la classe 94. — Ce musée rétrospectif offre le plus haut intérêt, à la fois par la valeur et le caractère précieux des objets et par la méthode de classement.

Dans la première vitrine à droite, se trouvent des objets de la fin du XVIIIe siècle, extrêmement rares, dont quelques-uns sont dûs au célèbre orfèvre Thomas Germain. Dans une vitrine Empire se trouvent rassemblées des pièces remarquables de l'époque. La Restauration et le second Empire sont représentés par les principales œuvres des orfèvres : Odiot, Froment-Meurice, Christofle, Armand Caillat, etc. La dernière vitrine de gauche contient la collection d'un amateur d'art moderne, M. Corroyer. Cette vitrine mérite d'être spécialement signalée.

Au centre de l'exposition se trouve un grand surtout (6 mètres de long) exécuté par la maison Christofle, en 1855, pour l'empereur Napoléon III. Il est exposé dans l'état où il a été retrouvé au milieu des ruines du palais des Tuileries. Racheté par MM. Christofle, il a été offert par eux au musée des arts décoratifs qui l'expose.

Cette exposition est complétée par une série de vitrines plates contenant des collections de boîtes en or et en émaux de tout premier ordre et composant un ensemble des plus riches.

Classe 95. — La classe 95, dans laquelle nous pénétrons ensuite, est celle de **la joaillerie** et de la **bijouterie**. Tout ici est brillant, pimpant et chatoyant. Voici, dans une vitrine spéciale qui attire tous les yeux, un diamant énorme, le *Jubilée*, de 239 carats, trouvé dans l'Afrique du sud, dont la valeur s'élève, dit-on, à dix millions. Ce trésor est la propriété d'un syndicat. — La maison Aucoc expose de nombreuses merveilles, notamment un pendant de cou avec une grosse opale et une pendeloque en brillants; un autre dit *l'étoile de mer*, en brillants reposant sur des algues émaillées sur or fin; un collier en joaillerie formant diadème; une broche genre moderne au centre de laquelle se trouve un des plus gros diamants noirs connus, etc. — La très artistique exposition de la maison Gustave Sandoz comprend notamment une coupe en métaux précieux l'*Ecueil vaincu*, de Louis Bottée; une tête d'Yseult par l'ivoirier Caron, décorée de pierres fines; des joyaux et objets d'art en matières précieuses, ainsi que de nombreux bijoux de style moderne. — La vitrine de M. Vever est très intéressante au point de vue de la recherche artistique dans le goût moderne; on y admirera la grosseur des perles et des pierreries et la perfection des ciselures et des émaux. — La maison Soufflot nous montre une couronne dont les principaux éléments peuvent se transformer en broche, en collier ou en peigne; une branche de chrysanthèmes d'une grande souplesse. — Voir dans l'exposition de la maison Boucheron un gros diamant bleu de 22 carats; dans celle de MM. Coulon et Cie, un superbe collier composé d'émeraudes et de diamants. On remarquera aussi la vitrine de M. Lalique, etc., etc. Le visiteur s'arrêtera longuement devant toutes ces merveilles et autres richesses si nombreuses que nous ne pouvons décrire.

Classe 93. — La classe 93, qui est à côté, nous montre les différentes variétés de la **coutellerie** : coutellerie de table, coutellerie horticole, cisellerie, petits nécessaires, quincaillerie fine en acier poli, etc. Nous engageons le visiteur à ne pas passer dans la classe 93 sans entrer dans le **musée centennal** organisé par la commision de cette classe et où se trouvent réunies de curieuses pièces de ce siècle et des siècles passés.

Arrivé ainsi au bout du palais de gauche de l'esplanade des Invalides, le visiteur reviendra vers son point de départ pour voir à la fois quelques annexes des classes que nous venons de décrire, établies le long de la rue de Constantine, et de curieuses reconstitutions de maisons et de monuments de nos vieilles provinces, qui se trouvent entre les palais et leurs annexes, sous les quinconces de l'esplanade.

Poitou. — Voici une reproduction, faite par M. Georges Oblé, de différents monuments qui forment un tout du plus heureux effet. La façade de la Prévôté, la tour de Château-Guillaume, le cloître de Saint-Jouin, l'abbaye de Ligugé, etc., encadrent une vaste salle de restaurant. Cette salle est, en même temps, un petit salon de peinture. On y voit des œuvres de MM. André Brouillet, Léon et Henri Perrault, Bouguereau, Jean Brunet, etc. On y donne aussi des représentations (intéressant théâtre d'ombres).

ORNEMENTS POUR L'ARCHITECTURE

Téléphone : 912.04 — PERIN-GRADOS
MAISON FONDÉE EN 1850

LEBŒUF & GRÉBAUVAL Srs
37, Avenue Saint-Mandé

SPÉCIALITÉ DE PARATONNERRES
ZINC — PLOMB
CUIVRE — TOLE

Catalogues sur demande.

GRANDE FABRIQUE D'AMEUBLEMENTS

CAUVET frères

Salles à Manger
Meubles de Luxe
GLACES
Sièges
TAPISSERIE
Bureaux, Bibliothèques
Chambres à coucher

41, r. CROZATIER, 11, 16, 18, r. de Citeaux
Téléphone 907-49

Menuiserie d'Art
ÉBÉNISTERIE

Anciennement 109, Fg St-ANTOINE

GIBUS

Seul Inventeur du Chapeau Mécanique

HAUTE NOUVEAUTÉ FANTAISIE

pour Dames et Enfants

N° 11, rue du Quatre-Septembre — Paris
Anciennement, 20, rue Vivienne

Le mas provençal. — Reconstitution un peu fantaisiste d'une ferme de Provence, avec de vrais oliviers, des Arlésiennes authentiques, dans un décor d'un pittoresque original. Un comité composé d'hommes de lettres et d'artistes franchement méridionaux, tels que MM. Henry-Fouquier, Clovis Hugues, Ch. Formentin, Montenard, Marieton, Théo Mayan, etc., patronne cette curieuse entreprise, dont un aixois, M. Bruno-Pélissier, a été l'architecte de goût. On entend, au mas, de vraies chansons provençales; on y danse des farandoles au son des tambourins et l'on y mange de véritables bouillabaisses, signées d'un nom glorieux : Roubion!

On se rend au mas provençal par la galerie des bronzes, classe 97.

Exposition bretonne. — Les deux entrées de cette exposition située à la hauteur de la rue Saint-Dominique, sont la reproduction, l'une de la porte du Calvaire de l'église de la Martyre, l'autre de l'entrée du cimetière de Pencran. Le bâtiment principal, dans le style des maisons bretonnes de Morlaix, sert de café-restaurant. La salle du rez-de-chaussée, meublée de pièces originales, est décorée de panneaux représentant des scènes et des costumes bretons du peintre Fouqueret; la cheminée monumentale est la copie de la cheminée de l'évêché de Nantes. Au premier étage, exposition permanente des artistes bretons; conférences, auditions, etc. Autour de ce bâtiment, quelques intéressantes reconstitutions : Edicule de Saint-Jean-du-Doigt (brodeurs et dentellières), colonnade du cloître de la Forêt (faïenciers et sculpteurs sur bois); chaumière bretonne (servant d'auberge); encoignure de l'église de Sainte-Barbe, au Faouët; dolmen d'après les documents fournis par M. Le Rouzic.

Spécialité de Sièges
ANCIENNES MAISONS ALBERT MICHEL et TOULAN
Léon Carnevali
SUCCESSEUR

FAUTEUILS SEYMOUR

et Sièges Maroquin
99, BOULEVARD BEAUMARCHAIS, 99
(au coin de la rue St-Claude au Marais)
Ameublements, Sièges, Décors et Tentures
(TÉLÉPHONE 251.94)

Le Vieil Arles. — Dans ce coin de l'esplanade des Invalides, le visiteur verra avec intérêt les Aliscamps, Sainte-Trophime et le théâtre antique d'Arles, le cloître et les morceaux de Montmajour et de Saint-Remy. Le restaurant du vieil Arles est une curiosité ethnographique : service par des Arlésiennes; mise de table en terraille antique de Provence; art culinaire du Midi (directeur M. F. Martin-Ginouvier; architecte M. Etienne Bentz).

Pavillon de l'Art nouveau " Bing "

(Sous les arbres, côté de la rue de Constantine.)

On verra aussi avec intérêt, sous les quinconces, près de l'exposition bretonne, le **pavillon de l'Art nouveau** (Maison Bing.

Dans une légère construction dont la façade s'égaye d'une décoration peinte par G. de Feure, *l'Art Nouveau* présente le type d'une installation complète de style moderne dont tous les éléments, — étoffes de tenture, rideaux, tapis, meubles, vitraux, etc. — allient à la recherche des formes les plus nouvelles un goût identique de mesure et d'élégance.

Du vestibule, les visiteurs passent successivement dans la salle à manger, le salon, la chambre à coucher, le cabinet de toilette et le petit salon. (Toutes ces pièces d'après les dessins de E. Gaillard, E. Colonna et G. de Feure.)

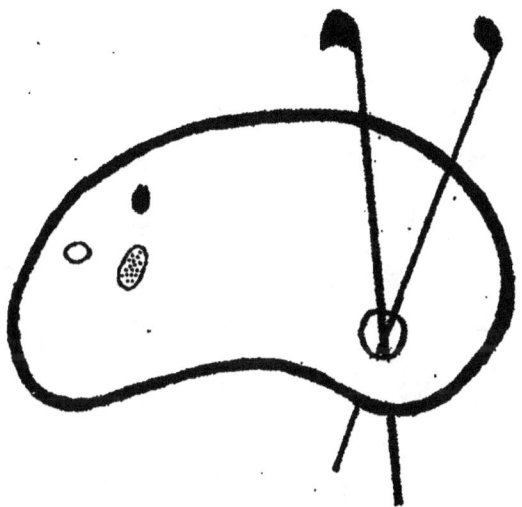

DEBUT D'UNE SERIE DE DOCUMENTS
EN COULEUR

3ᵉ SECTION DU GUIDE
Esplanade des Invalides, rez-de-chaussée de droite.
Décoration et Mobilier. — Industries diverses.

Mᴼᴺ KRIEGER

A. DAMON & COLIN Successeurs

Exp. univ. 1889 — GRAND PRIX — Bruxelles 1897

74, Faubourg Saint-Antoine, Paris

AMEUBLEMENTS COMPLETS

Ébénisterie - Tapisserie - Literie

SIÈGES - TENTURES

Décoration et Installation complète
d'Appartements, Châteaux, Villas

SPÉCIALITÉ DE MEUBLES EN PITCHPIN

ARMOIRES ANGLAISES
de dispositions différentes

AGENCEMENT DE BOUTIQUES
MAGASINS ET BUREAUX

CATALOGUE, DESSINS, ÉCHANTILLONS sur demande

Succursales :
NICE BUCAREST

PARIS — 13 boulevard de la Madeleine

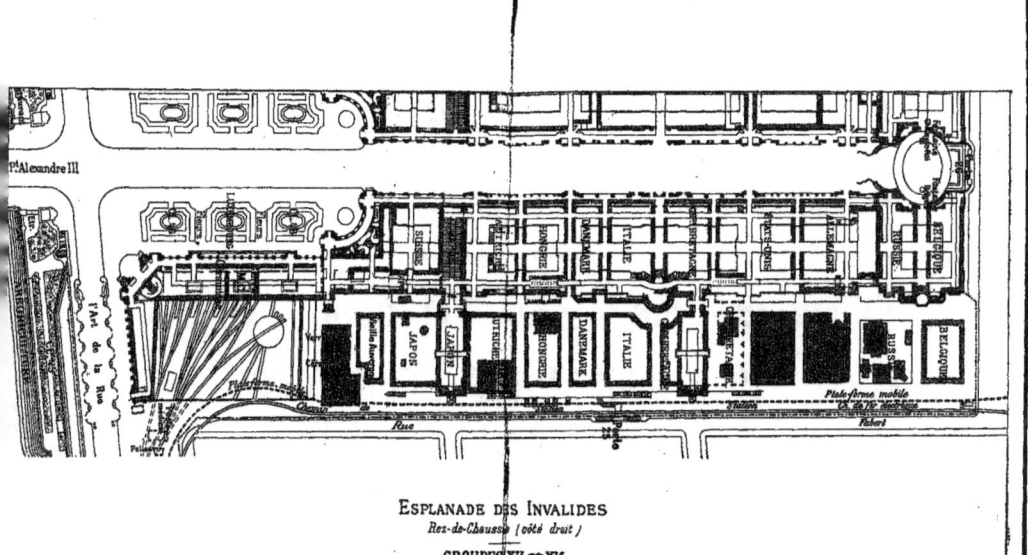

ESPLANADE DES INVALIDES
Rez-de-Chaussée (côté droit)

GROUPES XII ET XV
DÉCORATION ET MOBILIER DES ÉDIFICES PUBLICS ET DES HABITATIONS
INDUSTRIES DIVERSES

M. C. Musée Centennal.

MAGASINS
74, Rue Montmartre
Près les Grands Boulevards
TÉLÉPHONE : 143.22

CAVES CHAIX Fondées en **1847**
Grande Spécialité de VINS en Fûts et en Bouteilles
Maison de Confiance   SPIRITUEUX - LIQUEURS - CHAMPAGNES   Prix réduits

EXPÉDITIONS
PROVINCE ET ÉTRANGER

Livraisons à domicile dans Paris

3ᵉ SECTION DU GUIDE
Esplanade des Invalides, rez-de-chaussée de droite.
Décoration et Mobilier. — Industries diverses.

Chemiserie Spéciale

TROUSSEAUX POUR MESSIEURS ET POUR DAMES

MICHEAU, CHOPIN ET Cⁱᴱ

SOCIÉTÉ en COMMANDITE par ACTIONS au CAPITAL de 1.250.000 fr.

Maison principale et Siège social :
102, BOULEVARD SÉBASTOPOL

Principaux Comptoirs :

CHEMISES TOUTES FAITES ET SUR MESURES
CHEMISES ET GILETS DE FLANELLE
BONNETERIE POUR HOMMES, DAMES ET ENFANTS
VÊTEMENTS POUR HOMMES SUR MESURES
RAYON SPÉCIAL POUR TOUS SPORTS
PARAPLUIES ET GANTERIE EN TOUS GENRES
CRAVATES POUR HOMMES ET POUR DAMES
LINGERIE POUR DAMES HAUTE NOUVEAUTÉ
CHAPELLERIE POUR HOMMES EN TOUS GENRES
CHAUSSURES POUR HOMMES, DAMES ET ENFANTS

Envoi franco du Catalogue Illustré

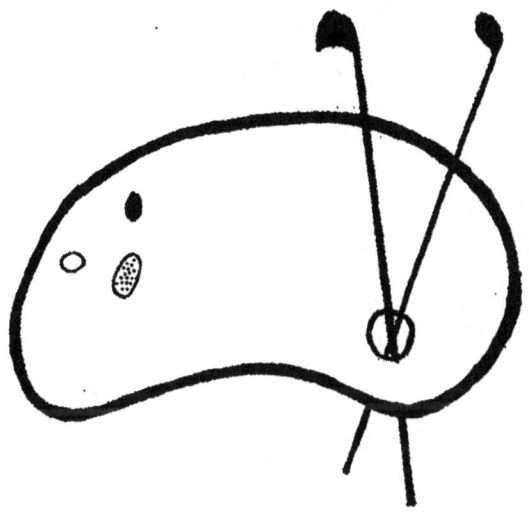

FIN D'UNE SÉRIE DE DOCUMENTS
EN COULEUR

celaine et de faïence, grès cérames et grès artistiques, émaux appliqués à la céramique, mosaïques d'argile ou d'émail, etc. — La Grande Tuilerie d'Ivry (maison Emile Muller et Cie) expose, entre autres travaux, la *Cheminée aux Paons*, composition du sculpteur Châlon ; des lions et un grand vase d'Injalbert ; des

morceaux d'étude de M. Frémiet. — Voici une exposition très complète de la maison Loebnitz : un fragment de portique émaillé blanc, avec parties en bleu ou jaune, feuillages et attributs de saisons, tons nature ; une face du dôme du pavillon de la Grèce (pièces de terre cuite et de briques émaillées) ; une frise ornementée montrant des spécimens variés de fabrication ; un poêle forme Louis XV, etc. — M. Radot nous présente une cheminée monumentale en céramique, style moderne. — Voir aussi les expositions des Faïenceries de Gien, de Dégoin ; la porte monumentale en briques de la maison Gilardoni, etc., etc. — Nous engageons le visiteur à examiner avec soin ces intéressantes galeries. Nous lui montrerons ensuite, en détail, l'admirable exposition de la Manufacture nationale de Sèvres, qui se trouve au premier étage ; mais il admirera d'abord la riche variété des expositions étrangères que nous rencontrons dans l'ordre suivant : Suisse, Japon, Autriche, Hongrie, Danemark, Italie, Grande-Bretagne, États-Unis, Allemagne, Russie, Belgique.

La vieille Auvergne. — Avant d'entrer dans les sections étrangères, le visiteur fera une station dans la Vieille Auvergne. Cette reconstitution comporte une église romane, un château-fort, un musée, un cloître et un restaurant dont chaque façade reproduit un monument connu. Dans le restaurant on trouve à des prix modérés, les mets du pays, les vins renommés, servis par un personnel portant le costume de la vieille Auvergne.

Dans un théâtre et sur la place on entend les chansons patoises, les naïves mélodies. On y danse la bourrée et la montagnarde. (Pas de supplément pour visiter la Vieille-Auvergne).

La fabrique de **M. Charles Ahrenfeldt**, de Limoges, jouit de la plus légitime réputation. Installée d'après les derniers perfectionnements, elle a toujours provoqué l'admiration de ses visiteurs par le *goût* et le *fini* de ses produits. Les formes et les décors, la perfection de l'exécution lui ont assuré une renommée grandissante. Ses services de table, à dessert et à café, et ses services de toilette font la joie des connaisseurs. Les superbes décors d'ors incrustés et de fleurs à la main sont du plus ravissant effet. La maison Charles Ahrenfeldt n'a pas seulement la spécialité de la porcelaine fine, elle fournit les hôtels et les premiers établissements du monde sont ses fidèles clients. Enfin, la *porcelaine à feu*, qu'elle a su rendre très attrayante par des décors appropriés et d'un style très personnel, n'est pas le moins précieux fleuron de sa couronne industrielle et artistique.

W. Guérin et Cie, à **Limoges**, fabricants de porcelaines dans tous les genres et pour tous les usages. Maisons de vente à Paris : 36, rue de Paradis et 68, rue d'Hauteville; Londres, 41/2, Shoe Lane Holborn Circus; New-York, 33, Park Place. Cette maison a été fondée, en 1862, par son chef actuel, M. William Guérin-Lésé, chevalier de la Légion d'honneur, président de la Chambre syndicale des fabricants de porcelaines du Limousin, membre du Comité d'admission et d'installation de la classe 72. Cette manufacture reçoit de son moulin de Villebois-sur-Vienne, où elle fabrique ses pâtes et émaux, la force électrique nécessaire à son éclairage et au mouvement de ses mchines-outils. Ces conditions économiques font à cette manufacture une situation privilégiée. Elles lui permettent d'obtenir les produits si réussis et si variés que les visiteurs trouveront à l'Exposition, et qui font la réputation universelle de la porcelaine limousine. Récompenses: Melbourne 1880, médaille d'or; Nice 1884, médaille d'or; Union centrale, Paris 1884, médaille d'or; Anvers 1885, diplôme d'honneur; Melbourne 1888, grand prix; Barcelone 1888, médaille d'or; Paris 1889, médaille d'or; Anvers 1894, grand prix; Bordeaux 1895, grand prix.

H. TAUSIN & H. SOUFFLET

Carrelages mosaïques

EN CIMENT COMPRIMÉ

Usine à St-QUENTIN (Aisne)

Envoi franco des Albums, Tarifs et Échantillons   DESSIN DÉPOSÉ

Sections étrangères

Suisse. — La Suisse occupe ici une place très brillante, avec sa remarquable horlogerie, sa bijouterie, son orfèvrerie, ses bois sculptés, ses vitraux, ses céramiques, qui constituent, avec les machines et les produits alimentaires, que nous verrons au Champ-de-Mars, les principales industries de ce beau et pittoresque pays. On remarquera que chacun des emplacements qu'occupe la Suisse dans les différentes parties de l'Exposition a reçu sa décoration spéciale. Les architectes du commissariat suisse, MM. Bouvier et Meyer, ont recherché des motifs qui s'allient avec le caractère de chaque groupe, tout en rappelant par certains traits l'architecture suisse.

Pour son salon de l'horlogerie, qui attirera particulièrement l'attention, la Suisse a élevé une coupole à jour, aussi élégante que pittoresque, rehaussée de peintures décoratives et supportée par de jolis piliers. Ce gracieux édifice contient les expositions d'une centaine de maisons d'horlogerie. L'industrie des bois sculptés présente un salon complet, destiné au nouveau palais fédéral de Berne. — Voir aussi en détail la ferronnerie artistique.

Japon. — Exposition pimpante et variée : papiers décorés pour lanternes, écrans, etc.; bijoux, émaux japonais, bronzes, faïences, perles, coquilles de nacre, oiseaux du pays, spécimens des différentes essences de bois, etc., etc.

Autriche. — L'exposition de l'Autriche, dont l'ornementation générale a un grand caractère artistique, est composée de très beaux éléments, parmi lesquels on remarque tout particulièrement les produits si renommés des verreries et des cristalleries. L'industrie de la céramique est également représentée d'une manière tout à fait brillante. Examiner aussi avec soin les meubles en bois courbé, les objets d'ébénisterie, l'orfèvrerie. Sur la galerie du premier étage est organisée une exposition des écoles professionnelles et des écoles d'arts industriels de Vienne et de Prague. On y voit aussi une série de superbes intérieurs, parmi lesquels nous signalerons particulièrement ceux de Lemberg, de Graz et de Salzbourg. Le point central de cette exposition, auquel conduit un escalier monumental, forme un salon d'honneur d'une ordonnance à la fois riche et simple que décore le buste de l'empereur François-Joseph. — Voir aussi une brillante exposition rétrospective avec des œuvres de premier ordre des différentes époques du siècle, à côté d'un beau choix d'œuvres d'aujourd'hui.

A côté de la section autrichienne, sur les quinconces, on peut faire une station dans le restaurant viennois que nous présentons plus loin.

Restaurant Viennois

Le Restaurant Viennois, qui fait partie de la section autrichienne, sur l'esplanade des Invalides, a été construit par les soins de l'architecte adjoint du commissariat général de l'Autriche, M. A. Neukomm.

Son concessionnaire est M. G. Spiess, bien connu à Paris, où il a dirigé pendant de nombreuses années l'hôtel Bellevue, avenue de l'Opéra.

C'est un modèle de restaurant, destiné à un double succès : celui de la cuisine viennoise et celui de la cuisine française, qui fraterniseront à Paris comme à Vienne.

La Brasserie Bourgeoise de Pilsen « Urquelle », fondée en 1842, qui débite 650.000 hectolitres de bière par an, fournit sa bière renommée au Restaurant Viennois. Des médecins éminents ont recommandé la bière de Pilsen à tous ceux qui inclinent à l'obésité, car elle est extrêmement favorable à la digestion et empêche l'épaississement du sang et ses conséquences.

Au Restaurant Viennois sont exposés : 1° *Une admirable machine réfrigérante;* 2° *une batterie de cuisine en nickel pur de la célèbre manufacture de Berndorf (Autriche);* 3° *un gigantesque fourneau de cuisine fourni par la Compagnie parisienne du Gaz.*

Le Restaurant Viennois, avec ses terrasses ombragées à la Robinson, est accessible à tous, comme les brasseries de la capitale de l'Autriche. On peut y prendre un simple repas, à partir de 1 fr. 50 c. Aux bourses plus garnies, il offre un service somptueux, rivalisant avec celui de nos restaurants les plus à la mode. Un excellent orchestre exécute les plus entraînants morceaux du répertoire viennois.

Hongrie. — Dans un cadre artistique, ayant réellement le cachet du pays, la Hongrie nous montre une somptueuse salle destinée au palais royal de Hongrie (la salle Saint-Étienne); un cabinet de travail de style pour le parlement de la ville de Budapest; un salon pour l'hôtel de ville de Budapest avec une belle vue de la ville; des meubles artistiques; une superbe cheminée en marbre avec le buste du roi; de belles faïences; des verreries; de précieux objets d'argenterie, notamment une table portant l'argenterie de 120 couverts destinée au nouveau palais du roi. (La plupart des meubles ont été dessinés par le professeur Farago, l'un des organisateurs de l'exposition hongroise).

Danemark. — Le Danemark a fait à son exposition un cadre d'une charmante originalité agencé par MM. Bendespoell et Arne-Peterson. Grande exposition de céramique de la fabrique royale de porcelaine de Copenhague et d'un certain nombre de maisons, telles que celles de MM. Bing et Grœndahl et de M. Kaehler. Cette dernière présente des objets à reflets métalliques très intéressants. — Exposition d'imprimerie, de librairie et de reliure, dans laquelle on remarquera particulièrement les collections rares et curieuses de la « Forening for Bog Handwaerk » (Union de l'industrie du livre). — Exposition de meubles de M. Severin Jensen; d'orfèvrerie de M. Michelsen; de terres cuites de Mme veuve Ipsens. — Très belle exposition du musée des Arts décoratifs de Copenhague.

A remarquer, dans l'orfévrerie, le surtout et le service de table en argent massif, composé par M. Arnold Krog et offert par la noblesse danoise au roi et à la reine de Danemark, à l'occasion de leur noces d'or. Dans la même vitrine, un milieu de table en argent massif appartenant au prince héritier (groupe de trois paysannes en costume national supportant une couronne nuptiale).

Italie. — Ici, des statues de marbre, des mosaïques, des bronzes, des verreries, de belles céramiques, des meubles d'art, des tapisseries genre Gobelins, des papiers peints aux tons charmants, de la fine orfèvrerie, de la bijouterie et de la joaillerie. On remarque au premier étage les belles tapisseries de la manufacture de tapis de l'hospice Saint-Michel; un groupe l' « apothéose du génie » en argent et bronze doré, œuvre de M. Eug. Bellosio, ciseleur à Milan; le salon de miroiterie de la maison Fontana, de Milan. Le palais de l'Italie, que nous visiterons dans un instant, contient également des œuvres d'art et des objets qui appartiennent à la catégorie de ceux du groupe XII.

Grande-Bretagne. — L'exposition de la Grande-Bretagne offre également un intérêt considérable, par ses céramiques, ses meubles, son orfévrerie, ses objets d'art. Nous verrons d'ailleurs dans le pavillon de ce pays, édifié sur le quai d'Orsay, des collections remarquables de tapisseries, de meubles, etc.

Etats-Unis. — La façade de cette section, surmontée d'un aigle aux ailes déployées, et tous les détails de sa construction et de ses subdivisions, sont en style Renaissance avec ornements blanc et or. C'est l'un des plus artistiques quartiers de l'Exposition. Cette belle section contient une très riche exposition d'orfèvrerie d'or et d'argent, des objets d'art en cuivre et en bronze, de la coutellerie, des poteries artistiques, des porcelaines ordinaires et fines, des meubles, etc.

Les pavillons des Etats-Unis élevés sous les quinconces sont des annexes du groupe III (instruments et procédés généraux des lettres, des sciences et des arts). Leur véritable place serait donc au Champ-de-Mars. On y voit plusieurs machines à imprimer, dont une très remarquable qui imprime le journal quotidien le « New-York Times »; l'exposition des libraires-éditeurs des Etats-Unis, etc.

Allemagne. — L'exposition de l'Allemagne est des plus remarquables. Au milieu du vaste carré qu'elle occupe se trouvent cinq salles meublées et décorées par les célèbres artistes de Munich. Il faudrait de nombreuses pages pour décrire les somptueux détails de ces intérieurs que le visiteur quittera à regret. Autour et dans les galeries du premier étage : d'artistiques travaux en marbre ; une grande exposition de céramique, où l'on admire particulièrement les remarquables produits de la Manufacture impériale de porcelaine (voir les belles céramiques appliquées sur le panneau décoratif de la galerie du premier étage); d'autres riches expositions de porcelaines; d'importantes expositions d'objets d'art, d'horlogerie, de bijouterie, de bimbeloterie; un très bel ensemble de jouets de Nuremberg et de Sonneberg, dans un décor charmant, etc.

Une annexe spéciale, fort vaste, sous les quinconces, est consacrée aux ornements d'église et à la décoration religieuse, à l'horlogerie, surtout aux travaux de la Forêt Noire ; à la papeterie, etc.

Russie. — L'exposition de la Russie est aussi intéressante que belle et variée. Dans la classe de la joaillerie et de la bijouterie, on admire de brillants spécimens de la joaillerie nationale. A citer notamment les vitrines de MM. Fabergé et Owtchinnikoff, joailliers de la Cour, qui exposent : le premier, de ravissants bijoux modernes; le second, des iconostases en argent d'un travail merveilleux.

Le visiteur arrêtera son attention sur les bronzes d'art et les bronzes industriels de la maison Berteaux, vieille maison russe d'origine française; sur de jolis objets en majolique russe; sur les remarquables produits de la manufacture impériale de verrerie et de la Compagnie de vitrerie du Nord; sur les meubles russes de style et les meubles modernes, en particulier sur ceux qu'expose M. Melzer.

C'est ici qu'on admire la superbe **carte de France** ornée de pierres précieuses que S. M. le Czar a offert à M. le Président Loubet et qui est destinée, après l'exposition, à enrichir les collections du Louvre. Les cours d'eau sont en platine, les lignes frontières en jaspe, les départements en marbres variés s'encastrant avec une artistique précision. Les noms des villes se détachent en lettres d'or. L'emplacement des principales villes, au nombre de 106, est marqué par une pierre précieuse. Ainsi Paris est en siberite (couleur de rubis); Lyon en diacinthe; Marseille, Le Havre en émeraudes; Bordeaux, Toulouse en aigue-marine; Rouen en saphir; Lille en topaze; Amiens, Toulouse, Rennes, Dijon, Versailles, Nancy, etc. en améthystes; Poitiers, Arras, Chambéry, Caen, Angoulême, etc. en rubis; Laon, Foix, Mende, Aurillac, etc. en brillants blancs; Domremy, patrie de Jeanne d'Arc est représenté par un beau brillant jaune. La carte est au millionième.

Près de cette carte, on remarquera une riche vitrine contenant cinq des œufs de Pâques, que le Czar offre chaque année à sa mère et à la czarine. Ces œufs d'émail jaune ou de jaspe verte contiennent chacun un bijou qui est une surprise: reproduction en miniature du carrosse de gala du couronnement; album minuscule représentant les châteaux successivement habités par la czarine depuis sa naissance; portraits; fac-simils en miniature du navire qui portait le czarevitch Nicolas dans sa croisière autour du monde, etc.

Au premier étage: meubles; papiers peints; laques russes. Exposition des Ecoles Stroganoff, Stieglitz et autres qui correspondent à nos Ecoles françaises d'art industriel, telles que les Ecoles Boule, des Arts décoratifs, etc.

La Russie a plusieurs annexes en dehors du palais, le long de la rue Fabert. D'abord le **Pavillon des Institutions de S. M. l'Impératrice Marie,** consacré au souvenir de Maria Federowna, femme de Paul Ier, et placé sous le patronage de S. M. la mère du czar Nicolas II. Sous le nom d'*Institutions de l'Impératrice Marie,* la Russie désigne tous les établissements d'éducation et de bienfaisance créés par la sollicitude de cette souveraine. L'impératrice Maria Federowna, l'auguste veuve de S. M. Alexandre III, a continué ses soins à cette œuvre magnifique qui se divise en deux groupes principaux.

Education : Trente instituts de jeunes filles (six mille élèves). Trente gymnases externats (douze mille élèves). Trois écoles Marie, un institut d'orphelins, à Gatchina, et deux cents élèves, pépinière de futurs fonctionnaires, boursiers au Lycée Impérial de Saint-Pétersbourg. — *Groupe philanthropique :* Trente mille pupilles répartis dans les salles d'asile d'enfants trouvés; cent soixante-dix-sept autres salles d'asile, avec treize mille enfants; treize hôpitaux, avec mille huit cent quatre lits; douze asiles pour veuves et vieillards, avec deux mille sept cents lits; neuf sociétés de bienfaisance, avec cent dix-sept établissements, fonctionnant sous le contrôle direct du département.

Le **Pavillon de la Bienfaisance russe** contient tous les modèles et plans des œuvres de leur fondatrice, continuées dans le même esprit de largesse et de dévouement par l'auguste veuve du czar Alexandre III, Maria Federowna.

Doit être cité, ensuite, le **Pavillon du bureau météorologique,** où sont exposés des appareils nouveaux, des cartes, des tableaux graphiques, des comptes rendus, de curieux documents provenant des instituteurs et des prêtres chargés dans les villages de faire des observations à l'aide d'appareils qui leur sont confiés par le gouvernement impérial.

Enfin, la **Maison de Thé Popoff**; le **Pavillon de la Société de panification nouvelle**.

Belgique. — La Belgique présente un intéressant ensemble de meubles de style nouveau, dus à la collaboration d'artistes de talent; — de tapis, dits tapis de Flandre, imitation des tapis de Smyrne; — d'étoffes d'ameublement; — de vitraux décoratifs. — Très belle exposition de céramiques, aux pâtes pures et fines, aux couleurs et aux émaux variés et brillants. — Riche choix de verreries et de glaces.

On admirera de riches panneaux de la manufacture royale de tapisseries de Malines (MM. Braquenié et Cie) : scène de la vie de Charles-Quint d'après W. Geets et autres tapisseries de tenture et d'ameublement.

A signaler aussi la bijouterie, la joaillerie, l'argenterie artistique; — les bronzes et la ferronnerie d'art; — l'horlogerie monumentale et les produits de l'Ecole d'horlogerie (cette dernière a exercé l'influence la plus heureuse sur la formation de mécaniciens de précision). — Exposition d'objets en caoutchouc, dont l'industrie est très importante en Belgique. — Vannerie fine et brosserie.

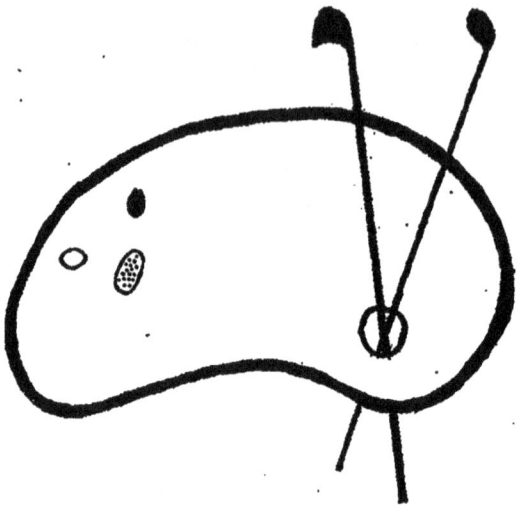

DEBUT D'UNE SERIE DE DOCUMENTS
EN COULEUR

4ᵉ SECTION DU GUIDE
Esplanade des Invalides, premier étage.
Décoration et Mobilier. — Industries diverses.

PARC de la FAISANDERIE

STATION D'ABLON

A 20 minutes des Tuileries
Par la NOUVELLE GARE d'ORLÉANS

Terrains à 3 fr. 50 le mètre

S'ADRESSER SUR PLACE
ou 61, rue des Petits-Champs, PARIS

Les Appareils Photographiques
DE LA MAISON SI CONNUE
ont acquis et conserveront LE PREMIER RANG
par leur fini et leurs qualités incomparables.

H. MACKENSTEIN 15, rue des Carmes PARIS

JUMELLES RÉDUITES
à double décentrage
JUMELLES STÉRÉO-PANORAMIQUES
dont chaque modèle renferme trois appareils complets

Demander la Notice spéciale Nº 13 (gratis et franco)
Envoi du Catalogue général contre 55 cent. en timbres-poste de tous pays
Fourniture générale de tout ce qui concerne la Photographie

MANUFACTURE DE COUVERTS ET D'ORFÈVRERIE *en métal extra-blanc
argenté 1ᵉʳ titre et en argent massif.*
Aᴅ FRÉNAIS
DORURE, RÉARGENTURE, RÉPARATIONS
65, boulevard Richard-Lenoir, Paris.

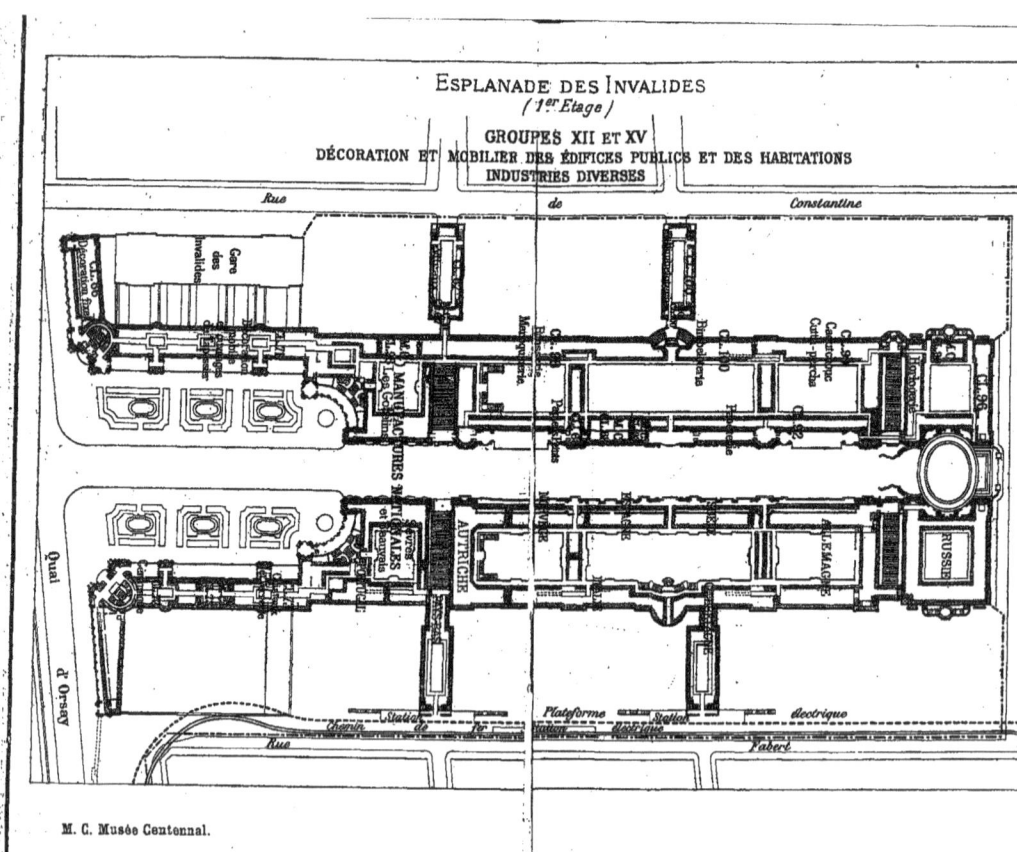

4ᵉ SECTION DU GUIDE
Esplanade des Invalides, premier étage.
Décoration et Mobilier. — Industries diverses.

LIÈGE La plus belle ville de Belgique
5 heures de Paris

THERMES LIÉGEOIS
Grand Hôtel
Restaurant — Hydrothérapie — Cures d'air
CERCLE PRIVÉ D'ÉTRANGERS
CASINO ouvert toute l'année
Pour admission, écrire Secrétariat Cercle des Thermes Liégeois

---

CHAMPAGNE

Massé Père & Fils
Ed. MASSÉ, successeur
à Rilly-la-Montagne
près REIMS (Marne)

Le seul REAL ENGLISH TAILORS à PARIS
de la "WEST END" of London

JOHN BELL & Cᵒ
29, Boulevard Haussmann — PARIS

Coupe et English Style irréprochables
ÉTOFFES DE QUALITÉ SUPÉRIEURE A DES PRIX TRÈS MODÉRÉS
(Derrière l'Opéra)

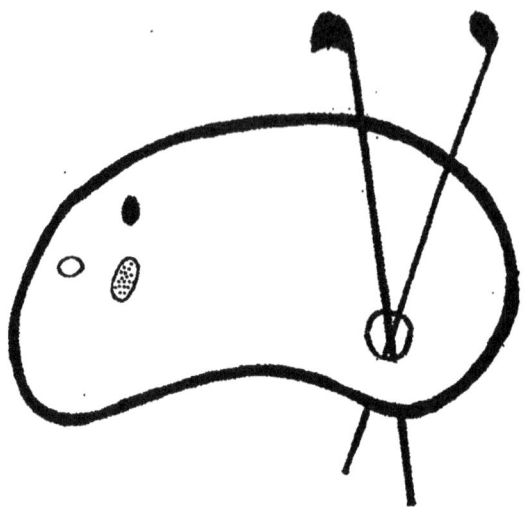

FIN D'UNE SERIE DE DOCUMENTS
EN COULEUR

IVᵉ Section du Guide

Groupes XII et XV

Palais des Manufactures nationales
Palais de la Décoration et du Mobilier
Palais des Industries diverses

(PREMIER ÉTAGE DES PALAIS DE L'ESPLANADE DES INVALIDES)

Classe 66. — Décoration fixe des édifices publics et des habitations *(suite)*.
— **67.** — Vitraux.
— **68.** — Papiers peints.
— **71.** — Décoration mobile et ouvrages du tapissier.
— **72.** — Céramique *(suite)*.
— **73.** — Cristaux et verrerie.
— **92.** — Papeterie.
— **96.** — Horlogerie.
— **98.** — Brosserie, maroquinerie, tabletterie et vannerie.
— **99.** — Industrie du caoutchouc et de la gutta-percha, objets de voyage et de campement.
— **100.** — Bimbeloterie.

Premier étage des palais de l'esplanade des Invalides

Nous visiterons le premier étage des palais de l'esplanade des Invalides en commençant par le côté gauche, comme nous l'avons fait pour le rez-de-chaussée. Nous rencontrons d'abord dans les salles de la façade, sur le quai d'Orsay, une suite de la classe 66 dont nous avons déjà parlé, puis nous entrons dans les salons et les galeries de la classe 71.

Classe 71. — Cette classe comprend la **décoration mobile** et les **ouvrages du tapissier** : décoration pour fêtes publiques et privées, pour services religieux, etc., objets de

Exposition Universelle de 1900

V. RIGAUD

Magasin: 8, Rue Vivienne

Parfum et Savon des ACTRICES
Parfum et Savon MODERN STYLE
Parfum et Savon SONIA
Parfum et Savon LOUIS XV
Extrait VIOLETA FRESCA
Extrait ŒILLET DE MYSORE
Extrait MIMOSA-RIVIERA

Eau de Toilette KANANGA DU JAPON-OSAKA
*Raffermit la peau
et lui conserve l'incomparable éclat de la jeunesse.*

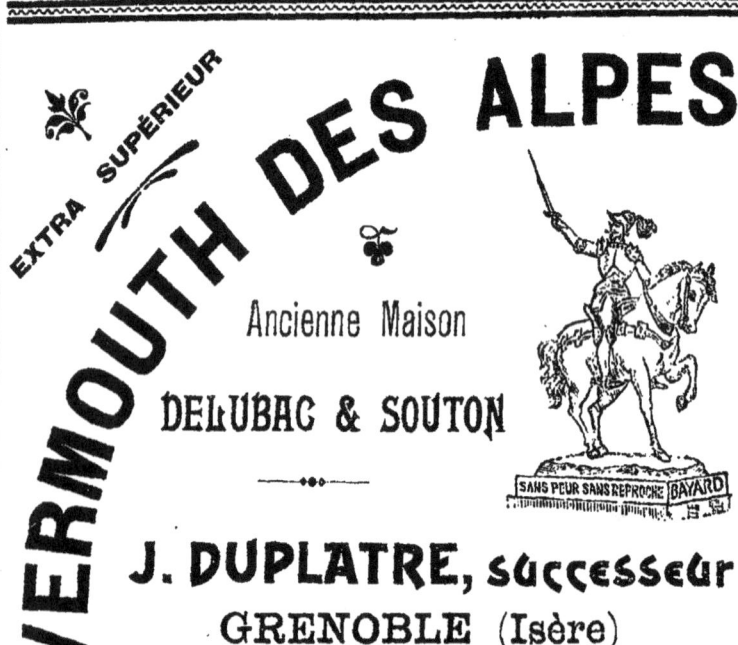

EXTRA SUPÉRIEUR
VERMOUTH DES ALPES

Ancienne Maison

DELUBAC & SOUTON

SANS PEUR SANS REPROCHE BAYARD

J. DUPLATRE, successeur

GRENOBLE (Isère)

LA MAISON ACCEPTE REPRÉSENTANTS AVEC RÉFÉRENCES

CARTES A JOUER LES MEILLEURES
DIEUDONNÉ & Cie ANGERS
DÉPÔT à PARIS : 40 Rue St Merri, M. CATEL & FARCY

literie, sièges garnis, baldaquins, rideaux, tentures d'étoffes et de tapisseries, cadres, glaces encadrées, etc. Nous y remarquons un cabinet de travail moderne de la maison Jansen et un bureau Louis XIV de la maison Rémon ; des ameublements de style des magasins du Bon Marché, du Louvre et d'autres grands magasins. (Rappelons que sous les quinconces de l'Esplanade, les magasins du Bon Marché, du Printemps et du Louvre ont de

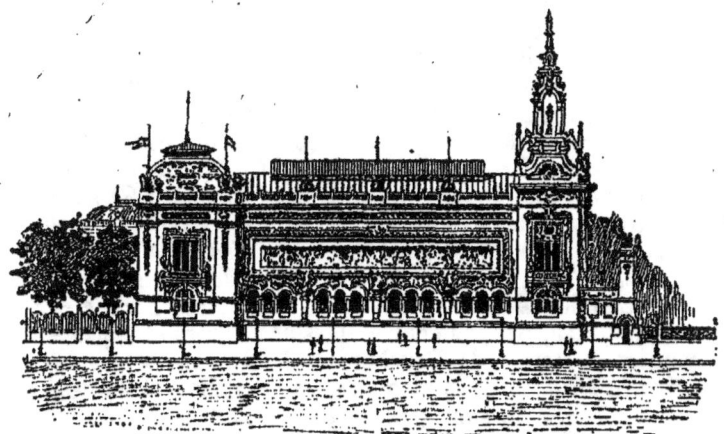

Façade sur la rue de Grenelle.

riches expositions dans des pavillons spéciaux.) On verra aussi avec intérêt dans la classe 74, des bronzes d'éclairage, lustres, lampes, appliques de tous les styles, et mille autres objets.

Pénétrons maintenant dans les somptueuses salles des Gobelins.

Manufacture nationale des Gobelins

La Manufacture nationale des Gobelins dispose dans le palais d'un emplacement analogue à celui qu'occupent dans l'édifice de gauche les manufactures nationales de Sèvres et de Beauvais : deux larges galeries avec ailes en retour.

Dans la salle d'entrée on remarque *les Armes de la République* par J. Blanc. La première des deux galeries principales est consacrée : dans la partie du milieu, aux Ecoles de dessin et de tapisserie des Gobelins ; on y voit des spécimens des procédés de teinture, ainsi que des esquisses et des maquettes des tapissiers modernes ; à droite et à gauche, deux remarquables tapisseries : *le Génie des Arts, des Sciences et des Lettres au moyen âge*, par F. Ehrmann, et *l'Audience du Légat* par Ch. Lebrun. La deuxième galerie principale, qui prend jour sur l'avenue des Invalides, nous montre : dans la partie du milieu, faisant face aux fenêtres, cinq tapisseries destinées à la première Chambre de la Cour de Rennes : *les Armes de France et de Bretagne*, de Bidau ; *la Force* ; *la Charité* ; *la Justice et la Loi*, de J. Blanc. A droite et à gauche de ce beau salon : *les Explorateurs français en Afrique*, par Rochegrosse; *la Sirène et le Poète*, de G. Moreau; *Marie-Antoinette et ses enfants*, par Mme Vigée-Lebrun; *Une scène de tournoi à la fin du* XIVe *siècle*, par J.-P. Laurens. En face, *les Mois grotesques* (en quatre panneaux), par Audran. Dans l'aile au retour : trois tapis de la Savonnerie exposés à terre et, au-dessus, des tapisseries de l'église Saint-Remi, de Reims, restaurées par les Gobelins.

Nous énumérons les autres tapisseries exposées par la Manufacture nationale des Gobelins, qui forment avec les précédentes un admirable ensemble : *la Cérémonie* (couronnement de Molière), par F. Ehrmann; *Iphigénie* avec alentour, par Doucet et P.-V. Galland; *Zaïre* avec alentour, par G. Claude et P.-V. Galland; *Hernani*, par Humbert; *les Jeux de l'Amour et du Hasard*, par Clairin; *le Château neuf de Saint-Germain*, par d'Espruy; *la Soie, la Houille, la Justice consulaire, Apollon et Daphné*, par A. Maignan; *la Mission de Jeanne d'Arc, le Départ de Jeanne d'Arc*, par J.-P. Laurens; *le Mariage civil* en 1792, par G. Claude; *Aminte et Silvie*, par Boucher; *Aminte et Silvie* avec entourage, par Boucher et Tessier; *Aurore et Céphale, Vertumne et Pomone*, par Boucher; *le Roman au* XVIIIe *siècle*, par Leloir; *la Musique* avec alentour, par Boucher et Jacques; un canapé, d'après Tessier; six fauteuils d'après Maloisel et un paravent en Savonnerie d'après Jacques.

Classe 68. — En continuant par la galerie qui longe la grande façade, nous arrivons dans la classe 68 : **papiers peints**, où nous voyons les belles collections de papiers peints de MM. Follot et fils, depuis les sortes unies jusqu'au velours ciselé et soutaché; les tentures murales de la Société anonyme des anciens établissements Desfossé et Karth; les panneaux décoratifs et les cuirs repoussés de M. Isidore Leroy; les papiers couchés et de fantaisie de M. Eug. Vacquerel; les jolis papiers de fantaisie de la maison Putois et Le Mahieu; les panneaux de MM. Gillou et fils, encadrés dans des boiseries claires style Louis XV et Louis XVI, qui nous montrent notamment une très remarquable reproduction d'étoffe brochée ancienne, et, dans le style moderne, deux frises assorties à des tentures de même genre. La maison Robert Ruepp a une exposition très intéressante de l'art moderne dans une installation du meilleur goût de M. Eugène Salagnad, etc...

Musée rétrospectif de la classe 68. — Environ cent pièces du commencement du XVIIIe siècle : panneaux, décors, gravures enluminées, planches à imprimer, références et objets de la maison Réveillon. — Environ cent autres pièces de 1800 à 1899 : décors, panneaux décoratifs de styles divers et tentures de tous genres (collection F. Follot). Remarquer notamment les mois par Fragonard fils, imprimés par Jos. Dufour en 1808; douze lés du Renaud et Armide imprimés en 1828, chez A. Le Roy.

Classe 92. — Nous voici dans la classe de la **papeterie**, où figurent, sous leurs multiples formes, dans un ravissant agencement de style moderne (architecte M. Sorel), les papiers réglés, façonnés, bordés; les cahiers, agendas, registres, classeurs, etc; un ensemble très curieux de cartes à jouer, etc; les articles de fournitures de bureau qui affectent tant de formes élégantes; le matériel du dessin, de la peinture, de l'architecture, de la sculpture, etc. Au milieu des vitrines sont installés de nombreux ateliers qui donnent à cette classe un aspect aussi intéressant qu'animé.

Musée rétrospectif de la classe 92. — L'exposition rétrospective de la classe 92 n'est pas seulement un choix, une réunion d'objets anciens, c'est encore une boutique de papeterie, c'est-à-dire de *marchand papetier-cartier des fermes du Roy* vers la fin du xviiie siècle, qui a été organisée sous la direction de M. Grand-Carteret, l'érudit iconophile iconographe, auteur du volume *Vieux Paris, Vieilles Images*. Elle est des plus curieuses, cette boutique, décor de Chaperon, avec son large auvent auquel pendent tous les objets classiques de la profession, avec ses enseignes de vieilles papeteries célèbres : *Au Griffon, à la Tête Noire, à Sainte Geneviève,* etc., avec ses bornes, avec sa double porte aux bancs extérieurs.

Dans les vitrines et sur les murs, tous les objets, toutes les images, tous les papiers qui se vendaient autrefois chez les *papetiers-cartiers-imaigiers-graveurs*; les abat-jour, les écrans, les cartes à jouer, les cartes de visite, les billets de part, les menus, les cartes de souhaits, les calendriers et almanachs de cabinet, les petits almanachs galants, les reliefs et découpages, les boîtes et cartonnages, les papiers gaufrés, les adresses et factures ornées.

On y voit les vieilles écritoires des huissiers-sergents à verge de la bonne ville de Paris, des portefeuilles de personnages célèbres, les vieilles mines de plomb, des almanachs, les anciennes plumes de fer aux formes contournées et bizarres qui pourraient servir à reconstituer l'histoire des grands hommes, et tout ce qui a trait à la papeterie, dont les archives ont été réunies ici en un véritable livre d'or. Parmi les curiosités de cette exposition, le visiteur remarquera une collection lilliputienne appartenant à M. Georges Salomon. On y trouve comme format maximum un Lafontaine de 54 millimètres sur 33. Le format minimum est la « Cour des fleurs », de provenance hollandaise (1660); il correspond à un quart de timbre-poste français. Le visiteur trouvera dans cette collection des chansonniers, des bibles, des livres d'heures, des auteurs classiques, etc; un Cicéron complet de la dimension d'une boîte d'allumettes, deux Anciens et un Nouveau Testament suisse et hollandais du xviie siècle, une bible allemande de 1778; une suite d'almanachs minuscules de 1790 à 1818 et une Constitution française de 1792.

Classe 96. — Nous entrons ensuite dans la classe 96 : **horlogerie**, qui forme, au fond du palais, un carré de magnifiques galeries. Elle occupe, en effet, tout le premier étage du Palais d'angle, en bordure sur la rue de Grenelle. Du rez-de-chaussée, on y monte par un tapis roulant et un grand escalier. Le visiteur fera une longue halte dans cette remarquable partie des palais de l'Esplanade ; car l'exposition de l'horlogerie est certainement l'une des plus intéressantes du groupe. Tous les centres horlogers français y figurent. Paris (maisons Rodanet, Bréguet, Garnier, Leroy, avec ses chronomètres toujours si réputés, Sandoz, etc.), Besançon, Montbéliard, Morteau, Villers-le-Lac, la Haute-Savoie et Saint-Nicolas d'Aliermont ont exposé de nombreuses et belles horloges publiques, des régulateurs astronomiques, des chronomètres de marine, des montres de précision, des pendules de voyage et de cheminée, ainsi que des outils et des machines qui donnent une juste et grande idée des progrès considérables réalisés en France, depuis dix ans, dans la construction des machines à mesurer le temps.

Les écoles d'horlogerie de Paris et de Besançon ont fait de belles expositions de produits pratiques et de dessins de leurs élèves. Un atelier d'horlogerie est organisé dans le local même de la classe.

Le **musée rétrospectif**, installé près de l'escalier d'honneur, comprend de très curieuses pièces qui permettent de juger des progrès réalisés, pendant le siècle, dans cette intéressante branche de notre industrie. Voir notamment la vitrine qui contient la collection de M. Hemmel, comprenant un grand nombre de mécanismes de montres, rangés par époques, depuis la fin du siècle dernier.

Le visiteur remarquera encore : une pendule portative ayant appartenu à Louis XVI (collection Robert Fontanier); une montre de Henri III (collection Olivier); une montre de Marat (collection de M. Ch. Roblot) ; une autre du cardinal de Retz (collection de la ville de Besançon) ; une collection complète de cadrans solaires, de clefs de montre, de pendules et de montres, datant des xiiie et xive siècles ; une vitrine contenant les outils ayant servi au célèbre horloger Pierre-Louis Berthoud (collection du musée de la chambre syndicale de l'horlogerie) avec le premier chronomètre construit par Berthoud. Le visiteur verra encore avec intérêt l'établi de Berthoud et sa croix d'honneur, première décoration donnée à un horloger (1802).

Classe 99. — En revenant par les galeries du côté de la rue de Constantine, le visiteur rencontre d'abord la classe 99 : **industrie du caoutchouc et de la gutta-percha, objets de voyage et de campement.** Mille variétés de malles, de valises, de sacs, de sacoches, de nécessaires et de trousses de voyage ; vêtements et chaussures imperméables ; bâtons ferrés. Matériel portatif des voyages et des expéditions scientifiques : nécessaires et bagages du géologue, du minéralogiste, du naturaliste, du colon, du pionnier. Tentes et leurs accessoires, etc.

Classe 100. — Puis nous entrons dans un domaine qui fait la joie des enfants, celui de la **bimbeloterie,** qui occupe un vaste emplacement. On y voit, à côté du matériel et des procédés de la fabrication, les jouets de toute nature, notamment les jouets mécaniques, les jouets scientifiques et instructifs, des phonographes, des jeux pour enfants et adultes. Remarquer la très jolie exposition de la société française « Bébés Jumeau » et les oiseaux chanteurs mécaniques de la maison Charles Bontems.

Musée rétrospectif de la classe 100. — Ce musée comprend une très intéressante exposition de jouets et jeux anciens parmi lesquels il convient de citer la collection de poupées en bois de Mme J. M. A. Bernard; les poupées en cire habillées soie (collection de Mme Léo Claretie); une très jolie chambre à coucher miniature (collection de Mme Marguerite Paulme); un jeu d'échecs du temps de la Révolution (collection Jules Claretie). Ce jeu figure les autrichiens marchant contre l'armée française. Enfin « la grande armée » (collection de Mlle Suzanne Marix); soldats en plomb, etc.

Classe 98. — La classe 98, qui suit, comprend la **brosserie**, la **maroquinerie**, la **tabletterie** et la **vannerie**, depuis la grosse brosserie et la brosserie pour peintres, jusqu'à la fine et élégante brosserie pour toilette ; la variété des objets de maroquinerie, depuis les sacs de voyage jusqu'aux jolis petits meubles et objets de fantaisie en peau ; des choix charmants d'objets en tabletterie: caves à liqueurs, boîtes à gants, coffrets, etc., enfin la vannerie à usage et la vannerie de fantaisie. Toute cette classe, avec ses ravissantes vitrines Louis XVI, a un véritable cachet artistique. On sait quels progrès considérables ont été accomplis depuis 1889 dans les industries qui y sont représentées. Grâce au perfectionnement des procédés mécaniques, les produits sont établis dans des conditions de bon marché qui en facilitent la vente, tout en conservant l'élégance et le fini qui les ont toujours caractérisés.

Musée rétrospectif de la classe 98. — Le comité de la classe a pu réunir des objets anciens correspondant aux diverses industries de la classe 98 depuis l'époque de la Renaissance jusqu'à l'année 1889. Le public est à même d'examiner les collections les plus variées provenant des amateurs les plus connus. Il peut suivre chronologiquement les progrès réalisés par toutes les branches de nos fabrications. Le catalogue indique la nature et l'époque des objets.

Classe 67. — Après avoir visité la classe 98, nous entrons dans le chatoyant domaine des **vitraux** : vitraux pour édifices religieux, pour monuments civils et pour habitations; émaux, etc. Que de produits intéressants seraient à signaler ! — Citons, au hasard : les vitraux d'après MM. Grasset et L.-O. Merson, exposés par M. Félix Gaudin, qui a fait le plafond lumineux de la salle des fêtes ; — un joli vitrail de M. Ader, *la Passerelle* ; — cinq fenêtres du sanctuaire de l'église de Bougival et trois fenêtres de l'église Sainte-Croix à Bordeaux, par M. Leprevost, d'après les cartons de M. Marcel Magne; — les vitraux et mosaïques vitrifiées de M. Daumont-Tournel, auquel on doit le vitrail *le Nord*, de la salle des fêtes; — l'opaline blanche et de couleur, que

MM. Appert frères ont appliquée aux gares souterraines du chemin de fer métropolitain ; — les émaux transparents et opaques avec lesquels ils ont reproduit sur fers les blasons des échevins de Paris, du XIIIe au XVIIe siècles (pavillon de la Ville), etc., etc.

Musée rétrospectif de la classe 97. — Ce musée comprend des fragments de vitraux des XIIe au XIXe siècles.

A remarquer « la Cène » XIIIe siècle (collection Haussaire de Reims) ; « la légende de Saint-Dié », XIVe siècle (ministère des cultes) ; « Vierge en gloire tenant l'enfant Jésus », XIVe siècle (ministère des cultes) ; « Donateur agenouillé », XVe siècle (collection Baboneau) ; « Hérodiade », XVIe siècle (collection Baboneau) ; « vitrail de Choisy-le-Roi, 1845 », (collection Baboneau) ; « Couronnement de la Vierge », XIXe siècle (collection Bruin) ; etc.

Nous avons ainsi parcouru tout le premier étage de gauche des palais de l'Esplanade. Le visiteur descendra par le grand escalier, pour traverser diagonalement les jardins de roses qui le séparent des palais de droite, et se rendra au premier étage de ces derniers par l'entrée située sur le quai d'Orsay, à l'angle de l'édifice. Il ne manquera pas d'admirer l'entourage en glaces courbées des escaliers monumentaux qui conduisent aux classes 72 et 73, dans les galeries en bordure sur les jardins. Ce sont les plus grandes glaces bombées qui aient été fabriquées jusqu'à ce jour. Elles sortent des manufactures de Saint-Gobain.

Classe 72. — C'est une suite du domaine de la **céramique** que nous avons vu au rez-de-chaussée.

Classe 73. — Le visiteur sera retenu non moins longtemps par les **cristaux** et la **verrerie** : verres à vitres blancs ou de couleur, glaces, miroirs à projections, verres et cristaux de table taillés ou gravés, applications des émaux sur verre, mosaïques de verre, pierres fines artificielles, verres d'optique, etc. — C'est dans cette classe que la Compagnie de Saint-Gobain a réuni les principaux produits de ses manufactures : glaces brutes et polies, nues et argentées ; pièces de phares d'optique ; verres minces unis, à reliefs, etc. ; moulages en verre (dont une si curieuse application est faite au Palais lumineux Ponsin, au Champ-de-Mars). — On remarquera particulièrement la grande glace argentée formant le fond de la classe 73, c'est le plus grand et le plus beau miroir qui ait jamais été fabriqué ; les glaces platinées, fabriquées par un procédé spécial breveté (se rendre compte de l'effet produit par ces glaces) ; une série de coupoles à double courbure pour miroirs aplanétiques de projecteurs Mangin, employés sur les navires et dans les forts.

La Cristallerie de Pantin expose deux grands vases Empire ne pesant pas moins de 130 kilogrammes chacun et ayant 1^m,50 de hauteur, en cristal de la plus grande pureté, richement taillé en champ levé, travail identique à celui du camée ; deux vases Médicis dont la dimension sera la plus grande qui se soit faite en cristal, le corps, le ventre et le pied ayant été obtenus d'une seule pièce ; une table-guéridon à rebord de 780 millimètres de large, travail d'une réelle difficulté professionnelle, faisant ressortir la blancheur et la qualité du cristal par une taille très creuse et très ouvragée; des vases et services de styles Henri II, Louis XIV, Louis XV, Empire; de charmants articles d'éclairage et de fantaisie, etc.

Les Cristalleries de Sèvres et Clichy réunies nous montrent de riches services de table en cristal taillé et gravé; des vases polychromes à sujets — paysages et fleurs — (gravure prise en relief dans la masse); des vases anciens irisés, gravés et à reflets métalliques; des cristaux de fantaisie, etc. — Ces établissements ont une annexe sous les quinconces où le public assiste à la fusion, au soufflage et à la taille des cristaux de toutes sortes. — MM. Appert frères exposent une variété des plus intéressantes de verres, notamment pour vitraux et restaurations de vitraux par les procédés anciens des XIIe, XIIIe et XVIe siècles. — La maison Gallé, de Nancy, présente des spécimens des contributions qu'elle a apportées, depuis 1846, au décor et à la technique du verre, notamment dans les formes et les décors par l'interprétation de la plante. On remarquera dans cette exposition un grand vase offert par la ville de Nancy au président Carnot.

Nous arrêtons à regret cette rapide énumération pour entrer dans le musée rétrospectif de la classe 73.

Musée rétrospectif de la classe 73. — Exposition très curieuse de verreries nancéennes, normandes, etc., de produits des grandes glaceries pendant le siècle. Ce musée forme une histoire complète, à la fois technologique et artistique. A remarquer dans l'exposition des glaceries tous les instruments et appareils ayant servi et servant à la fabrication. — Nombreuses gravures représentant d'anciennes verreries et d'anciens appareils.

Manufactures nationales de Sèvres et de Beauvais

Le palais des Manufactures nationales de Sèvres et de Beauvais est situé à l'entrée de l'avenue des Invalides, à droite.

L'emplacement mis à la disposition de ces deux établissements occupe, au premier étage, une surface de 740 mètres carrés environ, divisée en deux galeries avec ailes en retour. La galerie principale, séparée en trois salons décorés de tapisseries de Beauvais, mesure 33 mètres de longueur sur 8 mètres de largeur; éclairée par cinq fenêtres avec encorbellements sur l'avenue. Elle est précédée d'une petite rotonde pratiquée dans la tourelle formant vedette à l'ouverture de l'avenue. La deuxième galerie, de même longueur, sur $6^m,50$ de largeur, se développe, avec les deux ailes qui en sont le prolongement, sans aucune séparation.

On accède à l'exposition des Manufactures de Sèvres et de Beauvais par un escalier à double révolution qui débouche sur un palier commun à la verrerie française et à la porcelaine de

Sèvres, où nous trouvons deux chiens danois en grès-cérame, destinés au Musée des Arts décoratifs (modèles de M. Georges Gardet).

Dans la salle d'entrée sont disposées trois vitrines de milieu : l'une, contenant des pièces de porcelaine tendre nouvelle ; les deux autres, des pièces de porcelaine dure de second degré, décorées de couvertes colorées et d'émaux, avec sujets nouveaux en biscuit signés Aubé et Desbois. On y remarque, en outre, huit vases grands et moyens décorés au feu de cuisson de la porcelaine.

La galerie principale, ouverte tout entière sur un grand hall, est occupée en son milieu par six vitrines, dans lesquelles sont exposées des pièces de porcelaine ou de grès cérame à couvertes cristallisées et autres de grand feu, ainsi que les flammés, et divers sujets en biscuit exécutés d'après des modèles de M. Georges Gardet et de Joseph Chéret. A l'une des extrémités, l'attention est attirée par une cheminée de 7 mètres d'élévation, exécutée en grès-cérame d'après un projet de Paul Sédille, architecte de la Manufacture de Sèvres, avec collaboration de MM. André Allar, pour la statuaire, et Devêche, pour la sculpture d'ornement. Un laboureur appuyé sur sa charrue et une moissonneuse tenant sa faucille soutiennent le manteau de la cheminée surmonté d'une grande niche, constellée d'étoiles, de laquelle s'élance une grande figure de la Flamme.

Au centre de la galerie, adossée au mur du fond, une statue de la République française, exécutée également en grès-cérame, d'une seule pièce, d'après le modèle du sculpteur Alfred Boucher, grande et noble figure à l'attitude ferme et reposée ; de chaque côté, une frise en porcelaine, composition de M. Joseph Blanc, « l'histoire de l'art ». A droite, la Renaissance italienne, suivie des plus illustres parmi les artistes des xve et xvie siècles, entraînant après eux les maîtres des temps modernes jusqu'à nos jours ; à gauche, le moyen âge, l'art byzantin, la Grèce et Rome, l'art égyptien et l'art assyrien, avec les monuments des diverses époques. Les figures gravées dans la pâte et serties d'un trait brun, s'enlèvent en un ton d'un jaune très atténué sur le fond bleu turquoise du ciel.

Dans cette même galerie, la maquette au vingtième d'un projet de monument dont l'auteur est M. Charles Risler, architecte, à qui la Manufacture avait confié le soin d'étudier le plan de son palais d'exposition pour 1900. Les matériaux entrant dans la construction devaient être entièrement empruntés à la céramique, comme exemple d'application de matières artificielles possédant des qualités de durée indéfinie et offrant en même temps les effets les plus variés au point de vue de la décoration architecturale. Un fragment très important de la construction projetée a seulement été exécuté, la combinaison financière à l'aide de laquelle on devait se procurer les ressources nécessaires à l'édification complète du palais d'exposition des produits de Sèvres n'ayant pas abouti. Construit en bordure de l'avenue des Invalides, ce morceau d'architecture sert de cadre à deux œuvres de haute valeur du statuaire Coutan : un haut relief en trois parties avec un grand médaillon dont les sujets ont été tout naturellement inspirés par les travaux de la céramique et dont l'interprétation en grès-cérame ne passera certainement pas inaperçue. Un certain nombre de vases de grandes et moyennes dimensions, tous de formes nouvelles, à couvertes variées de grand feu de four, complètent l'exposition de la grande galerie de Sèvres.

Dans l'aile en retour, nous trouvons la porcelaine dure proprement dite, avec décors variés en couleurs sur et sous couverte, obtenus encore au feu de cuisson de la porcelaine elle-même. Certaines de ces couleurs, et non les moins séduisantes, telles le rose, le jaune et le vert tendre, apparaissent pour la première fois sur cette porcelaine dure qui n'avait guère été revêtue jusqu'à présent que de peintures au feu de moufle. Les objets contenus dans les trois vitrines ou disposés sur les dressoirs témoignent, non moins que les grands vases exposés dans cette salle, des progrès réalisés à Sèvres dans la fabrication de la porcelaine. Adossé à la cloison qui sépare l'exposition de Sèvres de la section voisine, un bas-relief en pâte de verre, œuvre de M. Henry Cros, se distingue par son importance et son exécution parfaite. Sujet traité : l'*Histoire du feu*.

Nous avons encore à parcourir les trois salons ménagés dans la galerie prenant jour sur l'avenue des Invalides. Dans l'un de ces salons, décoré de deux tapisseries de Beauvais, nous trouvons plusieurs grands vases et une table sur laquelle sont disposés six groupes en biscuit de porcelaine exécutés sur les modèles de l'éminent sculpteur Frémiet. Au centre, *Persée délivrant Andromède* et *Hercule vainqueur*; de chaque côté, les chars de *Minerve* et de *Diane*; aux extrémités, *l'Amour fouettant le paon* dont il a eu tant à se plaindre, et *un centaure en lutte avec un ours*.

Nous passons ensuite au Salon dit des Affaires étrangères, d'après la destination des tapisseries de Beauvais qui le décorent. Aux angles et au milieu, grands vases de Sèvres. Sur la cheminée, une pièce de biscuit et deux vases; sur la console faisant face, même disposition.

Dans le troisième salon, seconde grande table, sur laquelle évoluent quinze élégantes figurines en biscuit exécutées sur les modèles du sculpteur Léonard, qui a su donner à chacune d'elles un charme particulier; fontaine applique, modèle de M. Raoul Larche, et plusieurs grands vases décorés.

Nous arrivons enfin à la petite rotonde, dont nous avons déjà parlé, où nous trouvons encore quelques grands vases décoratifs.

Après cette revue rapide, nous croyons utile d'appeler l'attention sur les points suivants :

1° A très peu d'exceptions près, aucun des modèles exposés n'a paru à des expositions antérieures. Non seulement les formes sont inédites, mais encore elles se distinguent par l'unité de composition, la Manufacture de Sèvres ayant renoncé au système de montage de vases, grands ou petits, formés de pièces reliées entre elles par des armatures métalliques;

2° Toutes les pièces de porcelaine dure sont décorées au

HORLOGERIE DU XXᵉ SIÈCLE

29, RUE DE LONDRES
(près la gare Saint-Lazare)

PARIS

la montre
du
XXᵉ siècle

QUALITÉ EXTRA

tout le monde l'aura !

La Montre du XXᵉ Siècle

PAR SON

MÉCANISME SPÉCIAL

DONNE

{ la division du jour, tel qu'il est, en 24 heures, de 0 heure à 24 heures, minuit à minuit, — l'aiguille des heures ne faisant qu'une fois le tour du cadran en 24 heures;
la division de l'heure en 100 minutes;
la division de la minute en 100 secondes;
le dix-millième de l'heure;
la comparaison du cadran **VIEUX JEU** avec le cadran **NOUVEAU JEU**.

La **MONTRE DU XXᵉ SIÈCLE**
dite de sports ou chronographe,
donne le vingt-millième de l'heure

ÉLÉGANCE - SOLIDITÉ - MARCHE GARANTIE - HEURE EXACTE
- LA PLUS GRANDE PRÉCISION -

Argentan, acier, argent, niellé, or, **50** francs à **4.000** francs grand feu de four, quel que soit le procédé employé, sauf quelques porcelaines dures de second degré, décorées d'émaux appliqués eux-mêmes sur couvertes de grand feu;

3º La porcelaine tendre, qu'on n'était point parvenu à reconstituer d'une façon satisfaisante depuis son abandon complet au commencement du siècle, se présente avec un nombre d'objets suffisant pour montrer les qualités spéciales de cette matière précieuse;

4º En sculpture, les anciens modèles ont aussi été laissés de côté, les biscuits exposés ayant tous été exécutés d'après des modèles d'artistes contemporains. Nous avons déjà cité les noms de MM. Aubé, Chéret, Desbois, Frémiet, Gardet, Larche, Léonard; nous ajouterons ceux de MM. Allouard, Alfred Boucher, Barrias, Bouval, Carrier-Belleuse, Chaplain, Félix Charpentier, Cordonnier, Delaplanche, Deloye, Paul Dubois, Godebski, Houssin, Icard, Laoust, G. Michel, Moreau-Vauthier, Peter, Puech, Th. Rivière, Suchetet, Valton, etc.

Pour terminer, nous mentionnerons deux entreprises très importantes de la Manufacture de Sèvres à l'Exposition universelle :

1º Une fontaine monumentale en grès-cérame, projet de M. Alex. Sandier, directeur des travaux d'art de la Manufacture. Les pièces de construction de ce monument élevé à l'entrée de l'Exposition, au Cours-la-Reine, sont toutes en grès-cérame à couvertes cristallisées ou turquoisées de grand feu, offrant toutes garanties contre les ravages du temps, grâce à l'imperméabilité de la matière. Autour de la colonne centrale, une ronde de jeunes filles à robes flottantes, finement modelées par le délicat statuaire Alfred Boucher et, dispersés çà et là, poissons, tortues, coquillages, écrevisses, fleurs d'arum, touffes de nénuphars, etc.;

2º La frise du grand Palais des Beaux-Arts, avenue d'Antin, mesurant 4 mètres environ de hauteur, sur une longueur de 90 mètres et comprenant près de 4.500 pièces de 25 centimètres sur 33 centimètres. Modelée par les sculpteurs Baralis, Fagel et Sicard, d'après les cartons de M. Joseph Blanc, et interprétés à Sèvres en grès-cérame à couvertes colorées, sous la direction de M. G. Vogt, directeur des travaux techniques de la Manufacture, cette vaste composition nous présente une histoire de *l'Art à travers les âges* : d'un côté, l'antiquité et le moyen âge; de l'autre, la renaissance et les temps modernes. Nous en avons vu une réduction en porcelaine dans la grande salle de l'exposition de Sèvres, différant de l'œuvre originale en ce qu'elle n'en a plus les reliefs ni les vives colorations.

Enfin, à Sèvres même, une contre-partie de l'exposition que nous venons de décrire a été organisée par M. E. Baumgart, administrateur de l'établissement.

A l'esplanade des Invalides, l'aménagement et l'installation ont été faits par MM. G. Demay, architecte, et A. Sandier, directeur des travaux d'art de la manufacture de Sèvres.

L'exposition de la Manufacture nationale de Beauvais est répartie dans les trois salons de Sèvres et de Beauvais qui prennent jour sur l'avenue des Invalides et que nous venons de décrire en ce qui concerne Sèvres. Nous citerons d'abord un remarquable panneau, d'après M. Zuber: *Vue de Beauvais*, destiné au musée de Beauvais, et quatre autres superbes panneaux également d'après M. Zuber, *le Printemps, l'Été, l'Automne* et *l'Hiver* (vues du Luxembourg). Le salon exécuté pour le ministère des Affaires étrangères, d'après M. Mangenot, comprend : cinq dessus de porte: *l'Europe, l'Asie, l'Afrique, l'Amérique* et *l'Océanie*; une série de tapisseries pour l'ornementation des panneaux et des trumeaux; un ravissant écran, deux canapés, quatre fauteuils et quatre sièges, dont la beauté frappera et retiendra l'attention du visiteur.

On examinera également, avec intérêt, les études d'élèves tapissiers, depuis celles des élèves de première année, jusqu'aux jolis travaux des élèves de cinquième année.

Après les salles des Manufactures nationales, le premier étage du côté droit des Invalides est occupé par les expositions étrangères dans l'ordre suivant: Portugal, Pays-Bas, Autriche, Norwège, Italie, Espagne, Suède, Grande-Bretagne, Allemagne et Russie. Nous avons décrit les expositions de ces pays en visitant le rez-de-chaussée, à l'exception des suivantes, qui ne figurent qu'au premier étage.

Pays-Bas. — Dans le salon des Pays-Bas, on remarquera surtout les superbes tapis des Manufactures royales et des spécimens de vieille argenterie hollandaise.

Norwège. — Ici la Norwège a voulu réunir ses meilleurs produits de l'art industriel. Le visiteur s'arrêtera devant les beaux tapis décoratifs de « Norske Billedvœverie » de Christiania, tapis faits à la main et en exemplaires uniques. Des travaux originaux en tissus de même genre sont exposés par la « Nordenfjeldske Kunsindustrimuseum » de Drontheim. Dans l'exposition de la Société « Norsk Husflidsforening », qui est subventionnée par l'Etat, on verra avec quel succès on a su relever dans les intérieurs norwégiens le goût pour les travaux manuels. Une partie de l'exposition comprend la joaillerie qui affirme sa tendance vers le maintien de l'ancien style national.

Espagne. — A remarquer, notamment, de jolis meubles, de la bijouterie, de l'orfèvrerie, etc.

Suède. — Exposition des plus intéressantes et variées: tissus genre Gobelins, orfèvrerie, horlogerie, verrerie d'art, porcelaines, coutellerie; miniatures représentant en bois de pins et de sapins des sites du Nordland, etc.

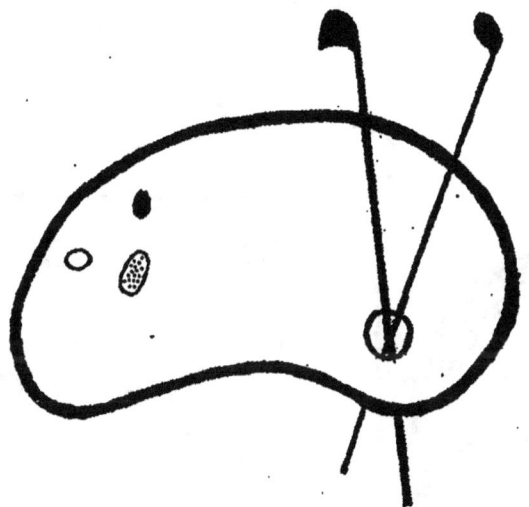

DEBUT D'UNE SERIE DE DOCUMENTS
EN COULEUR

5ᵉ SECTION DU GUIDE
Quai d'Orsay.
Pavillons des Puissances étrangères.

Montre

OMEGA

DE PRÉCISION

EN VENTE CHEZ LES

PRINCIPAUX

HORLOGERS

dans

TOUTES LES VILLES

du

MONDE ENTIER

DÉPOT A PARIS :

KIRBY, BEARD & Cᵒ Lᵈ

5, RUE AUBER

NOTA. — La trop grande longueur de cette section nous a obligés à la diviser en deux parties superposées. Considérer la partie inférieure comme continuant (à droite) la partie supérieure.

H. MARCEROU — CIRAGE, CRÈMES, CIRATS, ENCAUSTIQUES — **TH. MARCEROU**
Usine et bureaux, 10, rue Collange, Levallois-Perret (Seine).

5ᵉ SECTION DU GUIDE
Quai d'Orsay.
Pavillons des Puissances étrangères.

TIMBRES-POSTE pour COLLECTIONS

Émile CHEVILLIARD
37, Avenue Mac-Mahon, PARIS

MAISON FONDÉE EN 1877

PRIX COURANT GRATIS ET FRANCO

Offre 100 différents des Colonies françaises pour **6 francs** et 35 différents Équateur, Nicaragua, Honduras et Salvador pour **3 francs** (payement d'avance, port en sus.)

Fais envois à choix avec escompte.

★ **Société l'UNION des GRANDS VINS de CHAMPAGNE** ★

E. de COZAR & Cⁱᵉ
REIMS, 17, Rue Pluche, REIMS

DÉPOT A PARIS : 41, RUE DE L'ÉCHIQUIER

PRIX COURANT

CARTE BLANCHE...............	3. »
CARTE D'OR...................	4. »
CARTE NOIRE (Extra Quality).....	5. »
UNION MONOPOLE (Cuvée Réservée)...	6. »

LES VINS SONT EXPÉDIÉS SUR DEMANDE : EXTRA-DRY, DRY, DOUX

0.50 en sus par 2 1/2 bouteilles

Tous nos vins sont garantis d'origine

MÉDAILLES ARGENT, OR, CROIX DE MÉRITE, HORS CONCOURS

Membre du Jury, Exposition Internationale, Paris 1899

NOUVELLE BIBLIOTHÈQUE
à MONTANTS en FER, à TABLETTES MOBILES et DÉMONTABLES

Rayons Mobiles ET DÉMONTABLES POUR MAGASINS

Envoi franco des CATALOGUES

Nombreuses installations en France et à l'Étranger

Magasin de Vente **Th. Scherf** 49, rue LAURISTON
35, RUE D'ABOUKIR — PARIS

CLASSE 89.

HYGIÈNE & ANTISEPSIE DE LA TOILETTE

SANÉDOL Eau parfumée et antiseptique, très douce à la peau. S'emploie en lotions contre les rougeurs ou boutons du visage et sert dans *tous les soins de la toilette du corps*, en remplacement des Coaltars et autres produits d'odeur désagréable.

Prix : **1 fr. 75** le flacon, **3 fr.** le 1/2 litre, **5 fr.** le litre

Gros et Détail : **LAVOINNE, 178, avenue du Maine, PARIS** — Port en plus

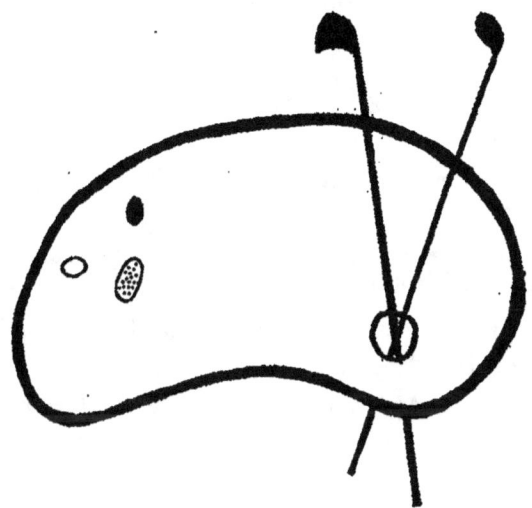

FIN D'UNE SERIE DE DOCUMENTS
EN COULEUR

Vᵉ Section du Guide

Pavillons des Puissances étrangères.

Portes d'entrée : Portes n° 23, au pont des Invalides ; — n° 22, au pont de l'Alma.

Stations de la plate-forme roulante : Passerelle desservant le palais de la Perse ; — Près la porte n° 22 ; — Près la porte n° 23.

Stations du chemin de fer électrique : Entre le pavillon de la Perse et celui du Pérou.

Restaurants : Aux pavillons de la Turquie, de la Bosnie, de la Hongrie, de l'Espagne.

Dégustation de bières : Au pavillon de l'Autriche ; *Brasserie* au pavillon de la Suède.

Pavillons des puissances étrangères

Nous voici devant la rue des Nations, qui nous présente le spectacle unique des styles les plus remarquables de tous les pays, la fidèle reproduction de monuments caractéristiques, et, dans l'intérieur de ces nombreux édifices, des richesses inestimables de l'art, des sciences, de l'industrie et de l'agriculture.

Nous engageons le visiteur à pénétrer d'abord dans le premier de ces palais, celui de l'Italie ; à continuer ensuite, en longeant le côté de la Seine, par la Turquie, les Etats-Unis, l'Autriche, la Bosnie-Herzégovine, la Hongrie, la Grande-Bretagne, la Belgique, la Norvège, l'Allemagne, l'Espagne, Monaco, la Suède, la Grèce, la Serbie. Arrivé ainsi au pont de l'Alma, le visiteur reviendra sur ses pas par le milieu du quai d'Orsay,

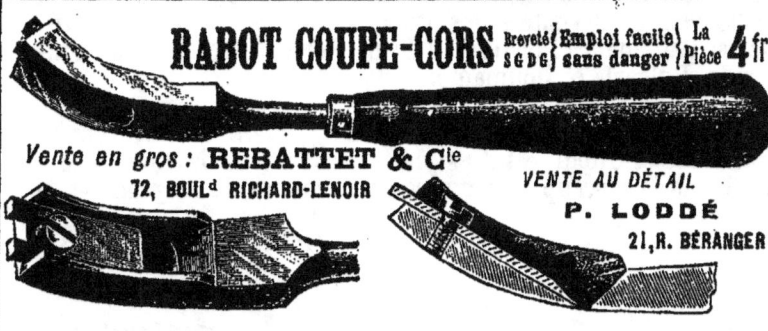

RABOT COUPE-CORS Breveté S G D G — Emploi facile sans danger — La Pièce **4 fr**

Vente en gros : **REBATTET & Cie**
72, BOUL^d RICHARD-LENOIR

VENTE AU DÉTAIL
P. LODDÉ
21, R. BÉRANGER

Grande Oisellerie du Bon Marché

PRÉVOTAT Aîné

MAGASIN DE CAGES ET VOLIÈRES DE LUXE
AU PREMIER

43, Rue de Sèvres, 43

English Spoken
MAISON DE CONFIANCE
PARIS
En face les Magasins du Bon Marché

MARC JANDARD

La meilleure

EAU-DE-VIE de MARC

DU BEAUJOLAIS

VINS FINS du Mâconnais et du Beaujolais

A. JANDARD

Propriétaire-Viticulteur

ROMANÈCHE-THORINS (SAÔNE-ET-LOIRE)

On demande des représentants sérieux

pour voir les jolis motifs d'architecture qui sont en façade sur cette avenue. Il visitera ensuite la deuxième rangée de pavillons : Danemark, Portugal, Pérou, Perse, Luxembourg, Finlande, Bulgarie et Roumanie.

Palais de l'Italie. — Ce palais, œuvre de MM. Ceppi, Salvadori et Gilodi, est du style le plus pur de la Renaissance italienne et n'occupe pas moins de 65 mètres de long sur 30 de

large. Il fait le plus gracieux effet, avec sa noble façade que rehaussent des écussons coloriés aux armes d'Italie, la fine dentelle de son architecture, ses frises en mosaïque à fonds d'or, ses coupoles vénitiennes. La *Porta della Carta* du palais des Doges, à Venise, a donné le motif pour la décoration des tourelles. Les coupoles sont imitées de celles de l'église Saint-Marc de Venise. Les grandes portes centrales, d'une proportion monumentale, sont à la fois originales et en parfaite concordance avec les motifs des tourelles. Un aigle, aux ailes déployées, domine majestueusement cet harmonieux ensemble. La façade est ornée de statues et de bustes de grands hommes italiens : Michel-Ange, le Titien, Léonard de Vinci, le Dante, etc.

A l'intérieur, une immense nef décorée de fresques et égayée de chatoyants vitraux ; autour de la nef, une large galerie formant premier étage et à laquelle donnent accès des escaliers monumentaux. Là, les manufactures italiennes exposent, dans un brillant ensemble, leurs plus riches produits : dentelles, broderies, verreries, céramiques, ciselures, marbres, bronzes, etc. On ne peut s'empêcher de citer les verreries de la maison Salviati, de Venise ; le fragment de rampe en fer forgé de Prospero Castello, de Turin. Au centre, un beau carré de terres cuites de Florence. Remarquer aussi les magnifiques lustres électriques en verrerie fine suspendus à la coupole et à chacun des arceaux du palais.

Au sous-sol, exposition et dégustation des vins d'Italie.

Pavillon ottoman. — Le pavillon ottoman, édifié par M. René Dubuisson, offre un beau spécimen de l'architecture turque. Les murs sont blancs, avec panneaux et frises en faïence émaillée et boiseries peintes. Les dômes, que surmonte le croissant, sont ornés de dorures et de vitraux aux multiples couleurs. L'ensemble, percé d'arcades ogivales, est aussi élégant que riant.

Dans le sous-sol et sur la terrasse, un restaurant turc ; au rez-de-chaussée, un café-concert avec artistes syriens et danses du pays ; des boutiques et des ateliers d'artisans fonctionnant sous les yeux des visiteurs ; au-dessus, une salle de spectacle pour la reconstitution des scènes de la vie orientale, et un fort intéressant musée ethnographique (musée des Janissaires) où l'on voit notamment les plus somptueux costumes anciens de la cour ottomane. Un panorama mouvant représente les célèbres rives du Bosphore.

Palais des Etats-Unis. — Le palais des Etats-Unis (architectes : MM. Coolidge et Morin-Goustiaux) est un édifice de 51 mètres de haut, d'un très grand effet, conçu dans le style d'un panthéon. Sa majestueuse coupole, sur laquelle plane l'aigle américain, a 20 mètres de diamètre. Devant la façade, du côté de la Seine, s'élève un portique avec colonnes d'ordre corinthien que surmonte un quadrige représentant *la Liberté sur le char du Progrès*. A l'entrée de cet arc-de-triomphe, la statue équestre de Washington.

A l'intérieur, au centre du monument, un vaste hall avec coupole décorée de peintures historiques. Deux escaliers circulaires desservent trois étages de galeries, auxquelles on monte aussi au moyen d'ascenseurs. A droite, à gauche et au fond de ce hall s'ouvrent des salons : ceux du rez-de-chaussée servent aux réceptions ; ceux du premier étage, affectés aux différents Etats, ont un caractère plus intime ; l'Américain s'y trouve chez lui, entouré des facilités de correspondance et d'informations auxquelles il est habitué : journaux, guides, cours de Bourses, sténographie, machines à écrire. On voit notamment, au rez-de-chaussée, un véritable bureau de poste, avec quantités de compartiments où les Américains peuvent se faire adresser leur correspondance. La nuit, des rampes électriques dessinent la silhouette de l'édifice ainsi que les grandes lignes d'architecture.

Quant à l'exposition américaine, elle résume ce que les Etats-Unis ont produit de meilleur dans tous les genres d'industrie et dans toute l'étendue du pays ; elle montre aussi, sous une forme rétrospective, le développement, pendant le siècle, des industries et des arts.

Palais de l'Autriche. — Construit sur les plans de l'architecte en chef du commissariat général d'Autriche, M. le conseiller L. Baumann, le palais de l'Autriche est du style caractéristique de l'architecture autrichienne, celui de « la Baroque viennoise », portée à sa perfection par le célèbre architecte Fischer von Erlach, vers la moitié du xviiie siècle. Tout en étant une libre composition de l'architecte, le palais montre dans toutes ses parties des motifs rappelant les monuments les plus remarquables édifiés à Vienne par Fischer von Erlach, tels que le palais de la cour impériale, l'ancienne université, etc.

Au rez-de-chaussée : à droite de l'entrée principale, une salle de réception, richement installée par l'une des premières maisons de Vienne, où seront reçus les membres de la famille impériale et particulièrement l'archiduc François-Ferdinand, haut protecteur de la participation de l'Autriche à l'Exposition. D'autres salles du rez-de-chaussée contiennent l'exposition de la ville de Vienne, celle de la presse autrichienne (avec salle de lecture) et l'exposition collective des eaux minérales et stations balnéaires du pays.

Un escalier artistique, suivi d'une galerie de même style, donne accès aux salons du premier étage dans lesquels se trouvent une partie de l'exposition d'art autrichien ; une curieuse exposition ethnographique et de paysages de la Dalmatie ; l'exposition des postes et télégraphes.

Au sous-sol : une exposition de la Banque impériale-royale privilégiée des Pays autrichiens et une dégustation de bière viennoise de la Brasserie Dreher.

Pavillon de Bosnie-Herzégovine. — Avec sa tour massive, sorte de donjon fortifié, et ses moucharabies, ce pavillon rappelle les manoirs bosniaques, sauf que les murs, autrefois épais et clos, sont percés aujourd'hui de vastes ouvertures et ornés d'élégants balcons. L'ensemble, avec ses jolies loggias et ses sculptures en bois du pays, est d'une grâce agreste. (Architecture et plans du département des travaux publics de Sarajevo.)

A l'intérieur : un vaste hall avec plafond vitré, dont la frise, peinte par Mucha, représente la Bosnie à travers les âges. Dans le fond de l'édifice, un panorama de Sarajevo, la capitale du pays ; un panorama des chutes de la Pliva et un autre des sources de la Bona, sites renommés des Balkans. Des ouvriers et des ouvrières, en costumes du pays, tissent des tapis, brodent des tissus de soie, damasquinent des objets de métal, travaillent le bois, etc. Dans les galeries du rez-de-chaussée : exposition des produits des ateliers de l'Etat et des écoles d'arts décoratifs ; collections ethnographiques et archéologiques. Au premier étage : exposition des administrations de l'agriculture, des transports et de l'instruction publique. Dans le sous-sol : exposition forestière et minière et restaurant bosniaque avec orchestre indigène.

Prochainement sera ouvert, au deuxième étage de ce palais, un très beau diorama de Jérusalem.

Pavillon de la Hongrie. — Le remarquable pavillon de la Hongrie reconstitue, dans un ensemble harmonieux, des monuments de différents styles et de différentes époques. La façade sur le quai d'Orsay est du roman, et ses motifs sont empruntés à l'abbaye de Jaâk ; celle du côté de la Seine, représentant une façade du château de Vajdahunyad et de la chapelle de Csütärtökhely, est gothique. Les autres façades sont composées de parties de la chapelle Saint-Michel de Kassa et de plusieurs vieilles maisons particulières de styles Renaissance et baroque, choisies dans des villes du Nord de la Hongrie. A l'intérieur, les archéologues trouvent une variété non moins

grande de reconstitutions exceptionnellement intéressantes. La plus grande salle rappelle dans sa décoration l'origine des hussards. Le tout fait le plus grand honneur aux architectes MM. Zoltan-Balint et Louis Jambor.

Au rez-de-chaussée : exposition d'objets se rapportant à la pêche, à la chasse et à l'élevage des bestiaux ; — armes et armures, étendarts de la cavalerie légère hongroise, armes de luxe ; — vases sacrés, ostensoires en métaux précieux ; riches ornements d'église ; — vaisselle en argent, en métal et en faïence ayant appartenu à des personnages historiques ; documents, chartes, imprimés, reliures, cartes, gravures du XIIIe au XVIIIe siècle.

Au premier étage : salle des hussards, ornée de deux grandes peintures par Paul Vájó, de médaillons et de fresques, de portraits d'illustres capitaines de la cavalerie, etc. — Salles consacrées à des collections historiques. — Les sous-sols, sur les berges de la Seine, contiennent une salle de dégustation des vins de Hongrie si renommés, ainsi qu'un restaurant.

Ce palais ne peut être visité que sur la présentation de cartes que l'on peut se procurer, de 10 heures à midi, au commissariat général de la Hongrie, 23, avenue Rapp. — Il n'est pas visible les lundis et les dimanches après-midi.

Pavillon britannique. — Le pavillon britannique (architecte M. Edwin L. Lutyens) est, dans ses détails extérieurs, la reproduction d'un château situé à Bradford-sur-Avon, près de Bath, et considéré comme l'un des plus intéressants spécimens de l'architecture anglaise dite Jacobean. Dans l'intérieur, le visiteur admirera tout ce que les grandes maisons anglaises ont produit de riche et de précieux en fait d'ameublement et d'ornementation, ainsi que les plus belles collections de tableaux des maîtres anglais, les Reynolds, les Lawrence, les Hoppner, les Hogarth, les Turner, etc. ; une riche orfèvrerie, de la bijouterie, etc., empruntés à divers châteaux d'Angleterre. Il remarquera en particulier les belles boiseries et la reproduction d'un certain nombre d'objets et d'ornements de la chambre du château de Knole, dite *Chambre d'argent du roi Jacques Ier*. Les principales chambres du pavillon sont recouvertes de précieuses boiseries. En raison de toutes ces richesses, le pavillon a été entièrement construit en acier, recouvert de plâtre et de ciment.

Pavillon de la Belgique. — Nous sommes en présence ici d'une fidèle reproduction de l'Hôtel de Ville d'Audenaerde, merveilleux joyau du commencement du XVIe siècle, qui donne la caractéristique des anciens édifices communaux de la Belgique. Cette reproduction a été confiée à deux architectes de talent, MM. Acker et Mankels. Le visiteur admirera les précieux détails architecturaux : les galeries, les arcades, les fenêtres en ogive, l'élégante tour surmontée d'une coupole ajourée en forme de couronne, etc.

Le rez-de-chaussée du pavillon comprend, dans deux vastes salles, l'exposition des principales villes de Belgique : Bruxelles, Anvers, Gand, Ostende, Liège, Namur, Dinant, etc. Sur les murs, des tableaux représentent les parties les plus remarquables de ces villes et les sites les plus pittoresques du pays. Une salle du rez-de-chaussée est affectée au service de la presse et sert de cabinet de lecture et de correspondance. Au premier étage : le salon royal et une grande salle des fêtes ornée de merveilleuses tapisseries, de tableaux, de sculptures et d'objets d'art prêtés par un grand collectionneur, M. de Somzée.

Au niveau des berges, sous le palais, un cabaret flamand.

La Belgique, dont on remarquera les belles expositions industrielles dans tous les groupes, participe pour une force de 5.000 chevaux à la production de l'éclairage électrique de l'Exposition.

Pavillon de la Norvège. — Cette ravissante maison (architecte M. Sinding-Larsen, de Christiania) est entièrement édifiée en bois de Norvège, dans le style caractéristique des habitations en bois du pays. Elle est peinte en couleurs vives et rehaussée d'un heureux choix d'ornementations. La grande salle intérieure présente aux visiteurs les objets les plus remarquables de l'industrie et de l'agriculture des régions du nord : engins et produits de la chasse et de la pêche, bois ouvragés, articles de sport. La Norvège a placé là, dans des décors appropriés, toute son exposition du groupe IX (Forêts, chasse, pêche, cueillettes). A signaler le magnifique étalage de fourrures de la maison Brunn, de Trondhjem, et, au premier étage, une reproduction en miniature du port de Bergen.

Le clou de ce pavillon est un modèle du célèbre navire *Fram* avec des objets ayant servi au *docteur Nansen* pendant son aventureux voyage dans les glaces arctiques.

Sur la galerie, on voit l'ancienne Norvège : un modèle en miniature du *quai des pêcheurs à Bergen*, souvenir de la domination hanséatique du moyen âge; un *Musée du peuple*, donnant des modèles d'habitations depuis le XIIIe siècle jusqu'au commencement du XIXe.

Pavillon de l'Allemagne. — Le pavillon de l'Allemagne est construit dans le style de la jeune Renaissance allemande, d'après les plans de M. Jean Radke, architecte supérieur de l'Office impérial des Postes. Le faîte de l'édifice est à 37 mètres du bas quai; la tour atteint 75 mètres de hauteur. Les façades sont ornées de motifs de l'époque de transition entre le gothique moderne et la jeune Renaissance. Elles portent, en outre, des décorations imitant les anciens styles appliqués à la sculpture sur bois dans l'Allemagne centrale et dans l'Allemagne méridionale. Les murs, enduits d'un crépi brut et décorés de peintures multicolores, — en particulier le pignon du côté ouest, — rappellent, avec leurs donjons en bois sculpté, l'architecture de l'Allemagne du Sud. Les toits à pentes raides et à tuiles claires, les nombreuses tours et les donjons revêtus de cuivre patiné et surmontés de pointes dorées, donnent au bâtiment un aspect à la fois riant et pompeux.

Au rez-de-chaussée : un grand hall en marbre rouge; autour de ce hall, les salles pour les expositions de la librairie allemande, de la photographie et des arts graphiques, ainsi qu'une salle de lecture.

Au premier étage : trois salles de réception et une antichambre, situées du côté de la Seine, décorées dans le style rococo, d'après le modèle des palais de Potsdam. Là sont exposées des œuvres d'art de l'Ecole française du XVIIIe siècle, qui se trouvent en possession de S. M. l'Empereur, entre autres des chefs-d'œuvre de Watteau, de Lancret, de Pater, de Chardin, de Boucher, des bustes de Houdon, etc. On n'entre dans cette partie du pavillon que de 10 heures à midi et de 2 heures à 5 heures, avec des cartes d'invitation n'est pas ouverte le lundi). On demande les cartes au pavillon, bureau du commissariat général, de 10 heures à midi et de 4 heures à 6 heures.

La salle principale située du côté ouest est occupée par l'exposition de l'économie sociale, avec des plans en relief des principaux établissements sociaux d'Allemagne; celle du côté est contient des reproductions artistiques de l'imprimerie impériale de Berlin.

Dans le sous-sol : intéressante exposition de vins allemands et restaurant.

Pavillon de l'Espagne. — Le pavillon espagnol (architecte M. José Urioste y Velada) est du style de la Renaissance espagnole. Il est composé de détails empruntés à de remarquables monuments historiques du royaume : l'université d'Alcala, l'université de Salamanque, l'alcazar de Tolède et d'autres.

Dans l'intérieur : une exposition rétrospective des plus inté-

ressantes à laquelle S. M. la Reine a envoyé dix-neuf des plus belles collections de tapis du palais royal de Madrid et des armes de la "Armeria Real". Au nombre des objets exposés par des particuliers, on remarque les armes du dernier roi maure de Grenade, prêtées par leur propriétaire, Mme la marquise de Viana. A droite et à gauche en entrant, dans des vitrines, les superbes armures de Charles-Quint et de Philippe III d'Espagne.

A l'étage inférieur, au niveau du bas-quai, un restaurant espagnol luxueusement décoré (orchestre de mandolinistes).

Pavillon de Monaco. — La principauté de Monaco a reproduit le palais des Grimaldi (architectes MM. Medouin et Marquet). Ce pavillon se présente gracieusement entouré de la belle flore de la côte de la Méditerranée. A l'intérieur : les principaux produits du pays, tels que poteries, parfums, etc. Au centre, un magnifique parterre de plantes entourant un superbe palmier.

A côté de ce palais est annexé un cinémotographe diorama de la principauté.

Pavillon de la Suède. — D'une charmante originalité, qui rappelle les constructions navales modernes, avec ses clochetons, ses coupoles, ses tourelles, ses passerelles, ses mâts et ses cordages, le pavillon suédois est entièrement construit en bois du pays (architecte, M. Ferdinand Boberg).

En pénétrant dans la vaste salle octogonale que recouvre la gracieuse coupole avec campanile, le visiteur se trouvera dans un hall entouré de huit salons. Le hall est occupé par l'exposition des travaux d'artisans suédois sculptant et découpant le bois de mille manières. Dans les salons, des paysannes suédoises, en costume national, travaillent à de fines broderies et exécutent de très belles dentelles ; le visiteur remarquera aussi de nombreuses vues photographiques des sites les plus pittoresques du pays. Il admirera surtout deux dioramas de toute beauté et d'un effet très impressionnant, représentant, l'un, le Palais royal par une de ces nuits d'été si merveilleusement claires sous le ciel suédois ; l'autre, une nuit d'hiver en Laponie, avec une aurore boréale.

Au milieu du hall, dans une vitrine, on admirera une coupe en argent et nacre, rehaussée de pierreries, offerte au roi Oscar II pour le vingt-cinquième anniversaire de son avènement ; un coffret et deux adresses en argent ciselé offerts également au roi Oscar II.

Vis-à-vis du hall et dans le fond, a été aménagée une pièce pour recevoir les souverains et les personnages de marque. C'est le salon royal, orné et meublé par M. Boberg, avec le luxe du confort moderne. Les meubles d'art de ce salon sortent des ateliers Mattson et les tapisseries ont été tissées par la Société des Amis des Travaux manuels, d'après des dessins de Mme Boberg.

Sous les arcades des bas-quais, une brasserie suédoise.

Pavillon de la Grèce. — Le pavillon grec (architecte, M. Lucien Magne) est du style byzantin, rappelant les églises d'Athènes, telles que Saint-Georges, Saint-Théodore, etc. Il est construit en briques roses dont les lignes alternent agréablement avec des assises en briques émaillées de couleur bleu turquoise. Dans l'intérieur, le visiteur trouve exposés les plus beaux produits du pays: minerais, marbres, bois, céréales, raisins secs, vins, liqueurs, etc.

Pavillon de la Serbie. — Le pavillon de la Serbie, qui suit celui de la Grèce et occupe une admirable situation au pont de l'Alma, à l'entrée de la rue des Nations, est également emprunté à un édifice religieux de style serbo-byzantin. Les plans ont été élaborés par M. Kapetanovitch, architecte, professeur à l'Ecole des Hautes-Etudes de Belgrade, et le pavillon a été construit sous la direction de M. A. Baudry, frère du célèbre peintre de ce nom. Il produit le plus bel effet avec ses quatre élégantes coupoles et son ornementation.

A l'intérieur, une très intéressante exposition des tabacs serbes, des tapis de Pirot, de produits agricoles et vinicoles, et un brillant musée ethnographique où l'on admire la gracieuse variété des costumes du pays. A remarquer, dans une petite vitrine de gauche, un magnifique service à café en argent filé, d'une très grande richesse, reposant sur un plateau de même métal et d'un travail encore plus fin, vraie dentelle en argent.

Ici, le visiteur, arrivé au pont de l'Alma, reviendra sur ses pas, par le milieu du quai d'Orsay, pour voir les jolis motifs d'architecture qui sont en façade sur cette avenue. Puis, il visitera les pavillons suivants :

Pavillon du Danemark. — Le pavillon royal du Danemark est construit, au moyen de souscriptions privées, sur les plans de M. Koch, architecte. C'est une maison bourgeoise de province du XVIIe siècle, avec de nombreuses fenêtres aux vitres minuscules, encadrées de filets de plomb. Sur les murs en briques blanchies à la chaux, se dessine la charpente en bois, ouvragée d'ornements et de sculptures. Le toit en tuiles rouges, sur lequel tranche le ton effacé d'une jolie tourelle, complète le pittoresque de cet édifice.

A l'intérieur, il n'y a pas d'exposition proprement dite. On y voit un grand hall ayant la hauteur de la maison, avec deux galeries latérales et plusieurs petits salons. L'ameublement est du style moderne danois. Sur les murs, des tableaux et des photographies exécutés par des artistes danois. Les salons, dans lesquels on trouve les journaux et des publications diverses du Danemark, servent de lieux de rendez-vous aux danois qui visitent l'Exposition. A l'entrée, un magnifique étendard brodé, en soie rouge, orné de la croix blanche, que les dames de Copenhague ont offert au souverain.

Pavillon du Portugal. — Ce pavillon a le cachet des constructions de l'Orient. Il présente un ensemble intéressant. A l'intérieur, une précieuse exposition d'art. On pénètre d'abord dans un grand hall circulaire garni de peintures représentant d'importants ports de pêche. Sur le sol, de beaux tapis en cordages tressés. Ce salon renferme surtout une exposition des engins et produits de pêche tels que spécimens de bateaux, huiles, conserves, coquilles, poissons séchés. Au salon fait suite une galerie rectangulaire avec exposition de sels, bois précieux, lièges, essences et parfums, papiers.

Pavillon du Pérou. — Ce joli pavillon, qui s'élève sur le quai d'Orsay, parallèlement à celui de Bosnie-Herzégovine, est l'œuvre d'un architecte français, M. Gaillard, qui s'est inspiré du style de la Renaissance espagnole dont les édifices du Pérou offrent un si grand nombre de spécimens.

Le visiteur admirera, à l'intérieur, de riches collections minéralogiques, parmi lesquelles dominent les métaux précieux. On sait que, depuis quelques années, les célèbres mines d'or du Pérou commencent de nouveau à être très exploitées et prennent une extension considérable. Le pavillon contient aussi des expositions de divers produits du pays, tels que : bois d'ébénisterie, laines, d'alpaca et de vigogne, coton, chanvre, lin, tissus, cafés, riz, sucres, plantes industrielles et médicinales, vins, eaux-de-vie, pétrole, caoutchouc provenant des forêts vierges de l'Amazone dont l'exploitation a pris de grands développements.

Un élégant kiosque, dépendant du pavillon, servira à la dégustation des boissons et à la vente des tabacs.

Pavillon de la Perse. — Pour le pavillon de la Perse, l'architecte, M. Philippe Meriat, guidé par le commissaire général, M. le général Kitabgi-Khan, s'est inspiré de l'un des monuments les plus intéressants d'Ispahan, le palais Medressey-Maderschabi, d'un très bel effet. La haute porte d'honneur, qui s'ouvre devant le kiosque de musique, est ornée de céramiques de la grande tuilerie d'Ivry (Emile Muller et Cie), dont les nuances, choisies parmi celles les plus en honneur dans le pays, s'harmonisent agréablement. Des ornementations analogues se remarquent dans les autres parties extérieures. Les baies, nombreuses et larges, ont de fort jolis vitraux avec inscriptions persanes.

A l'intérieur : un grand salon, somptueusement meublé à l'orientale, où le visiteur admirera des tapis d'une richesse incomparable, des turquoises, des perles fines du golfe Persique, des poteries anciennes à reflets métalliques, des armes damasquinées, etc., etc., et un bazar, avec les produits agricoles, industriels et artistiques de la Perse.

Au premier étage, un théâtre asiatique (entrée : 1 franc).

La terrasse supporte deux gracieux pavillons dont les colonnades sont copiées sur celles du palais des Quarante-Colonnes d'Ispahan. Ces pavillons, de 7 mètres de hauteur, sont supportés par une forêt de colonnes consistant en un assemblage curieux de miroirs taillés à facettes, auxquelles les jeux de lumière donnent un prestigieux éclat.

L'édifice étant relié, par une faveur toute spéciale, au trottoir roulant de la plate-forme électrique, les visiteurs de n'importe quel point de l'Exposition peuvent se donner rendez-vous au pavillon de la Perse.

Pavillon du Luxembourg. — Le pavillon du Luxembourg, qui forme un rectangle de 35 mètres de long sur 10 mètres de large, reproduit des fragments du palais du Grand duc, à Luxembourg. Il a deux étages reliés par un escalier central.

(Architecte M. A. Vaudoyer.) On y voit des vitraux, des ornements d'église, des faïences, grès cérames; de jolies cartes topographiques et d'intéressantes photographies; des appareils d'électricité; le matériel des industries agricoles; la grosse et la petite métallurgie; une exposition de liqueurs, bières, eaux minérales, etc. Remarquer, à droite, un nouveau procédé d'électrolyse fonctionnant sous les yeux du public.

Pavillon de la Finlande. — Nous voici devant une gracieuse construction représentant une église finlandaise, agrémentée d'ornements et de détails d'une élégance agreste et originale, qu'ont inspirés des motifs locaux du meilleur goût. Ce pavillon abrite, avec des produits du pays et particulièrement de la pêche, une importante exposition de la marine (pilotage, phares, etc.) et une exposition fort intéressante du département finlandais de l'instruction publique. — Au centre, dans une vitrine reposant sur un piédestal du plus beau marbre, deux gros aérolithes tombés à Bjurböle le 12 mars 1899, exposés par la commission géologique de Finlande. A remarquer aussi un intérieur finlandais.

Pavillon de la Bulgarie. — Le pavillon bulgare (architectes MM. Saladin et de Sevelinges), qui procède tout à la fois du style byzantin et de l'art musulman, est une des principales attractions de la rue des Nations. Edifié sur un emplacement de 375 mètres carrés, il abrite près de 600 exposants. Il possède un beau salon princier où le souverain a fait disposer quelques spécimens remarquables de ses collections particulières. Les produits du pays: essences de roses, céréales, vins, objets divers, tapis, étoffes, retiennent l'attention des visiteurs et témoignent de l'activité incessante du peuple bulgare.

Au premier étage, se trouve le salon du prince, où l'on admire, dans des vitrines, des objets précieux : le sceptre d'or offert au prince Ferdinand par la ville de Tirnivo; un triptyque byzantin en or, émaux et pierreries, représentant les portraits de saint Cyrille et de saint Boris, patrons de la Bulgarie, etc.

Pavillon de la Roumanie. — Pour le pavillon roumain, qui a la forme d'un édifice religieux, l'éminent architecte, M. Formigé, s'est inspiré de types d'architecture roumaine appartenant à l'art byzantin, qu'il était allé voir sur place.

Ainsi, le hall central, que surmonte une coupole de 30 mètres de hauteur, reproduit le pronaos du monastère d'Horezu; les galeries du premier étage, auxquelles conduit un grand escalier à double rampe, se terminent par deux élégants pavillons dont les clochetons ont une forme empruntée à la cathédrale d'Argesh. La grande porte n'est autre que le porche de l'église d'Horezu. Enfin, sur la façade principale, l'arc du grand tympan, dont la courbe est d'un effet si puissant, est emprunté à l'église d'Argesh.

Une partie du rez-de-chaussée du pavillon est réservée à l'exposition du sel gemme, qui a de riches gisements en Roumanie. On admire surtout un globe de 2 mètres de diamètre sur un piédestal de 1^m,50 de hauteur, le tout en sel. Viennent ensuite les instruments et procédés des lettres, des sciences et des arts ; la carrosserie et la sellerie ; les cuirs et peaux. Puis les cristaux et la céramique ; la mécanique et la métallurgie. Enfin les minerais et leurs dérivés. Signalons encore, au rez-de-chaussée, un véritable édifice formé uniquement d'ustensiles de table en porcelaine (assiettes, plats, saladiers, etc.).

Sur la galerie du premier étage : la décoration fixe des établissements publics et des habitations ; les meubles et tissus pour meubles (voir un très beau mobilier en noyer sculpté exposé par l'école des Arts et Métiers de Bucharest) ; l'exposition du génie militaire ; la papeterie ; l'économie sociale et l'hygiène. On remarque aussi une collection complète des eaux minérales roumaines. L'extrémité droite de cette galerie est entièrement occupée par l'exposition de l'Administration du domaine de la couronne : industries agricoles et forestières, pêcheries, horticulture, outillage mécanique, confections des tissus, etc.

Une exposition rétrospective d'objets d'art anciens complète ce riche ensemble. Le célèbre Trésor de Petroassa, orfèvrerie ancienne, en or massif enrichi de pierreries, qui aurait appartenu à Alaric, roi des Visigoths, devait figurer dans ce pavillon ; mais, en raison de sa grande valeur, ce Trésor a été mis en dépôt au Musée du Louvre, où il est exposé. Voir aussi un magnifique évangile manuscrit avec enluminures par S. M. la reine de Roumanie "Carmen Sylva".

Compagnie de Salubrité de Levallois-Perret, 133, rue Victor-Hugo, Levallois-Perret. — Sous l'arche du pont de l'Alma (rive gauche), se trouve l'usine de la Compagnie de Salubrité de Levallois-Perret, destinée à desservir la canalisation de 2.000 mètres qui opère le drainage pneumatique de tous les bas ports de la Seine sur cette rive.

Les eaux impures provenant des water-closets, lavabos, cuisines, etc., de tous les établissements situés sur cette berge sont, en effet, recueillies dans une canalisation spéciale et aspirées à l'usine par les procédés spéciaux de la Compagnie de Salubrité de Levallois-Perret. De là elles gagnent l'égout le plus prochain où elles sont déversées.

Le manque de place n'a pas permis d'opérer à l'Exposition même le traitement de ces eaux, mais dans la salle d'exposition qui accompagne l'usine, la Compagnie fait passer sous les yeux des visiteurs, en même temps que des tableaux, montrant les applications de ses procédés, des échantillons d'engrais et d'eau épurée provenant du dédoublement qu'elle opère en ses usines.

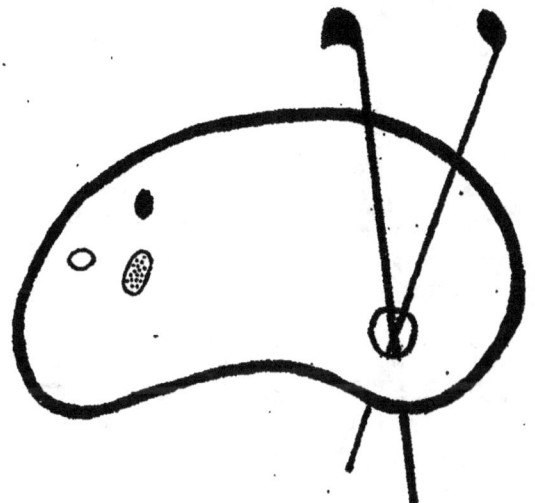

DEBUT D'UNE SERIE DE DOCUMENTS
EN COULEUR

6ᵉ SECTION DU GUIDE
Quai d'Orsay.
Armées de terre et de mer.

Le meilleur des Entremets

MODE D'EMPLOI

Dans un litre de lait bouillant, versez le contenu de la boîte, remuez avec une cuillère.

Après cinq à six minutes d'ébullition, retirez du feu, passez au tamis ou dans une passoire fine. Coulez dans un moule.

Après complet refroidissement, retirez du moule, vous aurez une délicieuse crème renversée.

PARFUMS : Chocolat, Vanille, Café, Citron, Orange Pistache.

Prix : 1 fr. 10

Par 12 boîtes au choix, 13 fr., *franco gare.*

Consommation annuelle : près d'un million de boîtes

Champagne LABEY-ANCIANT & Cⁱᵉ

Propriétaires et Négociants à BOUZY (Marne).

TÉLÉPHONE

Champagne Crémant. 2.25	Grand Cordon . . . . 4. »
Carte Verte 2.50	**ROYAL BOUZY**
Carte Noire. 2.75	Carte blanche. 5. » | Cuvée réservée 6. »
Extra Quality . . . . 3. »	Extra Dry . . 7. »
Bouzy Grand Mousseux. . . . 3.50	

Les 2/2 Bouteilles, 50 cent. en sus. — Franco d'emballage à partir de 12 Bouteilles.

CONDITIONS SPÉCIALES POUR LE GROS   **REPRÉSENTANTS DEMANDÉS**

Patins Cuir et Caoutchouc
pour les pieds des Chevaux

BREVETÉ S. G. D. G.   MODÈLES DÉPOSÉS

Jules CHÉREAU
RUE DE PENTHIÈVRE, 38

(M) Paris 1885 — Exposit. Univers. Paris 1889 — Moscou 1891

Ne coupez plus vos Cors, Œils-de-Perdrix, etc., faites-les disparaître avec le

1/2 FLACON 1 FR. 20   **CORICIDE RUSSE**   FLACON 2 FRANCS

Pour réussir sûrement et sans danger, exiger les mots **Coricide Russe** et l'adresse Pharmacie Centrale, 50-52, Faubourg-Montmartre, *Paris*

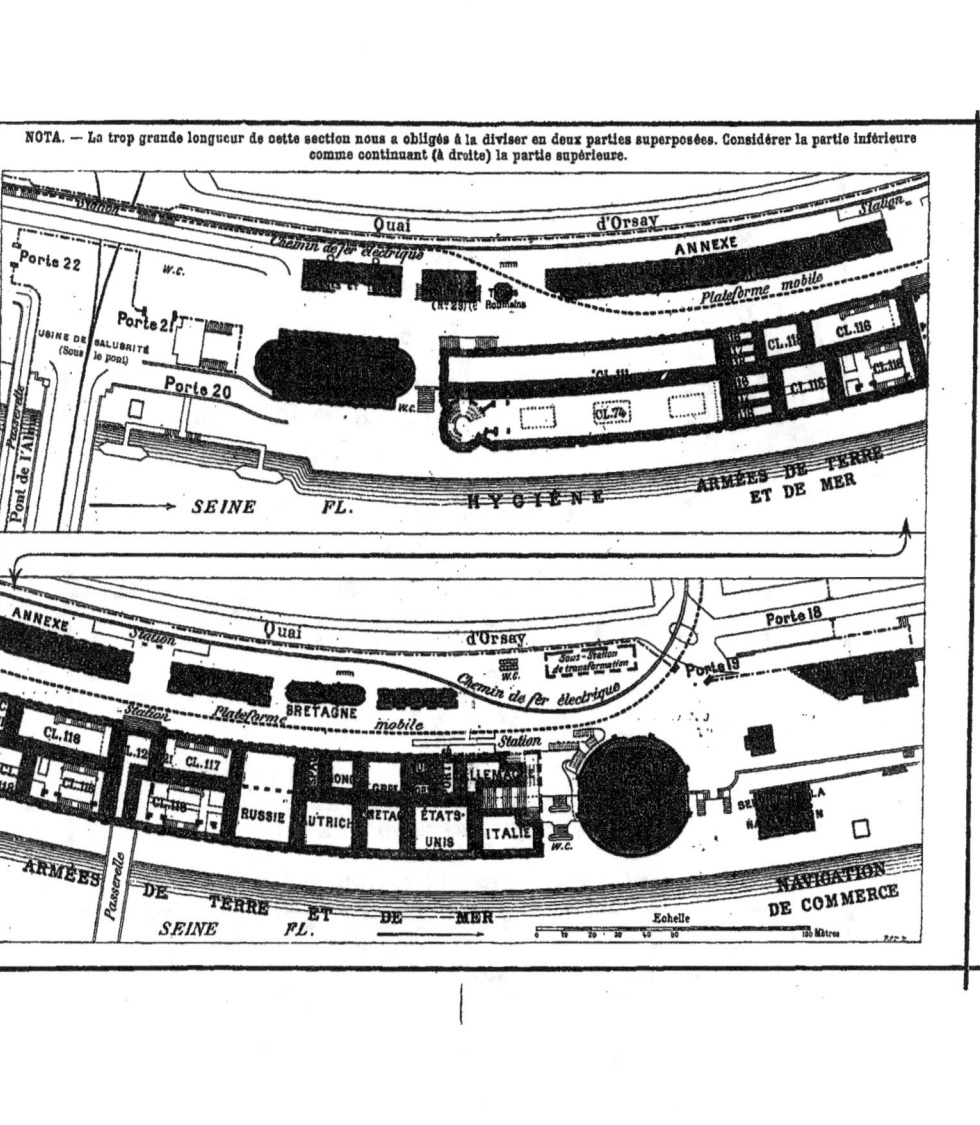

6ᵉ SECTION DU GUIDE
Quai d'Orsay.
Armées de terre et de mer.

Chocolat Express

GRONDARD

PARIS

Pas même 2 minutes !
MARQUE DÉPOSÉE

GRONDARD
PARIS
129, boulevard Saint-Germain — 53, boulevard Malesherbes

Usine 95, route d'Orléans-Montrouge

Le Chocolat Grondard.
Le Chocolat Express.
Les Tablettes Inséparables.
Les Favorites Gaufrettes Express.
Les Suprêmes Grondard.
Le Cacao Express.
Le Thé de Fou-Tchéou.

Récompenses à toutes les Expositions depuis 1855.

HOTEL HAUSSMANN

Near Champs-Élysées, Arc-de-Triomphe
Parc-Monceau — 192, Boulevard Haussmann

ENGLISH SPOKEN **Mᵐᵉ Vᵛᵉ DOUSSE, Proprietress** SE HABLA ESPAÑOL

DISTINGUISHED PATRONAGE - FAMILY BOARD
SMALL AND LARGE APARTMENTS SUITABLE FOR FAMILIES
ROOMS WITH OR WITHOUT PARLOUR
MUSIC AND READING-ROOM
Renowned for its household cooking Table d'hôte

Sylvain BLOCH
Tailleur, 26, rue Cadet

COSTUME SUR MESURE depuis 100 francs
HAUTE NOUVEAUTÉ, STYLE ÉLÉGANT
Maison de Confiance

CHICORÉE   EXTRA SUPÉRIEURE
Paul MAIRESSE
CAMBRAI (Nord)   **A LA FRANÇAISE**

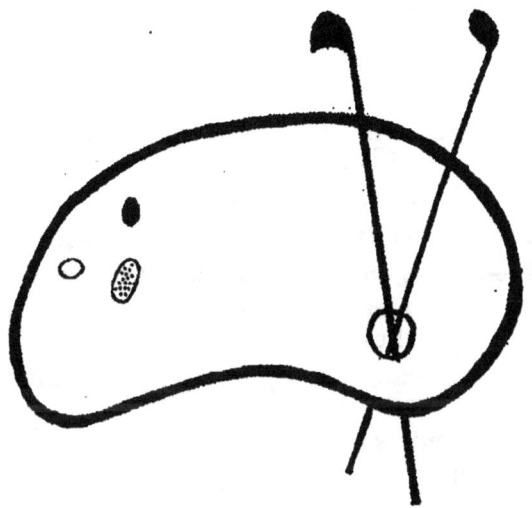

FIN D'UNE SERIE DE DOCUMENTS
EN COULEUR

VIᵉ Section du Guide
Groupe XVIII

Palais du Mexique
Palais des armées de terre et de mer
Pavillon du Creusot

- **Classe 74.** — Appareils et procédés du chauffage et de la ventilation.
- — **111.** — Hygiène.
- — **116.** — Armement et matériel de l'artillerie.
- — **117.** — Génie militaire et services y ressortissant.
- — **118.** — Génie maritime, travaux hydrauliques, torpilles.
- — **119.** — Cartographie, hydrographie, instruments divers.
- — **120.** — Services administratifs.
- — **121.** — Hygiène et matériel sanitaire.

Portes d'entrée : Portes n° 19, quai d'Orsay, angle de l'avenue de La Bourdonnais ; — nᵒˢ 20 et 21, au pont de l'Alma.

Station de la plate-forme roulante : Passerelle desservant la classe de l'Hygiène ; — pont de l'Alma ; — pont des Invalides.

Station du chemin de fer électrique : Palais des armées de terre et de mer.

Restaurant roumain. — Restaurant mexicain.

Muscadin Quinquina

Voir son Exposition Classe 61
Groupe 10. — Champ de Mars

Entrepôt Général pour la France et l'Étranger :

Gve LUSSEAUD
Saint=Nazaire=sur=Loire (France)

TRAITEMENT des VIGNES
MILDIOU　　VERDET　JJ8 MOLLERAT　　BLACK ROT

VOIR L'ANNONCE PAGE 191.

Le palais du Mexique

En pénétrant dans la partie du quai d'Orsay qui va du pont de l'Alma au pont d'Iéna, le visiteur rencontre d'abord le palais du Mexique.

Ce palais, qui contient toute l'exposition du Mexique, a 60 mètres de long et 22^m,50 de large. Il est du style néo-grec, que les Mexicains ont adopté pour la plupart de leurs constructions modernes. On remarquera, sur la façade principale qui regarde la Seine, une loggia du plus bel effet, surmontée de l'aigle mexicaine. Architecte, M. Auza. L'intérieur du pavillon, qui comprend un rez-de-chaussée et un premier étage, est à la fois gracieux et original. On y voit une série de niches, surmontées de coupoles, qui lui donnent fort grand air et augmentent sa surface d'exposition.

Aux deux extrémités se trouvent deux rotondes contenant, la première, un luxueux salon de réception, du style empire, style qui se fond le mieux avec le néo-grec, et un salon des beaux-arts, où figurent les œuvres de la jeune école du Mexique; — la seconde, l'escalier d'honneur qui conduit au premier étage.

Dans la partie centrale du rez-de-chaussée : exposition des principales industries du Mexique : fabrique de cigarettes « El Buen zono », atelier de cigarières mexicaines; fabrique de papiers de San Rafaël; de draps de San Ildefonso; de toile de Rio Ilondo, etc. Puis, une très intéressante et très complète exposition des mines : spécimens des minerais d'or, d'argent, de cuivre, de plomb, de fer, etc. Remarquer particulièrement l'exposition des mines de cuivre du Boleo. On voit aussi une exposition complète d'onyx mexicains, ainsi que des différentes essences de bois du pays; une importante exposition de peaux. Toujours au rez-de-chaussée : exposition de photographie, de cartographie; exposition de l'hygiène et de l'assistance publique.

Au premier étage : toute l'exposition officielle des différents ministères : les grands travaux des chemins de fer et des voies de communications, les finances, l'instruction publique (entièrement gratuite), l'armement, etc. L'exposition de l'agriculture de ce pays si favorisé par la nature est des plus importantes. On y voit toutes les productions : blé, maïs, cacao, vanille, caoutchouc, tabac, etc., ainsi que les grandes installations hydrauliques qui produisent la force motrice du pays.

Le côté pittoresque est présenté par la variété des costumes et par les vues de plusieurs belles contrées du pays; — le côté ancien par la reproduction de différents monuments aztèques et toltèques.

La participation du Mexique à notre exposition est donc très brillante. Elle comprend 3.300 exposants.

On peut goûter la cuisine du pays dans le restaurant mexicain, notamment le plat national, le « mole », fait avec des dindes et des piments spéciaux.

Palais des armées de terre et de mer

L'architecture du palais des armées de terre et de mer porte le cachet de la destination de ce vaste édifice. Il est d'une ordonnance très noble et affecte, du côté du pont d'Iéna, la forme d'une tour carrée avec chemin de ronde fortifié. Un peu plus du quart de ce long pavillon est occupé par deux classes qui n'appartiennent pas au groupe XVIII : la classe

---

Restaurant roumain. — En face du palais du Mexique, et près de l'entrée du palais des armées de terre et de mer, est le restaurant roumain. De même que le pavillon de la Roumanie, déjà vu par le visiteur, ce restaurant est construit par M. Formigé, qui a reproduit l'antique maison des champs du pays roumain. L'architecte a cependant mis à contribution, pour les motifs de décoration, des édifices religieux intéressants. Ainsi les colonnes de la loggia sont copiées sur celles du monastère d'Anthyme ; les balustrades rappellent celles de l'église de Stravropoléos ; les frises en terre cuite sont une reproduction des frises de l'église de Harlau et de Saint-Nicolas de Iassi. L'aménagement du restaurant est luxueux. On y sert de la cuisine française aussi bien que de la cuisine roumaine. On y entend de la bonne musique.

A côté, un kiosque très artistement conçu dans le style national roumain, par M. Antonesco, architecte, sert à la vente des odorants tabacs de la manufacture royale du pays.

74 (chauffage et ventilation), qui est comprise dans la classification du groupe XII (décoration et mobilier), et la classe 111 (hygiène), qui appartient au groupe XVI (économie sociale). Avant d'entrer dans les salles des armées de terre et de mer, nous visiterons donc ces deux classes, qui occupent un emplacement parallèle, de même longueur. La classe 74 a, de plus, une exposition dans l'annexe située hors du palais.

Classe 74. — Le visiteur verra ici tous les **appareils et procédés du chauffage et de la ventilation.** Chauffage par la vapeur, par l'eau chaude, par l'air chaud; procédés de distribution et de répartition de ces éléments; ventilation; plans et modèles d'édifices chauffés et ventilés; foyers et générateurs spéciaux aux divers systèmes de chauffage. — Poêles et cheminées fixes ou mobiles; appareils de chauffage au gaz ou aux huiles minérales. Fourneaux de cuisine de tous systèmes. Appareils et procédés d'assainissement et de ventilation. — Thermomètres; pyromètres; manomètres. — Produits céramiques : poêles en faïence; pièces décorées; produits réfractaires, etc.

La très ancienne maison Égrot expose une cuisine à vapeur, de son système, qui fonctionne dans les nouveaux hôpitaux de Paris, dans la prison de Fresnes, dans le nouvel asile de la Maison-Blanche, dans les grands magasins du Bon Marché, du Louvre, à l'Elysée-Palace, etc. — La Société des tuyaux Chameroy montre un intéressant ensemble de ses tuyaux de chauffage et de ventilation. — La Grande Tuilerie d'Ivry, de belles cheminées décoratives en grès émaillé, etc., etc. — Nous consacrons plus loin une notice spéciale à la Compagnie Parisienne d'éclairage et de chauffage par le gaz.

Parmi les principales maisons qui s'occupent des applications générales de la chaleur à l'industrie et en général de toutes les questions d'échange de température, citons la Maison **Edmond et Armand Sée**, ingénieurs-constructeurs, *15, rue d'Amiens*, à **Lille**, qui s'est fait de longue date une spécialité des installations de chauffage, de réfrigération et de ventilation. Nous rappelons en passant que ce sont MM. Sée qui, dès 1877, ont fait breveter les tuyaux à ailettes rayonnantes, aujourd'hui en usage dans le monde entier. Les applications s'en sont tellement généralisées qu'ils sont employés presque exclusivement pour tous les problèmes de chauffage.

MM. Edmond et Armand Sée ont exécuté, tant pour les grandes administrations de l'Etat que pour l'industrie privée, un très grand nombre d'installations de chauffage, réfrigération et ventilation des plus variées. Leur longue pratique dans cette branche si intéressante et leur expérience dans les questions de constructions industrielles leur permettent d'étudier dans les meilleures conditions les projets les plus complexes.

La Compagnie Parisienne d'éclairage et de chauffage par le Gaz

Cuisine au gaz complète de restaurant,
construite par la Compagnie Parisienne du Gaz.
(Type des restaurants de l'Exposition)

A, *grillade-braisière au gaz.* — B, *grand fourneau à 4 fours à gaz.* — C, *étuves et réservoir d'eau.* — D, *grillades.* — E, *friturerie.* — F, *rôtissoires.* — G, *table chaude et étuve.* — H, *plonge de vaisselle.*

Comme dans toutes les Expositions qui se sont succédé, la Compagnie Parisienne d'éclairage et de chauffage par le Gaz obtiendra un succès retentissant à l'Exposition de 1900. On sait qu'elle a pour idéal la recherche du mieux, et cet idéal a été pleinement réalisé par elle.

La Compagnie du Gaz n'a pas d'exposition particulière proprement dite, mais elle n'en a pas moins apporté un puissant concours à nos grandes assises du travail : elle s'est prodiguée un peu partout, et il nous appartient de résumer dans une courte synthèse toutes les qualités et toutes les merveilles de ces expositions éparses; nous citerons en première ligne le chef-d'œuvre de la Compagnie du Gaz, l'éclairage intensif des parcs du Champ-de-Mars et du Trocadéro, au moyen de becs à incandescence et avec le concours des Sociétés Auer et Denayrouze. Le spectacle est absolument féerique et quelques détails s'imposent pour tous les visiteurs qu'intéresse de plus en plus la question de l'éclairage moderne, qui doit à la Compagnie Parisienne de si féconds résultats. Dans les allées centrales, les foyers sont de 10 manchons et donnent 3.500 bougies. Sous la Tour de 300 mètres, les foyers sont de 15 manchons; dans les allées latérales, de 3 à 5 manchons.

Les foyers des allées centrales sont alimentés par du gaz à 200 millimètres de pression, et cette pression élevée est obtenue au moyen de ventilateurs Farcot, installés dans un kiosque de la Compagnie Parisienne et actionnés par des moteurs à gaz.

Classe 29, la Compagnie expose des dessins représentant ses appareils de manutention mécanique de charbon et de coke ; classe 74, des cuisines modèles complètement au gaz. Dans le pays classique de la cuisine, tout ce qui la concerne mérite une bienveillante attention. Or, la cuisine au gaz a rallié tous les suffrages, ceux des hygiénistes et ceux des « chefs ». D'une étude très documentée, publiée par M. Emile Gauthier dans *la Science française*, il résulte que la cuisine au gaz a trois qualités primordiales : elle est plus économique, plus propre et plus facile que toute autre. Cela suffirait pour la faire adopter, mais elle améliore aussi les mets, rare privilège constaté à Ritz Hôtel, chez Paillard, au restaurant du Palace-Hotel, à l'Hôtel-Terminus, à la Maison-Dorée, etc.

Depuis longtemps déjà, la cuisine au gaz a droit de cité dans les maisons les mieux tenues, dans les foyers les plus modestes ; et si elle a séduit toutes les classes, c'est parce qu'elle est un *luxe économique*.

Les directeurs des principaux restaurants de l'Exposition, qui verront s'asseoir à leurs tables les gourmets du monde entier, se sont si bien rendu compte de l'indiscutable supériorité de la cuisine au gaz, qu'ils se sont adressés à la Compagnie Parisienne, comme à la providence de leurs intérêts futurs. Les Restaurants de la Tour Eiffel, les deux Restaurants Boulant (au pavillon du Tour du Monde), le Restaurant américain au palais de l'Electricité, le Restaurant viennois de Spiess à l'esplanade des Invalides ; le pavillon de la Norvège, rue des Nations ; le palais des Mines ; le Restaurant du Congo, dans le parc du Trocadéro, et tant d'autres qu'il serait trop long d'énumérer ici, ont fait complètement organiser leurs cuisines par la Compagnie Parisienne du Gaz.

Fourneaux complets au gaz, avec fours à gaz, plaques chaudes, étuves et réservoirs, rôtisseries à gaz, grillades à gaz, etc., tels sont les trésors pratiques de leurs cuisines modèles, répondant à toutes les exigences du service et le facilitant toujours par l'esprit ingénieux qui présida à leur fabrication.

Absorbés par le seul souci de l'Exposition de 1900, nous n'entreprendrons pas de citer ici tous les grands établissements de Paris qui ont confié l'organisation de leur cuisine à la Compagnie Parisienne et qui s'en félicitent tous les jours.

Un exemple s'impose, cependant : c'est celui du Bon Marché qui possède un appareil de grillade et de rôtissoire au gaz qui aurait fait rêver le moins rêveur des gourmands, Gargantua lui-même.

Un mot encore, et pour les statisticiens que les chiffres n'épouvantent pas. A la cuisine du Bon Marché, on peut faire cuire, à la fois, avec une rapidité qui tient du prodige, 650 côtelettes ou 300 à 400 poulets.

La Compagnie du gaz ne se contente pas de nous éclairer et

de nous chauffer, elle nous nourrit. Inclinons-nous devant cette triple mission, et rendons hommage à qui la remplit sans trêve et sans reproche.

Et quand nous serons sorti de la superbe ville improvisée, où le génie moderne a donné sa mesure, ne négligeons pas de pénétrer dans ses magasins d'exposition, situés dans nos quartiers les plus élégants, notamment 28, rue du Quatre-Septembre et 116, boulevard Saint-Germain, où la Compagnie Parisienne a installé l'exposition permanente de toutes les applications du gaz.

Un navire terre-neuvien sur la Seine

C'est une attraction dont le succès est considérable. Tout le monde a entendu parler des bancs de **Terre-Neuve** et de la pêche à la morue. Mais on ignore quels navires font cette pêche. Eh bien ! le long du Palais des armées de terre et de mer, il y a un **trois-mâts** de 300 tonneaux, qui navigue depuis quarante ans, avec son équipage. En plein Paris, on a la sensation de l'océan, d'autant plus qu'à bord des projections animées reproduisent la vie des marins, la pêche dans les **doris**, le tranchage, la manœuvre, le guindeau, l'alarme, bref, la rude existence de ces braves gens qui portent haut nos couleurs, là-bas, à **Saint-Pierre et Miquelon** et sur le **French-Shore**. C'est d'un triple intérêt : commercial, humanitaire, national. Prix d'entrée : 0 fr. 50 c.

Ruggieri, artificier ; **Dida, Aubin et Cie**, successeurs,
94, rue d'Amsterdam et 153, rue Lafayette, **Paris**.
Grands feux d'artifice pour fêtes publiques et privées.
Petits feux d'artifice, faciles à tirer soi-même, de 15 à 200 francs.
Ces feux, tout emballés et prêts à emporter avec soi, sont accompagnés de dessins-notices qui en facilitent l'exécution.
Signaux pour la guerre, la marine et les chemins de fer.
Artifices pour les théâtres, pour la chasse et pour la destruction des animaux à terriers.

Classe 111. — Pour décrire comme elle le mérite la classe de l'**hygiène**, il faudrait une plume spéciale et plus de place que l'espace restreint dont nous disposons dans ce Guide, qui doit signaler tant de merveilles. Le programme de la classe de l'hygiène occupe près de deux pages de la classification générale. Aussi a-t-il fallu, dès le début, détacher la Classe 111 du Palais de l'Economie sociale, qu'elle aurait occupé à elle seule presqu'entièrement. Voici les principales divisions de cette remarquable exposition. 1° *Science de l'hygiène* : application des théories de Pasteur ; procédés et appareils de désinfection ; procédés de captage et d'amenée des eaux potables destinées à prévenir la contamination. — 2° *Hygiène individuelle et hygiène des habitations* : précautions contre les maladies transmissibles ; application des règles de l'hygiène au choix des matériaux de construction, aux procédés de chauffage, de ventilation, etc. — 3° *Hygiène dans les édifices publics et dans les établissements collectifs* : écoles, manufactures, hôpitaux, etc. — 4° *Hygiène dans les communes rurales* : protection des eaux d'alimentation, etc. — 5° *Hygiène et assainissement des villes* : propreté de la voie publique ; écoulement des eaux ; procédés de défense collective contre les maladies transmissibles ; laboratoires municipaux, etc. — 6° *Défense des frontières contre les maladies pestilentielles* : inspection médicale des frontières, assainissement des ports, stations sanitaires, etc. — 7° *Denrées alimentaires et objets usuels*. — 8° *Eaux minérales et sanatoria*. — 9° Statistique *sanitaire et législation*.

La Compagnie de Saint-Gobain montre les principales applications par l'hygiène de son nouveau produit, l'« opaline », dans les salles de bains, les lavabos, les water-closets, etc. — L'Association des Industriels de France contre les accidents du travail expose des appareils de secours pour les premiers soins à donner en cas d'accidents ; des lunettes et masques respirateurs contre les poussières ; des tableaux et des affiches relatifs aux questions d'hygiène. — M. Rouart présente un appareil stériliser à l'eau, monté sur roues, et un autre, modèle fixe, de à 75 litres l'heure. — Dans les vitrines on remarquera une collection d'instruments divers de chimie et de bactériologie de la maison Chabaud, etc., etc.

Au premier étage, entre la salle des dioramas des stations thermales et celle de l'exposition centennale de l'armée, on remarque les réservoirs élévateurs d'eau par l'air comprimé de la maison Carré fils aîné, ainsi que les filtres Carré pour hôpitaux, collèges, etc.

Nous entrons ensuite dans la classe du Génie maritime.

Classe 118. — Les appareils et les matières premières intéressant le **génie maritime**, les **travaux hydrauliques** et les **torpilles** peuvent être considérés comme représentant ce que l'art de la métallurgie et celui du mécanicien produisent de plus perfectionné. D'un autre côté, les efforts considérables qui sont faits actuellement par tous les Etats en vue de l'accroissement de leurs flottes ; les progrès appliqués sans cesse à la construction des navires (allégement du poids des vaisseaux, réduction du poids des appareils moteurs et évaporateurs, utilisation de l'électricité comme agent pour le transport de l'énergie, etc.), ont donné une grande prospérité aux chantiers maritimes. Aussi voyons-nous dans la classe 118 une belle exposition des principaux établissements qui travaillent pour la construction des navires : Société des forges et chantiers de la Méditerranée, Société des chantiers et ateliers de la Loire, Société des chantiers et ateliers de la Gironde, usines de MM. Normand et Cie, au Havre ; de MM. Schneider et Cie, à Châlons ; — pour la construction d'appareils moteurs et évaporateurs pour la marine : Schneider et Cie, au Creusot; Delaunay-Belleville, à Saint-Denis ; Niclausse, à Paris; Freissinet, à Marseille ; Société des générateurs du Temple, à Cherbourg, etc.; — pour la production de plaques de blindage dont la fabrication, en allant du fer à l'acier, a dû suivre les effrayants progrès de la puissance des projectiles : forges du Creusot, de Saint-Chamond, de Rive-de-Gier, de Montluçon, de Saint-Etienne, etc. ; — pour la construction des chaloupes et canots à vapeur : MM. Chaligny et Cie, à Paris; Decout-Lacour, à La Rochelle ; la Société Dyle et Bacalan, à Bordeaux, etc.; enfin, des principales maisons qui fournissent le matériel électrique : Sautter-Harlé et Cie, Bréguet, etc.

En ce qui concerne les travaux hydrauliques, la classe 118 montre la reproduction, en dessins ou en modèles, des travaux les plus marquants exécutés dans les ports militaires, sous la direction des ingénieurs, de 1889 à 1900 : les travaux du port de Toulon, de Sidi-Abdallah et de Dakar exécutés par M. Hersent ; — le pont tournant sur la passe de Missiessy, à Toulon, en acier, de 90 mètres de longueur, sorti des ateliers de MM. Daydé et Pillé ; — les docks flottants de la même maison, pour travaux de carénage des torpilleurs et navires, etc.; — les jetées construites dans la rade de Brest et dans la passe de Cherbourg, etc.

Nous voyons aussi un intéressant outillage pour l'artillerie de marine, exposé par MM. Vautier et Cie, de Maubeuge ; une nacelle pliante de M. Tellier, se démontant pour être transportée en cacolet par les colonnes de reconnaissance de cavalerie; les puissants projecteurs électriques de MM. Sautter, Harlé et Cie, etc.

Classe 116. — La classe 116, qui suit la classe 118, comprend **l'armement et le matériel de l'artillerie.** — Matériel et procédés des arsenaux et des fabriques d'armes de guerre; bouches à feu et projectiles de l'armée de terre et de l'armée de mer ; armes à feu; munitions et explosifs; poudres et poudreries ; — armes blanches ; — matériel d'artillerie et matériel roulant de l'armée de terre et de l'armée de mer.

Indépendamment des canons, des mitrailleuses, des armes et du matériel de guerre de toute nature, nous voyons ici une très intéressante exposition des différents types d'automobiles destinés aux armées. La substitution de la traction mécanique à la traction animale dans l'armée est, en effet, une grosse question d'actualité.

L'imposante exposition des canons, des affûts; les pyramides de projectiles, sont surtout exposés dans la partie basse, en bordure de la Seine. On remarquera l'artillerie de côte, de siège, de campagne, de montagne, de la Compagnie des forges et aciéries de la marine et des chemins de fer ; — les affûts et sellettes, les plaques de ponts et masques d'affûts, les projectiles, etc., de la société de Commentry-Fourchambault. — Nous verrons tout à l'heure une suite de ce puissant matériel de guerre dans le pavillon du Creusot.

Classe 120. — La classe 120 a pour titre, au catalogue, **services administratifs.** C'est en réalité la classe de l'habillement, de l'équipement, du couchage, du campement, du baraquement. On y voit donc l'ensemble de nos uniformes et tout ce qui a trait à l'abri du soldat en garnison et en campagne. L'exposition comprend, en outre, les appareils et outils des services divers; les boulangeries de campagne; les conserves alimentaires; le harnachement, etc., etc. Le visiteur s'arrêtera aussi devant les instruments et les accessoires de la pêche maritime.

Classe 121. — Ici nous nous trouvons dans les services de **l'hygiène** et du **matériel sanitaire.** Service de santé de l'armée de terre et de l'armée de mer en temps de paix et en campagne. Matériel et procédés d'évacuation des blessés. — Le visiteur fera une station, non sans émotion, devant les instruments, le mobilier et le matériel des sociétés de secours aux blessés, auxquelles se dévouent un grand nombre de personnes généreuses, qui, sans bruit et avec beaucoup de cœur, rendent de précieux services.

Au rez-de-chaussée : les filtres transportables à dos de mulets pour l'assainissement des eaux destinées à la consommation des troupes, et un appareil mobile pour le transport de l'eau avec une pression suffisante pour le douchage des chevaux et l'aération de l'eau consommée par les troupes (exposition Carré fils ainé).

Classe 117. — Vient ensuite la classe 117 : **génie militaire et services y ressortissant.** — Nous signalons dans cette classe : la télégraphie et la téléphonie militaires avec ses accessoires ; les instruments de télégraphie optique; les projecteurs électriques pour la défense des côtes, des bâtiments de guerre, etc.; — les moteurs à pétrole et à gaz; les tourelles de côtes, à éclipse, etc. ; les coupoles ; — les ponts militaires portatifs, les ponts d'avant-garde ; — les baraquements militaires portatifs et transformables ; les fourneaux militaires, etc. Les visiteurs s'intéresseront au colombier militaire avec pigeons voyageurs faisant le service des dépêches entre le quai d'Orsay et Vincennes.

La Société Gramme a placé ici des dynamos à courant continu; des moteurs légers avec transmissions flexibles ; des mo-

5.

teurs légers fermés ; des dynamos à bras pour explosions des mines; des forges portatives électriques. — La maison Sautter, Harlé et Cie nous présente encore ici de puissants projecteurs électriques. — Indépendamment de ses tourelles, la Compagnie des Forges et Aciéries de la marine expose d'ingénieux observatoires cuirassés, etc.

Parallèlement à la classe 117 est une suite de la classe 118.

Classe 119. — Le visiteur s'intéressera aussi à la **cartographie**, à l'**hydrographie** et aux **instruments divers**. — Exposition du service géographique de l'armée : géodésie; topographie ; cartographie et plans en relief; instruments d'optique ; instruments de précision ; appareils de photographie ; bibliographie militaire. — Exposition du service hydrographique de la marine : cartes ; instruments scientifiques ; instruments de navigation ; bibliographie maritime.

Musée rétrospectif militaire. — Au premier étage, la Société « La Sabretache », dont le président est le célèbre peintre Detaille, a réuni, pour l'exposition rétrospective militaire, une collection des plus intéressantes, qui n'occupe pas moins de trois salles. C'est l'histoire du costume militaire français avec les nombreux souvenirs qui s'y rattachent. Il y a là des pièces uniques que les familles de nos *anciens* ont distrait de leurs collections.

Signalons : les drapeaux des grenadiers de la vieille garde, notamment celui du 1er régiment qui reçut, à Fontainebleau, les adieux de l'empereur. Voici, dans une urne d'argent, le cœur du « premier grenadier de France », le fameux La Tour d'Auvergne ; puis les bâtons des maréchaux Saint-Arnaud et Victor ; des effets portés sur les champs de bataille par l'empereur Napoléon Ier, Napoléon III, les maréchaux Canrobert, Pélissier, Castellane, etc. On s'arrêtera avec émotion devant les nobles reliques d'officiers frappés sur le champ d'honneur : la cuirasse trouée de balles du colonel Letourneur, tombé à Rezonville; l'épaulette en lambeaux que portait à Sidi-Brahim le brave colonel de Montagnac, etc., etc., de nombreux tableaux et documents du plus haut intérêt.

Viennent ensuite les curieuses expositions des sections étrangères, que nous visiterons dans l'ordre suivant (voir le plan): Russie, Autriche, Espagne, Hongrie, Grande-Bretagne, États-Unis, Turquie, Norvège, Portugal, Allemagne, Italie, Belgique.

Russie. — Entre autres choses remarquables, la Russie expose le modèle d'une école de cadets, avec la reproduction fidèle des dispositions intérieures. Les corps de cadets sont d'ailleurs représentés ici par des travaux d'élèves, des albums, etc. — La marine russe montre des produits de ses usines, de ses ateliers de constructions et de ses différentes institutions. — On remarquera encore avec intérêt les uniformes de l'armée russe; le matériel d'artillerie et des pontonniers, etc., etc.

Autriche. — Bien que le Département de la Guerre autrichien ne prenne pas officiellement part à l'exposition dans ce groupe, l'Autriche y est représentée par quelques fournisseurs de l'armée et par des particuliers. Cette exposition n'est pas l'une des moins belles. Voir notamment les équipements militaires et une belle exposition d'armes historiques.

Espagne. — Il en est de même pour la section espagnole, où il n'y a pas de participation officielle, mais seulement une exposition d'industriels.

Hongrie. — Ce sont aussi des fournisseurs de l'armée qui nous montrent ici la variété des uniformes hongrois, ainsi que du matériel et des objets à l'usage de l'armée. Nous rappelons le soin apporté par la Hongrie à présenter, dans son pavillon du quai d'Orsay, l'historique de son arme de prédilection, le corps de hussards.

Grande-Bretagne. — L'Angleterre occupe, dans le palais des armées de terre et de mer, un assez vaste emplacement, augmenté d'une annexe. L'exposition de la puissante marine britannique est particulièrement remarquable.

Dans le pavillon annexé qui a la forme d'un cuirassé, l'exposition de la puissante usine Wickers, Sons et Maxime (canons monstres avec leurs obus).

États-Unis. — Les États-Unis présentent des modèles de navires de guerre construits par le gouvernement, ainsi que des appareils et des documents maritimes.

Turquie. — Le visiteur verra avec intérêt une exhibition des uniformes modernes de l'armée ottomane.

Norvège. — Pays pacifique par excellence, la Norvège fait néanmoins une petite exposition dans le palais des armées de terre et de mer. Cette intéressante collection a été réunie par le général major F. Thaulow, chef du corps norvégien de santé militaire.

Portugal. — Exposition fort restreinte, placée à côté des deux précédentes.

Allemagne. — L'Allemagne présente des ambulances, des réductions de ses cités militaires ouvrières de Spandau; des armes; des projectiles. Mais la partie la plus intéressante est l'exposition de cent trois uniformes de son armée. Elle est divisée en sept groupes: 1° XVII° siècle et jusqu'à 1739; 2° de 1740 à 1807; 3° de 1807 à 1842; 4° de 1842 à 1888; 5° uniformes actuels; 6° troupes royales de Prusse, de Bavière, du Wurtemberg, de 1829 à nos jours; 7° uniformes de la marine et des troupes coloniales. Ces uniformes, dessinés par les peintres allemands Wilhelm, Knatel, Braun, Miller, sont de la plus rigoureuse exactitude.

On remarquera une lentille de phare avec réflecteurs, d'une grande puissance, construite par la maison Schokert, de Nuremberg.

Italie. — Plusieurs établissements italiens, fournisseurs de l'armée, ont fait ici une fort curieuse exposition.

Belgique. — On visitera cette exposition dans le premier des pavillons annexes, qui sont construits parallèlement au palais des armées de terre et de mer (voir le plan).

Après avoir parcouru le palais des armées de terre et de mer et ses annexes, nous entrons dans le pavillon du Creusot, qui leur fait suite.

Le pavillon du Creusot

Ce pavillon a la forme d'un dôme, dont le diamètre est de 43 mètres. Il est surmonté d'un campanile s'élevant à 40 mètres au-dessus de l'entrée.

MM. Schneider et Cte exposent les spécimens les plus intéressants des produits de leurs industries : houillères, aciéries, forges, ateliers de construction, d'électricité et d'artillerie. On remarquera particulièrement : une des trois machines de l'appareil moteur du « Kléber », dont la puissance totale est de 17.100 chevaux ; — une locomotive à vapeur à grande vitesse, système Thuile, étudiée en vue de remorquer des trains de 200 tonnes à la vitesse de 120 kilomètres à l'heure ; — une locomotive électrique à voie normale, pouvant remorquer des trains de 300 tonnes, sur rampe de 11 millimètres, à une vitesse de 40 à 50 kilomètres à l'heure.

On s'arrêtera devant un puissant matériel d'artillerie Schneider-Canet, construit aux ateliers du Havre et du Creusot, comprenant notamment : un canon de 24 centimètres en tourelle barbette ; un canon de 24 centimètres de 45 calibres ; un canon de 24 centimètres de 45 calibres, à tir rapide ; un canon double de 15 centimètres de 45 calibres à tir rapide sur affût double ; des obusiers de bord de 15 et 24 centimètres ; des canons de 15, 12 et 10 centimètres, de 50 calibres à tir rapide ; un obusier de 15 centimètres sur affût truck, système Schneider-Canet-Paigné ; des canons de 47 et 37 millimètres, de 60 calibres ; un canon de 75 millimètres sur affût de campagne à frein hydropneumatique ; de nombreux modèles et spécimens de culasses, de projectiles, de douilles, etc.

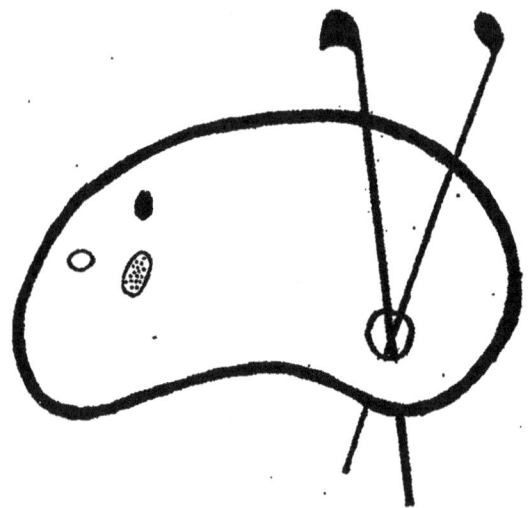

DEBUT D'UNE SERIE DE DOCUMENTS
EN COULEUR

7ᵉ SECTION DU GUIDE
Tour de 300 mètres.
Tour du Monde, Palais de l'Optique. — Pavillons divers.

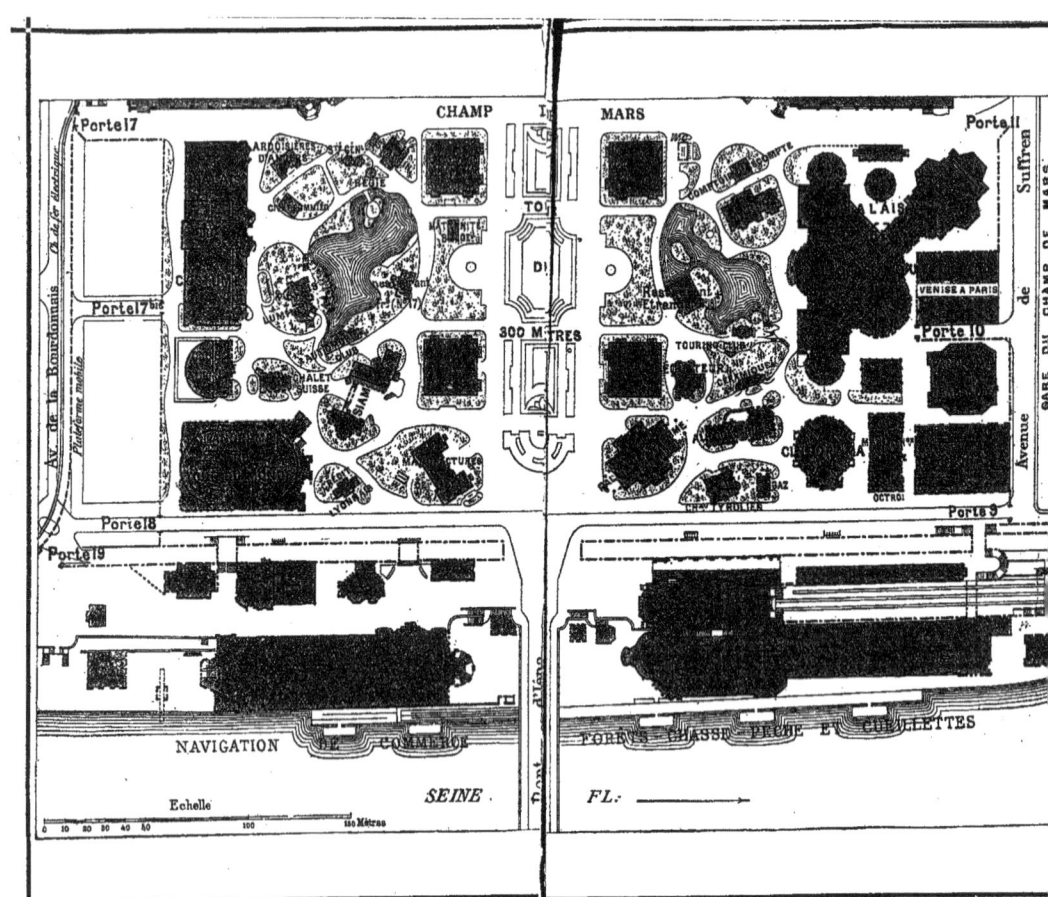

CLUB ALPIN FRANÇAIS
Voir notice, page 117.

7ᵉ SECTION DU GUIDE
Tour de 800 mètres.
Tour du Monde, Palais de l'Optique. — Pavillons divers.

UNE MERVEILLE DE L'EXPOSITION
TOUS PHOTOGRAPHES !

L'Automatic-Détective

Appareils complets avec accessoires faisant la pose et l'instantané à la main. Livré dans une élégante boîte en noyer avec notice détaillée. Envoyés franco contre mandat.

Format 6 1/2 × 9	Format 9 × 12
25 fr.	35 fr.

PHONOGRAPHE PERFECTIONNÉ

monté sur boîte noyer verni avec cornet répétiteur, Cornet enregistreur, Écoutes, Blaireau, Raclette, 3 Rouleaux vierges, 5 Rouleaux impressionnés.

Prix de l'appareil complet (rendu franco), 98 francs.

Adresser les Chèques ou Mandats-Poste
à M. E. SILVESTRE, 48, rue Richer, PARIS
DEMANDER NOTICE FRANCO

Roulettes à billes
ROULANT EN TOUS SENS
S'appliquent à tous les meubles.— Évitent les accrocs aux tapis.
Breveté S. G. D. G.
H. DELORME ET ED. MAUREY
49, rue Montorgueil, à Paris

Envoi gratis du Catalogue. Contre mandat de **2.95** franco: quatre roulettes pour réchauds

---

BATTEUSES avec MOTEURS à Pétrole et à Plans inclinés
de différentes forces avec ou sans *Appareil lieur*

DÉFOSSE Fɪʟs
CONSTRUCTEUR-MÉCANICIEN
à ALBERT (Somme)

Pianos H. PFEIFFER et Cⁱᵉ
Conditions spéciales
18, RUE DE CHATEAUDUN et 2, RUE FLÉCHIER — PARIS

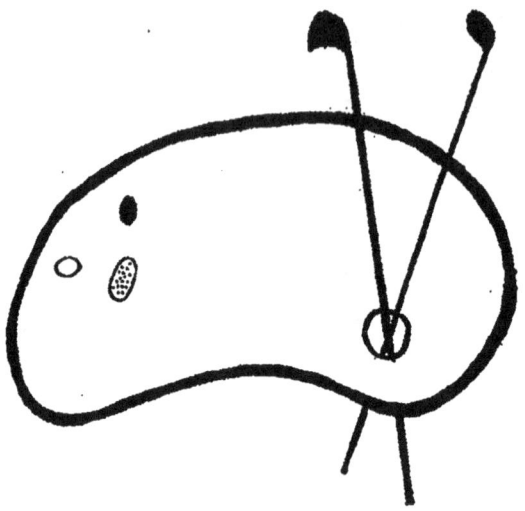

FIN D'UNE SERIE DE DOCUMENTS
EN COULEUR

VIIe Section du Guide

Palais et Pavillons
avoisinant la Tour de 300 mètres

Portes d'entrée : Portes n° 9, quai d'Orsay, au coin de l'avenue de Suffren; — n°s 10 *bis* et 11, avenue de Suffren; — n° 17, avenue de La Bourdonnais; — n° 17 *bis*, rue de l'Université; — n° 18, quai d'Orsay.

Restaurants : Boulant; — Restaurants au bord de chacun des deux bassins situés à droite et à gauche de la Tour; — au Pavillon du Maroc; — au Palais de l'Optique; — Restaurant de la maison Kammerzell.

La Tour de 300 mètres

Ouverte dès 9 heures du matin.

Nous ne donnons pas ici la description détaillée de la tour de 300 mètres qui existe depuis 1889. Rappelons seulement qu'elle se divise en trois parties : le premier étage est à 56 mètres au-dessus du sol, le second à 115 mètres et le troisième à 273 mètres. Le campanile contient un phare dont les feux alternativement bleus, blancs et rouges, se voient à une distance de 70 kilomètres. Le sommet de la calotte de ce phare est exactement à 300 mètres.

Jusqu'au deuxième étage la montée se fait soit au moyen des ascenseurs, soit par les escaliers. Du second au troisième elle s'effectue à l'aide d'un ascenseur.

Tarif des ascensions : Du sol au 1er étage, en semaine, 2 francs; les dimanches et fêtes, 1 franc; — du 1er au 2e étage, tous les jours, 1 franc; — du 2e étage au sommet, tous les jours, 2 francs.

Maison A. TROUILLET
112, Boulevard Sébastopol, PARIS
GRAVURE MÉCANIQUE DE PRÉCISION

Fournisseur des Administrations Publiques et Financières, de tous les Ministères, des Administrations des Postes et Télégraphes Françaises et Grecques

Inventeur des
NUMÉROTEURS TROUILLET
Calendriers TROUILLET

MACHINES
A IMPRIMER
NUMÉROTER ET DATER
PERFOREUSES
pour
les **Chèques**
à Emporte-Pièce
TIMBRES
et Griffes
en **CAOUTCHOUC**

Nouveau Numéroteur
3 COMBINAISONS, MODÈLE 1899
à partir du 1er janvier 1899

SUITE NATURELLE
Répétition et le même chiffre
à volonté
INSTRUMENTS
ayant
une hauteur totale
de **17** centimètres
d'une
Solidité et d'un fini
IRRÉPROCHABLES

CHASSIS DE NUMÉROTAGE TYPOGRAPHIQUE DES ACTIONS
Compteurs de Tours Universels. — Rotatif ou Alternatif à volonté
GRAVURE, CACHETS, VITESSES, FABRICATION SOIGNÉE
La Maison fabrique elle-même ses Encres et Tampons

---

50 Ans de Succès
TOILE SOUVERAINE
Julie GIRARDOT
contre **Douleurs, Plaies et Blessures**

DAMON, PHARMACIEN

Exiger
le timbre
ci-contre

Exiger
le timbre
ci-contre

FABRIQUE : **Avenue du Doyenné, 5, Lyon**
Envoi franco contre mandat-poste. — Prix 6 fr. le mètre

Le Tour du Monde

A gauche du pont d'Iéna, près de la Tour de trois cents mètres, à l'angle de l'avenue de La Bourdonnais et du Champ-de-Mars, une immense construction du plus étrange effet frappe et retient le visiteur : c'est le Palais du **Tour du Monde**, conçu par le plus ingénieux de nos artistes, Louis Dumoulin, peintre du ministère de la marine. Le spectacle de l'intérieur répond à l'exotique magnificence de l'extérieur. Dès la première heure, le projet grandiose de M. Louis Dumoulin a reçu plus que des approbations : il a été accueilli avec joie comme un futur triomphe. Le **Tour du Monde** a dépassé ces flatteuses espérances, et dans ce monument aux tours colossales, dont la plus haute a près de 45 mètres, le public peut contempler une des plus sensationnelles attractions de l'Exposition de 1900.

L'édifice, d'ordre composite, contient des cafés, des boutiques, des restaurants, une salle de spectacle. Tout cet ensemble donne la sensation intense de l'Orient que Louis Dumoulin connaît à merveille. Mais c'est au Panorama proprement dit du **Tour du Monde** qu'il convient de s'arrêter. Tous les pays desservis par les paquebots des Messageries maritimes apparaissent tour à tour : la Grèce, la Turquie, l'Égypte, les Indes, la Chine, le Japon, l'Australie et l'Espagne. Le voyageur, c'est le cas de s'exprimer ainsi, se régale tour à tour du spectacle infiniment varié qu'offrent à ses yeux émerveillés tous ces pays divers et le guide qui veille sur sa curiosité grandissante lui a ménagé les plus beaux sites, les plus ravissantes vues et, en même temps, pour l'initier aux mœurs de tant de peuples, la revue attrayante de la vie indigène avec les personnages qui la synthétisent le mieux.

C'est ainsi qu'en Chine, le public peut prendre du thé dans le Kiosque du Mandarin, que connaissent bien tous les voyageurs qui ont fait escale à Shanghaï; qu'au Japon, d'exquises danseuses, les **gueschas**, exécutent leurs danses les plus caractéristiques; qu'en Espagne, le boléro jette son entrain sur la place ensoleillée et que tous, acteurs de la vie ou de la scène, animent les premiers plans du splendide Panorama.

Trois étages de dioramas nous présentent, en outre : un voyage de Marseille à la Ciotat et retour, par le château d'If; des vues admirablement choisies de Moscou, Londres, Rome, Amsterdam et Sydney complètent le voyage autour du monde.

Ce merveilleux « voyage extraordinaire », comme dirait Jules Verne, peut se revivre dans la salle de théâtre du rez-de-chaussée du Palais du **Tour du Monde**. C'est là que les troupes qui figurent sur les différentes scènes qui bordent le panorama général, animent le premier plan et donnent à tour de rôle les plus suggestives représentations. C'est là que les jongleurs, les acrobates, les escamoteurs, charmeurs de serpents, succèdent aux étoiles de la danse orientale et ravissent nos regards, avides de sincère couleur locale.

Des projections cinématographiques, prises dans toutes les escales de l'Extrême-Orient, montrent les points curieux et animés des villes et des ports et sont présentés au public d'une façon rationnelle.

En résumé, le **Tour du Monde** ralliera les suffrages de tous les visiteurs et on a eu grandement raison de le considérer, dès le début, comme un puissant élément de succès de la partie « attractive » de l'Exposition. La foule s'y portera avec un empressement justifié et, quelque grand qu'il soit, le palais que nous devons à M. Louis Dumoulin, refusera souvent des légions d'admirateurs.

Pavillon du Crédit Lyonnais

Le **Crédit Lyonnais**, Société anonyme au capital de 200 millions de francs entièrement versés (réserves : 60 millions), dont le siège social est à Lyon, palais du Commerce, et le siège central à Paris, 19, boulevard des Italiens, et qui possède de nombreuses agences en France, en Algérie et à l'étranger, a fait élever, au pilier Nord de la Tour Eiffel, un pavillon où sont installés deux services mis à la disposition du public et dont le fonctionnement comprend :

1º L'achat et la vente de toutes monnaies et valeurs étrangères ;

Un service de caisse où les exposants peuvent déposer le soir leurs recettes et les retirer en tout ou partie le lendemain matin ;

L'encaissement des chèques et factures des exposants; opérations financières en général ;

2º Le paiement des lettres de crédit est effectué après visa du bureau des étrangers au siège central, 19, boulevard des Italiens.

Ce service se charge de toutes les opérations que les personnes accréditées auprès de cet établissement peuvent avoir à traiter par son intermédiaire.

Des salons sont spécialement affectés à la réception des étrangers qui y trouvent les journaux les plus répandus de tous les pays et peuvent y faire leur correspondance.

Ce service se charge, à titre gracieux, de la réception, distribution et réexpédition des lettres et journaux que les accrédités trouvent convenance à faire adresser aux soins du Crédit Lyonnais.

Location de coffres-forts. — Le Crédit Lyonnais met à la disposition du public, dans les sous-sols de son hôtel, 19, boulevard des Italiens, des coffres-forts entiers ou des compartiments de coffres-forts de diverses contenances destinés à renfermer des papiers, valeurs ou objets quelconques. Tarif réduit : 5 francs par mois.

Pour visiter, s'y adresser de 9 heures à 5 heures et demie.

Dépôts d'objets précieux. — Le Crédit Lyonnais reçoit en garde l'argenterie, les bijoux, diamants, papiers précieux, malles, coffrets, etc.

Agences dans Paris :

A, place du Théâtre-Français, 3 ;
B, rue Vivienne, 31 (Bourse) ;
C, faubourg Poissonnière, 44 ;
D, rue Turbigo, 3 (Halles) ;
E, rue de Rivoli, 43 ;
F, rue Lafayette, 66 ;
G, rue Rambuteau, 14 ;
H, boulevard de Sébastopol, 91 ;
I, faubourg Saint-Antoine, 63 ;
J, boulevard Voltaire, 43 ;
K, rue du Temple, 201 ;
L, boulevard Saint-Denis, 10 ;
M, avenue de Villiers, 69 ;
N, boulevard de Magenta, 81 ;
O, avenue Kléber, 108 ;
P, place Clichy, 16 ;
R, boulevard Haussmann, 53 ;
S, rue du Faubourg-Saint-Honoré, 152 ;
T, boulevard Saint-Germain, 58 ;
U, boulevard Saint-Michel, 20 ;
V, rue de Rennes, 66 ;
X, boulevard Saint-Germain, 205 ;
Y, avenue des Gobelins, 14 ;
Z, avenue d'Orléans, 19 ;
AB, rue de Flandre, 30 ;
AC, rue de Passy, 64 ;
AD, rue La Fontaine, 122 ;
AE, place Victor-Hugo, 7 ;
AF, avenue des Ternes, 37 ;
AS, avenue des Champs-Elysées, 55 ;
AT, boulevard de Bercy, 1.

Saint-Denis : rue de Paris, 52.

Boulogne-sur-Seine : boulevard de Strasbourg, 1.

Le pavillon des Manufactures de l'Etat

L'Administration des Manufactures de l'État, qui ressortit du Ministère des Finances, gère, comme on le sait, le monopole des tabacs et celui des allumettes chimiques, le premier depuis 1811, le second depuis 1890. Elle a tenu à honneur de participer à l'Exposition universelle de 1900, et son pavillon occupe au Champ-de-Mars une place importante au pied de la Tour Eiffel.

Ce pavillon comprend, en outre de l'exposition proprement dite des deux grandes industries dont l'Administration a la gestion, un bureau de vente directe où les consommateurs peuvent se procurer tous les produits de luxe que la Régie met en vente : cigares authentiques de La Havane, cigarettes et tabacs à fumer des espèces les plus variées.

Le perron de gauche par lequel entrera le public donne accès à une vaste salle que l'on pourrait appeler le Musée des Tabacs : là sont groupés, d'une façon méthodique et claire qui n'exclut pas une certaine fantaisie, d'une part, les spécimens des divers tabacs en feuilles employés dans les manufactures et provenant soit du sol français, soit des pays étrangers, et, d'autre part, toute la série des produits fabriqués dont la liste ne comprend pas moins de 48 numéros pour les cigares, 82 pour les cigarettes, 34 pour le tabac à fumer, 14 pour les rôles et carottes et 11 pour la poudre à priser. Un ensemble de modèles à échelle réduite représente l'outillage des Manufactures, généralement peu connu du grand public. Les tableaux qui garnissent les murs mettent en lumière les faits saillants de l'exploitation du Monopole : on y lit que cette industrie, dont la prospérité va sans cesse croissant, a fourni au Trésor, depuis son origine en 1811, une recette de 17 milliards, sur lesquels on relève un bénéfice net de 13 milliards, et que les dix dernières années entrent dans ces totaux pour une recette de 3 milliards 810 millions et un bénéfice net de 3 milliards 145 millions ; les quantités vendues se chiffrent par 38 millions de kilogrammes, en augmentation de 2 millions sur 1889 ; la culture indigène produit près de 26 millions 1/2 de kilogrammes, alors qu'elle n'en produisait que 20 millions en 1889. Le nombre des manufactures est de 21, occupant un personnel de 16.660 ouvriers et ouvrières ; le nombre des magasins est de 27 pour la culture indigène et de 5 pour le transit. La consommation par tête d'habitant est de 990 grammes ; elle n'était que de 944 grammes en 1889. L'Administration dépense actuellement par année, pour ses institutions de prévoyance et d'assistance, une somme de 1.551.958 francs, représentant 9,40 0/0 des salaires.

L'exposition centennale donne, dans une série d'aquarelles artistiques, une restitution authentique des ateliers de la

Manufacture de Paris au commencement du siècle et un aperçu du mode de travail qui a précédé l'introduction de l'outillage mécanique.

A la suite du musée vient l'**atelier de fabrication**; c'est la partie animée de l'exposition : sur un espace extrêmement mesuré on a réuni, pour les faire fonctionner sous les yeux du public, les machines les plus récentes et celles qui offrent le plus d'intérêt, telles que : machines à paqueter confectionnant 800 paquets à l'heure ; balance de vérification pesant automatiquement 15.000 paquets par jour, machines à cigarettes et machines à confectionner les bondons ; enfin, un petit atelier de remplissage des bondons complète cette manufacture en miniature.

Dans un cabinet contigu au hall, sont réunis les principaux instruments de laboratoire servant soit aux recherches spéciales à la culture et à la fabrication des tabacs, soit à des travaux de chimie générale.

La dernière salle du pavillon, par laquelle se fait la sortie, est consacrée exclusivement aux allumettes ; le grand attrait de l'exposition de cette industrie est une machine à fabrication continue, recevant à son entrée les bois débités, et livrant automatiquement des allumettes soufrées, chimiquées, séchées et mises en boîtes ; cette machine est capable de fournir 50.000 boîtes environ par journée de dix heures et n'exige que la présence de cinq ouvrières seulement.

A côté de cet appareil se trouve une vitrine qui contient les spécimens des matières premières utilisées dans la fabrication et de tous les types d'allumettes que la Régie met en vente. Enfin, des graphiques montrent les résultats obtenus dans l'exploitation du monopole depuis l'année 1890, année à partir de laquelle l'Etat en a pris la gestion directe. Les ventes se chiffrent en 1898 par 34 milliards 1/2 d'allumettes, excédant de 6 milliards les ventes annuelles de l'ancienne Compagnie fermière ; les recettes se chiffrent par 29.938.000 francs, laissant un bénéfice net de 22.426.000 francs, alors que la redevance payée par la Compagnie ne se montait qu'à 17.065.000 francs. Le nombre des manufactures est de six, et l'effectif du personnel compte 2.069 ouvriers et ouvrières. Les dépenses afférentes aux institutions de prévoyance se sont élevées en 1898 à 337.665 francs, représentant 12,90 0/0 des salaires.

En résumé, le public a sous les yeux une représentation complète de deux grandes industries qui, bien qu'exploitées par l'Etat, sans le stimulant de la concurrence, n'en ont pas moins réalisé des progrès remarquables au point de vue de l'outillage et des procédés, et, sur certains points même, une révolution radicale dans la fabrication.

Club alpin français

Siège social : 30, rue du Bac, à Paris.

Partie gratuite : **Exposition de peintures alpestres, photographies, cartes, reliefs, refuges; équipement et ustensiles de touristes; faune et flore de la montagne**, etc.

Partie payante (prix d'entrée, 1 franc) : **Montagnes et glaciers de France.**

Le visiteur, en passant d'abord par la grotte de Dargilan, est successivement amené devant les vues gracieuses du lac de Retournemer *(Vosges)* et de la haute vallée du Var *(Alpes-Maritimes)*, les aspects grandioses des gorges du Tarn *(Massif central)* et du cirque de Gavarnie *(Pyrénées)*; il s'élève ensuite sur le sommet du Combeynot (3.163 mètres au-dessus du niveau de la mer), au-dessus du col du Lautaret, d'où il contemple le splendide panorama des *Alpes dauphinoises*, depuis Briançon jusqu'aux glaciers des Grandes-Rousses, et comprenant les pics imposants du Pelvoux, de la Barre des Écrins et de la Meije, les grands glaciers du pic des Agneaux, d'Arsine et de l'Homme.

Enfin, il est transporté sur la montagne des Périades, sur le flanc de l'aiguille du Tacul *(massif du Mont-Blanc)*, à la cote 2.800. Entouré de rochers abrupts et de blocs tombés des aiguilles voisines, il a devant lui, à 500 mètres au-dessous, la mer de Glace, puis le glacier du Géant, avec ses énormes cascades de séracs; le Mont-Blanc, les aiguilles du Midi, de Charmoz, Grépon, etc.; à sa gauche et à la même hauteur que lui, le glacier des Périades surmonté de l'imposante aiguille du Géant, et à sa droite, la vallée de Chamonix, dominée par les aiguilles rouges. Il peut ainsi avoir l'impression que donnent les grandes ascensions et jouir d'une vue que seuls les ascensionnistes de hauts sommets ont pu contempler jusqu'à présent.

Palais lumineux Ponsin

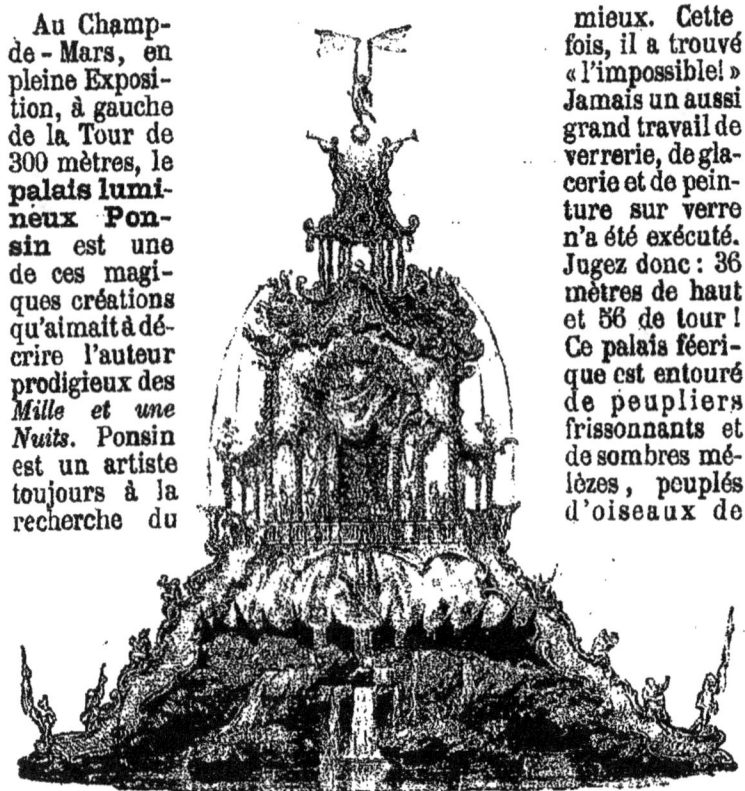

Au Champ-de-Mars, en pleine Exposition, à gauche de la Tour de 300 mètres, le **palais lumineux Ponsin** est une de ces magiques créations qu'aimait à décrire l'auteur prodigieux des *Mille et une Nuits*. Ponsin est un artiste toujours à la recherche du mieux. Cette fois, il a trouvé « l'impossible! » Jamais un aussi grand travail de verrerie, de glacerie et de peinture sur verre n'a été exécuté. Jugez donc : 36 mètres de haut et 56 de tour ! Ce palais féerique est entouré de peupliers frissonnants et de sombres mélèzes, peuplés d'oiseaux de feu ; de larges allées conduisent à des escaliers de cristal, aux rampes de conques marines phosphorescentes, qui aboutissent à des galeries d'où l'on aperçoit des nuées teintées comme les couchers de soleil de Java, traversées par des jets de feu aux couleurs d'arc-en-ciel, s'élançant d'immenses coquilles où s'agitent des monstres marins qui vomissent des myriades d'émeraudes et de rubis.

Le **palais lumineux** repose sur un socle de granit où ruisselle une cascade de douze mètres de hauteur. Vu de l'extérieur et de l'intérieur, il est complètement lumineux. Tout entier en glace et en verre, il est baigné dans le flot étincelant des lumières. La voûte est formée d'un immense voile d'opaline en écailles transparentes ; enfin une magnifique statue le domine : c'est une Indienne que soutient la sphère du monde, étoilée d'or. Le chef-d'œuvre qui couronne la carrière de Ponsin n'est pas seulement un monument unique, qui tient plus du rêve que de la réalité ; c'est une exposition complète de verrerie et de glacerie, dont le **palais lumineux** est l'idéal symbolisé. On fabriquera même du verre sous les yeux des visiteurs, et chacun d'eux emportera un cadeau qui sera un charmant souvenir.

Palais du Costume

C'est à gauche de la Tour de 300 mètres qu'a été édifié le **palais du Costume,** qui constitue, avec le *Tour du Monde* et le *palais de l'Optique,* une des plus attirantes curiosités de l'Exposition. L'architecture a déployé des merveilles d'ingéniosité. La décoration sculpturale est d'un goût parfait et l'ornementation, où les fleurs et les plantes naturelles sont prodiguées, en fera une oasis charmante. Le restaurateur Champeaux et le glacier Gagé nous permettraient encore d'y passer de longues heures si le **palais du Costume** ne remplissait une mission définie, celle d'élever à la femme et à la beauté un temple du goût à travers les âges, dont Félix, le costumier idéal, est le grand prêtre attitré.

Exposition historique, exposition moderne, tel est le double but que se sont proposé les initiateurs de cette entreprise artistique dont le succès est assuré au delà de toute espérance.

Les organisateurs nous font parcourir toutes les époques et chacune d'elles leur a permis de reconstituer une scène originale, destinée à nous initier à la mode d'antan. Ces tableaux, pour ainsi dire vivants, sont placés dans leur vrai cadre; l'architecture et le mobilier sont d'une irréprochable exactitude et nos plus célèbres industriels ont contribué à cette œuvre pour parfaire l'authenticité du décor, pour réaliser, à la perfection, le rêve si largement conçu.

Les nombreuses salles du **palais du Costume** sont éclairées par des lampes à incandescence invisibles qui rendent plus saisissant encore le spectacle si varié qui nous est offert. Félix, pour faire passer sous nos yeux toute l'histoire du costume féminin, a suivi la chaîne des temps. Dès le rez-de-chaussée, voici les Gauloises, puis l'atrium romain, qui empiète sur le premier étage où se déroulent les scènes du XVIIe siècle jusqu'à nos jours. Dans la première partie de cette curieuse exhibition, la civilisation égyptienne, qui nous réserve chaque jour de nouvelles surprises, apparaît dans toute son étrangeté pittoresque. Tous les objets de toilette, robes, tuniques, chaussures, coiffures et tous les accessoires sont là, avec une profusion de laines et de soies brochées qui montrent bien que la coquetterie florissait même au temps disparu des vieux Pharaons.

M. Albert Gayet, l'impeccable érudit, a été chargé spécialement de cette partie si savante.

L'ordre chronologique a été rigoureusement suivi, mais cette encyclopédie du costume a des pages superbes. Citons-en quelques-unes : une salle de château, au XIIe siècle, s'ouvrant sur le Paris de l'époque; une scène du Camp du Drap d'Or, où trois belles dames assistent à un défilé de fringants cavaliers; l'impératrice Joséphine essayant, dans son boudoir et devant son auguste époux, la robe et le manteau du Sacre. Ces deux vêtements de gala, resplendissants de broderies d'or, n'ont pas coûté moins de 50.000 francs! N'oublions pas une reconstitution des galeries du Palais-Royal avec personnages vivants, artisans, vendeuses, ouvrières, etc., où s'écoula la vie élégante de tout le XVIIIe siècle.

Enfin, l'exposition contemporaine, où la science et l'imagination de Félix se sont donné carrière, deviendra le pèlerinage obligatoire de toutes les élégantes du monde entier, à qui l'on a réservé, pour comble de générosité, une magnifique reconstitution historique de la coiffure dans tous les temps. On ne saurait vraiment se douter de tous les trésors d'érudition déployés par Félix pour constituer une revue rétrospective d'un si haut intérêt. Tous les visiteurs rendront hommage à cette brillante initiative, couronnée d'un succès immense, dont une bonne part revient à MM. Alfred Ancelot et Brylinski, promoteurs, avec Félix, du **palais du Costume**, et à M. Thomas, l'éminent dessinateur qui s'est fait, à la ville et au théâtre, la plus enviable des spécialités.

Chalet Suisse

Ce chalet, entièrement en bois découpé et sculpté, est entouré de balcons et de terrasses, comme les grands chalets des Alpes. Il ne constitue pas un bâtiment officiel ; il sert simplement de lieu de réunion aux Suisses visitant l'Exposition et à la très nombreuse colonie suisse qui habite Paris. Son rez-de-chaussée est aménagé en salle de dégustation pour les principaux produits alimentaires exposés. On y trouve du lait des montagnes suisses, des vins des cantons de Vaud et de Neuchâtel, du kirsch, du chocolat des fabriques Kohler, Suchard, Peter, etc., des biscuits, des produits des fabriques Maggi, de la bière, des fromages de Gruyère et de l'Emmenthal, etc.

Pavillon des Ardoisières d'Angers

La Commission des Ardoisières d'Angers expose, dans un pavillon spécial très remarquable par son architecture originale, les produits de ses carrières. Elle en fait connaître aux visiteurs toutes les applications. Une place importante est réservée aux fils métalliques, aux câbles en fer, acier et cuivre provenant de son usine de corderie mécanique, et employés par la marine nationale.

Pavillon de Saint-Marin

Situé au pied du pilier est de la Tour de 300 mètres, ce pavillon, dont les plans sont de M. Marius Tondoire, rappelle par son architecture les édifices florentins et plus particulièrement le palais du Conseil souverain de Saint-Marin.

A l'intérieur : une seule salle sous le dôme, à laquelle on accède par un portique à trois entrées. Une galerie règne d'un seul côté au-dessus du portique. Exposition de céréales, de comestibles, de vins, d'huiles, de miel, etc. ; de dentelles et d'ouvrages de broderie, de meubles, de tableaux, d'œuvres d'art en pierre sculptée, d'uniformes, de monnaies, etc. ; de documents concernant l'histoire de Saint-Marin. On y voit aussi la réduction, en bois, du Palais du Gouvernement, exposée par M. le Cr Azzurri, architecte de la République de Saint-Marin.

Pavillon de la Société Générale

pour favoriser le développement du Commerce et de l'Industrie en France

La **Société Générale** *pour favoriser le développement du Commerce et de l'Industrie en France* (Société anonyme fondée en 1864 au capital de 120 millions, porté en 1899 à 160 millions de francs) occupe, entre le *pilier est de la tour Eiffel et le Palais de la Métallurgie*, un élégant pavillon dont nous donnons ci-dessus le dessin, où les exposants et visiteurs de l'Exposition auront à leur disposition *une cabine téléphonique, un salon de lecture et de correspondance, un service de dépêches, un service de location de coffres-forts, un guichet spécial pour le change de monnaies* et généralement *tous les services* qui fonctionnent dans les trois cent vingt-cinq agences et bureaux de cette Société.

Avec sa puissante organisation, ses cinquante-huit bureaux à Paris et dans la banlieue, ses deux cent soixante-sept agences en province, ses nombreux correspondants en France et à l'étranger, la **Société Générale** est en mesure de rendre aux commerçants, industriels, fonctionnaires, rentiers, en un mot à tous ceux qui travaillent à la constitution d'une fortune, qui possèdent et qui épargnent, tous les services qu'ils peuvent attendre d'un banquier, en quelque lieu et sous quelque forme que ce soit.

La **Société Générale** reçoit des *dépôts de fonds* portant intérêts et remboursables à vue ou à échéance fixe. Elle effectue le transport des fonds et les met à la disposition de ses clients, au moyen de *chèques directs, virements, billets de crédit circulaires, lettres de crédit*, etc., partout où ils doivent se rendre; elle transmet les *ordres de Bourse* ; elle reçoit les *souscriptions sans frais* et vend à ses guichets des valeurs de premier ordre livrées immédiatement; elle se charge de toutes les opérations concernant les titres *(coupons, transferts, conversions, échanges, versements*, etc.) ; elle reçoit les *titres en garde* et met à la disposition de ses clients, à des prix de location très modiques, des *compartiments de coffres-forts* offrant une sécurité absolue pour la garde des bijoux, valeurs et de tous papiers et objets précieux. La **Société Générale** traite également toutes les opérations de banque se rattachant aux affaires industrielles et commerciales *(escompte et encaissement d'effets de commerce, factures et reçus sur la France et l'étranger, avances sur marchandises et sur connaissements, crédits documentaires, renseignements, assurances, services de correspondant*, etc.).

Pour mettre ses moyens d'action en harmonie avec le développement continu de ses opérations, la **Société Générale** a dû récemment se transformer en Société anonyme libre et augmenter son capital. La perfection de son organisation, la haute honorabilité de ceux qui la dirigent, lui ont valu la bonne renommée qu'elle a acquise et la confiance dont elle jouit dans le monde financier et dans le public en général.

Comptoir National d'Escompte de Paris

Cette Société, au capital de 100 millions de francs, dont le siège social est 14, rue Bergère (succursale : 2, place de l'Opéra), a pour président M. Denormandie, ancien gouverneur de la Banque de France, vice-président de la Compagnie des Chemins de fer Paris-Lyon-Méditerranée, et M. Alexis Rostand, comme directeur général.

Opérations du Comptoir. — Bons à échéance fixe, escompte et recouvrements, comptes de chèques, lettres de crédit, ordres de Bourse, avances sur titres, chèques, traites, paiements de coupons, envois de fonds en province et à l'étranger, garde de titres, prêts hypothécaires maritimes, garantie contre les risques de remboursement au pair, etc.

Agences. — Bureaux de quartier dans Paris : A, 176, boulevard Saint-Germain ; B, 3, boulevard Saint-Germain ; C, 2, quai de la Rapée ; D, 11, rue Rambuteau ; E, 16, rue de Turbigo ; F, 21, place de la République ; G, 24, rue de Flandre ; H, 2, rue du Quatre-Septembre ; I, 84, boulevard de Magenta ; K, 92, boulevard Richard-Lenoir ; L, 36, avenue de Clichy ; M, 87, avenue Kléber ; N, 35, avenue Mac-Mahon ; O, 71, boulevard du Montparnasse ; P, 27, faubourg Saint-Antoine ; R, 53, boulevard Saint-Michel ; S, 2, rue Pascal ; T, 1, avenue de Villiers ; U, 49, avenue des Champs-Elysées ; V, 85, avenue d'Orléans.

Agence de l'Exposition de 1900, au Champ-de-Mars (pilier sud de la tour Eiffel) : salle de dépêches, salon de correspondance, cabine téléphonique, change de monnaies, achat et vente de chèques, etc. Cette agence traite les mêmes opérations que le siège social.

Bureaux de banlieue : Levallois-Perret, 3, place de la République; Enghien, 47, Grande-Rue; Asnières, 8, rue de Paris; Charenton, 50, rue de Paris.

Agences en province : Abbeville, Agen, Aix-en-Provence, Alais, Amiens, Angoulême, Arles, Avignon, Bagnères-de-Luchon, Bagnols-sur-Cèze, Beaucaire, Beaune, Bergerac, Béziers, Bordeaux, La Bourboule, Caen, Calais, Cannes, Carcassonne, Castres, Cavaillon, Cette, Chagny, Chalon-sur-Saône, Châteaurenard, Clermont-Ferrand, Cognac, Condé-sur-Noireau, Dax, Dieppe, Dijon, Dunkerque, Elbeuf, Epinal, Firminy, Flers, Gray, Le Havre, Hazebrouck, Issoire, Jarnac, La Ferté-Macé, Lésignan, Libourne, Lille, Limoges, Luxeuil, Lyon, Manosque, Le Mans, Marseille, Mazamet, Mont-de-Marsan, Le Mont-Dore, Montpellier, Nancy, Nantes, Narbonne, Nice, Nîmes, Orange, Orléans, Périgueux, Perpignan, Reims, Remiremont, Rivesaltes, Roanne, Roubaix, Rouen, Royat, Saint-Chamond, Saint-Dié, Saint-Etienne, Salon, Toulouse, Tourcoing, Trouville-Deauville, Vichy, Villefranche-sur-Saône, Villeneuve-sur-Lot, Vire.

Agences dans les colonies et pays de protectorat : Majunga, Tamatave et Tananarive, Tunis, Sfax, Sousse, Gabès.

Agences à l'étranger : Londres, Liverpool, Manchester, Bombay, Calcutta, San-Francisco, New-Orleans, Melbourne, Sydney, Tanger.

Location de coffres-forts. — Le Comptoir tient un service de coffres-forts à la disposition du public, 14, rue Bergère, 2, place de l'Opéra et dans les principales agences. Une clef spéciale unique est remise à chaque locataire; la combinaison est faite et changée à son gré par le locataire, qui peut seul ouvrir son coffre.

Tarif de location. — Compartiments depuis 5 francs par mois. Le locataire est assuré de rencontrer toutes les conditions désirables de sécurité : moyens de fermeture puissants, surveillance de jour et de nuit, précautions multiples, etc.

Bons à échéance fixe. — Intérêts payés sur les sommes déposées : de six mois jusqu'à un an, 2 0/0; de un an jusqu'à dix-huit mois, 2 1/2 0/0; de dix-huit mois jusqu'à deux ans, 3 0/0; à deux ans et au delà, 3 1/2 0/0.

Les bons délivrés par le Comptoir National, aux taux d'intérêts ci-dessus, sont à ordre ou au porteur, au choix du déposant. Les intérêts sont représentés par des bons d'intérêts également à ordre ou au porteur, payables semestriellement ou annuellement, suivant les convenances du déposant. Les bons de capital et d'intérêts peuvent être endossés et sont par conséquent négociables.

Villes d'eaux, stations balnéaires. — Le Comptoir National a des agences dans les principales villes d'eaux : Nice, Cannes, Vichy, Dieppe, Trouville-Deauville, Dax, Luxeuil, Royat, Le

Havre, La Bourboule, Le Mont-Dore, Bagnères-de-Luchon, etc.; ces agences traitent toutes les opérations, comme le siège social et les autres agences, de sorte que les étrangers, les touristes, les baigneurs peuvent continuer à s'occuper d'affaires pendant leur villégiature.

Lettres de crédit pour voyages. — Le Comptoir National d'Escompte délivre des lettres de crédit pour voyages, payables, suivant les convenances des titulaires, dans un nombre restreint de villes désignées à l'avance, ou dans le monde entier.

Elles sont accompagnées d'un carnet d'identité et de l'adresse des agents et correspondants du Comptoir National en France et à l'étranger.

Ces lettres de crédit offrent aux voyageurs les plus grandes commodités et une sécurité incontestable. Elles sont émises en francs ou en livres sterling, suivant les contrées vers lesquelles le voyageur se dirige. Les paiements sont faits au cours du jour, en la monnaie du pays où se trouve l'accrédité du Comptoir National.

Nota : Les porteurs des lettres de crédit qui le désirent reçoivent le code télégraphique de poche du Comptoir National, de sorte qu'ils peuvent correspondre par dépêche avec leur famille, en réalisant une économie appréciable.

Salons des Accrédités, Branch Office, 2, place de l'Opéra. — Special department for travellers and letters of credit. Luggage stored. Letters of credit cashed and delivered throughout the world. Exchange office.

The Comptoir National receive and send on parcels addressed to them in the name of their clients or bearers of credits.

Section marocaine

La section marocaine comprend deux parties :
1° le pavillon impérial;
2° les annexes, — restaurant, café, boutiques, etc.

Le pavillon impérial est, à l'intérieur, la reproduction d'un des kiosques impériaux qui se trouvent dans les anciens palais de Fez.

Les plafonds peints et dorés, les stucs découpés à jour reproduisent les types les plus délicats de l'architecture arabe du Maroc. Ce pavillon est dominé par un minaret de Tétouan. La porte d'entrée extérieure est la reproduction de la porte de Monsour el Hendj à Mequinez, la porte d'entrée est celle de la mosquée des Andalous à Fez.

Les annexes, restaurant, café, boutiques reproduisent divers éléments de l'architecture civile du Maroc. Des portes pittoresques décorées de peintures éclatantes aux auvents couverts de tuiles vernissées donnent entrée dans les différentes parties de ces annexes.

L'architecte est M. H. Saladin, architecte de la section tunisienne et l'un des architectes de la section bulgare.

Palais de l'Optique

A peine sortis de la gare du Champ-de-Mars, après avoir franchi la porte de l'Exposition, immédiatement à droite, nous voici au **palais de l'Optique**. Nous avions les sept merveilles du monde : Si l'Exposition de 1900 pouvait se glorifier d'un tel chiffre, le **palais de l'Optique** pourrait figurer au premier rang. Il offre à nos yeux éblouis les spectacles les plus fantastiques, il nous révèle des merveilles inespérées, il évoque des visions grandioses dérobées jusqu'à ce jour à l'œil humain, toujours ambitieux de scruter l'au-delà. Nous pouvons désormais sonder les abîmes de l'Océan, suivre les évolutions des monstres qui s'agitent et rampent au fond des mers, nous extasier devant les paysages célestes, peuplés d'apparitions apocalyptiques, assister au déchaînement des orages, jouir des jeux d'optique, d'une renaissante variété, mirer nos regards dans les grottes de cristal où se déroulent les poèmes de la lumière, pénétrer enfin dans un monde d'attractions invraisemblables, comme toutes les fantaisies de la nature surprises par la science indiscrète.

Mais le clou de cette Exposition, dont Gustave Doré pouvait seul rendre le rêve étrange, réalisé par un Faust moderne, c'est la *Lunette de soixante mètres*, dont M. François Deloncle, l'âme de cette grande œuvre que nous ne pouvons qu'esquisser, a doté son pays, en dépassant à la fois toutes les espérances des curiosités profanes et en fournissant aux initiés, à tous ceux qui interrogent le ciel, un instrument gigantesque qui surpasse en puissance tout ce que pouvaient imaginer les plus extravagants rêveurs.

C'est la première fois qu'un appareil astronomique, supérieur à tout ce qui a été fait pour les plus illustres observateurs du ciel, est accessible au plus humble d'entre nous. Disons tout de suite que M. François Deloncle, qui voulait faire grand et juste, c'est-à-dire obéir à la science tout en élargissant son domaine dans des proportions imprévues, s'est adjoint M. Gautier, membre du Bureau des longitudes, où il succéda au célèbre Brünner.

La *Grande Lunette de 1900* a $1^m,50$ de diamètre et 60 mètres de longueur. Son poids est de 20.000 kilog. Dressée, elle dépasserait la balustrade des tours de Notre-Dame. Sa description scientifique nous entraînerait trop loin ; mais il suffit de dire que, dès qu'elle est fixée, le firmament s'offre à elle pour nous découvrir chacun des points que l'observateur veut étudier. C'est ainsi que le spectateur s'imprègne en quelques instants du sentiment de majestueuse unité qui présida à la formation du système solaire.

La question de la Lune, — la *Lune à un mètre!* c'est ainsi que la voix publique a désigné l'admirable initiative de M. François Deloncle, — est définitivement élucidée. Nous pouvons pénétrer dans la merveilleuse Astarté, après avoir franchi des espaces réputés infranchissables, et contempler des paysages insoupçonnés, dont la vision semblait interdite à l'humanité.

Pour nous servir d'une expression de théâtre, le créateur du **palais de l'Optique** a encore corsé cet inoubliable spectacle. Il expose une collection de *pierres du ciel* et de roches cosmiques, qui n'est pas seulement une attrayante curiosité ajoutée à sa lumineuse révélation du monde astral, mais une incomparable série des plus rares documents, qui émerveillera les savants du monde entier.

Restaurant du palais de l'Optique

Les voyageurs, fatigués de leur visite à l'Exposition, ou ceux disposés à prendre des forces avant de contempler toutes les merveilles du monde, sont heureux de s'arrêter au restaurant du Palais de l'Optique, situé dans le jardin même de cet attrayant et merveilleux observatoire, en face de la gare du Champ-de-Mars et près de l'avenue de Suffren.

Installé par la « *Compagnie internationale des Grands Hôtels* », dont la réputation n'est plus à faire, ce restaurant de luxe peut contenir un millier de personnes. Inutile de dire que l'attrait d'une cuisine excellente joint à l'agrément d'une situation favorisée, a fait de cette élégante installation le rendez-vous des savants d'un jour et des amateurs d'inconnu.

Les journées ne suffisant pas pour satisfaire les plus exigeants, ces derniers peuvent également contempler les astres pendant les belles nuits. Ils trouvent alors, en même temps que le palais, le restaurant ouvert et des soupers exquis offerts à ces curieux en quête d'inédit.

Le Panorama Transatlantique

Tout le monde se souvient du magnifique succès obtenu en 1889 par le Panorama transatlantique. Pour l'Exposition de 1900, on a fait mieux, on a fait plus grand.

Le Panorama de Poilpot nous offre divers enchantements. De Bizerte à Tunis, rien ne manque. On s'attardera sûrement à contempler cette œuvre gigantesque dont nous détachons, pour les recommander, les dioramas suivants :

La rue de Ouled Naïl, Biskra, Souques de Tunis, les laveuses à El Kantara, école arabe Medersa à Tlemcen, Bizerte port, Tunis rade Carthage, cimetière El Kébir, Blidah, bains maures, caravanes dans le désert, ruines de Tinigad, gorges du Rhumel; bref, toutes les attractions célèbres de ces pays lumineux et providentiellement dotés, l'Algérie et la Tunisie, dont Poilpot restera l'incomparable poète.

Pavillon de l'histoire de la Céramique architecturale

MM. Janin frères et Guérineau ont construit, près du pilier ouest de la Tour de 300 mètres, un gracieux monument, qui se présente aux yeux du visiteur sous l'aspect d'une fontaine lumineuse. Le groupe principal, formé de deux personnages symbolisant deux fleurs, est d'un caractère très poétique. Le fond du pavillon sert de cadre à la reconstitution des œuvres les plus remarquables de la céramique architecturale dans l'antiquité, à l'époque de la Renaissance, et depuis le XVIIe siècle jusqu'à nos jours.

(Avenue de Suffren) ## Venise à Paris (Face à la gare du Champ-de-Mars)

A quelques pas du *Palais de l'Optique*, nous pouvons entreprendre sans fatigue un voyage ardemment désiré. Entrons vite : **Venise à Paris** nous réclame. Deux grands noms sont associés à cette splendide reconstitution de la radieuse cité des Doges, Ziem et Olive. Une minutieuse exactitude a présidé à tous les détails, et l'ensemble émerveille les yeux. Qui ne voudra parcourir la ville tant vantée par les poètes, la ville des canaux, des gondoles, des amours mystérieuses, du Pont des soupirs? Que ceux qui ne peuvent aller, là-bas, contempler la perle de l'Adriatique, soient consolés! La Piazotta et la place Saint-Marc sont à la portée de tous.

Venise à Paris restera ouverte jusqu'à 2 heures du matin.

Le Maréorama Hugo d'Alési

A l'angle du qual d'Orsay et de l'avenue de Suffren

A bord pendant la traversée.

Le Maréorama Hugo d'Alési a été retenu par la Commission supérieure en tête des grands « clous » de l'Exposition de 1900. Les journaux du monde entier ont parlé avec admiration de ce projet si original et si grandiose.

Le Maréorama donne l'*illusion complète* d'un voyage maritime autour de la Méditerranée. Les spectateurs sont placés sur un véritable pont de steamer auquel une machinerie ingénieuse et puissante imprime les mouvements du roulis et du tangage. Des deux côtés, à tribord et à bâbord, se déroulent d'immenses toiles (mille mètres de longueur sur quinze mètres de hauteur!) peintes avec tout son admirable talent, par M. Hugo d'Alési, le peintre si connu des chemins de fer. Le mouvement de ces toiles, joint à ceux du pont, crée l'illusion de la marche du navire. La vue des manœuvres exécutées par l'équipage, des artifices d'éclairage, une ventilation imprégnée de senteurs marines, rendent cette illusion parfaite.

Les escales sont Villefranche, Sousse, Naples, Venise et Constantinople. Une vaste symphonie, déroulée par un orchestre invisible, prête un attrait de plus à ce voyage enchanté.

Le Palais du **Maréorama**, qui occupe l'un des meilleurs emplacements de l'Exposition, à l'angle de l'avenue de Suffren et du quai d'Orsay, est l'œuvre de M. Lacau, architecte distingué. La machinerie est due à MM. Voirin et Desbrochers des Loges, ingénieurs.

Pavillon de la Compagnie parisienne du gaz

La **Compagnie parisienne d'éclairage et de chauffage par le gaz** a installé, dans un pavillon situé en bordure du quai d'Orsay, près de la tour de 300 mètres, des moteurs à gaz qui actionnent des ventilateurs Farcot donnant la pression nécessaire à l'éclairage des allées centrales, pression qui s'élève à 200 millimètres. Nous parlons d'autre part du puissant concours apporté par la Compagnie parisienne d'éclairage et de chauffage par le gaz à toutes les parties de l'exposition.

Le Château Tyrolien

C'est la fidèle reproduction d'une maison seigneuriale de la vallée d'Eppan. On a voulu réunir ici toutes les expositions caractéristiques du Tyrol. Le pavillon est construit d'après les plans de M. Deininger, architecte, conseiller du Gouvernement à Innsbruck, et toutes les décorations picturales et autres de l'intérieur sont d'artistes tyroliens.

On visitera avec grand intérêt deux intérieurs artistiques des châteaux de Velthurns et de Reifenstein, qui ont été exécutés par les Ecoles des arts industriels de Bozen et d'Innsbruck, dépendant du Ministère de l'instruction publique. Le pavillon contient, en outre, des produits divers de l'industrie tyrolienne, des tableaux représentant les grandioses beautés de ce pays de montagnes, etc.

Au sous-sol : dégustation de vins du Tyrol méridional.

Pavillon des alcools russes

La fabrication et le débit des alcools constituent, en Russie, un monopole d'État. L'administration de ce monopole a son exposition dans un pavillon spécial, divisé en deux parties, réservées l'une à la production, l'autre au débit. Cette exposition est complétée par des statistiques relatives à la consommation et aux résultats démographiques.

Une société de tempérance russe a installé, tout à côté du pavillon des alcools russes, une salle d'exposition particulière.

Le Ballon Cinéorama

Près la Tour Eiffel.

Réaliser ce rêve depuis si longtemps entrevu et que quelques-uns seulement ont pu partiellement atteindre, un voyage en **ballon libre et dirigeable**, le réaliser sans danger, sans fatigue, sans dépense; connaître toutes les émotions de cette promenade à travers l'inconnu, départ, ascension, puis exode vers des pays lointains, atterrissements dans les milieux les plus pittoresques et les plus divers; passer, à quelques minutes d'intervalle, du grandiose spectacle de la pleine mer, avec ses vagues soulevées par la tempête, aux vastes horizons du désert battu par la galopade échevelée d'une fantasia arabe; des élégances pimpantes du carnaval de Nice, à la mêlée furieuse d'une manœuvre de guerre; des cortèges populaires, parmi les architectures gothiques des vieilles villes flamandes, à l'éblouissement et aux émotions d'une course de taureaux en Espagne; voilà ce qu'a pu réaliser le *Cinéorama*, grâce à ses nouveaux appareils de projections panoramiques circulaires et animées, qui ont réuni ainsi, au cœur même de l'Exposition, la plus merveilleuse synthèse des grands spectacles de la nature et de la vie. Entrée : 1 franc.

Voir aussi Restaurant Kammerzell, page suivante.

Le Restaurant de la Maison Kammerzell

Quai d'Orsay (entre la Tour Eiffel et l'avenue de Suffren).

Tous ceux qui ont visité l'Alsace ont gardé le meilleur souvenir de la Maison Kammerzell, merveille architecturale dont l'art des xve et xvie siècles a enrichi l'antique cité. Cette merveille, nous la retrouvons tout entière à l'Exposition de 1900. Le **restaurant de la Maison Kammerzell**, sous la direction si autorisée de M. Victor Jung, le manager bien connu de l'ancienne Société des Tavernes Gruber, est la reproduction fidèle de cette œuvre si pittoresque des temps disparus, et il sera certainement le grand succès et le rendez-vous le plus fréquenté de cette Ville aux monuments superbes qui s'est dressée au Champ-de-Mars.

La résurrection de la Maison Kammerzell est complète. Les visiteurs, artistes ou érudits, s'attarderont volontiers dans la galerie circulaire reproduisant les magnifiques sculptures de la cour de l'ancien Poêle des Maréchaux, un des plus étranges souvenirs historiques de Strasbourg.

Le *Restaurant de la Maison Kammerzell* nous offre encore une superbe collection d'étains et de grès qu'il doit à un éminent amateur, M. Alfred Ritleng.

Dans ce cadre unique, la préoccupation du bien-être du public a été particulièrement féconde. Le restaurant proprement dit est un chef-d'œuvre d'organisation. Les gourmets y trouvent toutes les conditions de confort, de fraîcheur et d'abondance, aux prix très modérés que la direction s'est engagée à ne pas dépasser, même pendant cette période exceptionnelle.

Rien ne manque dans ce palais de la table; mais, sur tous les établissements qui, ailleurs, rivaliseront d'efforts, le *Restaurant de la Maison Kammerzell* a un avantage qui sera universellement goûté: c'est qu'à côté des grands crus français, il fait pétiller dans nos verres les vins blancs d'Alsace les plus exquis, vins doublement précieux puisqu'ils caressent le goût et favorisent la santé par des qualités apéritives et digestives qui faisaient l'admiration de l'illustre Charcot. Les Maisons A.-E. Kuhff, de Strasbourg, et L. Boll, de Ribeauvillé, ont envoyé leurs meilleures marques au Restaurant de la Maison Kammerzell.

Musée de souvenirs, maison où tous les progrès professionnels modernes ont été supérieurement réalisés, tel est l'établissement hors ligne qui, placé sous la gérance expérimentée de M. Bardiot, sera une des attractions et un des grands succès du Champ-de-Mars en 1900.

Pavillon de l'Équateur

Construit en style Louis XV, le pavillon de l'Équateur comprend deux étages et une terrasse. Une tour, surmontée d'une coupole, domine l'édifice. On remarque au-dessus de la porte d'entrée un grand vitrail artistique représentant, avec une figure et un paysage allégoriques, les armes de la République de l'Equateur. De chaque côté, un buste en bronze de M. Firmin Michelet : Olmedo, champion de l'indépendance de l'Equateur, et Montalvo, écrivain équatorien. L'édifice est démontable et sera transporté après l'Exposition, à Guayaquil, pour recevoir les collections de la bibliothèque municipale.

A l'intérieur, dans de grandes vitrines et sur des meubles Louis XV, une belle exposition des principaux produits du pays : fruits et produits du riche sol de l'Équateur, tels que cacao, café, caoutchouc, quinquinas de Loja, salsepareilles, tabacs d'Esmeraldas, corozo ou ivoire végétal, minéraux, magnifiques bois de construction et d'ébénisterie, etc. On y voit aussi des spécimens des produits industriels : sucres, tapis, étoffes, dentelles, broderies, hamacs en fibres de palmier, fins chapeaux de paille tressés à Jipijapa (universellement connus à tort sous le nom de chapeaux de Panama).

Bar de dégustation de cacao, café, etc.

Pavillon du Touring-Club

Ce pavillon, édifié par M. Rives, architecte du Touring-Club, sert de lieu de réunion pour les membres du Club, qui y trouvent des graphiques et des renseignements sur la situation de la Société, des cartes, des photographies de sites et de monuments. Tous les matériaux qui le composent, depuis la maçonnerie des fondations jusqu'à la sphère en bronze qui surmonte le bâtiment — y compris les vitraux artistiques et la très belle porte en fer, chef-d'œuvre de M. Bardin, — ont été fournis gracieusement par les membres du Touring-Club, de même que l'ameublement et les objets d'art.

Le Club alpin

Le *Club alpin*, dont nous parlons ailleurs avec plus de détails, nous représente, par la peinture la plus exacte, toutes les beautés de la montagne. C'est l'épopée de nos plus courageux touristes, dans le milieu si pittoresque où ils bravent tant de difficultés pour jouir de la splendeur des sites et vulgariser ensuite les impressions que leur fournit la nature dont ils sont épris à bon droit.

Le palais de la Femme

Par son architecture bien française et bien moderne, sa décoration de treillages, de fleurs, de vasques et de fontaines, **le palais de la Femme,** situé sur le Champ-de-Mars, entre la Tour Eiffel et le pont d'Iéna, a l'élégance et la finesse d'aspect que comportent sa destination et son titre charmant.

Il contient de nombreuses attractions :

Au *rez-de-chaussée*, le grand hall est converti en un délicieux salon, aux sièges confortables; des plantes, des statues, des tableaux; ce sera l'endroit calme où les visiteurs, lassés des longues courses à l'Exposition, viennent se reposer, luncher, déjeuner ou dîner chez le pâtissier ou le restaurateur à la mode, entendre de bonne musique. La société la *Camera* y donne des concerts de musique ancienne et moderne et du bon théâtre, car au *1er étage* est agencée une salle de spectacle.

Un salon de lecture et de correspondance, avec une bibliothèque internationale d'œuvres de femmes-auteurs et de nombreux journaux et publications périodiques.

Et, ce qui sera le « clou », l'exposition des femmes-artistes, médaillées au Salon.

Enfin, le palais a encore au *sous-sol* différentes industries dont les travaux seront exécutés par des femmes, notamment une typographie, puis des salons de toilette, de coiffure, un vestiaire-consigne où se déposent les achats faits dans la journée à l'Exposition, etc.

Le palais de la Femme est donc ainsi la maison, le « home », où la femme sera bien chez elle, entourée du confortable, de l'élégance qu'elle sait apprécier, et sans que rien ait été oublié de tout ce qui peut être pratique et utile.

Restaurant du Pavillon Bleu

Au bord du petit lac situé à gauche de la Tour de 300 mètres, M. Moreux, propriétaire de l'établissement si connu de Saint-Cloud, a fait édifier, sur les plans de M. Dulong architecte, un pavillon original où les visiteurs de l'Exposition trouveront un service confortable et luxueux fait avec un matériel d'un style « art nouveau » des plus gracieux et aux sons d'un entraînant orchestre de tziganes.

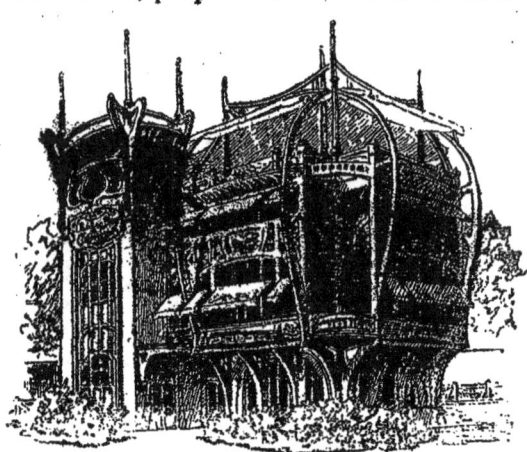

Merveilleusement encadré par les palais et les attractions du Champ-de-Mars le *Pavillon Bleu* de l'Exposition aura le même succès que son aîné de Saint-Cloud.

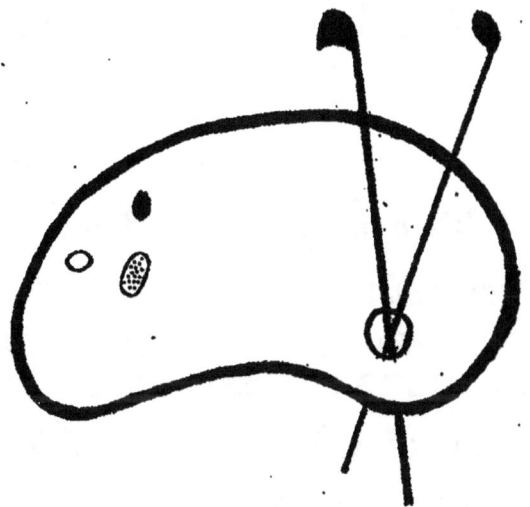

DEBUT D'UNE SERIE DE DOCUMENTS
EN COULEUR

8ᵉ SECTION DU GUIDE
Champ de Mars, rez-de-chaussée.
Mines et Métallurgie. — Fils, Tissus et Vêtements.

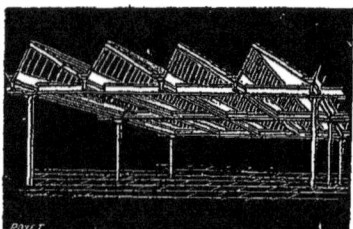

PAUL SÉE
Ingénieur-Architecte
ENTREPRENEUR
Rue Brûlemaison, LILLE

BATIMENTS INDUSTRIELS INCOMBUSTIBLES
A BON MARCHÉ
SHEDS - HALLES
Bâtiments à Etages - Ciment armé
500 Usines construites dans le Monde entier
ECONOMISEURS — RÉFRIGÉRANTS

" Fachoda " Diorama de la Mission Marchand

exécuté par le peintre militaire Jean-Ernest DELAHAYE
(hors concours)

REPRÉSENTE toute la merveilleuse épopée de la Mission Marchand à travers l'Afrique, depuis son départ jusqu'à son arrivée à Toulon et à Paris, enfin le défilé de la Mission à la Revue du 14 Juillet.

PRIX D'ENTRÉE : 1 FRANC
Ouvert tous les jours, de 9 heures du matin à minuit.
16, AVENUE DE SUFFREN — Gare du Champ-de-Mars

MODES ÉLÉGANTES du Faubourg Saint-Germain

MARIE BERTHEAU
PARIS, 185, Boulevard Saint-Germain
et 19, Rue Saint-Guillaume *(près le Bon-Marché)*, PARIS
SALON SPÉCIAL POUR DEUIL
Envoi Franco en Province — ENGLISH SPOKEN

Champagne THÉOPHILE ROEDERER & Cᵒ **Reims**
MAISON FONDÉE EN 1864
VOIR L'ANNONCE, page 4

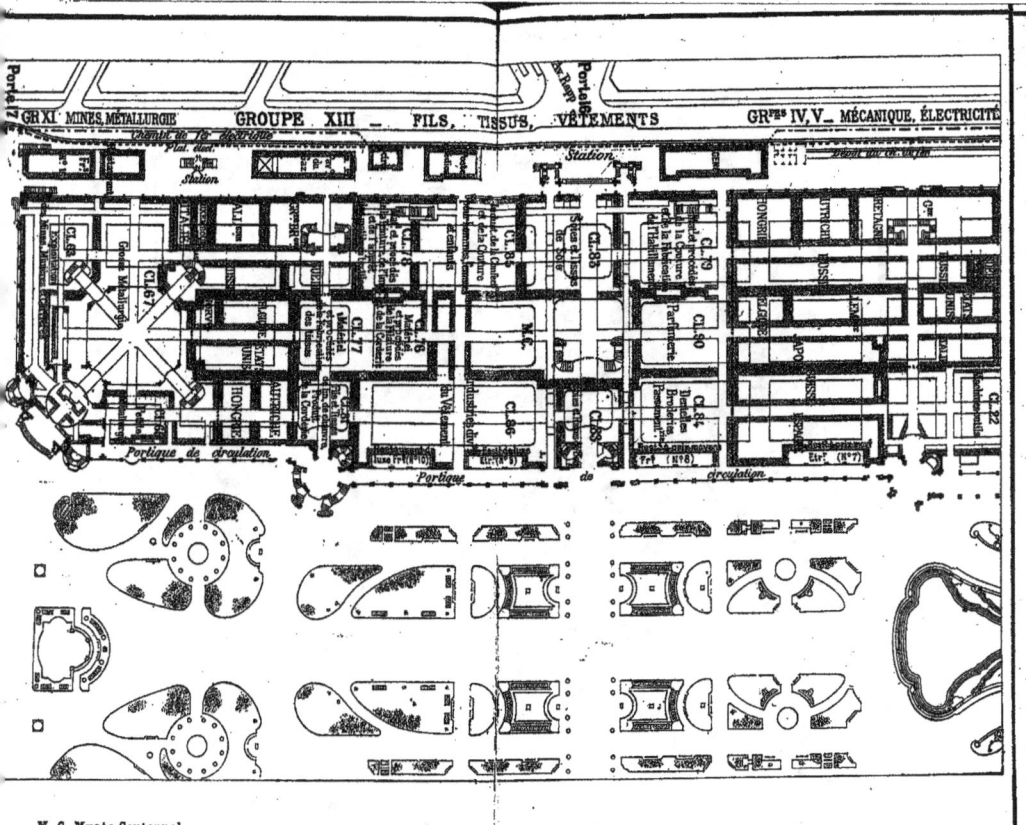

M. C. Musée Centennal.

CHAMPAGNE PERRIER-JOUET & Cie ÉPERNAY
Agence à Paris, 14, rue Halévy

8ᵉ SECTION DU GUIDE
Champ de Mars, rez-de-chaussée.
Mines et Métallurgie. — Fils, Tissus et Vêtements.

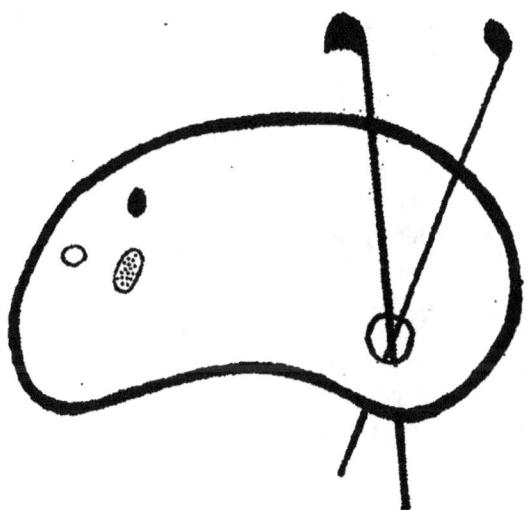

FIN D'UNE SERIE DE DOCUMENTS
EN COULEUR

VIIIe Section du Guide
Groupes XI et XIII

Mines et Métallurgie
Fils, Tissus, Vêtements

REZ-DE-CHAUSSÉE DE L'AILE GAUCHE DES PALAIS DU CHAMP-DE-MARS)

Classe 63. — Exploitation des mines, minières et carrières.
— **64.** — Grosse métallurgie.
— **65.** — Petite métallurgie.
— **76.** — Matériel et procédés de la filature et de la corderie.
— **77.** — Matériel et procédés de la fabrication des tissus.
— **78.** — Matériel et procédés du blanchiment, de la teinture, de l'impression et de l'apprêt.
— **79.** — Matériel et procédés de la couture et de la fabrication de l'habillement.
— **81.** — Fils et tissus de lin, de chanvre; produits de la corderie.
— **83.** — Soies et tissus de soie.
— **84.** — Dentelles, broderies et passementeries.
— **85.** — Industries de la confection et de la couture.
— **86.** — Industries diverses du vêtement.
— **90.** — Parfumerie *(groupe XIV)*.

Portes d'entrée : Portes n° 16, avenue de La Bourdonnais, en face de l'avenue Rapp; — n° 17, avenue de La Bourdonnais, en face de la rue Montessuy.

Stations de la plate-forme roulante : Portes n°s 16 et 17.

Station du chemin de fer électrique : Porte n° 16.

Restaurants : Près de la porte n° 17; — Tout le long de la façade intérieure, donnant sur les jardins.

Couseuses à Pédale Magique Bâcle

L'une des Merveilles de l'Exposition de 1900 est, sans contredit, le Moteur hygiénique Breveté, dénommé **la Pédale Magique Bâcle.**

A l'aide de ce pied mécanique qui s'adapte a toute machine à coudre, l'emploi habituellement fatigant pour toutes couseuses mues avec les bâtis ordinaires devient une distraction, un agrément avec l'aide de la **Pédale Magique Bâcle.**

Ce pied moteur hygiénique Breveté a obtenu les plus hautes récompenses aux expositions précédentes.

Ce mécanisme très ingénieux est à base d'encliquetages doubles. Ses principales qualités consistent à supprimer tout point mort, augmenter la vitesse et diminuer, dans une très notable proportion, la force qu'il est habituellement nécessaire de dépenser pour le fonctionnement régulier et continu des machines à coudre.

Adresser demande du Catalogue : *Maison BACLE, 46, rue du Bac, Paris.*

Construction de Machines
SAŸN

Ingénieur Mécanicien breveté S. G. D. G.

Vve SAŸN Success^r

82, Avenue Philippe-Auguste

PARIS

Téléphone 905-97

Mécanique générale et Machines-Outils

MACHINES A VAPEUR

FIXES ET LOCOMOBILES

Presses à forger, matricer, estamper, emboutir, etc.

MACHINES
POUR LA FABRICATION
DES BRIQUES,
TUILES, CARREAUX
ET AGGLOMÉRÉS

MATÉRIEL
POUR
TRAVAUX PUBLICS

SPÉCIALITÉ
DE MATÉRIEL
POUR LA FABRICATION
DES BOULONS
RIVETS, ÉCROUS
ET TOUTES PIÈCES
DE FERRONNERIE

MATÉRIEL POUR LA FABRICATION DES MUNITIONS D'ARTILLERIE

Palais du Champ-de-Mars

En tournant le dos à la Tour de trois cents mètres, le visiteur voit à sa gauche : 1° le palais des mines et de la métallurgie (groupe XI) ; 2° le palais des fils, tissus et vêtements (groupe XIII) ; 3° le palais du matériel et des procédés généraux de la mécanique (groupe IV) ; — à sa droite, symétriquement édifiés vis-à-vis des trois premiers et ayant chacun des dimensions semblables à celui qui lui fait face : 4° le palais de l'éducation, de l'enseignement, et des instruments et procédés généraux des lettres, des sciences et des arts (groupes I et III) ; 5° le palais du génie civil et des moyens de transport (groupe VI) ; 6° le palais de l'industrie chimique (groupe XIV) ; — enfin, au fond, le palais de l'électricité (Groupe V), précédé du château d'eau. L'ancienne galerie des machines, à laquelle vient aboutir cet ensemble puissamment conçu, forme un huitième palais, celui de l'agriculture et des aliments (groupes VII et X). Les galeries du Champ-de-Mars renferment donc, à elles seules, dix groupes sur les dix-huit de l'Exposition.

D'une architecture à la fois sobre et majestueuse, ces palais présentent une suite de portiques aux lignes simples que font ressortir des peintures décoratives intérieures. Ils ont chacun une entrée monumentale d'un très grand effet. Le porche du palais des mines et de la métallurgie, que domine une haute et belle coupole, est encadré d'une archivolte richement décorée, avec cartouches aux armes des principaux centres miniers et métallurgiques. Le pittoresque couronnement de son campanile abrite un carillon. A droite et à gauche, s'élancent les tourelles de pavillons circulaires à jour, contenant des escaliers à révolution qui conduisent au premier étage. L'architecte de ce palais est M. Varcollier.

Le palais de l'éducation, de l'enseignement et des lettres, sciences et arts, qui est en face, a son entrée principale sur un pan coupé, comme le précédent, disposition à la fois élégante et harmonieuse. Le porche donne accès à un vestibule elliptique dont le premier étage, à jour, avec balcons arrondis, est ravissant. De chaque côté, une tourelle élancée, ouverte sur une jolie galerie avec les mêmes balcons que l'on voit se continuer sur toute la façade. Architecte, M. Sortais.

Le palais des fils, tissus et vêtements, qui fait suite à celui des mines et de la métallurgie, a une façade d'une longueur double de celle du précédent. Son grand porche, que surmonte également un dôme élégant, dont le vitrage laisse passer des flots de lumière, est orné de belles peintures décoratives. A l'entrée, une statue symbolisant la *Mode*. Des deux côtés, des pylônes à campaniles et des escaliers monumentaux. Architecte, M. Blavette.

En face : le palais du génie civil et des moyens de transport (architecte M. Hermant). L'entrée principale retiendra longuement l'attention, avec son dôme remarquable, sa loggia si artistique, ses belles arcades, son ornementation à la fois simple et élégante, ses larges escaliers gracieusement arrondis. Le visiteur examinera avec intérêt la frise en haut relief de ce palais, sur laquelle on voit se dérouler l'historique des moyens de locomotion. C'est l'œuvre de M. Allar, statuaire. Les piliers présentent en relief des personnages appartenant aux différentes professions du génie civil et des moyens de transport.

Le palais des fils, tissus et vêtements, d'une part, et celui du génie civil et des moyens de transport, d'autre part, se continuent, le premier par le palais de la mécanique, et le second par le palais de l'industrie chimique, de styles analogues aux précédents, et dont l'architecte est M. Paulin.

Au fond, le merveilleux palais de l'électricité et le château d'eau, dont l'aspect, de jour comme de nuit, est absolument féerique.

Le palais de l'électricité a une longueur de 130 mètres et une hauteur de 70 mètres. Surmonté d'une figure symbolisant le *Génie de l'Electricité* au-dessus d'un cartouche qui porte la date de 1900, il domine majestueusement les autres palais du Champ-de-Mars. Des milliers de lampes multicolores à incandescence, de puissants projecteurs et des lampes à réflecteurs l'illuminent la nuit d'une façon inoubliable, pendant qu'au premier plan de l'édifice, des nappes s'élançant du château d'eau, tombent en cascades éblouissantes sur des vasques superposées, et qu'on voit, en face, s'embraser la Tour de 300 mètres et miroiter les cascades du jardin du Trocadéro. L'architecte de cette merveille est également M. Paulin. Le groupe placé sur la vasque inférieure symbolise l'*Humanité conduite par le Progrès*.

Avant de pénétrer dans les palais, le visiteur admirera l'art consommé avec lequel ont été dessinés et ornés les jardins du Champ-de-Mars. Il était nécessaire de produire un grand effet décoratif. On a dû, par suite, n'employer que des végétaux très forts et de tout premier choix. On a mis à contribution, à cet effet, les pépinières de la Ville de Paris, ainsi que celles des meilleurs horticulteurs de la région parisienne. On trouve dans ces jardins de merveilleux effets de feuillage, produits par les plus beaux arbrisseaux connus ; des mélanges de verdure ; des fleurs à profusion provenant des serres de la Ville de Paris ; des arbres aux formes bizarres et d'un effet pittoresque ; des palmiers gigantesques, venus de la région méditerranéenne, etc. Pour cette admirable décoration, on a utilisé six cent cinquante espèces ou variétés d'arbres, d'arbrisseaux et d'arbustes.

De chaque côté de la Tour de 300 mètres, les deux lacs, surmontés de rochers, créés lors de l'Exposition de 1878, ont été restaurés entièrement et garnis de plantes aquatiques.

A l'intérieur des palais une série de halls entourés de doubles galeries (galeries au rez-de-chaussée et galeries au premier étage à sept mètres du sol), avec de nombreux escaliers monumentaux et des tapis roulants. Il est à remarquer que le visiteur, soit qu'il se trouve au rez-de-chaussée, soit qu'il examine les expositions du premier étage, peut circuler dans toute l'étendue du Champ-de-Mars sans avoir à gravir ou à descendre des escaliers, toutes les galeries étant à la même hauteur et communiquant entre elles.

Palais des mines et de la métallurgie

(REZ-DE-CHAUSSÉE)

Nous visiterons d'abord le rez-de-chaussée des palais, en commençant par le côté gauche :

Classe 63. — Après avoir franchi le porche monumental du palais des mines et de la métallurgie, le visiteur se trouve dans la classe 63, qui longe toute la façade parallèle à la Seine, avec retour sur l'avenue de La Bourdonnais, et qui comprend le matériel, les procédés et les produits de l'**exploitation des mines, minières et carrières**. Ici on voit tout ce qui concerne la reconnaissance des gîtes minéraux, le captage des eaux minérales, le percement des galeries de mines, les transports souterrains ; — l'extraction ; — la descente et la remonte des ouvriers ; — l'éclairage, la ventilation, le sauvetage ; — la manutention des produits extraits, leurs transports extérieurs, le lavage et la préparation mécanique des minerais et des combustibles minéraux, etc.; — en second lieu, le matériel, les procédés et les produits de l'exploitation des carrières : roches, pierres à chaux et à ciment, sables, argiles, ardoises, gemmes, pierres précieuses, etc.; — le visiteur s'intéressera aussi aux cartes de topographie souterraine, aux cartes géologiques, aux plans en relief; — le technicien trouvera des statistiques et des ouvrages spéciaux.

La galerie principale de la classe s'ouvre sur le porche du palais par un portique érigé par la Compagnie des Forges de Châtillon, Commentry et Neuves-Maisons. Ce portique est constitué au moyen des câbles métalliques, des outils de mineurs, des roues de bennes, etc., présentant un ensemble très artistique. La Compagnie de Châtillon et Commentry expose, en outre, des vues de ses houillères; un plan en relief du gîte de Saint-Eloy (Puy-de-Dôme), etc.

D'autres grandes Compagnies, comme la Société des mines de Lens, exposent des plans de leur domaine souterrain, des modèles, des dessins, des photographies de leur matériel et de leurs procédés d'exploitation; — des fabricants de machines, comme la maison Digeon et fils aîné, nous montrent des modèles de hauts fourneaux, d'appareils à air chaud, de wagons et de wagonnets de mines, des procédés et des expériences de ventilation et de perforation, des outils de sondage. — M. Chabaud (anc. maison Alvergniat) présente un matériel spécial aux laboratoires miniers; des appareils pour l'analyse du gaz. — La maison Paulin-Arrault, à laquelle on doit les travaux du puits artésien de la Butte-aux-Cailles, qui jaillit à 570 mètres, expose des modèles d'installation de sondage à grande profondeur et des procédés pour le forage et pour la descente des tubages; des appareils démontables pour les colonies; des cartes géologiques d'après les nombreux sondages qu'elle a exécutés, etc., etc. — La Société ardoisière de l'Anjou représente, au moyen d'un modèle en relief, l'exploitation d'une ardoisière en remontant d'une chambre souterraine à 300 mètres de profondeur, avec galeries, puits d'extraction, ateliers et fendeurs. Une aquarelle montre le détail du travail dans la chambre souterraine. On y voit aussi des dessins représentant une bosseyeuse à air comprimé et un treuil électrique à courant triphasé, système de la Société ardoisière de l'Anjou. Le visiteur s'est déjà arrêté, près de la tour de 300 mètres, dans le pavillon de la Société des Ardoisières d'Angers.

Nous verrons, près du Trocadéro, la belle exposition minière souterraine, annexe de la classe 63, qu'a organisée le Comité central des Houillères de France.

Classe 64. — Vient ensuite la **grosse métallurgie**, qui occupe un emplacement considérable, et dont le domaine est des plus vastes : traitement des minerais de fer, de manganèse, de chrome; matériel des usines à fonte (hauts fourneaux, souffleries, etc.); matériel des fonderies de fer; — matériel, procédés et produits de la fabrication des fers et des aciers; — industries des tôles zinguées, plombées, nickelées, des fers-blancs; — traitement des minerais de cuivre; matériel et procédés des usines à cuivre; — traitement des minerais de métaux divers; — matériel, procédés et produits de l'électro-métallurgie pour l'obtention des métaux bruts; — matériel et procédés du laveur de cendres d'orfèvre, de l'affineur de métaux précieux, etc.

La Compagnie des hauts fourneaux, forges et aciéries de la marine et des chemins de fer expose des minerais, des fontes, des fers, des aciers, des tôles, de puissants blindages, de remarquables pièces de moulage et pièces de forge. — Nous avons vu, dans un pavillon spécial au bord de la Seine, la grande exposition des usines du Creusot.

La Société de Commentry-Fourchambault et Decazeville montre des rails, des masques d'affûts, des pièces de forge, d'intéressants éléments de canons, des projectiles, des essieux de chemins de fer. On examinera particulièrement dans cette exposition des aciers au nickel de toutes teneurs, à dilatation nulle et à même dilatation que le verre; l'homme compétent s'arrêtera devant les plans et les tableaux. — Dans le domaine de la Société des hauts fourneaux, forges et aciéries de Denain et d'Anzin, nous voyons également de belles fontes de fer, des aciers en lingots, en barres, etc., des rails et des traverses métalliques; l'ingénieur-mécanicien et l'ingénieur-constructeur s'arrêteront devant les tôles de commerce et de construction, les tôles d'acier pour chaudières, pour petits blindages et masques d'affûts, etc. — On visitera avec le même intérêt l'exposition de la Société anonyme des forges et fonderies de Montataire. Nous retrouvons la Compagnie des Forges de Châtillon, Commentry et Neuves-Maisons, avec deux coupoles cuirassées pour la défense des forts : l'une, tournante, est armée d'un obusier de 21 c/m; l'autre, qui peut tourner et s'éclipser, est armée de deux canons à tir rapide de 65 m/m. A signaler encore, dans l'exposition de cette Compagnie, un arbre en acier de $12^m,35$ de long sur $0^m,53$ de diamètre, qui ne pèse pas moins de 21.000 kilogrammes; les modèles en vraie grandeur des voussoirs en acier coulé fournis par la Compagnie pour les arcs du pont Alexandre III, etc.

Les Aciéries et forges de Firminy exposent notamment un cylindre à vapeur pour machine marine; des enclumes en acier moulé; des obus de rupture en acier chromé, des réservoirs à air comprimé pour torpilles automobiles, etc. — Voir aussi, dans l'exposition de la Société des Fonderies et Laminoirs de Biache-Saint-Vaast, les cuivres martelés pour foyers; des appareils de stéarineries et de sucreries; des obturateurs et des couronnes d'appui pour canons; des réservoirs en acier pour gaz comprimé; des instruments et appareils pour la fabrication des monnaies et médailles, etc.

L'exposition de la Société des forges de Douai est précédée d'une majestueuse porte monumentale construite par cette Société. Sur un portique métallique de 13 mètres de haut et de 6 mètres d'ouverture, se trouve disposée, dans un ordre imposant, toute une série de pièces embouties ou forgées. Les pièces en tôle d'acier contournées dans tous les sens à la presse hydraulique laissent l'impression que ce métal si résistant se fait souple et malléable comme la cire lorsqu'on sait le travailler. Cette industrie de l'emboutissage reçoit des emplois multiples, comme on peut le voir par les objets exposés: chaudières, véhicules de chemins de fer, locomotion, locomobiles, etc. La Société expose, en outre, de nombreuses pièces de forge.

Nous arrêtons notre énumération, malgré la nombreuse variété des instruments et produits qui sont à signaler dans l'immense champ de la classe 64.

Classe 65. — La **petite métallurgie** occupe une place moindre, en façade sur les jardins du Champ-de-Mars, avec le matériel et les procédés de la fonderie en bronze, laiton, zinc, étain, fonte malléable, etc.; — l'outillage spécial pour la forge, la maréchalerie, la boulonnerie, la visserie, la tréfilerie, la chaînerie, la chaudronnerie, la tôlerie, la ferblanterie, la taillanderie, la ferronnerie, la quincaillerie, la serrurerie, la petite construction métallique; — le matériel et les procédés pour l'émaillage, pour le laminage de précision et le battage de l'or, de l'argent, de l'étain; de la galvanoplastie, etc.

A côté du matériel et des procédés, le visiteur verra les produits : cloches et timbres; robinetterie; boulons et vis (voir l'exposition si complète des Boulonneries de Bogny-Braux); — boucles et agrafes; chaînes; chaudronnerie et ferblanterie de ménage; poterie de métal; — plumes métalliques; — faux et serpes; — ferrures et serrures, notamment un ensemble intéressant présenté par MM. Bricard frères, depuis l'élégante serrure et le verrou de sûreté des riches appartements jusqu'aux grosses serrures des prisons; — coffres-forts; — meubles de jardins; rampes d'escaliers; pavillons en fer et en acier; volières, etc.; — fermetures de magasins; volets et persiennes, etc., etc. — Une exposition particulièrement intéressante est celle des fours à bronze et fonte malléable de la maison Piat, adoptés partout en France et à l'étranger.

Exposition rétrospective du groupe XI. — Les mines et carrières et la grosse métallurgie sont représentées par des gravures anciennes montrant les procédés d'exploitation et de fabrication, ces deux catégories ne pouvant se prêter autrement à une étude rétrospective.

La petite métallurgie, au contraire, offre une exposition extrêmement importante : elle comprend, en effet, toutes les applications des métaux. La ferronnerie (clefs, serrures, heurtoirs, entrées et cache-entrées de serrures, enseignes, fontes ornées, etc., etc.) est représentée par les belles collections de MM. Le Secq des Tournelles, Moreau, Morcent, Klein, d'Allemagne, etc., etc.

La dinanderie par les magnifiques collections de M. Guérin et de M. l'Abbé Gounelle. — MM. Cherrier et le Dr Allix montrent une précieuse collection d'étains (aiguières, hanaps, gobelets, fontaines, etc., etc.). — Des cloches et des sonnettes sont exposées par MM. Domergue, Lippmann, etc.

Le visiteur examinera ensuite le matériel, les procédés et les produits similaires exposés par les nations étrangères, qui font suite aux expositions françaises du onzième groupe. En commençant par la droite, il les rencontrera parallèlement disposés dans l'ordre suivant : la Hongrie, l'Autriche, — les Etats-Unis, — la Norvège, la Belgique, — la Russie, la Suède, — la Grande-Bretagne, l'Allemagne, le Luxembourg, l'Italie. (Voir le plan.)

Sections étrangères

(REZ-DE-CHAUSSÉE)

Hongrie. — Dans un cadre original, en rapport avec le caractère de la classe, la Hongrie nous montre une intéressante exposition collective de ses produits miniers ainsi que de sa grosse et de sa petite métallurgie.

Autriche. — Cette exposition donne une haute idée de l'extension et de l'importance qu'ont prises en Autriche les mines et la métallurgie. Voir notamment l'exposition des usines de la maison Skod, à Pilsen, en Bohême : parties de navires exécutées en acier fondu, etc. — Les salines autrichiennes nous montrent un chef-d'œuvre : c'est la copie, en sel naturel, d'une chapelle de Wieliezka.

Etats-Unis. — Avec la décoration élégante qu'ils se sont efforcés de donner à leur exposition, dans chacun des groupes, les Etats-Unis présentent ici un ensemble particulièrement riche. On remarquera une collection systématique de minéraux et de minerais, réunie par les soins des six plus importants établissements d'instruction, à côté d'une collection générale des minéraux et minerais des Etats-Unis. Voir aussi une intéressante collection d'argiles, de kaolins, de charbons, de pierres de construction, de fontes; une exposition collective de métallurgie, montrant les procédés à côté des produits obtenus; une exposition collective d'ouvrages techniques (géologie, minéralogie, métallurgie).

Norvège. — L'exposition de la maison Erik A. Gude comprend des marbres de Norvège et diverses espèces de pierres formant une collection tout à fait remarquable. Autour : une série d'échantillons de minerais et de minéraux norwégiens, entre autres des minerais des mines de Kongsberg.

Belgique. — La Belgique, riche en carrières et en charbonnages, a une industrie métallurgique très importante. Elle expose ses pierres de taille, ses calcaires, sa chaux hydraulique et ses ciments, qui s'exportent dans le monde entier. — Les charbonnages ont une collectivité des plus intéressantes, où l'on peut voir les méthodes ingénieuses d'exploitation, les coupes des gisements et les détails des installations. On sait que les Belges exploitent à de très grandes profondeurs et ont à la surface des installations de traînage et de triage modèles.

Produits des hauts fourneaux : fontes de toutes compositions, fers et aciers. Produits des fonderies : tuyaux en fonte de puissant diamètre et coulés debout. — Produits réfractaires.

Signalons encore les puissantes machines se rapportant à ce groupe : machines d'épuisement souterraines, machines soufflantes, moteurs de 300 chevaux utilisant les gaz autrefois perdus des hauts fourneaux, perforatrices électriques ou à air comprimé. Intéressante carte géologique.

Russie. — La direction générale russe des mines et différentes exploitations minières ont ici une importante exposition. On remarquera aussi des tôles de blindage; les produits de la grosse métallurgie de l'Oural; les fontes, fers et aciers de l'usine Demidoff; les fers de l'usine Ugghs, etc. Nous signalons aussi les produits de l'usine Auerbach, propriétaire des mines de mercure de Russie (glaces, miroirs, etc.).

Suède. — Remarquer une vaste façade en fer forgé (33 mètres de longueur), fabriquée, sur les plans de l'architecte Liljequist, par les usines des Stora Kopparbergs Bergslags. L'exposition comprend, en outre, les produits métallurgiques des forges et fabriques Avesta Jernwerks; Iggesunds Bruk, Skultuna, Tadaholms Bruks; Max Servert, etc. Voir aussi une intéressante exposition des mines de Gellivare Malmfalt och Luossavaara Kirrunnavara.

Grande-Bretagne. — La Grande-Bretagne présente aux visiteurs une exposition des plus importantes concernant ses riches industries minières et métallurgiques.

Allemagne. — L'Allemagne expose notamment des machines pour l'exploitation des mines. On remarquera une pompe d'épuisement fonctionnant avec une grande rapidité. Elle a été construite, sous la direction de M. le professeur Riedler, de l'école polytechnique de Charlottenbourg-Berlin.

Luxembourg. — Le Luxembourg nous montre également un intéressant matériel et des produits de la grosse et de la petite métallurgie.

Italie. — On visitera avec intérêt les expositions de la Société des Hauts Fourneaux de Terni; de la Fonderie Milanaise; les cylindres laminoirs en fonte durcie de la maison Franchi, de Brescia, etc; la belle exposition du Corps royal des mines, ainsi que celle de la Société géologique italienne.

Palais des fils, tissus et vêtements

(REZ-DE-CHAUSSÉE)

Le visiteur entrera ensuite dans les classes du groupe XIII. Nous l'engageons à suivre notre itinéraire sur le plan.

Classe 77. — Située à côté de la section suédoise que nous venons de voir, cette classe comprend **le matériel et les procédés de la fabrication des tissus** : appareils des opérations préparatoires du tissage ; — métiers pour la fabrication des tissus unis, des étoffes façonnées et brodées ; pour la bonneterie ; matériel pour la fabrication de la dentelle, des tulles, de la passementerie. — Rien de plus intéressant à examiner que ces multiples mécaniques plus ingénieuses les unes que les autres. On s'arrêtera devant le métier circulaire à tricot que la maison Buxtorf, de Troyes, a muni d'un appareil qui reproduit électriquement tous les dessins gravés sur un cylindre ; — devant un nouveau métier à bonneterie, système Roger-Durand, à grande vitesse (100 rangées à la minute), et devant de nombreux autres appareils non moins intéressants, etc., etc.

Classe 81. — A droite de la classe 77, et à l'entrée même du palais est la classe 81 : **fils et tissus de lin, de chanvre, etc. ; — produits de la corderie.** Nous voyons ici tous les produits de la maison Saint frères : toiles en jute et en chanvre ; fils, cordages, câbles, etc. ; — les beaux linges de table de MM. Wallaert frères ; — les produits des nombreux établissements du comptoir de l'industrie linière (maison Magnier, Fleury, Martel et Cie) ; — les toiles et linges de table de la Société anonyme « la Jamagne », blanchis sur pré au bord du lac de Gérardmer (voir dans la vitrine des dessins d'un goût exquis) ; — les batistes-linons, les mouchoirs blancs, imprimés et fantaisie style moderne, les tissus en fil et en fil et soie de MM. Simonnot-Godard et fils, etc., etc.

Classe 86. — En sortant de la classe 81, le visiteur se trouvera dans l'importante classe des **industries diverses du vêtement** : chapellerie ; fleurs artificielles ; chemiserie et lingerie ; ganterie ; chaussures ; — cannes et parapluies ; boutons ; éventails, etc. — Parmi les nombreuses expositions de cette longue galerie, on remarquera celles de nos grands magasins : la lingerie et la cravaterie du Bon Marché, du Printemps ; les trousseaux du Petit-Saint-Thomas, etc. ; les plumes de la maison Laloue ; les éventails de MM. Creusy et Cie, etc., etc.

Classe 76. — A gauche de la classe 86 s'ouvre la classe 76 : **matériel et procédés de la filature et de la corderie** : machines et appareils servant à la préparation et à la filature des matières textiles ; — appareils et procédés pour le bobinage, le dévidage, le retordage, le moulinage, les apprêts mécaniques ; — matériel des ateliers de la corderie, etc. — Nous signalerons en passant un purgeoir à grande vitesse, pour purger la soie grège, et un moulin pour la torsion de la même soie, de la maison

Fougeirol, qui réalisent une économie d'emplacement et une grande accélération de vitesse.

Classe 78. — Vient ensuite la classe 78 : **matériel et procédés du blanchiment, de la teinture, de l'impression et de l'apprêt des matières textiles à leurs divers états.** Appareils à griller, à flamber, à brosser, à raser les tissus ; à lessiver, à laver, à essorer, à sécher les matières textiles ; — matériel de la gravure en relief ou en creux pour l'impression des tissus ; — machines à foularder, à teindre, à imprimer ; — machines à apprêter ; — matériel pour le traitement des soies teintes ; — étuves ; — matériel et procédés pour le blanchissage du linge, pour le nettoyage, etc. — Spécimens des matières textiles et des tissus blanchis, teints, imprimés ou apprêtés.

Classe 85. — Cette classe suit la classe 78, et comprend les **industries de la confection et de la couture pour hommes, femmes et enfants.** Toutes les variétés des vêtements confectionnés, des uniformes civils et militaires de la maison de la Belle Jardinière, de la maison Simon et Cie, etc., les costumes, confections, peignoirs, corsages du Bon Marché et des autres grands magasins, etc., etc.

A remarquer dans cette classe les salons de Lumière contenant l'exposition collective de la chambre syndicale de la confection et de la couture ; c'est là que se trouvent exposées sous la lumière électrique les plus belles merveilles de nos grands couturiers, Worth, Paquin, Laferrière, Redfern, etc.

Classe 79. — Cette classe est au bout de celle de la soierie que nous visiterons tout à l'heure (côté gauche) et comprend le **matériel et les procédés de la couture et de la fabrication de l'habillement :** outils, machines à couper, à coudre, à piquer, à broder, etc. ; — machines à préparer les pièces de chaussures ; à monter, à cheviller, à visser, à clouer les chaussures ; — machines pour la fabrication des chapeaux, etc. A remarquer notamment les machines à festonner automatiquement Drossner et Cie ; les couseuses à *pédales magiques* de M. D. Bâcle.

Musée rétrospectif des fils, tissus, vêtements. — Musée centennal. — Ce musée occupe un vaste carré entre la classe 86 et la classe 90. On y remarque tout une exposition d'éventails anciens de très grands prix ; des robes et manteaux de gala ; une très belle collection d'ombrelles parmi lesquelles une ombrelle ayant appartenu à l'impératrice Joséphine et une autre venant de l'impératrice Marie-Louise (collection de Mme Henri Lavedan).

Dans une vitrine se trouve une curieuse collection de breloques et lorgnettes de différentes époques ; on y voit aussi le livre d'heures du duc de Bourgogne (xve siècle) (collection à M. Alfred Heymann). Enfin une très belle exposition d'ornements d'église très anciens appartenant à M. de Farcy et des dentelles anciennes d'un prix inestimable.

Classe 84. — Voici les **dentelles, broderies et passementeries** qui viennent également à la suite de la soierie (côté droit) ; dentelles faites à la main ; dentelles faites au métier ; — broderies à la main et au métier ; — multiples travaux de la passementerie ; — chasublerie ; rideaux et dentelles, etc. — Voir notamment les belles dentelles Chantilly et espagnoles, les écharpes de la maison Wanecq-Carpentier ; — les rideaux, stores, couvre-lits en dentelles d'art faites à la main, de la maison Deltenre ; — les draps et taies d'oreillers, le linge de table, les mouchoirs, brodés à la main ou avec jours, avec ou sans dentelles, du Bon Marché ; — les tulles de la maison Desprès frères ; — les broderies hautes nouveautés pour robes et confections de la maison Ancelot, etc. — Dans l'exposition des ornements et de la lingerie d'église, le visiteur admirera la belle vitrine de la maison Biais aîné et Noirot-Biais, notamment un devant d'autel entièrement brodé à l'aiguille avec sujet au petit point, pièce d'une exécution absolument hors ligne, conçue dans le goût byzantin ; une chasuble (satin rouge avec broderie d'or) d'une grande richesse, etc.

Classe 90. — Entre les classes 79 et 84 se trouve, dans un charmant cadre composé de portiques en bois découpés, la fine et odorante classe de la **parfumerie**, qui appartient au groupe XIV. Les dames seront charmées par l'extrême élégance, le miroitement multicolore des flacons, la richesse des écrins, les inscriptions engageantes : violettes du Czar, gardénia-Flore, oriza oil, crème-Oriza, de la maison Raynaud et Cie ; crème Simon ; lactoneige, violettes slaves de la maison Bossé, Fautier et Cie ; eau de Lubin ; produits de la maison Guerlain ; eau de Suez, etc., etc.

Au centre une fontaine en céramique de la maison Muller, coulant en cascade et entouré d'une très grande variété de fleurs parfumées.

Classe 83. — Nous entrons maintenant dans le beau domaine des **soies et tissus de soie**, auquel nous consacrons, dans les pages qui suivent, une notice spéciale (voir page suivante). — Soies grèges, soies moulinées, soies retorses ; — bourre et déchets de soie ; — soies artificielles ; — tissus de soie unis, façonnés ou brochés, écrus, teints ou imprimés ; — velours et peluches ; — rubans ; — châles, etc.

Paul Picquefeu, 40, boulevard de Sébastopol, **Paris**. Fabrication mécanique. Usine à vapeur à Neuilly-en-Thelle (Oise). Dépôts à Grenoble, Millau, Roanne. Soies écrues et teintes à coudre et à broder pour mercerie, tapisserie, corsets, ganterie, chaussures, bonneterie et machines à coudre ; soies en écheveaux, cartes, bobines, plaquettes. Marques de fabrique : au Cabas d'or, à l'Oranger. Soie moscovite, cordonnet colonial, à la Cigale, au Cardinal, à l'Annamite. Soie lavable à l'Oranger et Carmen lavable. Quatre médailles d'or.

La soierie lyonnaise à l'Exposition

Pénétrés de l'importance du rôle que jouerait à l'Exposition de 1900 l'industrie de la soierie lyonnaise, nous avons visité les principaux établissements de la région du Rhône et de la région stéphanoise, où elle se continue sous d'autres formes et avec un égal succès. Nous avons reçu le meilleur accueil chez les fabricants les plus renommés, et nous devons à leur bienveillant concours de pouvoir donner ici un aperçu de leurs magnifiques produits, et la plupart des noms de ceux d'entre eux qui augmentent chaque jour le patrimoine de gloire industrielle acquis par Lyon, d'une part, et par Saint-Etienne de l'autre. Grâce à eux, sous la forme succincte qui s'impose à notre Guide, nous avons réuni les documents les plus complets, et le lecteur pourra, dans quelques pages, se rendre un compte exact de la variété et de la richesse d'une production incomparable, malgré l'opiniâtre concurrence dont elle est l'objet.

Brunet-Lecomte et Devay, 24, place Tolozan, **Lyon**. Maison fondée en 1844. Soieries unies, façonnées et imprimées, foulards, mousselines de soie, crêpes de Chine, gazes, grenadines. Premières récompenses aux expositions de : Paris 1855, 1867, 1878, Dublin 1862, Londres 1851, 1862, Vienne 1873. Grand prix, Paris 1889. Hors concours, membre du jury, Lyon 1894.

J. Beraud et Cie, 18, place Tolozan, **Lyon**. Fabrique de soieries haute nouveauté et velours unis. Membre du Comité d'admission, classe 83. Récompenses obtenues : médailles d'or, Paris 1878, Melbourne 1880, Amsterdam 1883 et Paris 1889. Grands prix, Anvers 1894 et Lyon 1894. Diplôme d'honneur, Amsterdam 1895. Hors concours, memb. du jury, Bruxelles 1897.

Boucharlat frères et Pellet, rue *Lorette*, 11, **Lyon**. Fabrique de soieries noires et couleur, unies, armures et façonnées pour robes et confections. Lustrines. Usine de tissage mécanique aux Abrets (Isère). Médaille d'argent à l'Exposition universelle de Paris en 1889. Médaille d'or à l'Exposition internationale de Bruxelles en 1897. Exposant classe 83.

Tresca (✤) **frères et C**^{ie}, *rue du Griffon*, 8, **Lyon**,
Successeurs de **Jaubert** (✤), **Audras et C**^{ie}),
(Ancienne Maison **Bellon** (✤) **frères et Conty**.
Soieries noires et couleur, unies et nouveautés.
Médailles de 1re classe :
Londres 1851, Paris 1855, Londres 1862, Paris 1867.
Diplôme d'honneur :
Lyon 1872, Philadelphie 1876.
Grande médaille, Paris 1878.
Diplôme d'honneur, Amsterdam 1883, Anvers 1885.
Grand prix, Exposition universelle 1889 (chevalier de la Légion d'honneur.
Grand prix, Anvers et Lyon 1894.

La Maison **Poncet** père et fils a été fondée en 1845. Son siège est à **Lyon**, 26, place Tolozan, avec une succursale à Paris, 27, rue Vivienne, pour la vente de ses soieries unies et haute nouveauté.

Toutes les plus grandes récompenses lui ont été décernées aux dernières expositions. — Diplôme d'honneur à Anvers en 1881. — Grand prix à Paris en 1889. — Chevalier de la Légion d'honneur.

Cochard et Berthet, *19, rue de l'Arbre-Sec*, **Lyon**. Doublures soie pour tailleurs « For ever », articles garantis marque déposée. — Spécialités d'étoffes pour revers d'habits et manches. — Nouveautés robes, unis et façonnés. — Moires, duchesses, merveilleux noirs et couleur. — Articles teints en pièce unis et façonnés.

Oriard et Cie, *14, rue Désirée*, **Lyon**. Fabrique de Tissus soie pure et mélangée, unis et façonnés, *teints en pièces*. — Satin, sergé, surah, armure, articles pour confections, doublure, garniture, mode, chapellerie, col, ombrelle, gainerie, etc. — Spécialité d'articles pour l'exportation : Extrême-Orient, Orient, Levant, Egypte, Maroc, Côte de l'Afrique, Amérique du Sud, Mexique, etc.

Chavent père et fils, *rue du Théâtre, 1, et rue Puits-Gaillot, 2,* **Lyon**. Usine mécanique à Vertolaye (Puy-de-Dôme). — Soieries nouveauté pour robes. — Articles exclusifs. Unis et façonnés. — Médailles d'argent, Paris 1844, 1855, 1878. — Médaille d'or, Anvers 1883. Diplôme d'honneur, Anvers 1893. — Hors concours, Chicago 1893. — Grand prix et croix de la Légion d'honneur, Lyon 1894.

La Maison **Benoit Tabard et Cie** est une fabrique de soieries établie depuis 1852.

Son siège est à **Lyon**, rue du Garet, 3, et rue Lafont, 18.

Elle possède un comptoir à l'Arbresle et une usine mécanique à La Giraudière (Rhône), ainsi qu'une maison de vente à Londres, 27, Wood Street, Cheapside, E. C.

Cette Maison, qui emploie en moyenne mille huit cents métiers, s'est fait une spécialité de tous les articles de doublures pour tailleurs et de confections pour dames.

Elle produit également tous les articles unis pour robes, noirs et couleur, tels que failles, surahs, satins duchesse, satins merveilleux, moires antique et française.

Elle a obtenu une médaille d'or à l'Exposition de Paris, en 1889, et de nombreuses autres récompenses aux diverses Expositions auxquelles elle a pris part.

Les Fils de L. Jarrosson,
 5, rue Puits-Gaillot, **Lyon.**
        Crêpes, Mousselines, Nouveautés.
Usines :
à Bourg-Argental, Argental, Saint-Sauveur (Loire).
Maison à Paris, Louis Roque, rue d'Uzès, 2.

Quand on examine, dans un coup d'œil d'ensemble, ce qu'est dans le monde l'industrie des soieries, la place qu'elle y tient, l'éclat qu'elle y répand, on est naturellement ramené vers Lyon comme vers la patrie et le foyer favorisé de ce genre d'activité. Nulle part on ne réunit mieux la richesse de la matière à la perfection du travail. Il est impossible d'arriver dans la série des étoffes façonnées, d'ameublement, de tentures, d'ornements d'église et de décoration, à une beauté plus simple et plus grandiose, à une plus merveilleuse entente des couleurs. Tout y porte le cachet d'un art qui se possède jusque dans ses hardiesses, d'un goût réfléchi et certain de sa puissance, de ce sentiment de l'harmonie et de la forme sans lequel il n'est pas d'œuvre vraiment achevée. C'est dire que la légion d'hommes d'élite qui conserve à la France une telle suprématie ne recule pour cela devant aucun progrès et aucun sacrifice.

J.-M. Piotet et J. Roque, de **Lyon**. Fabrique de soieries nouveauté, unis et velours pour robe; tissus de soie pour ameublement. — Exposition de Toulouse 1865, diplôme d'honneur; Exposition du Havre 1868, diplôme d'honneur; Exposition de Paris 1867, médaille d'argent; Vienne 1873, médaille du progrès; Exposition de Paris 1878, médaille d'or; Paris 1889, grand prix; Exposition de Chicago 1893, croix de la Légion-d'honneur, hors concours; Exposition de Lyon 1894, hors concours, président de la section de soierie, président du jury et du groupe V (vêtement), membre du jury et du conseil supérieur; Anvers 1894, grand prix; Amsterdam 1895, diplôme d'honneur; Bruxelles 1897, diplôme de grand prix, vice-président du comité des industries textiles. — Paris 1900, membre du comité d'admission. — Pour l'ameublement ; maison de vente, 17, rue Vivienne, Paris.

J.-A. Henry, 24, rue Lafont et 2, quai de Retz, à **Lyon**. Fabrique d'étoffes de soie et d'or, ameublements, ornements d'église, tissus d'art, broderies, dorures en tous genres, filés, galons militaires. — Représentants à Paris : Ameublement, Fernand Henry, rue du Faubourg-Montmartre, 7; Ornements d'église, F. Rasse, rue Madame, 25. — A Londres : Baudet et Cie, Gutter Lane, 34.

H. Gustelle, Manufacture de soieries, 21, rue d'Alsace, à **Lyon**. Maison fondée en 1829, par M. Ponson. — Etoffes riches en tous genres, failles premières Ponson, moires, bengalines, satins, armures, façonnés et velours belles qualités. — Spécialité d'étoffes solides, sans charge de teinture, garanties à l'usage. — Les plus hautes récompenses aux Expositions depuis 1852. — Membre du jury aux Expositions de Bordeaux, d'Amsterdam et de Bruxelles.

GOURD & Cie, LYON 1, quai de Retz et place Tolozan, 27. Maison fondée en 1812. Soieries unies et façonnées, nouveautés en noir et en couleur. Manufacture à Lyon et tissages mécaniques à Faverges (Haute-Savoie). — La Maison a pris part à toutes les Expositions internationales et y a toujours obtenu les plus hautes récompenses.

— 155 —

Les tissus de soie pure sont ceux qui constituent l'élément essentiel de la fabrication. On les divise en deux catégories qui, elles-mêmes, admettent un grand nombre de subdivisions, les *unis* et les *façonnés*. Dans les unis, il faut distinguer les taffetas, les satins et les sergés. On en produit, à Lyon, d'une simplicité et d'une richesse merveilleuses. Les façonnés sont aussi l'honneur de notre industrie française. Ce qui les caractérise, ce sont des dessins formés par des combinaisons de fils de chaîne et de fils de trame. Si les grands façonnés, ou tissus de haute nouveauté, restent le privilège incontesté de Lyon, c'est qu'on ne peut trouver dans les manufactures étrangères des ressources comparables à celles de sa fabrique, mine inépuisable de trésors sans prix, accumulés par le génie des devanciers et que les plus éminents dessinateurs exploitent avec une si haute intelligence artistique.

Besson, Bertrand et Cie, 3, rue de la République et 22, rue Pizay, à **Lyon**. Fabrique de soieries, nouveautés pour modes et robes, gazes, mousseline, crêpe de Chine et grenadine, tissus teints en pièces, cols, cravates. Médailles aux Expositions universelles de Londres 1862, Paris 1867 et 1878, Lyon 1872, Vienne 1873.

A. Giraud et Cie, 12, rue du Griffon, à **Lyon**. Maison fondée en 1810. Soieries unies et façonnées, noires et couleur en tous genres; armures et unis teints en pièces; mousselines et crêpes divers; silésienne et autres tissus pour parapluies et ombrelles. Médailles d'or et diplômes d'honneur aux Expositions de Paris, Philadelphie, Vienne, Amsterdam et Lyon.

Albert Martin, successeur de **L. et A. Emery** (grand prix, Paris 1889), 10, rue du Bât-d'Argent, à **Lyon**. Paris, Guttin, représentant, 13, rue du Sentier.
Tissus, soieries et nouveautés en tous genres pour ameublements. Reproduction artistique d'étoffes anciennes de tous styles.

A Saint-Sulpice, maison **Jules Lala**. Grand dépôt des **soieries** des Fabriques lyonnaises, 4, rue de Sèvres et place de la Croix-Rouge, **Paris**. Seule maison de détail ne vendant que de la soie. Nos traités avec les fabricants nous permettent de vendre les soieries de première qualité à des prix inconnus jusqu'à ce jour. Envoi sur demande catalogue et échantillons. (*Franco à partir de 20 francs.*)

Henry Bertrand, 1, grande-rue des Feuillants, **Lyon** (ancienne maison **L. Péalat — H. Bertrand et Volatier**).
Mousseline unie et fantaisie.
Grenadine unie et fantaisie.
Crêpe uni et fantaisie.
Gaze unie et fantaisie.

Bompiat, Brasseur et Pelletier,
7 et 9, rue de la République,
Lyon.
Manufacture de Soieries teintes
en pièces
pour toutes les consommations.

Parmi les principales sortes de tissus qui assurent à Lyon une place exceptionnelle, citons : les étoffes brodées d'or ou d'argent, pour vêtements, ornements d'églises et articles d'Orient; les gazes de soie, mêlées d'or ou d'argent, destinées à des costumes ou à des ornements sacerdotaux; la passementerie en or ou en argent; les foulards écrus ou de fantaisie, etc. Tous ces genres ont provoqué des chefs-d'œuvre d'artistique somptuosité. Les tissus mélangés sont ceux où des matières étrangères autres que la soie entrent à titre de mélange. La fabrique lyonnaise a enrichi l'art des mélangés de procédés nouveaux; son goût inné, l'organisation de ses ateliers et l'expérience accumulée des patrons et des ouvriers ont remporté des victoires définitives.

Bickert et fils, *25, place de la Comédie*, **Lyon**. Fabricants de velours, peluches et articles similaires unis et fantaisie. — Médaille d'argent, Paris 1889. — Médaille hors concours, Chicago 1893. — Usines à Moirans (Isère). — Maisons : Londres, 12, Oat Lane; Paris, 132, rue Montmartre; New-York, 80, Greene Sreet.

Bouvard (✻) **et P. Burel**, *26, place Tolozan*, **Lyon**. Très ancienne maison de fabrique d'étoffes d'ameublement de style, nouveautés pour robes, tissus pour l'Orient, dorures. — Grand prix à l'Exposition de 1889 et les plus hautes récompenses à toutes les Expositions précédentes (Paris, Londres, Vienne).

Riboud frères,
20, rue des Capucins, à **Lyon**.
Fabrique de velours de Lyon.
Maison fondée en 1779.
Récompenses obtenues :
Hors concours, Chicago 1893.
Médaille d'or, Anvers 1894; médaille d'or, Lyon 1894; médaille d'or, Amsterdam 1895; médaille d'or, Bruxelles 1897;
Diplôme d'honneur, Bordeaux 1895.
Spécialité de velours riche, dit velours de Lyon, en noir et couleur, pour tailleurs, garanti solide et indégorgeable, et en beau velours noir et couleur pour robe et confections de dames, articles pour gainerie et église.

J.-B. Bonnet et Cie, 9, rue de l'Arbre-Sec, à **Lyon**.
Fabrique de soieries unies et façonnées.
Mousseline, crêpe de Chine, grenadine, gazes. Nouveautés pour modes, robes et confections.
Médailles aux Expositions de :
Paris 1889, Chicago 1893, Lyon 1894, Bruxelles 1897.

Chatel (✻) **et V. Tassinari,**
82, rue des Petits-Champs, **Paris**.
Ancienne maison **Pernon**, fondée en 1760.
Manufactures de Soieries pour Ameublements à **Lyon**,
et de Tapisseries à **Aubusson**.
Légion d'honneur, Philadelphie 1876. Grand prix, Paris 1889.

Il nous serait impossible de résumer ici l'œuvre si considérable qui s'accomplit à Lyon. Une ingéniosité sans rivale crée tous les jours des genres exquis et améliore ceux qui existaient déjà. Nous pouvons les admirer dans d'étincelantes vitrines. Ici, les crêpes, tissus de gaze fins et réguliers dont on fait un si grand emploi dans les parures; les tulles de soie, dont les vieux métiers n'existent qu'à Lyon seulement; ailleurs, les mousselines de soie, plus légères et plus diaphanes que des ailes de papillon, les gazes d'une invraisemblable délicatesse et les grenadines dont la plus fine soie constitue le tissu gracieux.

La Maison **A. Rosset** (9, rue du Griffon, **Lyon**; 13, rue d'Uzès, **Paris**) attire spécialement l'attention des visiteurs, par ses beaux *Tissus crêpés* en tous genres. L'emploi de matières premières supérieures et une fabrication irréprochable ont été le souci constant de ceux qui l'ont dirigée dès sa fondation; c'est une tradition fidèlement transmise de père en fils. Il faut remarquer dans cette belle exposition : des *crêpes de Chine unis et façonnés*, des *mousselines de soie*, des *tulles, gazes et grenadines*, qui ont fait la réputation de cette ancienne maison. Les superbes reproductions, en *Impression*, sur ces mêmes tissus, des meilleurs dessins d'artistes parisiens et lyonnais, suffisent à elles seules pour attirer les regards de tous et montrer, dans ce genre d'étoffes, la supériorité incontestée de la maison A. Rosset.

La Maison **Blein et Corcelette**, 5, *place Croix-Paquet*, à **Lyon**, expose ses gazes, grenadines, crêpes de Chine et mousselines brochées fabriquées en son comptoir de Valsonne (Rhône). Fondée depuis quelques années seulement, elle a déjà su marquer sa place parmi les maisons de même genre par sa fabrication soignée et la richesse de ses nouveautés.

V. Roche et Cie. Crêpes, mousselines, grenadines, gazes, nouveautés p^r modes. 11-13, r. du Griffon et, au 24 juin 1900, 2, r. Puits-Gaillot, **Lyon**. A Paris, 113, r. Réaumur. Usines à Aoste (Isère).

Si les industries des rubans et des velours et peluches ont, à Lyon, d'éminents représentants, c'est à Saint-Etienne qu'elles ont leur quartier général. Le véritable talent artistique des

---

JARROSSON & LAVAL, fabricants à LYON,

Soieries, Tulles, Mousselines, Crêpes, Nouveautés,

ont organisé, pour la vente exclusive des produits de leur fabrication, de grandes Maisons

à **PARIS** : 35, rue des Jeûneurs,

à **LONDRES** : 5, Friday Sreet.

Les acheteurs y trouvent des assortiments complets de tous ces articles en toutes nuances.

fabricants stéphanois, leurs inventions sans cesse renouvelées, la beauté de leurs tissus donnent aux rubans de Saint-Etienne une supériorité incontestable, et c'est pour cela que la mode, quelquefois mais très passagèrement inconstante, leur revient toujours. Dans la même fabrique ou dans son voisinage, les beaux velours unis ou façonnés émerveillent le visiteur, de même que les peluches brillantes et soyeuses qui jouent un si grand rôle dans la toilette féminine. Moins ancienne que l'industrie lyonnaise, l'industrie de Saint-Etienne s'inspire néanmoins de la même initiative et marche sans arrêt vers le progrès et vers le mieux.

J.-B. David, à **Saint-Etienne** (Loire), maison fondée en 1785. Manufacture de velours, rubans unis et façonnés, noirs et couleur; rubans unis et façonnés, noirs et couleur.

Médailles 1re classe aux Expositions de 1839, 1852, 1855, 1862, 1867, 1876; médailles d'or à l'Exposition de 1878, etc.

Usines mécaniques à Saint-Etienne, Boen, Tence, Valcivières, Gourbeyre. Métiers munis des derniers perfectionnements brevetés par la maison.

Maison dirigée actuellement par M. *Francisque David*, importateur de soies, ancien président du Tribunal de Commerce et de la Chambre syndicale des Tissus, successeur de M. *J.-B. David*, inventeur du métier de velours à double pièce, ancien président de la Chambre et du Tribunal de Commerce.

Barlet et Cie, place de l'Hôtel-de-Ville, 12, à **Saint-Etienne** (Loire). — Cette maison, fondée en 1831, quoique une des plus anciennes de Saint-Etienne, n'a exposé qu'une seule fois à Bruxelles, en 1898, et obtenu une médaille d'or.

Tous les articles exposés : rubans et étoffes, unis ou façonnés, sont entièrement de sa création.

Antoine Gauthier, 10, rue Mi-Carême, **Saint-Etienne**
Rubans et velours riches, breveté s.g.d.g. Maison fondée en 1854.
Médaille d'argent, Paris 1867.
Médaille d'or, Paris 1878.
Hors concours, membre du jury des récompenses, chevalier de la Légion d'honneur, 1889.

Albert Bélinac
2 et 4, rue Saint-Paul
et rue du Coin
Saint-Étienne (Loire).

Fabrique de rubans unis et façonnés. Spécialités de rubans brochés pour la Perse, les Indes anglaises et hollandaises, la Chine et l'Amérique du Sud.

Usine mécanique à Auree (Haute-Loire).
pour la fabrication
   des rubans unis et brochés
      et pour le tissage des étoffes
Annexe pour la construction du matériel de fabrique.

Société Anonyme pour la Fabrication de la Soie de Chardonnet

Usine et Siège social à BESANÇON (Doubs)

Société fondée en 1891 pour exploiter l'invention de M. le comte de Chardonnet. Les débuts de cette industrie furent très laborieux ; le produit, de son côté, fut accueilli avec une hostilité marquée.

Grâce aux sacrifices énormes que s'imposa la Société, à l'énergie et à la ténacité de son administration, cette industrie qui avait peine à produire et à placer 200 kilogrammes de soie en 1893, 5.000 en 1895, de 10 à 14.000 de 1895 à 1897, est arrivée, par des développements successifs, à produire 48.000 kilogrammes en 1898, 120.000 en 1899, et peut marcher, depuis mars 1900, avec une production *journalière* de 1.000 kilogrammes de soie artificielle. Elle occupe maintenant plus de 1.300 ouvriers.

Cette soie, d'un brillant éclatant, a les deux tiers de la force de la soie naturelle cuite. Son élasticité est suffisante pour tous les emplois de trames. Elle entre dans la confection de certains tissus pour robes et ameublements, dans la rubanerie, dans la passementerie et dans quantité d'autres applications textiles.

Chimiquement, sa fabrication procède de la nitro-cellulose dissoute dans un mélange d'alcool et d'éther; le collodion ainsi obtenu est filé, puis mouliné; enfin, le fil est dénitré au sulfhydrate d'ammoniaque. La base en est la pâte de bois ou le coton.

La Société ne garantit que ses soies écrues ou teintes par les procédés qu'elle indique.

Pour tous renseignements, s'adresser à M. Ad. Trincano, Administrateur-Délégué, Directeur.

Adresse télégraphique : *Soieries Besançon*.

Exposition des Soies. Classe 83. Groupe XIII.
Exposition de Métiers. Classe 87. Groupe XIV.

Sections étrangères

(REZ-DE-CHAUSSÉE)

Nous rencontrons les expositions des Fils, tissus et vêtements des pays étrangers dans l'ordre suivant, en allant de droite à gauche (voir le plan) : Espagne, Suisse, Japon, Italie, Etats-Unis, Allemagne, Belgique, Russie, Perse, Suède, Grande-Bretagne Autriche-Hongrie.

Espagne. — Le visiteur est frappé tout d'abord de la beauté décorative de la section espagnole du groupe XIII. Une porte monumentale, copie de la célèbre porte de la « Salle des Cent », de Barcelone, rappelle que la Catalogne est représentée en première ligne dans cette section, par ses florissantes industries. L'architecte général du commissariat royal a reproduit les riches arcades de la cour du Palais des Ducs, de l'Infantado de Guadalajara, en substituant aux écussons de cette Maison, ceux de toutes les provinces et régions de l'Espagne. A citer la splendide exposition collective de l'Institut industriel de Tarrasa et de la réunion des fabricants de Sabadell ; les expositions particulières du marquis de Duran, de MM. Serra Batlo, Sarabia, Aurigema, Brugarolas, Sort, Matas Sanchez y Diaz, Perez Martinez, Dasca Boada, Comas, etc., etc.

Suisse. — Cette exposition se divise en deux parties : au rez-de-chaussée se trouvent les machines à tisser, à broder, à teindre, etc. ; dans la galerie du premier étage, qui est immédiatement au-dessus, nous verrons tout à l'heure les produits de ces machines : tissus de soie du canton de Zurich, broderies de Saint-Gall, crêpes, etc., etc.

Japon. — Le Japon nous montre en premier lieu ses célèbres soieries de toutes sortes ; puis ses tissus de coton et de laine ; sa lingerie ; enfin ses nombreux éventails, ses ombrelles d'un cachet si particulier, ses parapluies. Nous voyons aussi divers appareils, instruments et objets se rapportant au tissage.

Italie. — Nous admirons ici les expositions de soieries des collectivités de Milan et de Turin, et d'importantes maisons de Rome ; on remarquera aussi des expositions de tissus de coton et d'étoffes de laine. Nous avons vu dans le pavillon royal de l'Italie, au quai d'Orsay, les belles dentelles exposées par quelques maisons de Venise.

États-Unis. — Exposition de tissus de coton, de laine, de soie, de dentelles, de broderies, de vêtements de toutes sortes, de chaussures, de chapeaux ; — diverses machines pour fabrication de chaussures et de chapeaux. — Le visiteur verra au premier étage les machines à coudre.

Allemagne. — Trois remarquables expositions collectives : 1º les soies de Créfeld, qui sont fort renommées ; 2º les belles dentelles de Plauen ; 3º les étoffes d'Aix-la-Chapelle.

Belgique. — La laine à Verviers, le coton à Gand, le lin dans les Flandres sont travaillés dans d'importantes usines qui exposent ici un ensemble harmonieux. On voit la matière première et ses transformations, jusqu'au produit achevé, ainsi que les machines, si remarquables de solidité et de précision, qui ont exécuté le travail. — A signaler les dentelles si justement renommées, les broderies, etc.

Russie. — La Russie nous montre ses tissus de toutes sortes et ses vêtements avec les couleurs variées et le cachet du pays. — Belles broderies et dentelles.

Perse. — L'emplacement de la Perse est fort restreint. On examinera néanmoins avec intérêt les tissus divers qui y sont exposés.

Suède. — C'est dans le pavillon suédois du quai d'Orsay qu'il faut voir les dentelles et les broderies exécutées par les habiles ouvriers de ce pays. Au Champ-de-Mars, l'exposition suédoise des tissus et vêtements n'occupe que peu de place.

Grande-Bretagne. — La section britannique montre des tissus de toute nature et des machines en mouvement. L'une des grandes maisons représentées expose pour la première fois un beau matériel fabriquant sous les yeux des visiteurs des tissus de laine et de coton. — Intéressante exposition de l'industrie irlandaise des tissus de lin.

Autriche. — La participation de l'Autriche dans le groupe XIII est très complète. On y voit six expositions collectives de fabricants de toiles, de soieries, de lainages, de tissus de coton, de vêtements, ainsi que de machines. Le visiteur emportera une haute idée de l'importance de l'industrie textile dans ce pays.

Hongrie. — Belles étoffes aux couleurs variées ; pittoresques costumes du pays ; linges brodés, etc.

AUX ÉLÉGANTES
48, Rue de Rivoli, près l'Hôtel de Ville

Exposition Universelle	SEULE MAISON	Exposition
1889	AYANT ÉTÉ RÉCOMPENSÉE	1890
Médaille de Bronze	Aux Expositions Universelles	**Médaille d'Argent**

pour ses Toilettes de Mariées

COSTUMES TAILLEUR, CONFECTIONS

Choix considérable de TOILETTES DE CÉRÉMONIES, VILLES D'EAUX ET CAMPAGNE

La Maison AUX ÉLÉGANTES est connue pour vendre bon marché et entièrement de confiance.

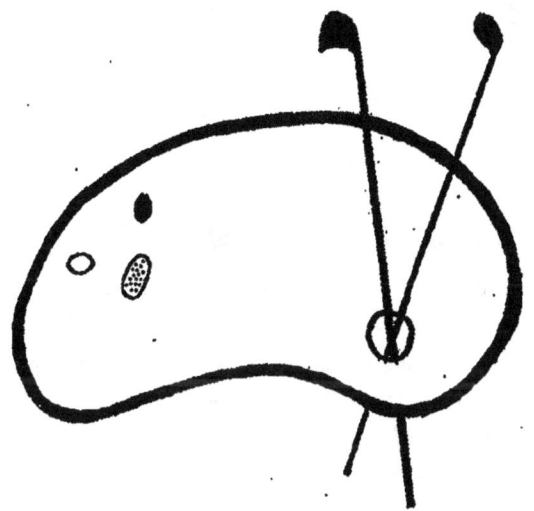

DEBUT D'UNE SERIE DE DOCUMENTS
EN COULEUR

9ᵉ SECTION DU GUIDE
Champ de Mars, rez-de-chaussée.
Mécanique, Électricité, Chimie.

Nouvelles Machines

A COUDRE PERFECTIONNÉES

Pour Familles
ET
Toutes les Industries

Machines Spéciales pour :

Bâches — Bourrellerie — Carrosserie — Chaussures — Articles de Chasse et de Voyage — Portefeuilles — Gibecières — Sacs — Fourreurs — Bandagistes - Herniaires — Couturières — Caoutchoucs — Chemises, Faux cols — Etc., etc.

Spécialités : Machines à coudre à fil réellement poissé, à festonner, à faire les boutonnières, etc., etc.

DROSSNER & Cⁿ

Mécaniciens-Constructeurs
PARIS

Magasins de Vente et Exposition permanente
52, Boulevard de Sébastopol
Ateliers de Construction & Entrepôt général
168, Rue Saint-Denis
Admis à l'Exposition Universelle :
GROUPE 13 — CLASSE 79

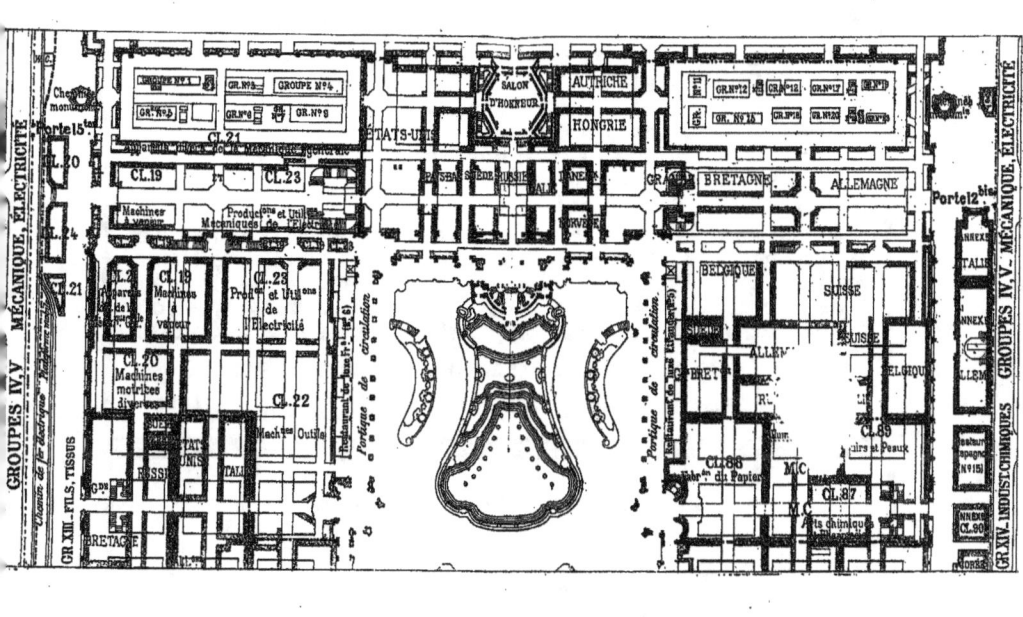

M. C. Musée Centennal.

LE CALAYA — SPÉCIFIQUE DES FIÈVRES PALUSTRES & INFECTIEUSES FIÈVRE BILIEUSE HÉMATURIQUE INFLUENZA, FIÈVRE TYPHOÏDE
Dépôt général : Pharmacie VIAL, 20, rue de Châteaudun, PARIS

ESSENCE DÉPURATIVE BOURDEAU — Ce produit très connu et très apprécié est le régénérateur par excellence du sang altéré et appauvri. D'un effet certain et rapide, composé de sucs végétaux les plus actifs, excellent pour la santé, il est assurément le dépuratif par excellence.
DÉPÔT GÉNÉRAL : P. BOURDEAU, pharmacien à Brest. — Médailles d'or et Diplômes d'honneur aux Expositions.

9ᵉ SECTION DU GUIDE
Champ de Mars, rez-de-chaussée.
Mécanique, Électricité, Chimie.

Compagnie Française d'Appareillage Électrique

SOCIÉTÉ ANONYME AU CAPITAL DE 1.000.000 DE FRANCS

Anciens Établissements GRIVOLAS et Sage & Grillet

Maison fondée en 1875

Ateliers et Bureaux : 16, rue Montgolfier, PARIS

Exposition de 1889, Paris — Exposition de 1894, Lyon.
Médaille d'argent. Médaille d'or

**Supports, Commutateurs,
Coupe-circuits et Interrupteurs de tous systèmes,
Rhéostats, Disjoncteurs,
Tableaux de distribution.**

Manufacture de tous appareils et accessoires pour stations centrales et installations d'éclairage électrique, montés sur porcelaine, faïence, marbre, ardoise, bois, fibre vulcanisée, ébonite, etc., etc. — Appareils pour courants de **haute tension depuis 440 volts jusqu'à 5000 volts et au-dessus**. — *Appareillage spécial pour* **220 volts**.

Plus de 400 modèles en magasin

Téléphone 158.91   ENVOI FRANCO DU CATALOGUE SUR DEMANDE

Parfumerie
COLGATE & Cᵒ

FONDÉE EN 1806

LA PLUS IMPORTANTE DU MONDE

FABRICATION SUPÉRIEURE

Savons, Extraits, Eaux de Toilette, Dentifrices, Sachets, etc.

Incomparables de Finesse, Qualité et Prix

32 Médailles de Premier Ordre

PARIS 1889, MÉDAILLE D'OR

MAISONS A NEW-YORK, LONDRES, SIDNEY

PARIS, 27, rue des Pyramides, PARIS

Où se trouve également la " **Vaseline** " Chesebrough

Pour Maigrir sûrement et sans danger; suivez le

Savon Suédois **TRAITEMENT SUÉDOIS** Pilules fondantes
5 fr.   Suédoises 5 fr.

Dépôt général : Pharmacie centrale, 50-52, Faubourg-Montmartre, Paris.

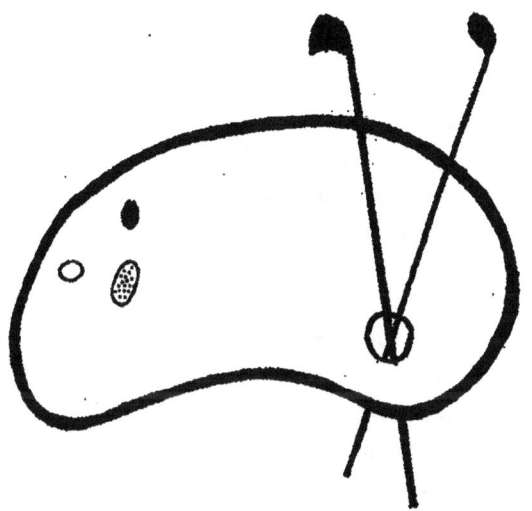

FIN D'UNE SERIE DE DOCUMENTS
EN COULEUR

IXᵉ Section du Guide

Groupes IV, V et XIV

Matériel et procédés généraux de la mécanique
Électricité — Industrie chimique

Classe 19. — Machines à vapeur.
— **20.** — Machines motrices diverses.
— **21.** — Appareils divers de la mécanique générale.
— **22.** — Machines-outils.
— **23.** — Production et utilisation mécanique de l'électricité.
— **87.** — Arts chimiques et pharmacie.
— **88.** — Fabrication du papier.
— **89.** — Cuirs et peaux.
— **90.** — Parfumerie (annexe).
— **91.** — Manufacture de tabacs et d'allumettes chimiques.

Portes d'entrée : Portes n° 12 *bis*, près la cheminée monumentale de l'avenue de Suffren ; — n° 15 *ter*, près la cheminée monumentale de l'avenue de La Bourdonnais.

Station du chemin de fer électrique : Près la porte n° 15 *ter*.

Restaurants : Sur la façade intérieure donnant sur les jardins, de chaque côté du Château-d'Eau ; — près la classe 89.

ATELIERS DE CONSTRUCTIONS MÉCANIQUES

PARIS 1878

M. MONNERET

Ingénieur-Constructeur

A ALBERT (Somme)

PARIS 1878

Spécialité de Machines-Outils

POUR TRAVAILLER LES MÉTAUX

Machines sur dessins

Montages

d'Usines

à Forfait

Machines à percer, base tournante	Poinçonneuses-Cisailleuses simples
Machines à percer, à colonne	doubles et triples à deux têtes,
Machines à percer, radiales	à engrenages
Machines à tarauder	Tours à engrenages
Machines à cintrer	Tours parallèles — Tours en l'air
Poinçonneuses-Cisailleuses	Tours à décolleter et à tarauder
simples et doubles à retour rapide	Étaux-Limeurs
Brevetées s.g.d.g.	Mortaiseuses — Raboteuses, etc.

Transmissions - Paliers - Chaises - Poulies, etc.

Fabrication soignée et garantie. Envoi FRANCO de renseignements sur demande

Palais de la mécanique et de l'électricité

(REZ-DE-CHAUSSÉE)

Les expositions de ces palais peuvent être divisées en deux parties : 1° les salles et galeries; 2° l'imposant ensemble des machines en activité et des usines La Bourdonnais et Suffren, des deux côtés du salon d'honneur.

Classe 20. — En sortant de l'exposition de la Grande-Bretagne du groupe XIII, le visiteur se trouve dans la classe 20, qui comprend les **machines motrices diverses** : machines à air chaud, à gaz, à pétrole, à air comprimé, etc.; — roues, turbines, etc.; — moulins à vent, manèges, moteurs à ressort, à poids, à pédale, etc. — On remarquera particulièrement les moteurs à gaz de la Compagnie de Fives-Lille; — de M. Henri Rouart; de la Compagnie française des Moteurs à gaz (système Otto), etc.; — les moteurs à pétrole de MM. Sautter, Harlé et Cie; ceux de MM. Brouhot et Cie, très employés dans les châteaux pour l'élévation de l'eau et l'éclairage électrique; — les moteurs Niel; — les moulins à vent, les manèges et les pompes de la maison Vidal-Beaume, etc.

Classe 22. — C'est le vaste domaine des **machines-outils**, où sont exposées les multiples machines pour l'*usinage des métaux* ; marteaux-pilons, moutons; presses à forger, cisailles; laminoirs; machines à tréfiler, à tirer, à cintrer, etc.; — tours; machines à percer, à raboter, à mortaiser, etc.; — étaux, limes, burins, etc.; — machines pour l'*usinage du bois* : scies; machines à équarrir, à raboter, à percer, etc. — Les Usines Bouhey ont groupé ici les produits très variés de leur fabrication; les connaisseurs remarqueront particulièrement une série de tours disposés avec plateau horizontal; une machine à mortaiser, de grandes dimensions, etc.; — la maison Vautier et Cie, de Maubeuge, présente également un ensemble très intéressant : tour vertical, tours à roues de wagons, tours parallèles, machines à tailler, poinçonneuses, etc.; — dans l'exposition de M. Chouanard (aux Forges de Vulcain), on remarquera des machines à percer radiales de précision, des tours, des raboteuses, des étaux-limeurs de précision, etc. — La maison Piat présente ses riveuses hydrauliques marchant à bras et à l'électricité, etc., etc. Devant les innombrables machines et appareils à signaler, nous devons arrêter ici nos citations.

Classe 23. — Au bout de la classe 22 s'ouvre la classe de **production** et de l'**utilisation mécaniques de l'électricité**. — Nous signalons d'abord dans cette classe les **groupes électrogènes**, qui fournissent à l'exposition l'énergie nécessaire à l'éclairage et au transport de force pour la mise en action des diverses machines. Ces groupes électrogènes appartiennent à la classe 19 par leurs machines à vapeur, à la classe 23 par leurs dynamos. Ils constituent, rien que pour la section française, une usine de 20.000 chevaux placée dans le grand hall du palais de l'électricité, et dont chaque unité comprend une machine à vapeur de 1.000 chevaux au moins, accouplée directement, sans courroie, à une dynamo. Tous les constructeurs français ont tenu à concourir à la création de cette usine, et on y rencontre tous les types de machines les plus récents. — Une deuxième partie de cette superbe et impressionnante exposition, située au rez-de-chaussée du palais de la mécanique, comprend des dynamos génératrices de toutes sortes actionnées ou non par machines à vapeur; des dynamos motrices; des modèles de lignes de tramways et de canalisations électriques, des lampes à arc, des appareils divers mis en mouvement par l'électricité. Le visiteur y trouvera tous les types de machines, depuis le moteur pour jouet d'enfant jusqu'aux dynamos de 50 tonnes. La traction électrique (tramways et locomotives), a été transportée à l'annexe de Vincennes, en raison du peu de place dont on dispose au Champ-de-Mars.

Dans la classe 23 est la principale exposition de la maison Sautter, Harlé et Cie : phares, projecteurs électriques de grande puissance, machines électriques de commande, appareils de levage, ventilateurs et pompes mus électriquement, etc.

La Société Gramme expose des dynamos à courants continus, des dynamos pour électro-chimie, des alternateurs; des moteurs divers, puissants et légers; des moteurs transportables, avec transmissions flexibles; des monte-charges électriques, etc. — MM. Digeon et fils aîné montrent des modèles de démonstrations concernant les machines électriques. — MM. Daydé et Pillé (ateliers de construction de Creil) ont installé une dynamo génératrice de 1.000 chevaux fournissant du courant pour les services de l'Exposition. Ils exposent, en outre, des génératrices et moteurs à courants continus et alternatifs de toutes puissances, depuis un demi-cheval jusqu'à 1.000 chevaux et plus. — Voir aussi un groupe électrogène de 1.200 chevaux de la Compagnie de Fives-Lille, comprenant une machine à vapeur horizontale Compound-Corliss, à condensation, marchant à quatre-vingt tours par minute et actionnant directement une génératrice électrique à courants triphasés de 7 mètres de diamètre (fournit le courant pour le service de l'exploitation), etc., Parmi les fils et câbles électriques, on remarquera un fil électrique de la maison François, Grellou et Cie, garni d'un isolant inaltérable, fonctionnant sans perte et impunément dans l'eau, etc. (Les câbles et isolateurs sont au premier étage.)

Classe 19. — Dans la classe 19 : **machines à vapeur**, située à gauche de la classe 23, nous retrouvons la plupart des grands établissements mentionnés plus haut, notamment dans les **groupes électrogènes** (classe 23). Le visiteur verra de grandes machines et turbines à vapeur ; — de puissants générateurs de vapeur des maisons Belleville, Niclausse, Farcot, etc. — L'industriel et l'ingénieur s'arrêteront longtemps dans ce remarquable et bruyant domaine. On verra avec intérêt, dans la classe 19, deux générateurs à vapeur de la Compagnie générale Transatlantique : l'un, du système Belleville, destiné au *Tarn* ; l'autre, du système Niclausse, destiné au *Morbihan*.

Classe 21. — La classe 21, qui vient ensuite, présente les **appareils divers de la mécanique générale**. — On y remarquera les machines servant à la manœuvre des fardeaux, notamment une grue dite « grue Titan », de 25 tonnes, de M. Le Blanc, dans la galerie des groupes électrogènes français ; — les machines hydrauliques élévatoires ; — les pompes à incendie et tout le matériel à l'usage des sapeurs-pompiers ; — les

---

Forges, Fonderie, Ateliers de Mécanique de la Charente
Appareils pour installation électrique,
Transport de force, Téléphones, Etudes et Projets
Médailles d'or, d'argent, de bronze, mentions honorables

Adolphe LAPRERIE, Ingénieur breveté, Angoulême

Seul successeur des maisons Trousset, Duveau,
Alexandre Laroche-Joubert et Motteau
Fournisseur de la Marine, de la Guerre et des Chemins de Fer

Spécialité de machines à papier. — Rogneuses, machines à enveloppes, machines à sacs en feuilles ou continues brevetées s. g. d. g. — Piles à 1 et 2 cylindres de 50 à 1.000 kilogrammes.

Moteurs à vapeur à faible consommation. Moteurs hydrauliques. Matériel de minoterie, cylindres broyeurs et convertisseurs. — Machines-outils pour travail des métaux, du bois et de la pierre.

Automobiles à pétrole et tracteurs à vapeur, Avant-trains moteurs s'attelant à tous genres de voitures. Etudes pour transports divers.

appareils si ingénieux et si intéressants destinés à prévenir les accidents de machines; — les machines dynamométriques avec enregistreur (maison Digeon et fils); — des pompes et ventilateurs de MM. Sautter, Harlé et C¹ᵉ; des treuils pour ponts roulants et pour monte-charges (aux Forges de Vulcain); les tuyaux pour la canalisation de l'eau (tuyaux Chameroy); les organes de transmission de la maison Piat, qui occupe le premier rang pour cette spécialité; les pompes diverses et les béliers hydrauliques de la maison Vidal-Beaume; les manomètres pour très hautes pressions et les appareils spéciaux de graissage de M. l'ingénieur Bourdon, etc. — La maison Carré fils aîné expose dans cette classe le réservoir élévateur d'eau par l'air comprimé qui garantit l'eau en pression utile à la ville et à la campagne. — Nous signalons encore les poids à bascules vérificateurs de la société de construction de Voiron.

De la classe 21 dépend la remarquable usine élévatoire construite sur les bords de la Seine.

Parmi les instruments de précision de la classe 21, on remarquera une série d'indicateurs dy-

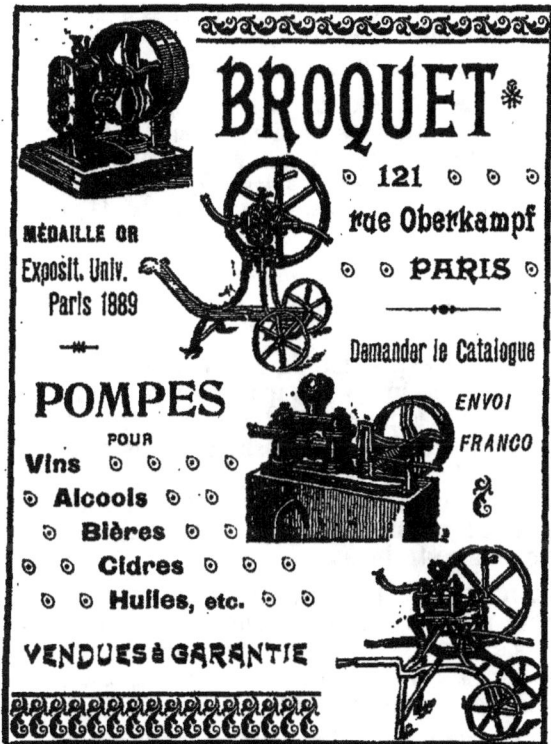

namomètres pour machines à vapeur, de compteurs, d'appareils enregistreurs, de contrôleurs de vitesse de la maison Garnier.

L'administration des chemins de fer de l'Etat expose un pendule dynamométrique, appareil enregistreur de la vitesse des trains.

L'Association des industriels de France contre les accidents du travail a fait, dans la classe 21, sa principale exposition, qui est très remarquable. Une dynamo de 6 chevaux et demi (Sautter Harlé) actionne, par l'intermédiaire d'un ressort de mouvement, une transmission horizontale supérieure. Celle-ci, de son côté, commande un arbre horizontal souterrain. L'arbre supérieur transmet le mouvement à un tour, à une machine à percer (Bouhey), à une meule d'émeri (Huré), à une machine d'imprimerie (Marinoni). *Toutes ces machines sont munies des appa-*

reils protecteurs nécessaires, tandis que sur les transmissions figurent l'embrayage à friction Piat, les monte-courroies Piat-Forest, etc.

L'arbre horizontal inférieur commande deux scies circulaires et deux toupies (d'Espine et Achard). Sur les scies sont montés les chapeaux de sûreté Oberlin et Fleuret et, sur les toupies, les protecteurs Fleuret, Weber et Mathon.

En dehors de ces machines-outils en activité, l'Association expose une série de modèles d'appareils et de dispositifs de sécurité et d'hygiène. Enfin, la collection des affiches d'atelier publiées par l'Association a été disposée sur une toile sans fin qui se déroule lentement sous les yeux du spectateur.

Pour parcourir les salles des expositions étrangères, nous prions le visiteur de suivre l'itinéraire ci-après sur le plan : Etats-Unis, Pays-Bas, Suède, Russie, Italie, Norvège, Danemark, Hongrie, Autriche, Grande-Bretagne, Allemagne, Belgique, Suisse; annexes, sur l'avenue de Suffren, de l'Italie, de l'Allemagne et de l'Espagne.

Sections étrangères

Etats-Unis. — Dans leur exposition du rez-de-chaussée, les Etats-Unis présentent des machines à vapeur, de puissantes machines électriques et des machines-outils de tous genres. Ils ont réuni dans le salon d'honneur une exposition rétrospective particulièrement intéressante : elle montre les progrès accomplis par le télégraphe, le téléphone et les applications de l'électricité aux chemins de fer. — Au premier étage : des appareils électriques de dimensions plus restreintes.

Pays-Bas. — Intéressante exposition de machines parmi lesquelles on remarque particulièrement : une machine Compound de la force de 600 chevaux de la maison Stork frères, à Hengelo, et deux machines, à l'usage des sucreries, de 150 et de 90 chevaux, sortant des mêmes ateliers.

Suède. — Machines à travailler le bois; machines rotatives; turbines; pompes à vapeur; — turbines à eau avec dynamos électriques, servant à utiliser, au profit de l'électricité, les chutes d'eau diverses. — Vues de cascades. — Modèles de téléphones.

Russie. — La Russie a une exposition très importante de machines et en général de tout ce qui se rapporte à la mécanique.

Différents fonds de chaudières emboutis pour chaudières horizontales de divers diamètres; échantillons de rails pour wagonnets suspendus; vis à deux filets transformant l'avancement rectiligne d'un piston hydraulique en un mouvement hélicoïdal, etc. A remarquer surtout la partie de devant d'une chaudière tubulaire système Babcock et Wilcox, avec armature garniture et injecteur. — Dessins et photographies, notamment un dessin représentant graphiquement la marche du développement de l'usine métallique de Saint-Pétersbourg pendant les quinze dernières années.

Italie. — Moteurs divers, dynamos. — Appareils de télégraphie. — Appareils de transmission. — Ascenseurs, etc.

Danemark. — Le Danemark expose, entre autres appareils, une nouvelle invention de l'ingénieur danois Paulsen, dite *Télégraphone*, qui consiste en un phonographe électro-magnétique. Si le correspondant n'est pas à l'appareil au moment de la communication, le téléphone enregistre les paroles transmises. Il avertit aussi la personne qui téléphone d'une commission laissée pour elle par le correspondant absent. La voix est clairement enregistrée, avec ses intonations naturelles.

Hongrie. — Nous voyons dans la section hongroise des machines à force motrice électrogène, une grande pompe à vapeur, etc.

Autriche. — Une série de machines à vapeur de grande puissance; des dynamos; une collection complète de machines motrices et de machines-outils pour travailler le bois et les métaux et de tous les appareils électro-techniques.

Grande-Bretagne. — Ici, l'exposition des machines-outils est particulièrement importante. Le visiteur examinera aussi avec intérêt une fort importante exposition d'appareils et de machines électriques.

Allemagne. — L'exposition de l'Allemagne dans les groupes IV et V est des plus remarquables. On y voit notamment dans la galerie des moteurs étrangers quatre dynamos monstres fournissant ensemble une force de 7,500 chevaux et alimentant d'électricité plus du tiers de l'Exposition. — Les machines à vapeur sont de la maison Borsig, de Berlin, de la fabrique de machines d'Augsbourg, de la Société de Construction de machines (*Machinenbaugesellschaft*) de Nuremberg. Les dynamos sortent des ateliers de MM. Siemens et Halske, de Berlin; Helios, de Cologne; Schuckert et Cie et Lohmeyer, de Nuremberg. — Voir aussi dans les salles et galeries de l'Alle-

magne des machines-outils de différentes sortes, des locomobiles. L'une des curiosités de l'exposition allemande du groupe IV est une grande grue roulante pour l'élévation et le montage des machines, très admirée des connaisseurs. Elle élève un poids de 30 tonnes. Constructeur, M. Charles Flohr, de Berlin.

Une partie de l'exposition allemande des machines est installée dans une annexe de l'avenue de Suffren, grand hall à deux étages de 60 mètres de longueur sur 19 mètres de largeur, entièrement construit en fer, par M. Pivaz, architecte à Paris. On y voit les grandes dynamos, de la Société « Algemeine Electricitäts Gesellschaft », de Berlin, de la force de 4,000 chevaux; deux ateliers mécaniques pour le travail du bois, fonctionnant sous les yeux du visiteur; des machines à calendrer, etc.

Belgique. — Batteries de chaudières multitubulaires fournissant une partie de la vapeur aux moteurs des usines Suffren et La Bourdonnais. — Groupes électrogènes de mille chevaux par unité. — En examinant l'ensemble de ces beaux et puissants appareils, d'un travail si soigné et si fini, le visiteur n'oubliera pas que la Belgique est l'un des plus petits pays du monde. — Dans l'exposition des moteurs à gaz et à pétrole, on remarquera particulièrement un moteur à gaz de grande puissance pour l'utilisation du gaz des hauts fourneaux. Voir aussi une intéressante exposition de machines-outils.

Il y a lieu de signaler encore les installations électriques pour les transports de force motrice, les machines de tramways, l'éclairage; l'exposition de l'administration du télégraphe et des téléphones, etc.

Suisse. — C'est encore un petit pays qui nous présente ici un ensemble très remarquable : machines motrices fournissant une partie de la force nécessaire à l'exposition; puissantes dynamos, turbines, pompes, machines-outils.

L'utilisation des forces hydrauliques naturelles et leur transformation en énergie électrique, qui constitue l'un des domaines dans lesquels les plus grands progrès ont été réalisés par la Suisse (notamment l'utilisation de la force du Rhône dans sa traversée de Genève), sont exposées par une série de tableaux, de vues, de plans, de modèles, groupés dans le salon d'honneur de l'électricité.

Espagne. — L'Espagne a, sur l'avenue de Suffren, un petit pavillon pour son exposition, avec de puissantes dynamos.

Palais de l'industrie chimique
(REZ-DE-CHAUSSÉE)

En sortant du domaine de l'électricité, le visiteur se trouvera dans les sections étrangères du groupe XIV, celui de l'industrie chimique. Il trouvera ces sections dans l'ordre suivant (voir le plan) : Belgique, Suisse, Italie, Russie, Allemagne,

ÉLÉVATIONS & DISTRIBUTIONS D'EAU

PAR LE COLIBRI POMPE AUTOMATIQUE ASPIRANTE & FOULANTE

BREVETÉE S. G. D. G.

Dans tous les Pays
SUPPRIMANT TOUT TRAVAIL DE BRAS OU DE MOTEUR

HAUTEUR DE LA POMPE 1m,30
ESPACE OCCUPÉ 1/4 de mèt. carré
s'installe sans aucune fondation

DÉBIT
2 à 3.000 litres par heure
suivant élévation.

REFOULEMENT
jusqu'à 40 mètres
de hauteur et à toute
distance horizontale

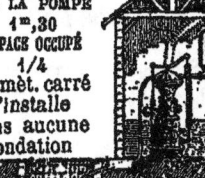

DEPLECHIN C. ✳, O. ✿, & LILLE
CONSTRUCTEUR
MAISON FONDÉE EN 1845
PLANS et DEVIS D'INSTALLATIONS franco sur demande
Exposition universelle 1900, Classes 21 et 35.

Douge Frères à BESANÇON-LES-BAINS
Anciens Élèves des Écoles nationales d'Arts et Métiers

TURBINES AMÉRICAINES — ROUES PELTON — MACHINES A VAPEUR
INSTALLATIONS DE MOULINS ET SCIERIES
VALVES RÉGULATRICES brevetées s. g. d. g. pour machines à vapeur
APPAREILS DE LEVAGE
MACHINES POUR LA FABRICATION DE LA SOIE ARTIFICIELLE

Rendement 73 à 78 0/0.   Rendement 80 à 85 0/0.   Roue PELTON.

Ponts roulants à main ou électriques,
descente rapide par embrayage spécial sans cuirs.

Suède, Grande-Bretagne. A remarquer : La **section italienne**, avec une intéressante exposition de la Manufacture des tabacs de Rome, à côté des produits de diverses usines chimiques de Turin, de Milan, de Naples. — La **Russie** a une très remarquable exposition que précède un portique avec colonnes en marbre blanc; chaque vitrine se présente avec un cachet différent. On s'arrêtera devant le kiosque du laboratoire chimique de Saint-Pétersbourg. — La **section allemande**, avec une décoration fort élégante composée de portiques acajou avec moulures dorées (ravissant pavillon de la parfumerie, très importante exposition collective). — La **Suède** nous montre ses célèbres pâtes de papier, des machines pour la fabrication des allumettes, d'immenses fourneaux, des appareils pour la cuisine à l'esprit-de-vin, etc.

Puis, le visiteur entrera dans la partie française du groupe en commençant par la classe 88 (voir le plan).

Classe 88. — Consacrée à la **fabrication du papier**, cette classe, qui occupe un vaste emplacement, offre un très vif intérêt. On y voit, à côté des matières premières de toutes sortes employées, le matériel et les procédés de la fabrication du papier à la main et de la fabrication mécanique du papier, en commençant par la préparation des pâtes (pâtes de chiffon, de paille, d'alfa; pâte mécanique du bois, pâte chimique du bois). On s'arrêtera devant les machines à papier continu. On examinera ensuite les appareils à couper le papier, les lisses, les calandres, les frictionneuses, l'outillage particulièrement soigné pour la fabrication des papiers spéciaux, le matériel pour la fabrication du carton. Les scènes de la fabrication du papier sont représentées par des peintures murales : trituration des chiffons, fabrication de la feuille, collage, etc.

Les importantes papeteries d'Essonnes (MM. Darblay père et fils) exposent une machine à papier munie de tous ses accessoires et fonctionnant sous les yeux du public; un appareil à défibrer le bois, également en activité. — Les papeteries du Marais nous montrent, entre autres belles sortes, des papiers de cuve filigranés pour billets de banque, actions, etc. — Les

---

L'exposition de la **Fabrique de Cellulose et de Papier J.-B. Weibel & C**ie**, de Novillars (Doubs)** est certainement l'une des plus complètes en papiers non manufacturés. Nous y remarquons des *Papiers d'Impression* de tous genres et à tous prix, des *Papiers Cellulose* du plus bel aspect et d'une grande solidité, très en renom aujourd'hui, et des *Emballages fins* de toutes sortes. Les usines de cette Société, situées à Novillars et à Besançon, fabriquent, outre le papier, toutes leurs matières premières; elles occupent environ 1.000 ouvriers, et leur production atteint 80.000 kilogrammes par jour. Le visiteur qui désire juger de plus près les produits de cette industrie trouvera un assortiment des plus complets à l'importante **Maison de vente** que possède cette Société, **199, rue Saint-Martin, à Paris.**

renommés papiers d'Angoulême sont représentés notamment par les produits de la Papeterie coopérative de M. Laroche-Joubert. — On admirera les sortes si pures des nombreuses papeteries de l'Isère : papiers pour la photographie; papiers pour titres, filigranés ou non; riches papiers pour écrire, de la maison Blanchet frères et Kléber; — papiers de luxe, papiers à dessin, papiers parcheminés, bristols supérieurs de la papeterie de Renage; — sortes diverses de la Papeterie de Brignoud (maison Fredet), parmi lesquelles on remarque de jolies spécialités de papiers simili-japon, de très fins papiers blancs et de couleur; — papiers de la maison Bergès, exclusivement fabriqués avec le bois du Dauphiné, etc. — La Papeterie de Cran, près Annecy, expose une grande variété de ses produits : papiers gélatinés, parcheminés; des papiers pour impressions en taille-douce, pour chromolithographie, chromotypographie; papiers à lettre nacrés, parcheminés ; papiers japon, etc. — Voir aussi les produits des maisons Eugène Vacquerel, Vaissier et Cie, etc.

Classe 91. — Nous entrons ensuite dans la classe des **manufactures de tabacs et d'allumettes chimiques,** dont le visiteur a déjà examiné le matériel, les procédés et les produits dans le pavillon des Manufactures nationales édifié près de la Tour de 300 mètres.

Classe 89. — C'est le domaine des **cuirs et peaux** : matières premières diverses; — matériel et procédés de la tannerie, de la corroierie, de la mégisserie, de la chamoiserie, etc., cuirs de toutes sortes. En examinant ces expositions dans les belles vitrines en acajou, construites sur les dessins de M. Benouville, on s'intéressera surtout aux applications modernes de l'emploi du cuir à la décoration. On remarquera les trophées d'outils de tannerie de M. Krempp, les expositions des maisons Poullain, Peltereau, Petitpont, Leven, etc. — Cuirs vernis de la maison Piedsocq; spécialités pour escrime et sellerie, pour bufflèterie militaire, de M. Lefèvre-Josset, etc., etc.

Classe 87. — Voici le matériel, les procédés et les produits des **arts chimiques** et de la **pharmacie.** — Ustensiles et appareils de laboratoire; appareils et instruments destinés aux essais industriels et commerciaux; matériel, appareils et procédés des fabriques de produits chimiques, de savons, de bougies, etc.; — des essences, vernis, etc.; du traitement des matières minérales; — des produits pharmaceutiques, etc. — Produits chimiques de toutes natures.

Les expositions de machines qui occupent le rez-de-chaussée sont entourées de grilles en fer forgé d'un joli effet. Signalons les expositions de la Bougie de l'Etoile, de M. Moranne jeune, de M. Vaissier, l'importante exposition des pétroles, etc. Nous verrons au premier étage les produits chimiques : Maison Poirrier, Compagnies de Saint-Gobain et de Chauny, usines du Rhône, etc. A remarquer la jolie vitrine du cirage Marcerou. Toute l'industrie française de la chimie figure là et soutient son bon renom par une installation à la fois sobre et riche. (Architecte M. Benouville.)

Classe 90. — (Annexe). — Exposition de la **parfumerie** *(voir page 140)*.

Nous signalons, comme particulièrement intéressantes, les vitrines de la Maison **Pillet et D'Enfert**, distillateurs d'huiles essentielles, 16, rue Saint-Merri, à **Paris** (Usine à Cannes). Dans ses expositions des classes 61, 87 et 90, cette Maison présente les **Essences** s'adressant aux industries correspondantes (distillerie, pharmacie et parfumerie). Les plantes ou autres substances servant à la fabrication des **Huiles essentielles**, se trouvent à côté des produits fabriqués et augmentent l'attrait de cette exposition de produits en général peu connus à l'état naturel, bien qu'ils soient la base de ce que l'on consomme journellement : liqueurs, médicaments et parfums. Cette Maison fabrique également la célèbre Eau de fleurs d'oranger Alphonse Isnard (fondateur de la Maison en 1827).

On remarquera, également, l'exposition de l'**eau de Suez**, dentifrice antiseptique.

Musée rétrospectif du groupe XIV. — Cette exposition intéressera beaucoup les spécialistes. Dans les pupitres figurent des ouvrages, des carnets de laboratoire qui donnent toute l'histoire de la vieille industrie de la tannerie et l'histoire de la science chimique française.

Avant de terminer sa visite du rez-de-chaussée de l'aile droite du Champ-de-Mars, le visiteur se rappellera qu'il lui reste à

Les Gouttes concentrées du
VÉRITABLE FER BRAVAIS
REMÈDE LE PLUS EFFICACE CONTRE
L'ANÉMIE
*la chlorose, la faiblesse de constitution,
les pâles couleurs, l'épuisement, etc.*

Le **FER BRAVAIS** est recommandé par tous les médecins du monde entier. Il procure en peu de temps *santé* et *vigueur*, *force* et *beauté*.

Dépôt : **PHARMACIE CENTRALE du NORD**
La plus vaste de Paris
132-134, rue Lafayette,
ET TOUTES PHARMACIES

voir les expositions de l'ancienne galerie des machines, derrière le palais de l'Electricité. Il retournera sur ses pas, le long des annexes de l'avenue de Suffren, entrera dans le bâtiment des chaudières de l'usine Suffren, si remarquable à tant de points de vue, fera une visite analogue à l'usine La Bourdonnais, et pénétrera dans l'immense carré consacré à l'agriculture et aux aliments.

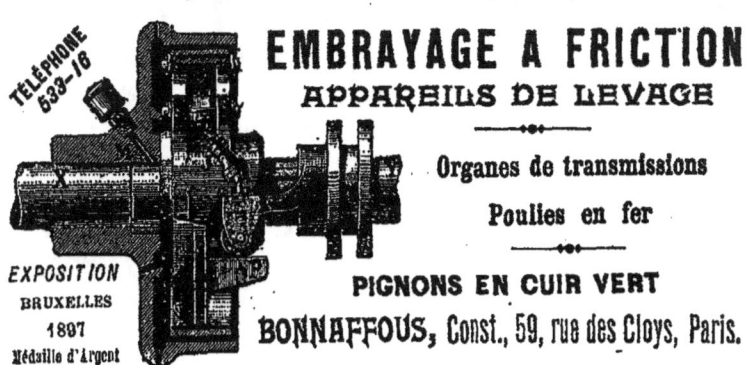

EMBRAYAGE A FRICTION
APPAREILS DE LEVAGE

Organes de transmissions

Poulies en fer

PIGNONS EN CUIR VERT

BONNAFFOUS, Const., 59, rue des Cloys, Paris.

TÉLÉPHONE 533-16

EXPOSITION
BRUXELLES
1897
Médaille d'Argent

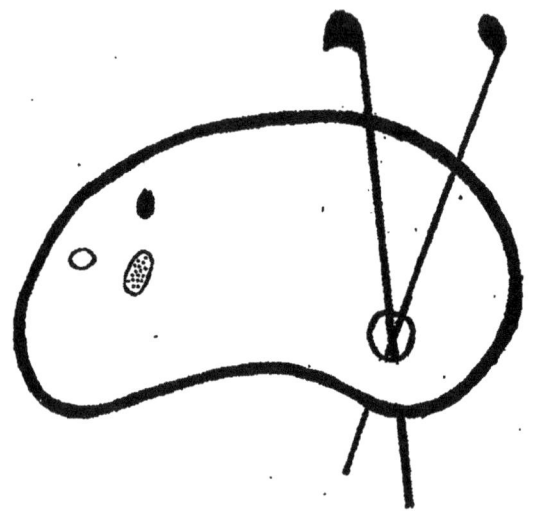

DEBUT D'UNE SERIE DE DOCUMENTS
EN COULEUR

10ᵉ SECTION DU GUIDE
Ancienne Galerie des Machines, rez-de-chaussée.
Agriculture et Aliments (section française).

Ancienne Maison POIZAT Neveu & Fils
FONDÉE EN 1830
LYON — 8, Rue Constantine — LYON

J. POIZAT Fils, Pharmacien
Successeur

DROGUERIE-HERBORISTERIE SPÉCIALE POUR DISTILLATEURS ET PHARMACIENS

Distillerie d'Essences de fine-champagne, cognac, rhum.
Bonificateurs pour vins et spiritueux. — Eaux distillées parfumées.
Fabrique de Caramels, de Couleurs pour liqueurs et sirops.
Propriétaire des 3 dosages des liqueurs blanche, jaune et verte,
des dosages de vermouth de France et de Turin.

USINE & ENTREPOTS :
30, rue de la Gare, 30, LYON-VAISE
FABRIQUE DE PRODUITS ET PASTILLAGES DIVERS POUR LA PHARMACIE

HORS CONCOURS — 10 MÉDAILLES D'OR & DIPLOMES D'HONNEUR
MOUTARDE NORMANDE
(Marque déposée)

A. BOCQUET à YVETOT
GARCET & TREMBLOT, Successeurs

2 Usines Modèles, Hydraulique et à Vapeur
CLASSE 59 ALIMENTATION — CLASSE 115 EXPORTATION

EAU MINÉRALE NATURELLE
Source LA PÉTILLANTE VALS

Jaillissant dans l'**HOTEL DE PARIS**

EAU TRÈS GAZEUSE CONSEILLÉE PAR LES SOMMITÉS MÉDICALES
POUR LES AFFECTIONS DE L'ESTOMAC

Adresser les commandes à **M. H. ARMAND**, propriétaire
de la source, 23, cours du Chapitre, MARSEILLE.

THÉS de la COMPAGNIE ANGLAISE
23, Place Vendôme
Maison fondée en 1823

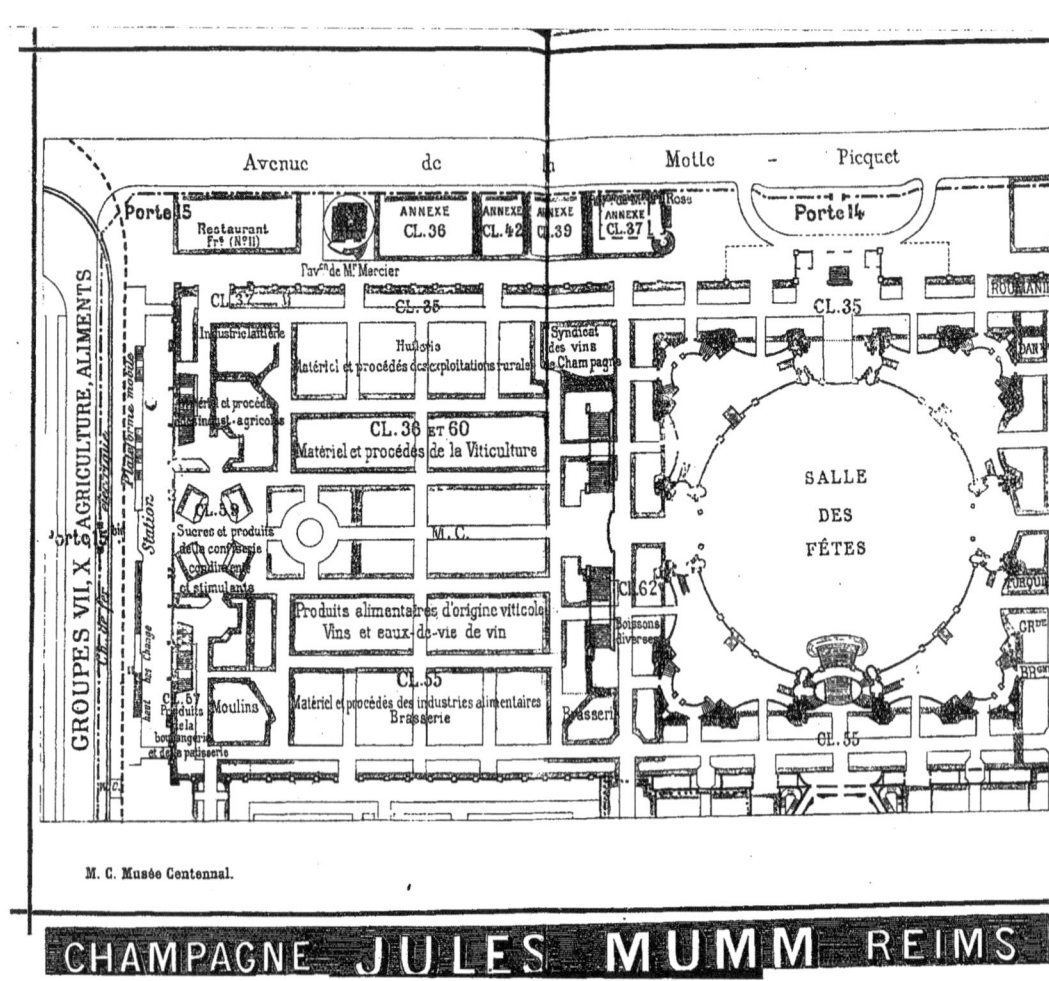

10ᵉ SECTION DU GUIDE
Ancienne Galerie des machines, rez-de-chaussée.
Agriculture et Aliments (section française).

CHAMPAGNE MONTEBELLO

AGENTS:

Maison à New-York,
127, Broad street.
G. Lecocq,
22, rue de la Michodière, Paris.
J. Hopkins & Cᵒ,
79, Mark Lane, Londres.
J. Hopkins & Cᵒ,
66, York street, Glasgow.

E. Dillon,
Stock Exchange Buildings, Dublin.
Schacht & Sass,
Mönkedam, 8 Hᵗʰˢ, à Hambourg.
H. Wentzky,
53-54, Hagelsberger-Strasse, Berlin.
Pekarek & Lederer,
8, Schegargasse, Vienne.

L. Bourgues,
42, Moïka,
Saint-Pétersbourg.
E. Lannessans,
383, Grande Rue de Pera,
Constantinople.
E. Castelot,
Magdalena, 8-10, Madrid.

Demander dans toutes les Bonnes Maisons

Les meilleures MACHINES à COUDRE

Pour Familles! Pour Tailleurs!
Pour Couturières! Pour Cordonniers!

DAVIS & NEW-HOPE

Maison ELIAS-HOWE

101, Rue Quincampoix, - PARIS - boulevard de Sébastopol **48**

VISITER L'EXPOSITION PERMANENTE DE TOUS NOS MODÈLES
48, boulevard de Sébastopol, PARIS

Champagne THÉOPHILE ROEDERER & Cᵒ **Reims**
MAISON FONDÉE EN 1864

VOIR L'ANNONCE, page 4

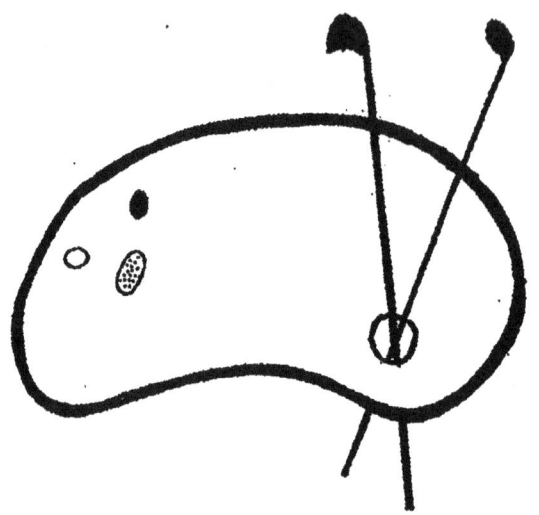

FIN D'UNE SERIE DE DOCUMENTS
EN COULEUR

Xᵉ Section du Guide
Groupes VII et X

Agriculture — Aliments
(SECTION FRANÇAISE - REZ-DE-CHAUSSÉE)

Classe 35. — Matériel et procédés des exploitations rurales.
— **36.** — Matériel et procédés de la viticulture.
— **37.** — Matériel et procédés des industries agricoles.
— **55.** — Matériel et procédés des industries alimentaires.
— **57.** — Produits de la boulangerie et de la meunerie.
— **59.** — Sucres et produits de la confiserie, condiments et stimulants.
— **60.** — Vins et eaux-de-vie de vins.
— **62.** — Boissons diverses.

Portes d'entrée : Portes n° 14, avenue de La Motte-Picquet, au centre de la façade ; — n° 15, angle des avenues de La Motte-Picquet et de La Bourdonnais ; — n° 15 *bis*, avenue de La Bourdonnais.

Station de la plate-forme roulante : Porte n° 15 *bis*.

Restaurant : Porte n° 15.

La galerie de l'agriculture et des aliments
(REZ-DE-CHAUSSÉE)

L'exposition des deux groupes de l'agriculture et des aliments se présente dans un cadre tout à fait nouveau. M. Dervillé, l'éminent directeur général chargé de la section française, secondé par l'un de ses chefs de groupes, M. Hatton, avait demandé aux exposants de donner à leurs installations un certain cachet caractéristique, approprié à la nature et à l'origine des

ORBEC MOUSSEUX

Délicieuse Boisson gazeuse

AUX PARFUMS DE BANANE

SE TROUVERA DANS TOUTE L'EXPOSITION

Châlet-Dégustation Classe **62**

MAISON RIGOLET { MARSEILLE, boulev. Baille, 195.
PARIS, boulev. de Grenelle, 125.

Usine à DAMMARIE-LES-LYS, près MELUN (Seine-et-Marne)
MÉDAILLE D'OR EXPOSITION UNIVERSELLE DE 1889

SPÉCIALITÉ DE DRAGÉES ET BOITES POUR BAPTÊMES

(Envoi de l'Album)

JACQUIN FRÈRES

A. JACQUIN ET FILS, succrs

PARIS — 12, rue Pernelle, 12 — PARIS

CHOCOLATS, BONBONS ARGENTÉS, BONBONS DE DESSERT

Commission — ENVOI DU PRIX COURANT — Exportation

Vente au détail : Entresol du Moulin ABEL LEBLANC

Exposition universelle LYON 1894 : Hors Concours

Manufacture Lyonnaise de Confiserie

FABRIQUE SPÉCIALE
DE

MARRONS GLACÉS et au SIROP

POUR L'EXPORTATION

Ate NOGUIER-VIENNOIS

173, Grand'Rue de la Guillotière
Place de la Croix, 175.

Ces produits préparés avec soin, s'expédient à toute époque de l'année en boîtes de diverses grandeurs

PULPES D'ABRICOTS et de PRUNES

EN BOITES DE 5 KILOGRAMMES

GELÉES et CONFITURES de toutes sortes
en fûts, en seaux et en boîtes fer-blanc de diverses grandeurs

---

TRAITEMENT des VIGNES

MILDIOU   VERDET JJ8 MOLLERAT   BLACK ROT

VOIR L'ANNONCE PAGE 191.

produits, afin d'en rompre la monotonie. Aussi le visiteur sera-t-il charmé ici par des décorations conçues dans un goût artistique plein d'ampleur, de richesse et de vie.

L'immense nef de l'ancienne galerie des machines est divisée en trois parties à peu près égales : la salle des fêtes occupe la partie du milieu ; dans les deux autres parties sont installés les groupes de l'agriculture et des aliments. La section française est du côté La Bourdonnais ; les sections étrangères du côté Suffren. Nous ferons d'abord le tour du vaste carré de la section française.

Le vaisseau Menier

Contre la porte d'entrée de l'avenue de La Bourdonnais, à cheval sur les deux groupes de l'alimentation et de l'agriculture, se dresse sur deux vagues qui s'entrechoquent, un immense navire de guerre à tourelles, du temps de Louis XIV, construction d'une suprême élégance et d'un effet saisissant (architecte M. Sauvestre). C'est le vaisseau de M. Menier, le chocolatier et l'agronome bien connu. Voici le thème de ce beau motif : le vaisseau royal « Le Triomphant », battant pavillon de l'amiral d'Estrées, vainqueur de Tabago, revient à Brest le 10 octobre 1679, après avoir établi le commerce français aux Antilles. Il apporte au roi Louis XIV, parmi de nombreux présents, le chocolat préparé avec les cacaos provenant des premières plantations de la Martinique. Si l'extérieur est curieux sous plus d'un rapport, l'intérieur est très attrayant. Dans le sous-sol, on assiste aux opérations de la préparation des pâtes de chocolat. Au rez-de-chaussée, quatre dioramas montrent toute la division du travail de cette industrie, jusqu'à l'empaquetage. Au premier étage, exposition et dégustation.

Au rez-de-chaussée, le vaisseau Menier se trouve dans la **Classe 59,** qui comprend les **sucres et produits de la confiserie**; les **condiments** et les **stimulants**. — Sucres ; — chocolats ; — produits divers de la confiserie : dragées, bonbons, fondants, confitures, gelées, fruits confits, fruits à l'eau-de-vie ; — cafés, thés, etc. ; — vinaigres ; sels de table ; épices ; moutarde, etc. — On voit là, à côté des sucres bruts et raffinés des grandes manufactures, les expositions si élégantes et si attirantes de nos confiseurs, tels que Boissier, Jacquin, etc. ; de nos chocolatiers en renom ; les cafés de la maison Trébucien ; les biscuits de Reims ; les confitures de Bar-le-Duc ; les dragées de Verdun ; les gâteaux secs ; la kola, notamment la kolafood, aliment d'épargne de la maison Maussey et Cie ; les moutardes de Dijon, etc., etc.

Le moulin Abel Leblanc

Dans l'angle de gauche, nous voyons, perché sur un rocher, une pittoresque construction symbolisant la minoterie. C'est le moulin élevé par la maison Abel Leblanc (architecte,

M. Labussière). Au rez-de-chaussée, on voit l'ancien moulin à eau ; au premier étage, le moulin à vent ; à l'intérieur le moulin moderne avec turbine. Une passerelle relie le moulin Abel Leblanc à la galerie du premier étage, où un motif décoratif des plus animés, avec maisons à pignons et ornementations rustiques donne l'illusion d'un marché aux grains. Le moulin se trouve devant les expositions de la **classe 57**, affectée aux **produits de la boulangerie et la meunerie;** — pains de fantaisie, pains comprimés pour voyages, pour campagnes militaires, etc.; biscuits de mer; — produits divers de la pâtisserie, etc.

Le visiteur trouvera une annexe de la classe 57 lorsqu'il visitera les expositions du quai Debilly, près de la Chambre de commerce maritime (pavillons Pernot, Lefèvre-Utile, etc.)

La distillerie

Vient ensuite une très haute décoration qui symbolise l'industrie de la distillerie. A la base et sous les révolutions d'un double escalier conduisant à la galerie du premier étage, se trouvent groupées les matières premières employées dans la distillerie et dans la fabrication des liqueurs. Sur un premier balcon figurent des appareils, des alambics, des colonnes, etc. (prêtées par les maisons Lepage, Barbet, Egrot). La note claire et brillante du cuivre de ces appareils se détache sur des treillages à travers lesquels se jouent des feuillages et des raisins. Le treillage, les fleurs et les fruits forment d'ailleurs le poème décoratif du grand motif tout entier. Ils servent de fond à l'ornementation de la partie supérieure, qui se termine en une grande voussure épousant la forme des arcs de la galerie des machines. Au centre, le soleil s'épanouit joyeusement.

Au-dessus de la galerie du premier étage et dans l'axe de la composition, se trouve figuré le laboratoire d'un vieil alchimiste. C'est le décor fameux du premier acte de l'opéra de *Faust*, avec le docteur Faust devant ses alambics. A droite et à gauche de l'arc central, deux arcs plus petits forment des niches ajourées qui contiennent des agrandissements de vieux appareils utilisés autrefois dans les laboratoires. La composition est complétée par de grands motifs de sculpture qui se terminent par deux figures en ronde bosse *la liqueur* et l'*alcool* s'échappant de cornes d'abondance.

La composition d'ensemble est l'œuvre de M. Courtois-Suffis, architecte, qui a eu pour entrepreneur M. Le Cœur. Les collaborateurs artistiques sont MM. Gustave Michel, statuaire, pour les figures; L. Bigaux, pour la peinture décorative; Gautier, L. Carrier-Belleuse, Plé, pour la sculpture monumentale; Louis Lemonnier, pour le décor théâtral de *Faust;* Tricotil, pour les treillages.

C'est le centre de la longue **classe 55**, qui embrasse **le matériel et les procédés des industries alimentaires.** — Minoteries; féculeries; fabriques de pâtes alimentaires; boulangeries; pâtisseries. — Fabrication et conservation de la glace; machines et appareils frigorifiques. — Matériel et procédés de la conservation des viandes fraîches; fabriques de conserves de viandes. — Sucreries; raffineries; chocolateries; confiseries. — Décortication et torréfaction du café. — Vinaigreries; distilleries; brasseries, etc.

La brasserie

Dans l'angle opposé à celui occupé par le moulin Abel Leblanc, s'élève un édifice plein de fraîcheur, de pittoresque et d'originalité. C'est la brasserie que M. Benouville, architecte, a été chargé d'élever, dans un style rappelant la brasserie flamande, avec de jolis motifs décoratifs de M. Félix Aubert. A côté de cette brasserie s'étend le long de l'escalier d'honneur qui conduit au premier étage, une grande salle de dégustation, vraie halle aux bières, ayant les apparences d'une cave voûtée, où nos principales brasseries ont des comptoirs de dégustation avec caves et appareils frigorifiques.

La cidrerie

Nous rencontrons ensuite une cidrerie, dont le pavillon de dégustation a la forme d'un pigeonnier normand (architecte, M. Benouville). On remarquera une fort jolie porte et une fontaine normande décorée d'une Ève de M. Lenoir.

La maison Simon frères, de Cherbourg, a installé une cidrerie complète, comprenant broyeur, presse-continue à colonnes, presse-continue au moteur, élévateur, etc.; car nous sommes ici dans la **classe 62**, celle des **boissons diverses**. — Cidres et poirés, bières et autres boissons tirées des céréales; boissons fermentées de toute nature; eaux gazeuses artificielles.

Nous passons devant la superbe porte monumentale de la salle des fêtes pour visiter, dans l'angle opposé, le palais du Champagne.

Applications carboniques, Participation G. Lejeune, 5, quai Saint-Louis, Nantes.
Installations perfectionnées pour le débit des boissons hygiéniques et exploitation des brevets G. Lejeune concernant la bonde carbonique.

La bonde carbonique G. Lejeune est une invention française, brevetée en tous pays, et notamment aux Etats-Unis d'Amérique. La bonde carbonique s'adapte sans aucune partie saillante à tous les fûts, et le gaz qu'elle détend assure, à l'abri de l'air, le débit et la conservation des bières, vins, cidres, eaux gazeuses, etc.; elle a sa place partout, à la brasserie, au café, au restaurant et chez tous les consommateurs de boissons hygiéniques.

Le palais du Champagne

L'exposition du **Syndicat du Commerce des Vins de Champagne** est installée dans l'ancienne galerie des machines, dans la partie située contre l'avenue de La Bourdonnais et consacrée à l'Alimentation.

Le Syndicat a élevé là, avec la collaboration de MM. Bègue et Kalas, architectes à Reims, dans un des angles de cet immense hall, contre la salle des fêtes, un magnifique palais dans le style Louis XV, tel que l'avaient rêvé, dans leurs estampes, Watteau, Fragonard et Meissonier.

Obligé par la nature de l'emplacement qui lui avait été concédé, d'entourer une des colossales fermes de la galerie et de lutter contre le voisinage écrasant de la salle des fêtes, le syndicat a dû chercher la solution hors des sentiers battus et des moyens coutumiers : il nous paraît avoir réussi et nul ne pourrait deviner, en regardant le monument et sa souple ordonnance, non plus qu'en parcourant ses salles aux deux étages, que le palais est traversé de bas en haut par un immense pal recourbé d'une largeur de 3m,85 et d'une épaisseur de 1 mètre.

Au rez-de-chaussée, sous une profonde voussure, on pénètre dans une cave-crayère dont nous parlerons plus tard; au premier, s'ouvre, sous forme de loggia, une grande baie de 10 mètres de diamètre, au travers de laquelle on aperçoit les panneaux treillagés d'un salon d'honneur. Au point où l'arcade s'appuie sur le balcon, elle se transforme en un piédestal qui porte le groupe des *Vignerons champenois à la vendange*, tandis qu'au fronton de l'édifice se développe une colossale *Apothéose de la bouteille de Champagne*.

Ces deux derniers groupes sont dus à la collaboration du statuaire Peynot, qui n'a jamais été mieux inspiré.

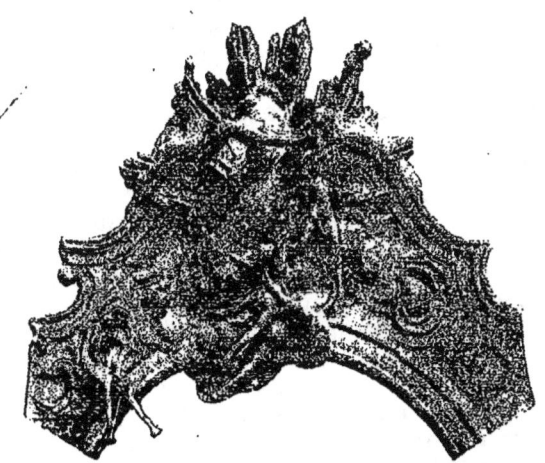

Apothéose de la bouteille de Champagne.

L'ensemble de ce palais couvre 400 mètres carrés; ses façades se développent sur plus de 80 mètres; les parties latérales sont décorées dans le même goût que la façade principale, mais avec un peu plus de sobriété; elles sont couronnées par des mâts entre lesquels courent des pampres joyeux.

En pénétrant par l'arcade inférieure, nous sommes d'abord dans une cave telle qu'on en rencontre seulement en Champagne. C'est une crayère, c'est-à-dire l'un de ces anciens puits d'extraction de la craie avec laquelle on bâtissait autrefois murs et maisons dans le pays; le commerce champenois a déblayé ces catacombes et les a appropriées à ses besoins; elles sont encore fort pittoresques et le visiteur aura plaisir à faire connaissance avec cette curiosité de la contrée rémoise.

Dans cette crayère est établi un buffet de dégustation où, chaque jour, le Syndicat présente au public les vins d'une des maisons exposantes. Ce ne sera pas une des moindres attractions pour la généralité des visiteurs que cette facilité qu'on trouvera là de faire la connaissance des marques célèbres de la Champagne; les vins sont servis par une domesticité de choix, sous les trois formes chères aux amateurs des différents pays: très sec ou goût anglais, sec ou goût américain, demi-sec ou goût français; inutile d'ajouter que chaque maison a expédié de ses caves ce qu'elle avait de mieux dans ces trois types.

Le visiteur passe dans une cave voûtée où tout d'abord on lui présente la réduction au dixième d'une cave de Champagne; il peut ainsi se rendre compte de l'importance des manutentions nécessaires pour la préparation du vin mousseux. Près de lui, des ouvriers exécutent les dernières opérations que subit la bouteille avant que le vin n'arrive au point que l'on connaît.

C'est d'abord le *remuage* qui agglomère sur le bouchon le dépôt né dans la bouteille lors de la prise de mousse ; puis le *dégorgement*, avec l'aide du froid, par lequel on expulse ce dépôt ; le *dosage* vient ensuite, qui donne au vin le degré de douceur qu'exige le goût du public suivant les pays. Le *bouchage* succède, et on termine par la *pose du muselet* qui fixe le bouchon et l'empêche de s'échapper sous la pression intérieure du gaz.

Le visiteur quitte cette cave qu'enveloppe une atmosphère de mystère, pour entrer dans un cellier où, tous les jours, trois mille bouteilles sont habillées, c'est-à-dire étiquetées, revêtues de la feuille d'étain ou de la capsule, et ensuite emballées dans les caisses et paniers qui doivent les emporter. Au mur sont appendus les graphiques qui lui donnent d'une façon claire et curieuse tout à la fois, les chiffres de la production du vignoble champenois, du stock en cave et de l'expédition des vins mousseux de Champagne dans les cinquante dernières années. Le tableau qui, sous la forme de bouteilles colossales, comparées à Notre-Dame et à la Tour de 300 mètres, lui montrent l'importance de ce commerce, frappera son imagination ; le chiffre fantastique de vingt-neuf millions de bouteilles expédiées annuellement, la vue du maniement en masse de ces bouteilles revêtant leur dernière et somptueuse parure, tout cela est de nature à donner à sa lèvre un pli souriant et le courage lui viendra qui lui permettra d'entreprendre l'ascension du premier étage où l'attendent d'autres merveilles.

Un large escalier l'y conduit qui débouche dans un vestibule décoré par MM. Pollaud et Riom, d'une large frise, gaie théorie de gracieuses filles rappelant les nations chez lesquelles la Champagne exporte principalement ses produits. Là est l'entrée du Salon d'honneur et de repos, où, à côté d'un *buffet de dégustation*, se trouve un meuble portant les spécimens des produits des trente et un exposants, et des sièges mis obligeamment à la disposition des visiteurs.

On aura plaisir à lire, soit sur les panneaux du salon, soit sur les plateaux d'argent ciselé qui portent les bouteilles casquées d'or, d'argent ou de vives couleurs, les noms de ces marques, aujourd'hui connues sous toutes les latitudes et propageant au dehors notre belle gaîté et notre bon renom ; on se rappellera, à la gloire de nos compatriotes, que c'est avec la petite grappe de raisin cultivée péniblement sous un ciel déjà septentrional, qu'est fait le premier vin du monde et on s'éprendra d'une belle admiration pour le groupe plein d'activité courageuse des *Vignerons champenois*, que le syndicat nous a placé là comme un symbole.

De ce salon, décoré en style Louis XV et couvert d'une coupole en treillage du plus heureux effet, on a une vue prestigieuse sur l'ensemble de l'Exposition dans cette partie du Palais.

A gauche du salon d'honneur s'ouvre une galerie réservée à la viticulture, où se déroule le *diorama* d'un des vignobles les plus typiques de la Champagne à l'époque de la vendange, œuvre du peintre Deconchy; on voit ensuite la reproduction au dixième d'un pressoir de négociant, lors de l'amenée, de la

Vignerons champenois à la vendange.

pesée et du pressurage des raisins, et, dans une longue vitrine, un exposé de la culture de la vigne depuis la taille du printemps jusqu'à la cueillette. En face de cette vitrine, une *carte en relief* du vignoble champenois au vingt-millième, avec, à droite et à gauche, les détails du cep de vigne spécial à la contrée et la manière de le diriger. Tout autour de cette salle court une frise où, sous une forme synthétique, passent les différents profils des vignobles et les noms des crus les plus célèbres.

Avant de sortir de l'exposition du Syndicat, le public a encore à examiner la galerie dite des Industries accessoires, celle où la puissante association a montré les principales industries qui tirent leur existence du commerce des vins de Champagne.

Tout d'abord la *Verrerie en bouteilles champenoises*, représentée par une reproduction au dixième d'un four à bassin, colossal creuset qui peut produire plusieurs millions de bouteilles par an; puis *le Bouchon*, dont la Champagne, chaque année, importe d'Espagne quatre-vingts millions ; ensuite le *Sucre candi de canne*, employé pour la prise de mousse et le dosage des vins, et enfin les industries qui fabriquent le nécessaire pour l'habillage, c'est-à-dire : l'*étiquette*, la *capsule métallique*, la *feuille d'étain*, le *fil de fer*, etc.

Avant de dire adieu à ce palais, le visiteur jettera encore un coup d'œil sur les machines ingénieuses employées dans le travail et sur la vitrine où on a rassemblé les objets que nos pères avaient créés pour le Champagne : la verrière, le seau à rafraîchir, la flûte et la bouteille au col effilé ; les plus vieux de ces objets datent d'un siècle et demi et nous paraissent déjà antiques ; il admirera les quelques notes d'art éparses dans les frises de cette salle et son dernier regard sera pour le bronze à cire perdue de *la Vigne*, dernière et superbe œuvre d'Etcheto, terminée par Dampt, bijou sorti pour la première fois de la collection d'un amateur rémois ; ces dernières impressions diminueront pour lui la fatigue de la visite et fixeront son souvenir.

En résumé, le Syndicat du Commerce des Vins de Champagne a voulu faire voir au public toute l'importance que présente cette branche de notre production nationale, et il a mis à sa démonstration un cadre digne de lui et de la réputation centenaire de ses vieilles marques.

L'huilerie

Vient ensuite un majestueux décor symbolisant l'*Huilerie*. Supporté à gauche par un olivier, à droite par un noyer, du décorateur Carpezat, cette composition montre, d'un côté, les appareils et instruments de l'ancien moulin à huile ; de l'autre, le tableau animé de la récolte du colza ; au milieu, Minerve, la déesse qui a découvert l'olivier. Au-dessus du moulin à huile, un paysage du Midi, pays de l'olivier ; au-dessus de la récolte du colza, un paysage de la Normandie, pays du colza. Tout en haut, au milieu d'un grand motif décoratif, la meule moderne de l'huilerie. Architecte, M. Guenot ; décorateur, M. Malherbe.

La classe à laquelle se rattache l'huilerie occupe la galerie du premier étage, où nous la visiterons plus tard. Au rez-de-chaussée sont les expositions de la **classe 35**, comprenant le **matériel** et les **procédés des exploitations rurales.** — Spécimens des divers types d'exploitations rurales. — Plans et modèles de bâtiments ruraux. — Matériel et travaux du génie rural : dessèchements, drainage, irrigations. — Outillage agricole. — Machines agricoles mues par des attelages, par le vent, par l'eau, par la vapeur, par l'électricité ; machines locomobiles ; pompes, etc. — Greniers ; silos. — Appareils pour préparer la nourriture des animaux, etc. — La maison Bajac expose notamment des charrues à vapeur, des treuils pour défoncements ; un joli matériel miniature de culture attelé, pour démonstrations. — M. Duncan montre ses semoirs pour toutes graines. — La maison Brouhot a un bel ensemble de locomobiles et de batteuses. — Dans l'exposition de MM. Digeon et fils aîné, on remarquera d'intéressants modèles de charrues, un chariot dynamométrique pour essais d'instruments agricoles, etc. — Nous voyons encore ici une série de pressoirs à cidre de MM. Simon frères; — des pompes de toutes sortes de M. Vidal-Beaume, etc. — Un pavillon spécial est installé pour les engrais et les matières fertilisantes.

La laiterie

Dans le quatrième angle du carré s'élève la très curieuse laiterie dont l'architecte est M. Binet, l'auteur de la porte monumentale de la place de la Concorde. Cette construction, avec sa fraîche et claire façade à la note enfantine, mérite également une description spéciale.

Voici l'arc d'entrée orné de deux têtes de vaches. A droite, *Perrette et le Pot au lait*, par le sculpteur Charron; à gauche, *le Corbeau et le Renard*. Au-dessus, frise très amusante du peintre Jean Veber, représentant une nourrice et tout un monde de bambins aux figures réjouies. Des panneaux, peints par Camille Bourget, simulent des fenêtres aux volets ouverts, laissant voir des femmes occupées à tous les travaux du lait. Entre ces panneaux coulent des flots de lait que boivent des chats courant sur les cadres. Le reste de la façade est orné de carrelages bleus et blancs représentant des chats, des coqs, des bœufs, des béliers, etc. La partie supérieure, percée de jolies fenêtres cintrées, montre une intéressante collection de tous les modèles de pots à lait de France. Des chèvres perchées sur de petits plateaux, des chats guettant partout et jusque sur les toits complètent ce charmant ensemble.

L'intérieur est conçu dans le même esprit : décorations blanches et peintures bleues; au pourtour, des loggias ajourées, sous lesquelles le visiteur pourra s'asseoir et boire le lait. On accédera au premier étage par un tapis roulant dont le départ est à quelques mètres de l'entrée de la laiterie. A l'arrivée du tapis roulant, un escalier conduit à l'étage supérieur du pavillon. De ce point, tout en dégustant le lait, on pourra embrasser l'ensemble des constructions si variées de la galerie.

C'est naturellement le centre de la **classe 37**, — **matériel et procédés des industries agricoles**, comprenant les laiteries, les beurreries, les fromageries. La même classe embrasse les distilleries et les féculeries agricoles; les huileries; les fabriques de margarine; les ateliers pour la préparation des matières textiles; les établissements d'aviculture, etc. — M. Hignette a fait ici une installation complète de beurrerie avec écrémeuses centrifuges, pasteurisateurs et réfrigérants pour le lait et la crème, appareils et vases pour la stérilisation du lait, appareils d'analyse et de contrôle du lait. — La maison Egrot expose, en collaboration avec M. E. Guillaume, l'ensemble d'une petite distillerie agricole de betteraves avec procédés perfectionnés. — A remarquer aussi l'installation complète de laiterie et beurrerie de MM. Simon frères, etc.

La cité de la viticulture

Nous avons fait ainsi tout le tour du grand carré. Il nous reste à voir le carré intérieur, qui comprend la **classe 36, matériel et procédés de la viticulture,** et la **classe 60, vins et eaux-de-vie de vins.** — Comme on le verra par la description de cette installation, l'architecte des classes 36 et 60, M. Henri Laffillée, a fait surgir de terre, avec une activité et une science remarquables, des reconstitutions du plus haut intérêt.

Les deux classes, fondues en une seule, quant à leur installation, dans le but de montrer les moyens de production à côté des produits, occupent ensemble une surface d'environ 6.000 mètres, partagée entre les cinq grandes régions vinicoles. Les vins ou eaux-de-vie de chaque département y sont présentés dans un cadre emprunté autant que possible à l'architecture locale.

Le premier groupe de constructions que l'on rencontre sur la droite en tournant le dos à l'avenue de La Bourdonnais est occupé par la Bourgogne. Dijon fournit sa tour du Jacquemard, munie d'un véritable carillon; l'escalier de son palais ducal; la tourelle en encorbellement d'une maison de la Renaissance; une tour carrée de l'hôtel de Vogüé. Beaune montre des morceaux de son hôpital, avec ses riches motifs de plomberie. Les façades entières de deux maisons romanes de Cluny occupent un angle du groupe. Trois travées du célèbre cloître de Semur éclairent une grande salle voûtée. Çà et là des fragments de sculpture tirés de Mâcon, de Villefranche, d'Auxerre, etc. Au pied de ce pavillon, un petit hangar pittoresque abrite une exposition d'appareils de distillation (maison Besnard).

Plus loin, c'est la région des Charentes, où se voient groupés, autour du clocher de Cognac, le portail du logis du garde-épée, couronné d'un rang de créneaux et de mâchicoulis de la Renaissance très caractéristique. La visite de ce coin de la classe 60 équivaut à une promenade archéologique dans la ville de Cognac. Presque tous les morceaux qui entrent dans sa composition sont moulés sur les originaux. La porte fortifiée de Cognac, dans sa grandeur réelle, donne accès à une cour où les produits exposés sont installés sous des treilles. Une vieille maison de bois, entièrement moulée sur place, flanque cette porte. Dans la boutique qui en occupe le rez-de-chaussée, est exposé un vieil alambic. A côté, la façade de l'abbaye de Chastres. Tout cela relié et complété par une série de fragments intéressants : niches, fontaines, vieilles inscriptions, bas-reliefs, gargouilles, etc. Un peu en dehors de ce groupe, un vieux puits de la Renaissance, existant à Saint-Jean-d'Angély, et classé dans les monuments historiques, est reproduit en pierre dans ses dimensions réelles. Dans le voisinage des eaux-de-vie de Cognac, les eaux-de-vie d'Armagnac étagent leurs bouteilles au pied du clocher de l'église de Fleurence (Gers).

Dans l'axe de la galerie, au pied de la salle des Fêtes, une vaste treille en forme de rotonde et sortant de la donnée générale, encadre les produits du Bordelais (M. Gervais, de Bordeaux, architecte). — Plus modeste, un petit chai girondin d'aspect moyenâgeux, agrémenté d'un pigeonnier, reçoit l'exposition d'un groupe de propriétaires.

Près de l'escalier de la salle des fêtes est la reproduction d'une bonne moitié de l'hôtel de ville de Saumur, où se trouve installé un comptoir de dégustation pour les vins mousseux de l'Anjou.

Sur le côté gauche, également auprès de la salle des fêtes, un pavillon Louis XVI à deux étages, élevé par la maison Moët et Chandon, domine un jardin suspendu. (Architecte, M. Frantz Jourdain).

Puis, la reconstitution d'une fontaine qui existait encore il y a cinquante ans, sur le côté de la cathédrale de Reims.

En revenant vers l'entrée de la galerie, on trouve la région du Midi. C'est d'abord une tour en briques, prise à Toulouse, avec deux travées du cloître qu'elle domine ; puis, la Porte d'Auguste, à Nîmes, sous l'arc romain de laquelle les vins du Gard se mêlent à des fragments antiques. A côté, le pavillon des vins de l'Hérault, dans la composition duquel entrent la tour des vins de Montpellier, l'abside de Saint-Guillem-le-Désert, a porte de l'église de Maguelonne. La porte narbonnaise de Carcassonne abrite dans chacune de ses tours une des deux Sociétés d'agriculture de l'Aude. Sous trois travées du cloître d'Elne, moulées sur l'original, se trouve l'exposition des Pyrénées-Orientales. Le bureau de la classe 36, relié au chai modèle, vient accentuer, avec son toit plat et ses murs blancs, la note méridionale qui caractérise ce quartier.

A la suite est le groupe des régions diverses. Dans une série de petits bâtiments reliés entre eux, les exposants isolés, les dissidents des grandes Sociétés d'agriculture, trouvent l'hospitalité. Les vins du Puy-de-Dôme y sont présentés dans un motif composé de trois arcades de style roman-auvergnat. Les vins de la Touraine, de la Sarthe, du Centre, de la Lorraine, de la Savoie, du Jura, sont disposés sur des gradins dans la cour et le cloître d'une petite abbaye, en souvenir des anciens moines, grands planteurs de vigne. Çà et là, des comptoirs de dégustation installés dans les boutiques de maisons en bois ou d'échopes parasites.

A côté, on voit un pavillon circulaire élevé par un syndicat de huit maisons de Saumur. C'est une adaptation des motifs d'architecture qu'on rencontre fréquemment en Anjou et qui rappelle vaguement la lanterne de Chambord. Ce pavillon, bien que mesurant 13 mètres de haut, tourne sur un pivot, de façon à présenter successivement chacune des huit enseignes à la meilleure place.

A la suite du pavillon des régions diverses, la Chambre syndicale des vins et spiritueux de la Seine a élevé un pavillon Renaissance où sont réunis les moulages d'après les originaux des principaux motifs de sculpture de Jean Goujon.

La frontière du domaine vinicole est marquée par un clocher breton en granit s'élevant au-dessus d'un vieux porche affecté au culte de Bacchus, et où seront dégustés les vins et eaux-de-vie de la Loire-Inférieure.

Au pied de tous ces édifices seront disposés les instruments viticoles et vinicoles : charrues, pulvérisateurs, pressoirs, tonneaux, foudres, de façon à obtenir pour l'ensemble l'aspect d'une vieille ville un jour de marché. Inutile de dire que cette ville vinicole disparaît en partie sous les pampres d'une vigne dont la végétation sera d'autant plus luxuriante que cette vigne est artificielle.

Parmi les exposants des instruments et appareils, nous retrouvons les grandes maisons que nous avons déjà citées, notamment celle de MM. Simon frères, de Cherbourg, dont les machines agricoles sont si connues. Elle expose ici des pressoirs divers, des fouloirs pour raisins, des appareils de démonstration, etc.

Les classes 35, 36, 37, 39 et 42 ont, en dehors du palais de l'alimentation, des annexes situées en bordure de l'avenue de La Motte-Picquet, à droite et à gauche de la porte 14.

A côté de l'ancienne Galerie des Machines, contenant le *Palais des Champagnes*, se dresse le pavillon de la Maison E. **Mercier et C**^{ie}, d'Épernay. Il est édifié en face de l'École militaire, non loin de l'angle formé par les avenues de La Motte-Picquet et de La Bourdonnais. Construit en ciment armé, il renferme un Panorama-Diorama et un Cinématographe représentant tout le travail animé de culture de la vigne en Champagne, la vue des caves de la Maison et toute la manutention des Vins de Champagne. Un salon de dégustation complète l'installation de ce pavillon remarquable dont le succès sera au moins égal

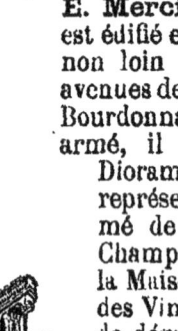

à celui du tonneau monstre qui a figuré à l'Exposition de 1889. (Voir première page du Guide.)

Musée centennal de la viticulture. — Au centre de la galerie, une construction gothique exécutée par le décorateur, M. Marcel Jambon, sur les plans de M. Hermant, architecte, abrite les artistiques pressoirs et les divers instruments qui servaient à la viticulture et à la vinification dans le bon vieux temps. Des moulages de vieux bas-reliefs et de chapiteaux, des reproductions de vitraux du XIIIe siècle, nous montrent les vignerons d'autrefois taillant la vigne, la cultivant, la

— 191 —

soufrant même, car rien n'est nouveau sous le soleil, et foulant le raisin. C'est là le côté pittoresque de cette exposition qui rappelle la vieille gloire de nos crus renommés.

Des collections inestimables de vieux manuscrits et de vénérables bouquins, ainsi que d'érudites monographies, constituent la partie savante de cette exposition. Les chercheurs y trouveront de bien curieux documents, tant sur la culture de la vigne aux temps anciens, que sur les conditions sociales et économiques faites aux vignerons d'autrefois.

Maison fondée en 1809
la plus ancienne et la plus importante

CHICORÉE
PROTEZ-DELATRE
à CAMBRAI (Nord)

Ne fabriquant que des Produits de Qualité supérieure

MAISON FONDÉE EN 1809, A POUILLY-SUR-SAONE, PAR J.-B. MOLLERAT
A. THEURIER FILS, A PIERRE-BÉNITE (Rhône)

TRAITEMENT DES VIGNES
ATTÉNUATION DES DÉGATS CAUSÉS PAR LA GRÊLE

VERDET JJ8 MOLLERAT
TENEUR GARANTIE :

31,5 % de Cuivre métallique ; 39,5 % d'Oxyde de cuivre ; 48,5 % d'Hydrate de cuivre. Dissolution instantanée dans l'eau froide, inoffensive, et ne présentant aucun danger de brûlure ; — Efficacité immédiate et assurée même en temps de pluie ; — Doses les plus faibles, ce produit étant le plus riche en cuivre assimilable.

Mildiou
1er traitement : 500 grammes dans 100 litres d'eau.
2e traitement : 750 grammes dans 100 litres d'eau.
3e traitement : 1.000 grammes dans 100 litres d'eau.
Black Rot

Voir son exposition groupe VII, classe 36.

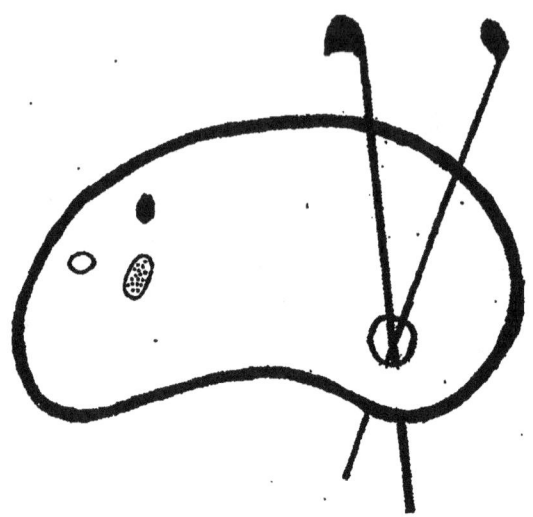

DEBUT D'UNE SERIE DE DOCUMENTS
EN COULEUR

11ᵉ SECTION DU GUIDE
Ancienne Galerie des Machines, rez-de-chaussée.
Agriculture et Aliments (section étrangère).

Le meilleur Chocolat
c'est le
CHOCOLAT PERRON
FONDÉ EN 1825
14, rue Vivienne, 14

Dragées pour Baptêmes
Cafés, Thés, Vanille

28, Boulevard des Italiens, à Paris

Champagne **Chanoine Frères**
ÉPERNAY

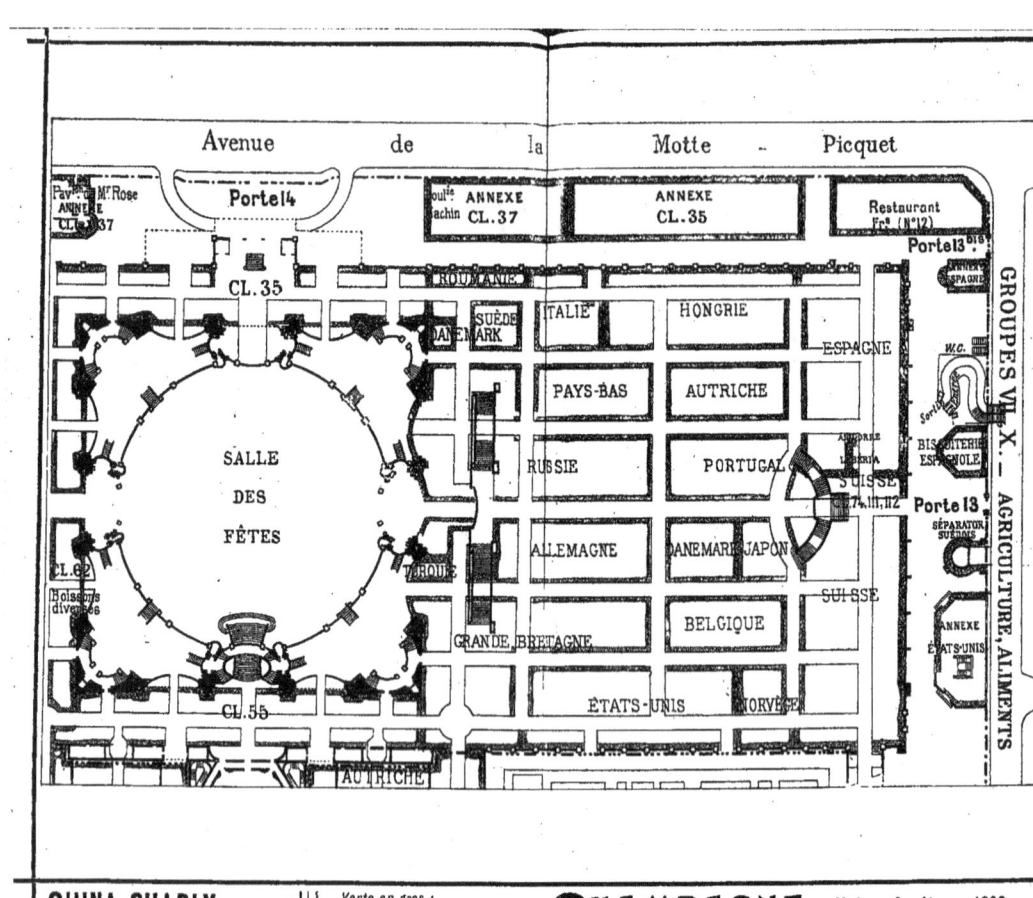

IIe SECTION DU GUIDE
Ancienne Galerie des Machines, rez-de-chaussée.
Agriculture et Aliments (section étrangère).

Établissements SIMON frères, Cherbourg
CONSTRUCTION ET FONDERIE DE MACHINES AGRICOLES ET INDUSTRIELLES

MATÉRIEL COMPLET POUR CIDRERIES & VINIFICATIONS

Nouveaux BROYEURS de fruits
FOULOIRS pour raisins
PRESSOIRS
& PRESSES CONTINUES " Simon "

INSTALLATIONS DE LAITERIES ET BEURRERIES

Nouvelles ÉCRÉMEUSES centrifuges "La Couronne"
Nouvelles BARATTES mono-batteur Simon
MALAXEURS horizontaux et verticaux

CONCASSEURS de grains et manèges

Appareils perfectionnés
donnant des résultats supérieurs

Nombreuses références et Premiers prix dans concours spéciaux
EXPOSITIONS UNIVERSELLES. — Paris 1889, Lyon 1894, Bordeaux 1895 : *Médailles d'or*. — Bruxelles 1897 : *Diplôme d'honneur*. — Alençon et Dijon 1898 : *Grands Prix*. — Concours spécial de Nantes pour Pressoirs : *Premier prix, Médaille d'or*.
Grand Prix agronomique, Objet d'art de la Société des Agriculteurs de France.
Catalogues spéciaux, guides sur la fabrication du cidre et du beurre envoyés gratis et franco

---

Prunelle NALTET

LIQUEUR DIGESTIVE

Médaille d'Or, Exposition Universelle de 1889

CHALON-SUR-SAONE

CHAMPAGNE
Vve A. DEVAUX

MAISON FONDÉE EN 1846

Épernay & Lons-le-Saunier

A. LHÉRITIER & Cie Épuration d'huile de colza pour éclairage.
Huiles et graisses industrielles.
Produits hygiéniques pour écuries, étables, etc.

PLAINE-SAINT-DENIS (SEINE)

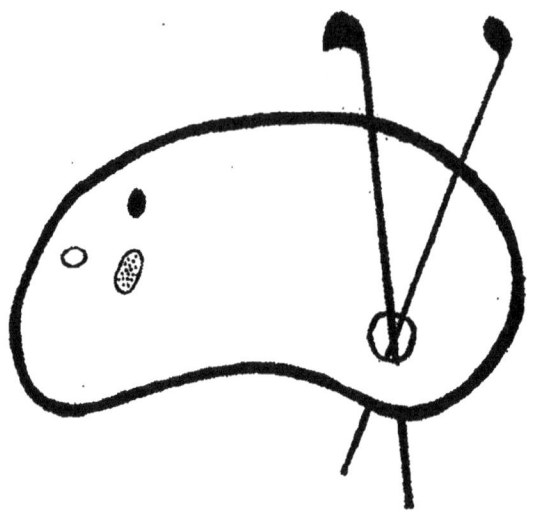

FIN D'UNE SERIE DE DOCUMENTS
EN COULEUR

XIᵉ Section du Guide

Groupes VII et X

Salle des Fêtes
Agriculture — Aliments

(SECTIONS ÉTRANGÈRES - REZ-DE-CHAUSSÉE)

Portes d'entrée : Porte n° 13, avenue de Suffren ; n° 13 *bis*, angle des avenues de Suffren et de La Motte-Picquet ; n° 14, avenue de La Motte-Picquet, centre de la façade.

Restaurants : Porte n° 13 *bis*.

Salle des fêtes

La section française de l'agriculture et des aliments est séparée de la section étrangère par la salle des fêtes, qui occupe un peu moins du tiers de l'ancienne galerie des machines. Elle se présente comme un cirque avec une immense piste et des gradins. Près de 25.000 personnes peuvent y trouver place. Sa magnifique coupole est décorée de sculptures de MM. Maniglier Leroux, Théophile Bareau et Rolard. On admirera également quatre grands panneaux de peintures (les quatre points cardinaux), de MM. Flameng, Maignan, Rochegrosse et Cormon ; quatre petits panneaux (les quatre saisons) de MM. Thirion, Maillard, Surand et Hirsch ; les vitraux, qui sont de toute beauté ; un orgue monumental.

Entrée : UN franc

RECONSTITUTION

des FÊTES en l'honneur du roy Charles VI et de la reine Isabeau de Bavière, données par les échevins de la bonne ville de Paris

GRAND TOURNOI à poulx de lances, par huit chevaliers

DIVERTISSEMENT dansé par les dames du ballet

TOURNOI COMIQUE

GRANDE PANTOMIME DE L'ÉPOQUE

BALLET DE LA COUR DES MIRACLES, truands et ribaudes, bohémiens et bohémiennes.
TROUBADOURS ET TROUVÈRES DANS LEURS CHANSONS DU XIIIe SIÈCLE
Retour de chasse, par les seigneurs et dames de la cour, divertissement équestre

AUBERGE DE LA POMME DE PIN (ruelle des Filles-Dieu)

Airs anciens exécutés par un orchestre d'aveugles

LE CABARET DES TROIS PICHETS

Avec ses salles rappelant les diverses catégories de cabarets, auberges et hôtelleries du temps

MUSÉE DE FIGURES DE CIRE DONNANT L'ILLUSION DE LA RÉALITÉ

Dans l'église, tableaux mystiques et mythologiques, attractions diverses
BOUTIQUES ET ÉCHOPPES, VENDEURS ET VENDEUSES
LES ARTISANS DANS L'EXÉCUTION DE LEURS TRAVAUX

# La galerie de l'agriculture et des aliments

Sections étrangères
(REZ-DE-CHAUSSÉE)

Nous visiterons les expositions des nations étrangères des groupes 7 et 10, dans l'ordre suivant (voir le plan) : États-Unis, Norvège, Suisse, Belgique, Grande-Bretagne, Allemagne, Danemark, Japon, Portugal, Russie, Pays-Bas, Autriche, Hongrie, Espagne, Italie, Suède, Roumanie.

États-Unis. — La façade de cette section est conçue dans le style des anciennes missions espagnoles de Californie. L'emplacement principal est occupé par une exposition très étendue de céréales. A signaler aussi les viandes, la laiterie, les vins, les liqueurs; puis la riche production du coton et de la laine. Dans l'annexe près l'avenue de Suffren, belle exposition de machines agricoles. On visitera également dans la partie supérieure de cette annexe une cuisine où le maïs est apprêté sous les formes les plus variées.

Norvège. — Ce pays est surtout représenté ici par l'industrie des conserves qui devient de plus en plus importante et dans laquelle se distingue surtout la ville de Stavanger. Dans une vaste vitrine collective, les fabriques de cette ville exposent un nombre varié de ces aliments, réputés autant par leur bonne qualité que par leur bon marché. Vis à vis, se trouve l'exposition collective des brasseries norvégiennes.

Suisse. — A remarquer la jolie façade, légère et élégante, de la section suisse, ses charmants agencements art nouveau, avec peintures et inscriptions d'une facture à la fois élégante et curieuse (Salon Nestlé, pavillon Suchard, etc.). La Suisse dispose ici de 2.500 mètres carrés. Elle expose des machines agricoles; des ustensiles pour fromageries; des produits alimentaires; des laits condensés; des laits stérilisés; des vins de ses différents crus; des liqueurs (kirsch, absinthes, etc). On visitera avec intérêt le moulin complet qui est installé dans cette si pimpante partie de la galerie.

Les Usines des **Biscuits Pernot** ont voulu soutenir victorieusement la concurrence française à l'étranger. Leur annexe de Genève, créée dans ce sens, est un établissement dont l'importance grandit tous les jours. Elle est organisée comme la maison mère dont nous avons fait ailleurs une trop courte monographie, et la jeune succursale a suivi les traces de son aînée. La plus haute récompense de l'Exposition nationale suisse, une médaille d'or, lui a été décernée. Il était donc réservé aux grands industriels dijonnais de remplir la plus patriotique des missions, celle de grandir à l'étranger le nom de la France.

Belgique. — La Belgique se présente avec une enceinte Renaissance qui fait fort bel effet. Le tympan de la grande entrée, qui précède immédiatement l'exposition des bières belges, a pour motifs les attributs de la brasserie; il est surmonté des armes du royaume. A droite et à gauche, des statues symbolisant le commerce et l'agriculture. La Belgique, qui est un pays libre-échangiste, a dû beaucoup perfectionner son outillage et ses procédés. On examinera avec intérêt les méthodes et les résultats de son enseignement agricole; — les expositions de ses syndicats agricoles; — de ses établissements d'élevage; — du matériel de culture; — des produits de l'apiculture. — La laiterie occupe ici une place importante; elle y a un chalet spécial « la Campagnarde », où l'on voit notamment d'ingénieuses écrémeuses.

On remarquera encore des machines frigorifiques; — une belle exposition des fabricants d'amidon; — des conserves de légumes; des extraits de viande. — La collectivité des brasseries belges présente ses meilleures bières. Voir l'intéressante exposition des écoles de brasserie, avec les produits de leur brasserie expérimentale, leur culture de levain, leurs analyses, etc.

Grande-Bretagne. — La Grande-Bretagne expose un ensemble remarquable de machines agricoles; des conserves de viande; des biscuits (Huntley-Palmers et autres), dont on voit ici plusieurs centaines de sortes; des confitures; des bières, etc. — Elle a une annexe importante à Vincennes pour un ensemble très intéressant de machines canadiennes.

Allemagne. — Charmante décoration, avec un cachet d'art nouveau. Légers portiques et élégantes galeries. Ornementation fraîche et discrète. Peinture fond blanc avec agréments de feuillages tendres et de fruits or mat. Le ministère de l'Agriculture de Prusse a organisé, sous la direction de M. le Dr Thiel, une grande exposition de machines agricoles de toutes natures, de locomobiles, etc. On visitera en détail l'exposition très complète de produits alimentaires. Les célèbres brasseries allemandes présentent ici un ensemble de leurs meilleurs produits. Nous rappelons que l'exposition des vins allemands est installée dans le sous-sol du pavillon impérial, au quai d'Orsay.

Le visiteur peut se rendre à la jolie brasserie-restaurant allemande (spatenbrau) de M. Sedlmayr, dont l'architecte est M. le professeur Seidl.

Danemark. — Comme dans les autres groupes, le Danemark se présente avec une belle décoration et des agencements du meilleur goût. A l'entrée, deux bœufs vigoureux très artistement exécutés. Sur le panneau du fond un frais paysage danois; sur les autres panneaux, une décoration de feuilles de trèfle vertes et roses sur fond jaune pâle, le tout dans une note très douce. — Exposition de machines agricoles; d'écrémeuses de MM. Burmeister et Wain; de beurre emballé pour expédition (l'une des spécialités du Danemark). — Très intéressante exposition graphique et statistique de la Société royale d'agriculture, etc.

Japon. — Le gouvernement japonais expose des documents sur l'agriculture du Japon, qu'on consultera avec grand intérêt. Le Japon présente des spécimens divers de ses produits agricoles: ses thés les plus fins; sa confiserie, notamment ses conserves de fruits; ses produits comestibles : conserves de poisson, sioyou (sauce japonaise), saké (vin de riz), et d'autres produits tels que chanvre, ramie, etc.

Portugal. — Différents produits du pays. — Importante exposition de vins, notamment des célèbres vins de Porto.

Russie. — Les installations des exposants russes des groupes VII et X sont extrêmement riches. On admirera surtout le superbe salon de M. Kharitanensk, de Moscou, qui expose les produits de ses grandes sucreries et de ses domaines. C'est la reproduction en chêne massif, avec ornements dorés, de jolis motifs de l'architecture russe, telle qu'on les voit notamment dans le palais du Kremlin. L'ameublement, également en chêne massif, et les tentures sont copiés sur des modèles des grandes demeures seigneuriales. A l'entrée, deux griffons soutiennent les armes des gouvernements de Kharkoff et de Tchernigoff, où se trouvent situés les domaines de l'exposant.

D'autres grands propriétaires de sucreries et de domaines, tels que M. Terestschenko, M. Brodsky, rivalisent de luxe dans ce magnifique quartier de la galerie. Parmi les nombreuses expositions intéressantes, on remarquera celles des vins de la province de Kouban (Caucase) de M. le baron Steingel; des thés de Chine de M. Perloff Serge, de Moscou; de M. Popoff, etc.; les Kummels de la distillerie A. Wolfschmits, de Riga; les instruments et appareils de la fabrique Borman Sweete, à Varsovie, etc. — Ravissant pavillon Louis XV de M. Einem, chocolatier et confiseur à Moscou.

Un peu plus loin, contre la salle des fêtes, la Russie a une cave des vins de la Crimée et du Caucase, dont la façade est décorée de peintures représentant des paysages de ces deux contrées.

Pays-Bas. — La Hollande nous montre l'ensemble des appareils de ses fabriques de sucre; — de ses distilleries d'alcool et de levûre, etc., avec divers produits de cet industrieux pays.

Autriche. — L'exposition de l'Autriche comprend avec un matériel agricole des plus intéressants, un choix de vins renommés, de liqueurs; les divers produits des industries du lait; une exposition collective des fabricants de sucre, etc. On admirera la gracieuse décoration de cette exposition, composée de berceaux et de gloriettes avec cloisons à jour, dont les ornements sont tirés des feuillages de la vigne et de la betterave. A l'entrée, sous un ravissant dôme de feuillages, une statue de l'Abondance ayant des deux côtés des figures symbolisant la puissante industrie sucrière et la culture de la betterave.

Hongrie. — Nous retrouvons ici le cadre si soigné, si artistique, et, en quelque sorte, si national que la Hongrie a su donner à ses belles expositions des différents groupes. Les deux entrées sont décorées chacune de quatre mâts recouverts des peaux des différents animaux qui sont élevés ou employés par l'agriculture. Chaque salle a une décoration appropriée à sa destination : pampres de raisins pour le carré des crus renommés de la Hongrie ; gerbes de céréales pour celui des blés et du riz, etc. A remarquer le somptueux salon des fabricants de sucre, où s'élève, devant un panneau en mosaïque d'or, la statue « La Hungaria » portant la couronne et le manteau de saint Étienne, exactement reproduits dans leurs formes et leurs couleurs. D'un côté de la statue, la jeune industrie du sucre symbolisée par un petit garçon, de l'autre la culture de la betterave, de date récente en Hongrie, représentée par une petite fille.

Intéressantes expositions des écoles agronomiques ; — des domaines des haras ; — des services hydrauliques (pompe élévatoire). — Très curieuse salle consacrée à la Croatie et à la Slavonie, etc.

Espagne. — Dans les groupes V et X, le gouvernement espagnol a rivalisé de bon goût et de luxe pour l'installation de ses exposants. Son domaine, au rez-de-chaussée de la galerie, a près de 2.000 mètres de superficie. On y entre par une gigantesque porte qui est la reproduction de l'Arc de Grenade, la « Porte du Vin », richement ornée d'arabesques et de carrelages. Des arcs et des motifs, également empruntés à l'Alhambra, ornent les cloisons qui séparent l'Espagne des autres sections étrangères.

Les célèbres vins de l'Espagne, notamment ceux de l'Andalousie, sont largement représentés : expositions de MM. Diez frères, marquis del Mérito, Segovia, Abarzuxa, Misa, Domech, marquis de Bartemati et d'un grand nombre d'autres de l'Andalousie ; des maisons Bayo, Luque, de Castille ; de la Société vinicole du Nord de l'Espagne, etc. L'exposition des huiles est également fort importante : on y remarque particulièrement les maisons Rios, duc de Santa Lucia, marquis de Acapulco, Prado, Porcar, etc.

Italie. — L'Italie nous montre une importante exposition de céréales. Les produits de ses fabriques de chocolats, ses vins de Marsala ; ses vermouths de Turin ; des liqueurs diverses, etc.

Suède. — Nous voyons ici un modèle complet de Laiterie suédoise exposé par la Société *Separator*, avec un procédé nouveau pour séparer la crême du lait ; — une laiterie plus petite présentée par la Société *Radiator*, avec un nouveau système pour la fabrication du beurre ; — des conserves de viandes, de poissons, d'anchois, etc. ; — le punch suédois. — Ensemble intéressant d'outils et d'appareils agricoles.

Roumanie. — Dans les groupes de l'agriculture et des aliments, de nombreux exposants roumains présentent, avec des installations fort originales, exécutées en partie par l'arsenal de l'armée, à Bucharest, toutes les variétés du blé, de l'orge, de l'avoine, du millet, etc., qu'on cultive sur une si grande étendue du sol roumain. Les vins ont aussi une large place, ainsi que les fabriques de sucre de Marasesti, de Sascut et de Chitila. Est encore à signaler la confiserie roumaine, particulièrement les chocolats et les bonbons si réputés de M. Capoha, élève de Boissier, etc., etc.

Le village suisse

Le village suisse se trouve de l'autre côté de la salle des machines, à l'angle des avenues de Suffren et de La Motte-Picquet (architectes MM. Ch. Henneberg et J. Allemand, de Genève). Le visiteur commencera son excursion en passant sous les célèbres tours de Berne.

C'est d'abord la vieille petite ville suisse, avec ses maisons moyen âge, aux arcades et pignons d'un caractère si original. Puis la plaine, avec ses chalets; plus loin, la montagne aux verdoyants pâturages, avec ses bergers et ses troupeaux; enfin, dominant le tout, les cimes majestueuses des glaciers.

Le visiteur s'intéressera aux vieilles maisons à arcades et balcons de Thoune, de Morat; aux maisons à tourelles de Schaffhouse; au gothique hôtel de ville de Zug; au joli rendez-vous de chasse des comtes de Romont, à Ruyères; au chalet d'Engelberg, etc. Il verra les maisons où naquirent J.-J. Rousseau, Rachel; l'auberge historique de Bourg-Saint-Pierre, où déjeuna Napoléon Ier lors du passage du Saint-Bernard.

Dans ses promenades, le visiteur se mêlera aux habitants du pays : sculpteurs sur bois de l'Oberland, fabricants de sandales du Tessin, vanniers d'Argovie, brodeuses de Saint-Gall et d'Appenzel, dentellières et potiers de Thoune, etc.

RAPPORT FAVORABLE DE L'ACADÉMIE DE MÉDECINE
VINAIGRE PENNÈS
ANTISEPTIQUE, CICATRISANT, HYGIÉNIQUE
Précieux POUR LES SOINS INTIMES DU CORPS.

Purifie l'air chargé de miasmes.
Préserve des maladies épidémiques et contagieuses.
Exiger Marque de Fabrique
Toutes Pharmacies.

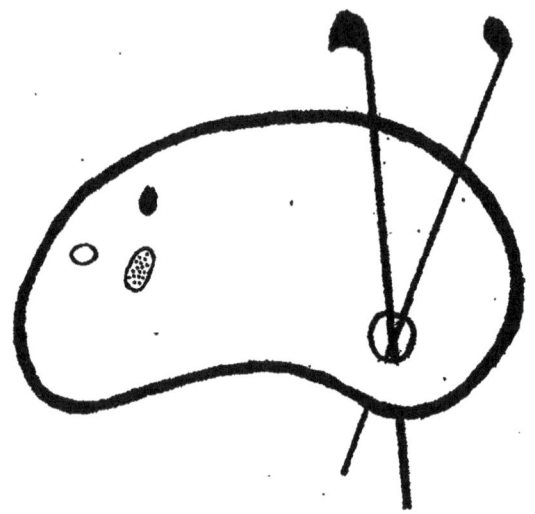

DEBUT D'UNE SERIE DE DOCUMENTS
EN COULEUR

12ᵉ SECTION DU GUIDE
Champ de Mars, rez-de-chaussée.
Génie civil. — Éducation et Enseignement.

SOCIÉTÉ DES PLATRIÈRES RÉUNIES DU BASSIN DE PARIS

76, Quai Jemmapes — PARIS

PLATRES pour la **CONSTRUCTION**

PLATRES A MOULER pour les **ARTS**

PLATRE ALUNÉ (Ciment anglais)

CHAUX HYDRAULIQUES – CIMENT DE VASSY

RÉFÉRENCES DANS L'EXPOSITION :
Partie du Grand Palais des Champs-Élysées. Le Vieux Paris.
Pavillons des puissances étrangères : Japon, Autriche, Bosnie, Luxembourg, Corée, Espagne, Roumanie. — Pavillons : des Forêts, de la Navigation commerciale, Restaurant roumain, Maréorama, Stéréorama algérien, Panorama transatlantique, Service des eaux, Village suisse.

Société des Chaux Hydrauliques et Ciments de l'Aube

EXPOSITION UNIVERSELLE DE 1889
Médaille d'Or

Chaux éminemment hydraulique du Seilley — de Saint-Bernard
(marque Convert et Maugras),
à Ville-sous-la-Ferté (Aube) — de Mussy-sur-Seine (Aube) — de la Comelle, à Ancy-le-Franc (Yonne).

PORTLAND ADRESSE TÉLÉGRAPHIQUE : **CHAUDLAUDE PARIS**
TÉLÉPHONE : **416-13**

SIÈGE SOCIAL : 16, rue Demarquay, à PARIS

DÉPOTS : Gare Est-Pierres ; 21, rue d'Aubervilliers ; 5, avenue de Versailles, TÉLÉPH. 694-56 ; 72, rue de Sèvres, à Boulogne-sur-Seine ; et à Clichy, quai de Clichy, 48.   TÉLÉPHONE

Orgues d'Alexandre
81, RUE LAFAYETTE, PARIS — *Demander le Catalogue général illustré*

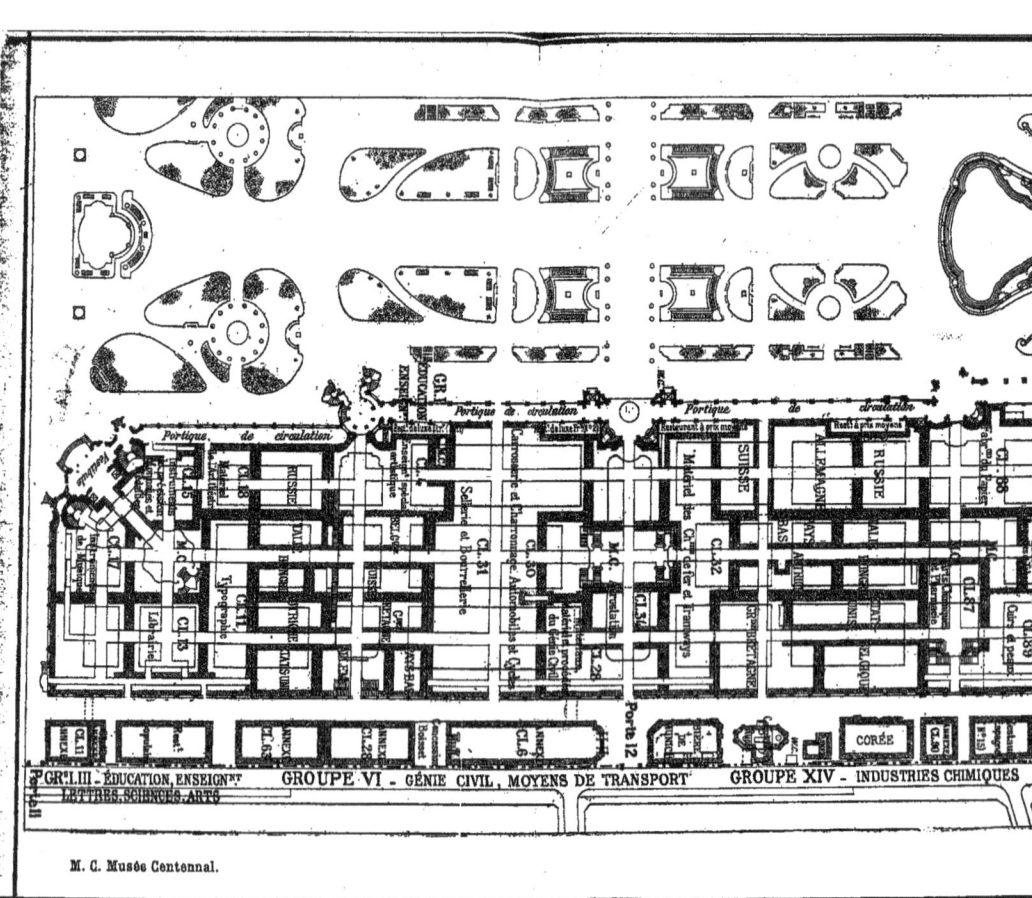

M. C. Musée Centennal.

12ᵉ SECTION DU GUIDE
Champ de Mars, rez-de-chaussée.
Génie civil. — Éducation et Enseignement.

AUTOMOBILES

Tricycles
Voiturettes
Voitures
de tous systèmes

VOITURES
ROCHET
ET
SCHNEIDER

VICTOR MATHIEU

TÉLÉPH. 234-38   22, Rue Taitbout.

Demander le Catalogue. — Se faire inscrire pour essais.

Clichés Galvanoplastiques

L. BOUDREAUX

8, rue Hautefeuille, 8

— PARIS —

CLICHÉS EN CUIVRE
CLICHÉS EN NICKEL
Brevetés S. G. D. G.

MAISON FONDÉE EN 1849

*Récompenses obtenues
aux Expositions Internationales
de 1855, 1881, 1889*

*Exposition internationale
du Livre 1894*

Hors Concours - Membre du Jury

CLICHÉS EN NICKEL, brevetés S. G. D. G.

La dureté du nickel galvanique égalant celle de l'acier, il s'ensuit que les clichés fabriqués avec ce métal sont plus parfaits que les clichés de cuivre et que leur durée est beaucoup plus considérable. Ils sont très employés pour les impressions à grand nombre : titres de rente, obligations, actions, billets de banque, billets de loterie, livres classiques, ouvrages de luxe, la chromotypographie, la reproduction des photogravures.

Remarque importante. — Pour obtenir les clichés en cuivre nickelé, on dépose le nickel sur les clichés de cuivre, tandis que pour les clichés en nickel, le nickel est déposé directement sur l'empreinte, et par sa dureté en conserve toutes les finesses.

*Brevet d'invention en 1881
pour l'application du nickel à la fabrication des clichés galvanoplastiques*

Champagne   THÉOPHILE ROEDERER & Cᵒ   **Reims**
MAISON FONDÉE EN 1864

VOIR L'ANNONCE, page 4

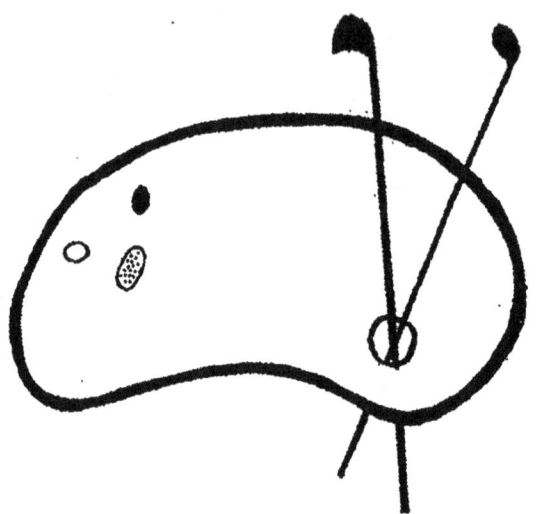

FIN D'UNE SERIE DE DOCUMENTS
EN COULEUR

XIIe Section du Guide

Groupes I, III et VI

Éducation et Enseignement
Instruments et procédés généraux des Lettres, Sciences et Arts
Génie civil, Moyens de transport

Classe 4. — Enseignement spécial artistique.
— **11.** — Typographie et impressions diverses.
— **13.** — Librairie, musique, reliure, journaux, affiches.
— **15.** — Instruments de précision, monnaies et médailles.
— **17.** — Instruments de musique.
— **18.** — Matériel de l'art théâtral.
— **28.** — Matériaux, matériel et procédés du génie civil.
— **30.** — Carrosserie et charronage, automobiles et cycles.
— **31.** — Sellerie et bourrellerie.
— **32.** — Matériel des chemins de fer et des tramways.
— **34.** — Aérostation.

Portes d'entrée : Portes n°s 11 et 12, avenue de Suffren.

Restaurants : Tout le long de la façade intérieure des palais, donnant sur les jardins; — près la porte n° 11.

ANCIENNE LIBRAIRIE E. FLAMMARION & A. VAILLANT

Ernest MARTIN, Successeur

3 F St-Honoré PARIS **LIBRAIRIE** **3** F St-Honoré PARIS

Près de l'Entrée principale de l'Exposition

TÉLÉPHONE 228-38

OUVRAGES DE LUXE ET D'AMATEURS — RELIURES

Grand Choix de

GUIDES & PLANS DE PARIS & DE L'EXPOSITION

Cartes Postales Illustrées

ALBUMS ET VUES

Cartes Vélocipédiques — Timbres-poste

Remises importantes sur les ouvrages de toutes les maisons

Objets d'Art

& Bijoux

d'Occasion

STATUETTES

Bronzes & Marbres

CURIOSITÉS

Léon Terrier

16, RUE TAITBOUT
(près le Boulevard des Italiens).

MAISON DE CONFIANCE   *Paris*

N. B. — MM. les Amateurs et Collectionneurs trouveront des bronzes de BARYE de toute beauté ainsi que des *Marbres* et *Objets d'art* divers à des prix très modérés.

N. B. — The Messrs Amateurs and Fanciers will find the nicest Bronzes of BARYE and *Marbles* and many *Works of Art* at a very moderate price.

N. B. — Die Herren Kunstfreunde und Sammler werden Bronzen von BARYE von grösster Schönheit, sowie *Marmorstatuen* und verschiedene Kunst-Gegenstände zu sehr mässigen Preisen finden.

Nous prions instamment tout acheteur DE MACHINES A COUDRE *de visiter l'Exposition*

de la Pédale Magique **BACLE**

CLASSE 79, GROUPE XIII, PORTE RAPP.

Palais du génie civil et des moyens de transport
(REZ-DE-CHAUSSÉE)

Après avoir vu les expositions des groupes de l'agriculture et des aliments, le visiteur traversera rapidement les galeries des industries chimiques qu'il a déjà vues et entrera dans les sections étrangères du groupe VI : génie civil et moyens de transport. Il pourra adopter l'ordre suivant (voir le plan) : Russie, Allemagne, Suisse, Pays-Bas, Italie, Hongrie, Autriche, États-Unis, Belgique, Grande-Bretagne.

Sections étrangères

Russie. — Les chemins de fer de l'État, aussi bien que les chemins de fer privés du vaste empire russe, font ici une exposition importante. Le visiteur examinera avec intérêt les appareils de toutes sortes, les wagons et les machines. — Une partie du matériel roulant de l'exposition russe figure dans l'annexe de Vincennes.

Allemagne. — L'Allemagne a également réuni à Vincennes ses locomotives, ses wagons, ses automobiles, ses moteurs divers, ses bicyclettes. — Au Champ-de-Mars, elle présente des plans et des cartes. On verra avec intérêt la grande exposition collective des ingénieurs allemands.

Suisse. — Le matériel roulant des chemins de fer suisses, les moteurs, les appareils d'éclairage à gaz acétylène et aérogène sont exposés à Vincennes. — Ici, on trouve néanmoins dans un cadre très élégant une fort belle exposition de la Compagnie du Jura-Simplon, notamment une galerie du percement du Simplon; l'exposition collective du canton des Grisons et des chemins de fer Rhétiques; — l'exposition de MM. Sulzer frères; — des perforateurs en mouvement; — un très beau plan en relief présenté par les entreprises de transport du Lac des quatre cantons et de ses environs; — une saisissante vue de Lucerne avec le Righi et le Pilate, etc.

Italie. — Exposition de projets et de modèles du ministère des Travaux publics et du ministère des Postes et Télégraphes; — travaux de la Société anonyme de chaux et ciments de Casalmonferrato (Piémont) etc.

Pays-Bas. — La Hollande montre notamment quelques spécimens de ses machines pour excavation, qui constituent l'une de ses spécialités.

Hongrie. — Modèle du nouveau pont sur le Danube, à Budapest; diorama des portes de fer à Fiume, etc. — L'exposition principale de la Hongrie est à Vincennes.

Autriche. — Très intéressante exposition rétrospective de l'histoire des chemins de fer en Autriche, présentée par le ministère des Chemins de fer avec le concours des diverses compagnies autrichiennes. — La ville de Vienne et la Société autrichienne des Ingénieurs civils font ici une exposition collective remarquable : régularisation du Danube, chemin de fer métropolitain de Vienne, port d'hiver de Vienne, etc. — A Vincennes, l'Autriche a une exposition à laquelle participent toutes les fabriques de locomotives et de wagons du pays.

Etats-Unis. — Exposition collective des ingénieurs américains; — modèle du canal de drainage de Chicago et des machines qui ont servi à le creuser. — La commission du fleuve Mississipi expose des documents et des plans qui mettent en relief les progrès accomplis aux États-Unis, en ce qui concerne l'amélioration des voies fluviales. — Voir également des plans des villes de New-York et de Boston, avec l'indication des travaux exécutés par les ingénieurs municipaux. — Automobiles, voitures, sellerie, bicyclettes, etc.

Belgique. — On remarquera particulièrement la transformation du type des locomotives des chemins de fer de l'État belge, par l'adoption du foyer profond, en vue d'une accélération de vitesse. — Exposition de la Compagnie des Wagons-lits et des Grands Express européens, d'une des nouvelles voitures de luxe mise en circulation depuis la suppression, en Belgique, des voitures de deuxième classe; — voitures; automobiles; cycles, etc. — Voir aussi les plans et les modèles de l'agrandissement des ports d'Anvers, d'Ostende et de Gand; des travaux de création du port d'escale de Bruges-Heyst, etc. ; des savantes restaurations d'édifices et de monuments anciens.

Grande-Bretagne. — Les beaux types anglais de locomotion et de matériel roulant figurent dans l'annexe de Vincennes. — Ici, nous voyons surtout des plans et des modèles.

Pavillon de Corée. — Élevé en bordure de l'avenue de Suffren, derrière le palais du génie civil, parallèlement à la section belge, ce pavillon, d'un aspect gracieux et original, rappelle le style de la salle des audiences impériales de Corée. Les collections qui y sont exposées donnent une idée des arts anciens et modernes, ainsi que des industries et produits de ce pays. C'est la première fois que la Corée participe à une exposition universelle.

Section française

En sortant de la Grande-Bretagne, le visiteur se trouvera dans la classe 32 de la section française, qui occupe un emplacement considérable sur toute la largeur de l'édifice.

Classe 32. — C'est le domaine du **matériel des chemins de fer et des tramways.** — *Chemins de fer à voie normale et à voie étroite.* Superstructure : plate-forme, ballast, etc.; traverses, rails, plaques et ponts-tournants, signaux fixes, systèmes et appareils de sécurité, etc; — matériel et traction : locomotives, voitures, fourgons, freins, chasse-neige, dynamomètres, enregistreurs divers, etc.; — exploitation : tracés des trains, signaux mobiles et systèmes de sécurité, etc. *Chemins de fer de systèmes divers :* à crémaillère, funiculaires, aériens, glissants, etc. — *Tramways.*

Les grandes Compagnies de chemins de fer ont leurs principales expositions à Vincennes; mais le visiteur s'arrêtera néanmoins très longuement devant les remarquables appareils, plans et documents qu'elles présentent dans leur pavillon spécial du Champ-de-Mars. — La Compagnie P.-L.-M. expose le block automatique de Hall, à l'essai sur la ligne de Laroche à Cravant; le servo-moteur Auvert pour la commande simultanée de tous les appareils en marche et le réglage de vitesse des différents véhicules d'un train sur la ligne du Fayet à Chamonix; un chronotachymètre perfectionné; des dessins des derniers types de locomotives. — Dans l'exposition de la Compagnie de l'Ouest, on remarque un petit poste de cantonnement électro-mécanique; un modèle de manœuvre électrique de signal et d'aiguille; un appareil avertisseur des trains pour voie unique. La Compagnie a joint à cet intéressant ensemble divers modèles de joints de rails; des dessins de travaux, de signaux et de machines des types les plus récents. — Pour la Compagnie de l'Est, nous signalerons des plans d'appareils de la voie, de signaux, etc.; des plans de matériel de traction et de transport.

Sur un grand panneau vertical de 30 mètres, bordé d'une table de 9 mètres de longueur, la Compagnie d'Orléans présente des photographies de ses nouvelles voitures et locomotives, ainsi que des sites les plus intéressants de son réseau; des cartes; des affiches illustrées, des notices, etc. — La direction des chemins de fer de l'Etat nous montre des locomotives et des voitures de voyageurs; des signaux et appareils de sécurité; des objets appartenant au matériel de ses gares.

Le visiteur examinera avec le plus vif intérêt le plan en relief, exposé par la Compagnie du Nord, d'une station de voie unique, sur lequel sont reproduits tous les dispositifs spéciaux à la Compagnie pour l'enclenchement des aiguilles. Voir également un plan de la gare du Nord avec ses dispositions les plus récentes; — des plans de diverses gares maritimes, etc. — La Compagnie du Midi expose le plan de l'usine centrale d'électricité de la gare Saint-Jean, à Bordeaux; la photographie de la nouvelle gare de Bordeaux-Saint-Jean; des dessins de la grande halle métallique de cette dernière gare, qui n'a pas moins de 300 mètres de longueur sur 56 mètres de largeur et 26 mètres de hauteur; d'intéressants modèles d'appareils, etc.

La Compagnie internationale des Wagons-lits et des Grands Express européens a réuni à Vincennes les spécimens de la plupart de ses types de voitures. On verra au Trocadéro, dans les sections russe et chinoise, son beau train transsibérien. — La Société des Tramways de Paris et du département de la Seine montre, par des modèles, des albums, des cartes et des plans les progrès réalisés dans l'industrie des tramways. — L'homme compétent examinera les photographies d'un fourgon dynamométrique de la Compagnie de l'Ouest et d'une balance hydrostatique pour tirage des ressorts de locomotives, fabriqués par la maison Digeon, etc., etc. — L'Imprimerie Chaix a disposé sur un panneau et sur des tablettes ses cartes et ses publications sur les chemins de fer. En visitant la classe 11, nous verrons, dans le salon de cette maison, une exposition rétrospective des *Indicateurs-Chaix*, depuis le n° 1 (année 1849), qui contient trois pages d'horaires, jusqu'à l'un des numéros de 1900, avec 153 pages d'horaires.

Musée rétrospectif de la classe 32. — La Compagnie de l'Ouest expose la machine locomotive « Oissel » à roues libres, type de 1843, ainsi que des dessins des anciennes voitures et machines des lignes de Paris à Saint-Germain et de Paris à Rouen. — On verra avec intérêt les dessins des locomotives La Loire (1843), Verpilleux (1844), La Tarasque (1846) de la Compagnie P.-L.-M.; un dessin de voiture-berline à deux, trois et quatre essieux (1840), etc., etc.

Classe 34. — Nous entrons ensuite dans la classe de l'aérostation. — Tissus, nacelles, soupapes, filets, corderie des ballons; engins d'arrêt, ancres, grappins. — Ballons captifs. — Ballons appliqués à l'étude de l'atmosphère. — Ballons captifs militaires et leurs accessoires. — Ballons dirigeables et appareils d'aviation. — Appareils de vol mécanique; parachutes. — Dessins, cartes de voyage, diagrammes, photographies. — On remarquera particulièrement les expositions de

MM. Lachambre, Mallet et Surcouf, constructeurs de ballons captifs civils et militaires. — M. le commandant Espitallier expose le modèle réduit d'un hangar démontable de son système, destiné à abriter les ballons militaires tout gonflés. — Voir aussi les modèles d'aérostats de M. Hervé, etc.

Musée rétrospectif de la classe 34. — Parmi les expositions du musée centennal aérostatique nous signalerons principalement la vitrine de M. Bereau, garnie d'anciens objets tels que gravures, plaques commémoratives, etc. — M. F. Gainnet expose le premier injecteur inventé par M. H. Giffard; des photographies des épures de ce savant ingénieur; des souvenirs du grand ballon captif de 1878. — M. Janssen, membre de l'Institut, montre la nacelle et le ballon *le Volta*, dans lequel le marin Chapelain, devenu aéronaute, conduisit au-dessus des lignes prussiennes le vaillant astronome qui devait se rendre en Algérie pour observer l'éclipse de soleil du 7 décembre 1870. — La Société des aéronautes du siège de Paris et M. Eugène Godard, aéronaute, exposent de nombreux souvenirs de la guerre de 1870-71. — Enfin, M. Albert Tissandier a rempli sa vitrine d'une grande partie de sa collection d'objets anciens, tels que montres, bijoux, épées, cannes, bonbonnières, médailles, ayant appartenu aux premiers aéronautes, Montgolfier, Charles, Blanchard, Zambeccori; médailles des aéronautes du siège de Paris, etc.

Classe 28. — Nous voici dans le domaine si vaste des **matériaux, matériel et procédés du génie civil.** — Matériaux de construction; — outillage et procédés du travail des matériaux de construction; matériel et procédés des travaux de terrassement, de fondation, de l'entretien des routes, rues, promenades; — matériel de l'éclairage des côtes; des distributions d'eau et de gaz; de la télégraphie pneumatique, etc. — La maison Hersent a dans cette classe sa plus importante exposition : travaux des ports de Lisbonne, de Bordeaux, d'Anvers, de Toulon, de Sidi-Abdallah, de Dakar, de Bizerte. — Les Ateliers de construction de Creil (Daydé et Pillé) exposent les dessins de leurs appareils divers pour la manutention des lourdes charges, la construction des travaux à la mer : lève-blocs et bateaux porte-blocs, grue flottante, etc. (un « titan » de 45 tonnes, affecté à la manutention de l'Exposition au bas quai d'Orsay, est de cette maison). — La Société des Ingénieurs civils, qui compte plus de 3.500 membres, a réuni dans cette classe la précieuse collection de ses publications (160 volumes), les dessins et plans des principaux travaux exécutés par ses membres dans divers pays. — La Compagnie de Saint-Gobain, dont les produits sont très appréciés du génie civil, montre un ensemble de verres de toitures, de vitrages de toutes sortes; de tuiles et de dalles de verre; de pavés en verre; de moulages en verre de toutes formes pour constructions et pour canalisations électriques. — Voir aussi les tuyaux de la maison Chameroy, pour la distribution de l'eau et du gaz, et pour les sondages; —

Ateliers de Constructions mécaniques

LE PROGRÈS —
— AUTOMOBILE

Magasin d'Exposition et de Vente : | Boulevard Péreire, 156 — PARIS

USINE ÉLECTRIQUE | Rue des Carrières, 6 à Montmorency (S.-et-O.)

BICYCLETTES A MOTEUR
BREVETS LANDRU

Prix : 750 francs
MOTEUR 1 CHEVAL 1/4 ENVIRON

VOITURETTES
depuis 1.800 francs

Nous Construisons : | Nous Garantissons :

CYCLES | PARFAIT ROULEMENT ET ÉLÉGANCE

MOTOCYCLES | AJUSTAGE MINUTIEUX et SOLIDITÉ

VOITURETTES | SIMPLICITÉ, CONFORTABLE, LÉGÈRETÉ

C. TERROT, à DIJON

A. LHÉRITIER & Cie SPÉCIALITÉS POUR ÉCURIES
« L'Eblouissant » onguent de pieds ;
le « Septophage » désinfectant crésylique. — Le Noir nutritif pour harnais. —
La Graisse d'or et l'huile « Bradford » pour graissage de roues de voitures.
PLAINE-SAINT-DENIS (SEINE)

les applications des chaux et ciments de la maison Bouvet, de Salins, etc.

La Compagnie générale des Eaux a dans cette classe une exposition particulièrement complète et intéressante : cartes murales; plans et albums concernant l'ensemble de ses exploitations; plans en relief et modèles de ses installations pour l'épuration des eaux par le fer métallique ; types réduits d'ouvrages et d'appareils divers, tels que réservoir de 4.000 mètres cubes en fer et ciment, clapet de sécurité, etc. Des notices donnent des détails sommaires historiques, économiques et techniques sur chaque exploitation; des phototypies aident à l'intelligence du texte. On examinera surtout, avec intérêt, le procédé de traitement des eaux de rivière par le fer métallique, qui a pris une grande importance depuis son application aux eaux de Seine et de Marne distribuées dans la banlieue de Paris. Les modèles exposés sont celui de Choisy-le-Roi, où l'eau de Seine, relevée par des pompes alimentaires, traverse des appareils épurateurs dits revolvers, et va se décanter, puis se filtrer dans des bassins spéciaux; et celui de Nice, dont l'installation est analogue. L'exposition de MM. Carré fils aîné comprend les réservoirs élévateurs d'eau par l'air comprimé pour distribution de l'eau en pression.

Classes 30 et 31. — Ces classes qui comprennent, la première, la **carrosserie**, le **charronnage**, les **automobiles** et les **cycles**; la seconde, la **sellerie** et la **bourrellerie**, occupent ensemble, sur toute la largeur de la galerie, un emplacement considérable. — Landau, coupé, mylord à frise et à ressorts en C; break de chasse, automobile de course de douze chevaux de la maison Alfred Belvallette; — landau et landaulet, break-mail très simple pour chasse, de MM. Belvallette frères; — coupé et mylord attelés, d'un beau style moderne, de la maison Jeantaud; voitures électriques de la même maison : coupé, mylord, cab, légère voiturette, auto-poste pour le service des postes; — omnibus, phaéton à quatre places, landaulet, wagonnet, voiturette à moteurs à pétrole, de la société Peugeot; — bicyclettes, motocycles, voitures et voiturettes automobiles, moteurs divers à pétrole de la Compagnie française des cycles; — automobiles de M. Baille-Lemaire; — pièces diverses pour voitures automobiles de la maison Roger-Durand; — voitures automobiles de MM. Brouhot et Cie, etc.

Harnachement pour chevaux et autres animaux, attelés ou montés. — Harnais de luxe, selles, brides, etc. — La maison Hermès expose un attelage de grande daumont à quatre chevaux; une paire de harnais légers; une paire de harnais de fantaisie avec bouclerie et ornements d'un nouveau modèle; une selle de dame de sûreté; des selles d'ordonnance russes et françaises, etc.

Musée rétrospectif des classes 30 et 31. — La commission de ce musée s'est préoccupée avant tout de grouper les différents styles qui ont fait époque dans la carrosserie. Sans remonter au delà du siècle dernier, on a représenté le grand art de la carrosserie par une superbe collection de carrosses, voitures de gala, etc., parmi lesquels nous signalerons un carrosse Louis XV, appartenant à M. le comte Armand; — un coach empire, propriété de M. le comte d'Espeuilles (ayant appartenu au duc de Vicence qui s'en est servi dans ses allées et venues pour la conclusion des traités de 1814); — un carrosse italien de la fin du siècle dernier, offert au pape par la ville de Bologne (ce carrosse, muni des harnais de l'époque, est reconstitué avec son attelage). — Le prince Joachim Murat a prêté à l'Exposition sa voiture de gala du second empire, avec six harnais et deux harnachements de piqueurs. Cette voiture est également présentée attelée. — A remarquer aussi la voiture de campagne du maréchal duc de Trévise, qui lui a servi lors de son ambassade en Russie.

On verra aussi avec intérêt tous les genres anciens de locomotion: litières, traîneaux, vinaigrettes, chaises à porteurs, etc. A signaler tout particulièrement une petite calèche pour chèvres, ayant appartenu à M. le comte de Chambord, et le traîneau empire de l'impératrice Joséphine (ces derniers sont la propriété de M. Mülhbacher). — Les voitures exposées par M. Faurax, de Lyon, se recommandent particulièrement à l'attention, ainsi que le magnifique traîneau que présente M. le comte Potocki.

Mais le clou de cette Exposition est, sans contredit, les merveilleuses chaises à porteurs de tous genres et de tous styles, prêtées gracieusement par M. le duc de Vallombrosa, par Mme la duchesse de Trévise, par Mme la vicomtesse de Galard, etc.

Nous devons citer aussi une charmante collection de petites voitures minuscules de tous genres et de tous styles.

L'impératrice Eugénie a mis gracieusement à la disposition de la commission les huit harnais de gala de Napoléon III. — Voir aussi une belle collection de mors, éperons et étriers de M. Charassé, les bossettes de M. le baron Vitta, et les belles pièces si finement ciselées, ainsi qu'une lanterne Louis XIII très rare, exposées par M. Charles de L'Ecluse.

L'Exposition se termine par un ensemble de dessins, peintures, estampes, donnant l'historique de la carrosserie jusqu'à nos jours. C'est en grande partie à la collaboration si dévouée de M. le comte Maurice de Cossé-Brissac qu'est due la réussite de cette très curieuse exposition.

Palais de l'éducation de l'enseignement
des instruments et procédés généraux des lettres, sciences et arts

(REZ-DE-CHAUSSÉE)

En sortant du palais du génie civil et des moyens de transport, nous pénétrons dans le domaine des groupes I et III. — Nous y rencontrons d'abord les sections étrangères dans l'ordre suivant (voir le plan): Pays-Bas, Allemagne, États-Unis, Autriche, Grande-Bretagne, Suisse, Hongrie, Italie, Russie, Belgique.

Sections étrangères

Pays-Bas. — Avec des documents concernant différentes formes de l'enseignement de ce pays, où la patience et la méthode sont des qualités dominantes, nous voyons d'intéressantes cartes, notamment une carte de Java, de très grandes dimensions, dressée par l'Institut national topographique. — Exposition de librairie, de photographie, etc.

Allemagne. — L'Allemagne n'expose pas dans le groupe de l'enseignement. En ce qui concerne le groupe III, nous rappelons que les expositions de la librairie, de la photographie et de la gravure figurent dans le pavillon impérial du quai d'Orsay. Ici, nous visiterons une grande exposition collective de la mécanique de précision et de l'optique, organisée par M. le professeur Westphal, de Berlin; une exposition d'instruments de musique des grandes maisons allemandes, notamment de la maison Bechstein, de Berlin, et Blüthner, de Leipzig; une exposition d'instruments de chirurgie; de belles et grandes machines à imprimer fonctionnant sous les yeux du public, etc.

États-Unis. — A remarquer la façade de cette section (style de la période coloniale des États-Unis.) — Exposition de typographie, de photographie, d'instruments scientifiques, de monnaies, de médailles, d'instruments de musique. Salle d'opérations chirurgicales; collections d'instruments d'astronomie. Voir aussi les pianos et les orgues.

Le visiteur se rappellera que la section de l'enseignement des États-Unis figure dans un pavillon spécial sous les quinconces de l'Esplanade des Invalides.

Autriche. — L'Autriche fait une exposition collective d'instruments de précision, d'instruments de chirurgie, d'instruments de musique, de photographie. On s'arrêtera aussi devant les travaux de l'imprimerie impériale, de l'institution d'enseignement d'art graphique; devant les collections du musée technologique et les belles éditions de livres, etc.

Grande-Bretagne. — Le visiteur s'intéressera ici aux méthodes d'enseignement de la Grande-Bretagne, qui sont largement représentées. Nous lui signalerons ensuite particulièrement une exposition très complète des plus nouveaux appareils adoptés par le ministère britannique des Postes et Télégraphes.

Suisse. — La confédération suisse fait une exposition très intéressante de l'école des arts industriels de la ville de Genève. Nous voyons, en outre, des instruments de précision, de chirurgie, etc.; de jolies boîtes à musique dont la fabrication en Suisse est fort ancienne. A signaler, enfin, les expositions de la photographie, de la cartographie, des arts graphiques ; les machines à imprimer, les livres et les travaux divers de typographie.

Hongrie. — La Hongrie présente un ensemble très complet de documents et d'objets concernant l'enseignement; des travaux de ses écoles professionnelles; des ouvrages de librairie (exposition spéciale des œuvres du grand romancier hongrois Maurice Iokaï).

Italie. — L'exposition du ministère de l'Instruction publique d'Italie figure dans le pavillon royal du quai d'Orsay. — Au Champ-de-Mars le visiteur examinera les beaux livres, les éditions de musique, les travaux divers de typographie, les estampes, les photographies, les phototypies, etc.

Russie. — L'exposition russe fait ressortir les progrès accomplis pendant les dix dernières années dans la branche de l'enseignement technique. Le nombre des écoles techniques russes est actuellement de deux cent quatre-vingt. On remarquera particulièrement les travaux des écoles du gouvernement et des autres établissements scolaires dépendant du ministère de l'Instruction publique.

Belgique. — Importantes expositions des administrations centrales de l'enseignement primaire et de l'enseignement moyen, qui montre non seulement les progrès des études, mais encore le développement des œuvres d'ordre moral et social (épargne scolaire, mutualités de retraite). — Exposition des universités de Bruxelles, de Gand, de Liège, de Louvain; de la collectivité des écoles agricoles; des écoles industrielles, des écoles professionnelles, des écoles commerciales, etc. — On examinera avec intérêt les publications des principaux éditeurs du pays des Plantin et des Elzévirs; les fins travaux de la photographie, de la phototypie, etc.

Visiter enfin le charmant pavillon de la maternité Sainte-Anne, où cette institution de bienfaisance montre des couveuses d'enfants et divers appareils médicaux.

Sections françaises

Classe 4. — Cette classe, qui s'étend parallèlement à la section belge, est celle de l'**enseignement spécial artistique**. Elle contient les expositions des institutions qui enseignent les arts du dessin et les arts de la musique. Le visiteur y verra, à côté des plans d'études, des programmes, des méthodes, de beaux spécimens de travaux.

Classe 18. — Nous traversons ensuite la section russe pour entrer dans la classe du **matériel de l'art théâtral**, où le visiteur fera certainement une longue station devant les objets et les appareils les plus curieux concernant les décors, la machinerie, les costumes et les accessoires divers. Il verra avec un intérêt particulier, rendu plus vif par des souvenirs douloureux, les multiples dispositions prises pour éviter les incendies et pour les combattre.

Musée rétrospectif de la classe 18. — La si curieuse exposition du matériel de l'art théâtral comprend : 1º une série de maquettes de décoration des principaux peintres décorateurs; 2º une série de maquettes au tiers de la grandeur, de figurines retraçant l'histoire du costume au théâtre ; 3º la reconstitution de la chambre à coucher de Mlle Mars : meubles et tentures de l'époque; portraits; souvenirs; 4º enfin une collection d'estampes, gravures, dessins, bustes, etc., se rapportant à l'histoire du théâtre.

Classe 11. — Nous entrons maintenant dans la classe de la **typographie**, qui embrasse à la fois le matériel, les procédés et les produits de l'imprimeur typographe, lithographe, en taille-douce, etc., Dans la partie centrale de cette belle exposition fonctionnent les machines, tandis que dans les galeries et les salons le visiteur admirera les nombreuses et remarquables impressions. La célèbre maison Mame, de Tours, a réuni ses belles éditions de luxe dans la classe 13, où nous les trouverons dans un instant. — La très ancienne imprimerie Delalain expose ses recueils et ses ouvrages universitaires. — La maison Paul Dupont présente des éditions administratives, classiques, musicales; des affiches en couleurs; des reproductions d'aquarelles et de dessins; des journaux ; des impressions diverses, typographiques et lithographiques ; des reliures anciennes et modernes, etc. — L'imprimerie Chaix a disposé dans un grand cadre ses titres avec fonds de sûreté inimitables; elle expose ses affiches de couleurs, parmi lesquelles brille le vivant coloris de Jules Chéret; des spécimens de ses autres travaux, l'ensemble de ses publications sur les chemins de fer, son grand atlas, etc. Le visiteur ne passera pas sans s'arrêter devant une exposition rétrospective de l'Indicateur et du Livret Chaix, où il verra notamment le nº 1 de l'Indicateur (1849) qui contenait en tout trois pages d'horaires. — Nous signalerons encore les expositions des maisons Chamerot, Champenois, Lahure, Danel, etc., etc. — Voici les presses du constructeur Marinoni : presse à pédale active; presse en blanc nouveau modèle pour impressions en trois couleurs; presse en retiration pour les impressions en photogravure; nouvelle presse pour impression sur métal par report; série de remarquables presses rotatives, avec receveur mécanique de feuilles; une presse lithographique avec pointeur automatique, mouilleur rectiligne, etc. — On examinera aussi les belles machines typographiques et lithographiques de la maison Alauzet, notamment une machine à retiration à grande vitesse, avec papier en bobines, décharge automatique, receveur mécanique, etc. — Voir la merveilleuse gamme de couleurs des encres d'imprimerie de la maison Lorilleux, etc.

On assistera à l'impression du *Petit Journal* et du *Figaro* sur de splendides machines, imprimant pliant et comptant les exemplaires.

Musée rétrospectif de la classe 11. — Cette exposition retrace les débuts et les progrès de l'imprimerie en France, depuis l'introduction de cet art à Paris, en 1470, jusqu'au milieu du xixe siècle. Elle comprend : 1° des spécimens d'impressions typographiques classés chronologiquement par siècle ; 2° une collection d'ouvrages français relatifs à l'histoire générale de l'imprimerie et à l'histoire locale de la profession dans les diverses parties de la France ; 3° une série d'estampes en taille-douce et de gravures sur bois de différentes époques ; 4° une collection d'intéressantes lithographies ; 5° des anciennes presses manuelles, des premiers essais de clichés, etc. Le voisinage de l'exposition contemporaine, où sont mises en marche des machines perfectionnées, permet une curieuse comparaison entre le passé et le présent.

Classe 13. — C'est la classe de la **librairie**; des **éditions musicales**; de la **reliure**, etc. — A remarquer particulièrement les publications littéraires et scientifiques, les livres illustrés, les journaux et revues, les albums de musique, les almanachs et les annuaires de la Librairie Hachette ; — les volumes de luxe édités par MM. Mame et fils, depuis 1889 : *la Vie de Jésus Christ*; — *Versailles et les deux Trianons*; — *le Missel des saintes femmes de France*, etc., ouvrages présentés avec des reliures artistiques exécutées dans les ateliers de la maison ; — le *Dictionnaire encyclopédique universel*, les *Œuvres de Michelet*, la *Géographie monumentale et pittoresque de la France*, les nombreuses publications pour la jeunesse, de la librairie Flammarion ; — le *Panorama*, la *Revue illustrée*, etc., édités par M. Baschet ; — les ouvrages variés des librairies Hetzel, Plon, Nourrit et Cie, Gauthier-Villars, etc., les belles estampes en photogravure, les ouvrages illustrés de MM. Le Vasseur et Cie ; — les publications de musique de la maison Heugel et Cie (*au Ménestrel*), de MM. Durand et fils, etc.; les reliures des maisons Engel, Gruel, etc.

Voir, au fond, la carte de France du service vicinal au 1/100.000 exposée par le Ministère de l'Intérieur.

Musée rétrospectif de la classe 13. — 1° *Chartes, manuscrits, missels, livres d'heures* : collections J. Chappée, Ch. Dutilleul, Guillaume, Léon Gruel, Leroy-Dupré, duc Louis de la Trémoille. — 2° *Livres anciens* : collections duc Louis de la Trémoille, Maurice de Jonquières, Symes, Th. Belin, Paul

Meurice, comte A. de Laborde. — *Ex-libris* : collections Léon Gruel, Saffroy. — *Almanachs, livres minuscules* : collections Lucien Layus, Rouveyre, Saffroy. — *Editions musicales* : collections Malherbe, Grand-Carteret, Georges Hartmann. — *Reliures* : collections Léon Gruel, G. Hanotaux, marquis de Ligneris, Maurice de Jonquières, Girma, Herluison, Ch. Berthault, Georges Cain, marquis de Grolier. — *Journaux* : collections duc de la Trémoille, Grand-Carteret, Saffroy, Lucien Layus, Malherbe. — *Affiches* : collections Dablin, Lucien Layus, Saffroy.

Classe 15. — Instruments de précision. — Monnaies et médailles. — Toutes les catégories d'instruments de précision sont représentées ici : instruments de géométrie, de mesure, d'optique, ainsi que le matériel et les produits de la fabrication des monnaies et médailles. — Voir les baromètres, thermomètres de précision, les appareils de météorologie de la maison Chabaud ; les jumelles et instruments d'optique de M. Baille-Lemaire ; l'exposition variée de la Société des lunetiers ; — les belles expositions des nombreuses maisons d'instruments de précision pour géomètres et mesure, etc. — M. Gautier présente une lunette de 40 centimètres d'ouverture, 5 mètres de foyer, avec monture équatoriale. C'est sur les plans de ce constructeur et dans ses ateliers qu'a été exécuté le grand sidérostat à lunette de 1 m. 25 d'ouverture, 60 mètres de long, du Palais de l'Optique.

Deux machines frappent, sous les yeux des visiteurs, des médailles « Souvenir de l'Exposition » de Chaplain et de Roty, en argent et bronze, qui sont livrées séance tenante aux acheteurs.

Classe 17. — Vient ensuite la classe des **instruments de musique**. — Cette belle classe, qui occupe un vaste emplacement à l'extrémité du palais des arts libéraux, offre un merveilleux coup d'œil. C'est toute la facture musicale française, qui s'y est donné rendez-vous pour montrer les progrès et la perfection obtenus. En effet, au-dessus de pianos artistiques se lisent les noms de Erard, Pleyel, Gouttière, Eleké, Henri Herz, Thibout, Gaveau, Bord, etc.; les harmoniums sont de Mustel, Alexandre, Rodolphe, Rousseau, etc., les instruments de lutherie d'art, de Bernardel, Jacquot, Hel, Silvestre, etc.; des instruments de cuivre et de bois, de Fontaine-Besson, Evette et Schaeffer, etc. — De splendides orgues, pareilles à celles de nos cathédrales, et sorties des ateliers de Mutin, Dabbey, complètent majestueusement cet ensemble.

Le visiteur a ainsi terminé la visite du rez-de-chaussée des palais du Champ-de-Mars. Il lui reste à voir les galeries du premier étage, en commençant par les groupes 1 et 3.

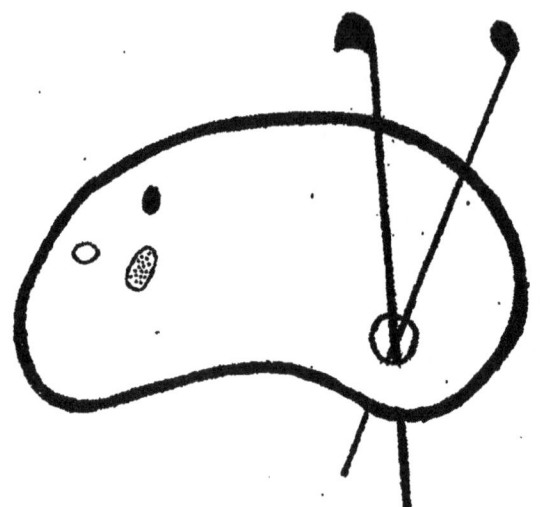

DEBUT D'UNE SERIE DE DOCUMENTS
EN COULEUR

13e SECTION DU GUIDE
Champ de Mars, premier étage.
Mines, Métallurgie. — Fils, Tissus. — Génie civil. — Éducation et Enseignement.

L'Intermédiaire
DES
PHOTOGRAPHES
Professionnels & Amateurs

Vérascope

Lumière

Kodak

Solio

APPAREILS
grand choix

FOURNITURES
prompte livraison

TRAVAUX
exécution rapide

LEÇONS
gratuites

Laboratoire à la disposition des Amateurs

Léon MAËS
53, boulevard Rochechouart, 53 — PARIS

Envoi gratuit du Catalogue

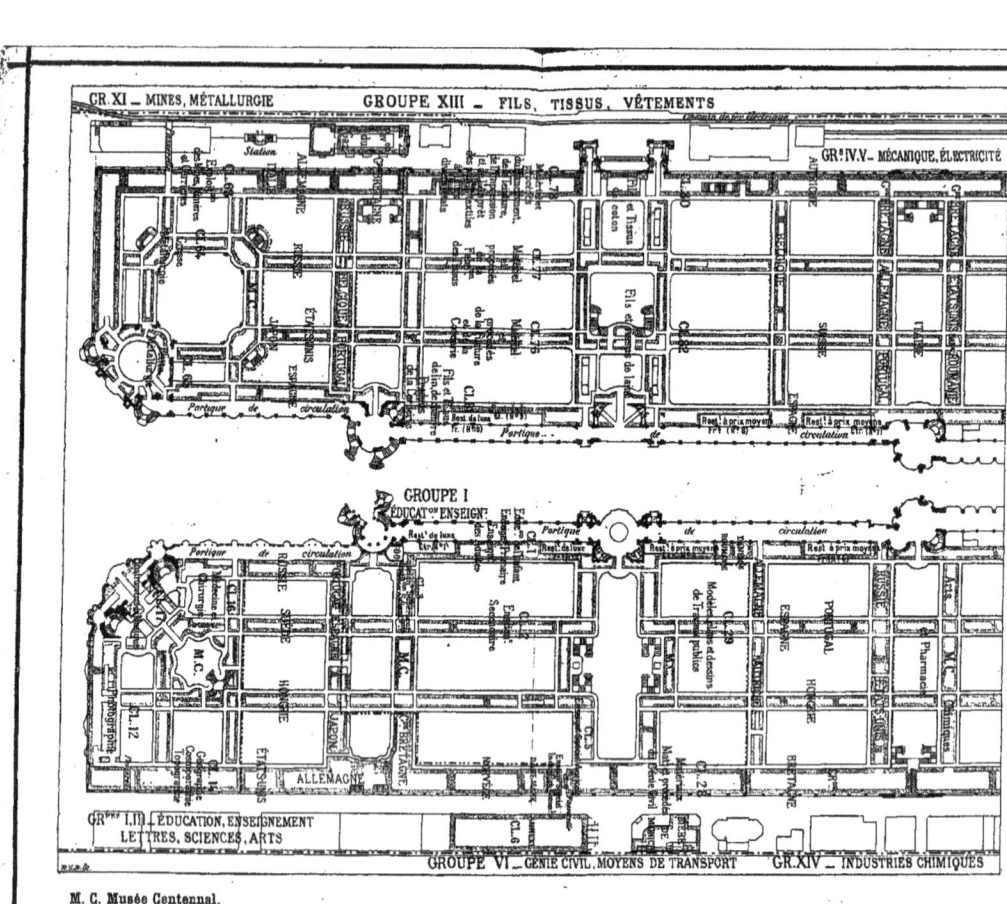

M. C. Musée Centennal.

13ᵉ SECTION DU GUIDE
Champ de Mars, premier étage.

Mines, Métallurgie. — Fils, Tissus. — Génie civil. — Éducation et Enseignement.

Maison GEORGES BORGEAUD

Médailles
OR
et
Argent
à
toutes les
Expositions

LA SEULE EN FRANCE
s'occupant exclusivement
de la FABRICATION et de la VENTE des

CLASSEURS
pour BUREAUX, COLLECTIONS, etc.

MEUBLES & MATÉRIEL
pour Bibliothèques et Bureaux

BOITES à FICHES, RELIURES MOBILES
etc., etc.

Envoi franco du Catalogue général illustré n° 2

Hors Concours
Membre
du
Jury
à
l'Exposition
du Livre
Paris 1894

41, Rue des Saints-Pères, PARIS
(Téléphone 104-69)

Aux Spécialités Photographiques, Marque H★R
de H. REEB, Chimiste à NEUILLY-sur-SEINE

pour Réussir Infailliblement et sans apprentissage
AVEC ÉCONOMIE

Toutes les Opérations, grâce aux

Révélateur " **ÉCLAIR** "
Renforçateur " **LE ROBUROL** "
Virage " **LE FIXO-VIRO** "
ETC., ETC.

Ces Produits, comme tout ce qui est recherché, sont l'objet d'imitations nombreuses et sans valeur. — En les demandant, avoir soin de bien spécifier et vérifier la Marque H. R. et la signature de l'inventeur H. REEB, et ne pas accepter d'autre.

Viennent
s'ajouter :

RÉVÉLATEUR intensif, **Inépuisable**
pour le DÉVELOPPEMENT RAPIDE
des NÉGATIFS et POSITIFS de tous genres.

Le **PYRO-REEB**, au Pyrogallol ammoniacal, révélateur
en deux liquides séparés. — Supérieur à tout autre Pyro.

DEMANDER PARTOUT LE **CATALOGUE** DÉTAILLÉ
SE TROUVENT DANS TOUTES LES **BONNES MAISONS**

Champagne Chanoine Frères
ÉPERNAY

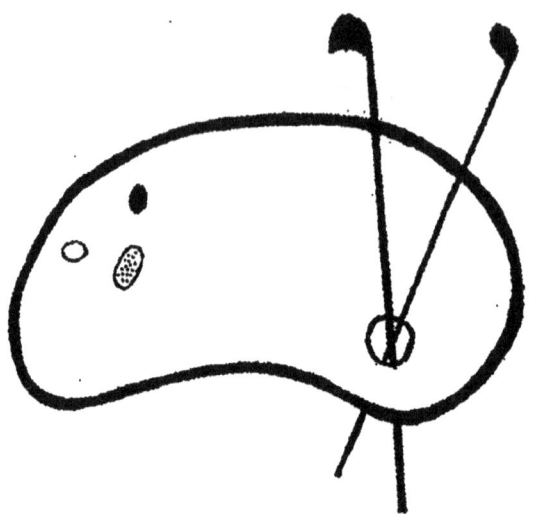

FIN D'UNE SERIE DE DOCUMENTS
EN COULEUR

XIIIe et XIVe Sections du Guide

Groupes I, III, V, VI et XIII
(SUITE)

Éducation et Enseignement *(Suite)*
Instruments et procédés généraux des Lettres
Sciences et Arts *(Suite)*
Électricité *(Suite)*
Génie civil — Moyens de transport
Fils, Tissus et Vêtements

Classe 1. — Enseignement primaire et enseignement des adultes.
— **2.** — Enseignement secondaire.
— **3.** — Enseignement supérieur, institutions scientifiques.
— **5.** — Enseignement spécial agricole.
— **6.** — Enseignement spécial industriel et commercial.
— **12.** — Photographie.
— **14.** — Cartes et appareils de géographie et de cosmographie. Topographie.
— **16.** — Médecine et chirurgie.
— **17.** — Instruments de musique.
— **23.** — Production et utilisation mécanique de l'électricité *(suite)*.
— **24.** — Électrochimie.
— **25.** — Éclairage électrique.
— **26.** — Télégraphie et téléphonie.
— **27.** — Applications diverses de l'électricité.
— **29.** — Modèles, plans et dessins de travaux publics.
— **80.** — Fils et tissus de coton.
— **82.** — Fils et tissus de laine.

PHOTOLINE
Pétrole de sûreté.

NAPHTACYCLE
Essence spéciale pour automobiles.

Compagnie Générale des Pétroles, MARSEILLE.

Société de Dessins Industriels

Téléphone 126-49 — Société anonyme au capital de 200.000 fr. — Téléphone 126-49

9, Rue Notre-Dame-de-Bonne-Nouvelle, PARIS

Alcide LEGRAND, Directeur

Esquisses et mises en carte pour tissus en tous genres
Dessins pour impressions, papiers, linoléum, étoffes, etc.

MANUFACTURE DE BALAIS ÉLECTRIQUES
(POUR DYNAMOS)
de tous systèmes

L. BOUDREAUX[NC]

RÉCOMPENSES A TOUTES LES EXPOSITIONS

8, rue Hautefeuille, PARIS

Adresse télégraphique : LYBOUDREAUX-PARIS

Spécialité de Balais Feuilletés en " PAPIER MÉTALLIQUE "

DÉPOSÉ — BREVETÉS EN TOUS PAYS

EXTRAIT d'un jugement rendu le 30 juillet 1895 par le Tribunal correctionnel de Paris (10e chambre) condamnant X et Cie, comme contrefacteurs des Balais feuilletés :

« Attendu que BOUDREAUX a obtenu des résultats industriels indiscutables;

» Attendu que les experts constatent qu'avec l'invention de BOUDREAUX on obtient une CONDUCTIBILITÉ PARFAITE et une RÉSISTANCE SPÉCIFIQUE FAIBLE;

» Que, de plus, L'USURE DU COLLECTEUR est PRESQUE NULLE et L'USURE DES BALAIS réduite au MINIMUM... »

Par dix arrêts, les Tribunaux Correctionnels de Paris, la Cour d'Appel de Paris, le Tribunal civil de Paris, le Tribunal civil de Douai, le Tribunal civil de Nancy, la Cour d'Appel de Douai, la Cour d'Appel de Nancy, ont confirmé ce premier jugement et des condamnations ont été prononcées contre les fabricants et vendeurs de contrefaçons.

EN VENTE DANS TOUTES LES BONNES MAISONS D'ÉLECTRICITÉ

TRAITEMENT des VIGNES
MILDIOU   VERDET JJ8 MOLLÉRAT   BLACK ROT

VOIR L'ANNONCE PAGE 191

Premier étage des Palais du Champ de Mars

Après avoir gravi l'escalier d'honneur à double révolution du vestibule du palais des lettres, sciences et arts, le visiteur se trouvera dans une suite de la classe 17, où il visitera le musée rétrospectif de cette classe, qui fait suite à la salle de concert.

Musée rétrospectif de la classe 17. — Les plus beaux spécimens d'instruments ont été réunis par les soins d'une commission composée par MM. Lyon, Jacquot, Thibout, de Bricqueville, Pillaut, et groupés par écoles en même temps que par ordre chronologique. On peut donc, pour la première fois, se rendre compte des progrès accomplis dans l'art si délicat du luthier, du facteur de pianos et de leurs précurseurs; dans la fabrication des orgues, dans celle des instruments de cuivre et de bois. C'est une précieuse leçon de choses qui attire et retient l'attention.

Classe 12. — La classe de la **photographie** occupe les galeries de l'angle de droite du palais. Elle est de nature à intéresser vivement les visiteurs en raison des progrès accomplis depuis 1889. Cette exposition comprend plusieurs divisions : 1° l'*exposition scientifique* formée soit de spécimens de travaux scientifiques accomplis en vue des progrès de la photographie, soit d'applications intéressantes de la photographie à la science, par exemple à l'astronomie (carte du ciel), à la micrographie, à la photographie des couleurs, etc.; — 2° l'*exposition d'art photographique*, représentée par les travaux des membres du Photo-Club de Paris et de quelques amateurs; — 3° l'*exposition de la photographie professionnelle* : portraits, reproductions d'œuvres d'art, applications industrielles, tels que les portraits, agrandissements, émaux vitrifiés de la maison Nadar et d'un grand nombre d'autres ; — 4° l'*exposition des œuvres de la photogravure* : applications à l'art du livre ; productions monochromes et polychromes ; — 5° l'*exposition des appareils et des produits photographiques*.

Cette classe, qui comprend environ quatre cent cinquante exposants, est des plus brillantes. Elle sera d'autant plus visitée que les personnes qui s'occupent de photographie en amateurs deviennent de plus en plus nombreuses.

Exposition rétrospective de la classe 12. — Spécimens fort curieux des procédés et appareils depuis l'invention de la photographie jusqu'en 1889.

Classe 14. — De la classe de la photographie, nous passons dans celle des **cartes et appareils de géographie**, de la **cosmographie** et de la **topographie**. — Le visiteur verra ici toute la variété des cartes et des atlas géographiques, géologiques, hydrographiques, astronomiques; des globes et sphères terrestres ou célestes, etc. — On remarquera dans l'exposition de la librairie Hachette, à côté de ses grandes publications géographiques, une remarquable carte du relief de la France. — Nombreuses autres expositions d'éditeurs, de géographes, etc. La maison Emile Muller et Cie expose une carte de France en grès, en relief, premier essai de ce genre.

Musée rétrospectif de la classe 14. — Série de cartes anciennes de la Corse (Prince Roland Bonaparte); très belle série d'anciens plans de Paris et d'autres plans de ville (M. Mareuse); globe terrestre datant de 1580 (M. Le Provost de Launay); portulan du XVIe siècle, contenant de très curieuses cartes coloriées (comte de Malartic); deux grands globes, l'un terrestre, l'autre céleste, de Coronelli, du XVIIe siècle (Observatoire de Paris); atlas anciens (Ecole polytechnique, etc.).

Classe 16. — C'est le domaine de la **médecine** et de la **chirurgie**. On y voit notamment les instruments de chirurgie; les objets nécessaires aux pansements; les bandages et l'orthopédie; l'art dentaire; les objets et appareils ayant trait à la vue et à l'ouïe. Dans l'**exposition rétrospective** on verra les instruments de chirurgie employés depuis les temps les plus reculés.

Puis vient une suite des expositions étrangères que nous avons décrites au rez-de-chaussée. Nous signalerons simplement les suivantes, qui ne figurent qu'au premier étage.

Suède. — La Suède expose une école communale, avec une salle réservée aux travaux manuels de la couture, de la cuisine; un gymnase; une bibliothèque. — Exposition de l'Ecole technique. — Comptes rendus et statistiques des universités, conservatoires, académies, etc. — Exposition des éditions classiques et cartes de MM. Nortest et fils. — Photographie; reliure; instruments divers, etc.

Japon. — Exposition par le gouvernement de l'Instruction publique de documents sur les institutions scientifiques supérieures. — Photographies; gravures; instruments de musique; instruments de précision.

Norvège. — La Norvège donne dans les groupes 1 et 3 un tableau d'ensemble de tout le système scolaire du pays, représenté par environ vingt différentes catégories d'écoles. Dans l'exposition des écoles élémentaires de Christiania, on voit la reproduction intéressante d'une école de cuisine complète, école qu'on établit actuellement dans toutes les écoles primaires du pays. — Cartes et plans exposés par la direction de la médecine et par le bureau géographique du pays. — Collection de cartes de climatologie présentée par l'Institut météorologique de Christiania, etc.

Danemark. — L'institut Finser à Copenhague, que dirige le savant docteur de ce nom, connu par ses découvertes sur l'action de la lumière mise au service de la médecine, expose une réduction de l'établissement, avec des reproductions en cire, des photographies, des plans, des statistiques, etc., que les hommes de science étudieront avec curiosité.

Pour terminer notre visite des groupes I et III, il nous reste à voir dans les galeries avoisinantes les classes 1, 2, 3, 5 et 6 (suivre sur le plan).

Classe 1. — On nous montre ici tout ce qui a trait à l'**éducation de l'enfant**, à l'**enseignement primaire**, à l'**enseignement des adultes**. Le visiteur pourra examiner l'organisation des institutions qui appartiennent à ces branches si dignes du plus vif intérêt ; les plans et les modèles des locaux ; le mobilier scolaire et le matériel d'enseignement, les mesures relatives à l'hygiène des établissements ; les plans d'études ; les résultats, etc.

Classe 2. — Puis nous entrons dans la classe de l'**enseignement secondaire**, où figurent de nombreux documents, des tableaux, etc., renseignant le visiteur sur le régime des établissements de second degré ; lui exposant les programmes, les méthodes. — L'enseignement du chant, de la gymnastique, de l'escrime ; les jeux scolaires ont aussi leur place dans cet important ensemble.

Musée rétrospectif centennal des maisons d'éducation de la Légion d'honneur. — Les maisons d'éducation de la Légion d'honneur sont les seuls établissements d'enseignement secondaire libres qui datent du commencement du siècle. Madame Campan, nommée par Napoléon, en 1807, directrice de la maison d'Écouen, se servit, en effet, des méthodes et des programmes qu'elle avait adoptés en 1797 pour son pensionnat de Saint-Germain. Le musée centennal comprend les portraits de l'empereur, fondateur des Maisons ; de madame Campan, première surintendante ; de la reine Hortense, protectrice ; des sept surintendantes de la maison d'Écouen. On voit aussi des gravures anciennes représentant des vues de Saint-Denis, d'Écouen et des Loges ; les ceintures des élèves, les décorations des dames, les brevets décernés. Quatre mannequins représentent les uniformes des élèves en 1807, en 1821, en 1850 et l'uniforme actuel. Dans une vitrine sont exposés la correspondance de madame Campan (1807-1817), les statuts et règlements de 1805 à nos jours ; les cahiers d'une élève de Saint-Denis ; les livres d'études ; les palmarès ; l'histoire des maisons d'éducation et l'histoire de la Légion d'honneur par M. de Marsangy.

Classe 3. — Enseignement supérieur. Institutions scientifiques. Dans cette classe figurent les expositions de plusieurs de nos grandes écoles : école libre des sciences politiques, école des ponts et chaussées, école supérieure des mines, etc. ; d'un grand nombre de nos institutions et de nos sociétés savantes ; des éditeurs d'ouvrages scientifiques : Hachette et Cie, Masson, Gauthier-Villars, etc. A côté des expositions particulières, nous voyons deux expositions d'ensemble, celle des sociétés savantes de Lyon, et celle d'un groupe de professeurs de l'enseignement supérieur libre de Paris, etc.

Classe 5. — Enseignement spécial agricole. — Les différentes écoles d'agriculture exposent ici leurs méthodes, leurs programmes, leurs résultats. L'école nationale d'agriculture de Grignon présente des travaux de professeurs et d'élèves; des cahiers, des dessins, des graphiques; des appareils divers d'enseignement et de recherches; des cartes; les résultats des expériences de la station agronomique, etc. La station d'essais des semences de l'Institut national agronomique montre un très intéressant ensemble de ses travaux et de ses résultats, notamment une étuve pour la détermination de la faculté génératrice des semences; une caisse de végétation pour la sélection méthodique des espèces cultivées, etc.

Classe 6. — Cette classe comprend l'**enseignement spécial industriel et commercial**. Comme l'enseignement général, cet enseignement peut se diviser en trois parties. L'enseignement supérieur est représenté, au point de vue industriel, par le Conservatoire national des arts et métiers, l'Ecole centrale des arts et manufactures, l'Ecole de chimie industrielle de Lyon, l'Institut chimique de Nancy, etc.; au point de vue commercial, par les écoles supérieures de commerce. A l'enseignement secondaire appartiennent les écoles nationales d'arts et métiers, l'école nationale de Cluny, etc. L'enseignement primaire comprend de nombreux établissements, tant publics que privés, qui montrent les progrès considérables accomplis depuis 1889 en matière d'enseignement technique, notamment les écoles pratiques de commerce et d'industrie, créées en 1892, qui sont déjà au nombre de trente-trois, fréquentées par 5.000 élèves.

Très nombreux sont les travaux exposés : machines à vapeur, travaux d'ajustage, travaux de fer et de bois des écoles d'arts et métiers; des écoles pratiques, etc.; travaux d'horlogerie de l'école de Cluses et de l'école d'horlogerie de Paris; objets d'art produits par les écoles professionnelles de la bijouterie orfèvrerie; travaux de broderies et de dentelles des élèves de l'école Elisa Lemonnier, de Paris, et des élèves de l'école La Martinière, de Lyon; fleurs et plumes, cartonnages d'art, etc., etc.

Classe 29. — Vient ensuite une continuation de la classe 28 que nous avons au rez-de-chaussée, puis nous entrons dans la classe 29, qui montre un imposant ensemble de **modèles, plans et dessins de travaux publics**. — L'ingénieur aura à faire ici une très longue station. Les expositions de la classe 29 sont si nombreuses et présentent des travaux d'une telle ampleur que nous ne pouvons qu'en effleurer la description. On remarquera d'abord la grande exposition des plans et dessins du ministère des travaux publics; les expositions des Compagnies de chemins de fer: nouvelles gares de la compagnie d'Orléans du quai d'Orsay et de Tours; viaduc pour la traversée du Rhône à Avignon de la Compagnie P.-L.-M.; nombreux travaux d'art de toutes les Compagnies ; — l'exposition de l'école des ponts-et-chaussées; celle du ministère de l'Intérieur (service vicinal), etc. — Puis les plans et dessins des travaux de grands industriels : ponts remarquables, appontements et autres ouvrages construits par MM. Daydé et Pillé, qui ont exécuté la partie métallique du grand palais des Champs-Elysées; — travaux également considérables de MM. Moisant, Laurent, Savey et Cie, de MM. Digeon, des forges de Firminy, des cristalleries de Sèvres et de Clichy, de la Compagnie de Fives-Lille, etc., etc.

Musée rétrospectif de la classe 29. — Le grand attrait pour le visiteur sera certainement l'exposition des moyens de locomotion employés depuis les temps les plus reculés, que le ministère des Travaux publics a si heureusement organisée. Entre autres choses intéressantes, on voit encore dans ce musée les modèles en bois, exposés par la Compagnie P.-L.-M., du viaduc du Credo (ligne de Collonges à Saint-Gingolph) et du viaduc de la Selle (ligne de Grenoble à Gap).

Avant de quitter le groupe du Génie civil et des moyens de transport, le visiteur examinera la partie supérieure de quelques expositions de sections étrangères déjà vues au rez-de-chaussée et l'exposition des sections espagnoles et portugaises qui ne figurent qu'au premier étage. Vient ensuite le groupe de l'électricité, c'est-à-dire une suite de la classe 23, vue au rez-de-chaussée, et les classes 24, 25, 26 et 27.

Classe 24. — C'est la classe de l'**électrochimie** qui a, en outre, une annexe le long de l'avenue de La Bourdonnais, où le public peut voir fonctionner des fours à carbure de calcium et aluminium, des bains de fabrication de chlorate de potasse. Un ozoneur, appareil à produire l'ozone pour la stérilisation des eaux au moyen de l'effluve, attire l'attention par les gigantesques et bruyantes étincelles nécessaires à son fonctionnement. Tous les jours, les expériences de M. Moissan sur la production du fluor et des métaux rares sont faites sous sa direction. Au premier étage, les accumulateurs et les piles, les produits d'électrolyse (cuivre pour carbure de calcium, chlorate de potasse, etc.) et la galvanoplastie.

Dans un pavillon spécial, à l'entrée de la classe 24, MM. Christofle et Cie exposent les diverses applications de l'in-

---

La Société de **l'Inexplosible** possède au lieu dit Saint-Félix, près de **Saint-Michel** (Savoie), une usine de fabrication de carbure de calcium de premier ordre. La force hydraulique moyenne, prise sur le torrent de l'Arc, est de plus de 2.500 chevaux. Cette Société produit du *carbure coulé* et du *carbure en pain* d'un rendement dépassant toujours 300 litres de gaz.

La Société de *l'Inexplosible* expose, dans la classe 24, des échantillons de carbure très remarquables par la netteté de la *cristallisation et par la grande teneur en gaz.*

La Société de *l'Inexplosible* vend des générateurs d'acétylène très simples et d'une construction très soignée. Ces appareils contiennent depuis 5 kilogrammes jusqu'à 100 kilogrammes de carbure; leur production est automatique, leur sécurité absolue; on peut les classer parmi les meilleurs générateurs d'acétylène existants.

dustrie des dépôts électrochimiques des métaux les uns sur les autres : dorure, argenture, cuivrage, nickelage, etc., dont ils ont été les créateurs en France. Ils montrent, en outre, les diverses applications de la galvanoplastie ronde, bosse et massive dont ils ont été les premiers vulgarisateurs. La maison Christofle a organisé un atelier dans lequel les visiteurs assistent à toutes les transformations électrochimiques des métaux.

M. Dujardin expose un nouveau type d'accumulateur pour la traction électrique, qui serait le plus puissant, à poids égal, des systèmes présentés jusqu'à ce jour.

Classe 25. — Dans la classe de l'**éclairage électrique** se trouvent réunis tous les modèles de lampes à arc et de lampes à incandescence, les lustres et appliques des fabricants de bronze d'art, l'appareillage électrique pour les installations. Dans une usine miniature de lampes à incandescence, la Compagnie générale d'électricité montre le nombre prodigieux d'opérations minutieuses que nécessite la fabrication d'une lampe. — Voir le choix de lampes de la Société Gramme et particulièrement les lampes guirlandes pour illuminations ; — les phares, les projecteurs de la maison Sautter, Harlé et Cie ; — les bronzes d'éclairage, les appliques, lustres, suspensions de MM. Jean et Bouchon (anc. maison Chabrié). — Les six secteurs électriques de Paris exposent un plan de la ville montrant toutes les canalisations d'éclairage public et privé, avec des graphiques de consommation.

Le soir, la classe 25 étincelle d'une manière extraordinaire.

Classe 26. — C'est l'intéressante classe de la **télégraphie** et de la **téléphonie**. On y voit la variété des appareils télégraphiques ; le matériel utilisé par la téléphonie ; diverses sortes de câbles pour la transmission télégraphique sous-marine, etc. Dans l'annexe, près l'avenue de La Bourdonnais, le visiteur pourra se rendre compte de tout ce qui constitue l'appareillage de la téléphonie, suivant les types les plus divers.

Classe 27. — Nous nous trouvons dans le vaste champ des **applications diverses de l'électricité**. Le visiteur y trouvera ces appareils de précision dont la construction demande une si grande habileté, une pratique si consommée. Il verra aussi de nombreux appareils de chauffage et de cuisine : poêles, réchauds, cafetières, etc. L'application si utile de l'électricité à la médecine est représentée par de nombreux appareils d'électrothérapie, par les tubes de Crookes et les bobines relatifs à la découverte toute récente de la radiographie. — MM. Gaiffe et Cie exposent un cabinet complet d'électrothérapie avec tous les nouveaux modèles d'appareils créés par cette maison dans ces derniers temps. Pour la radiographie, on remarquera le nouvel interrupteur moteur « Gaiffe ». On verra, en outre, avec intérêt divers appareils pour la production des courants. — L'exposition de M. Chabaud présente des interrupteurs à mercure pour courants continus et courants alternatifs ; des tubes producteurs de rayons X, etc.

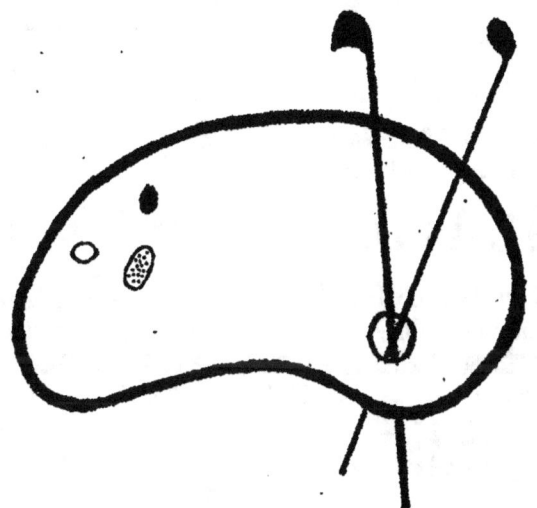

DEBUT D'UNE SERIE DE DOCUMENTS
EN COULEUR

14ᵉ SECTION DU GUIDE
Champ de Mars, premier étage.
Mécanique, Électricité, Chimie.

Plus de Clé — Maison des Serrures SANS CLÉ

MARQUE **KEYLESS** DÉPOSÉE

13, passage des Panoramas
Sur les Grands Boulevards, PARIS

Serrures et Verrous de sûreté
arrêt vélo sans clé

Plus de Clé

GRAND GARAGE du PALAIS des MACHINES

22, RUE DU CHAMP-DE-MARS — POUR CYCLES & AUTOMOBILES
au coin de l'avenue Bosquet et de l'avenue La Bourdonnais.

Maison Vᵛᵉ SAVY

LOCATION DE CYCLES CLÉMENT — ACCESSOIRES, VENTES, OCCASIONS, RÉPARATIONS
Nettoyage de Bicyclettes & de Motocycles — Vestiaire

TOUT LE MONDE CONNAIT CETTE MARQUE

Elle se trouve seulement sur les

SOUS-BRAS

CANFIELD

DÉPOT POUR LA FRANCE ET LA BELGIQUE
187, rue du Temple, Paris

Couseuses à Pédale Magique Bacle

L'UNE DES MERVEILLES DE L'EXPOSITION DE 1900 EST, SANS CONTREDIT,
LE MOTEUR HYGIÉNIQUE BREVETÉ DÉNOMMÉ

La Pédale Magique Bacle

Lire l'explication page 140 et visiter l'exposition
Classe 79, groupe XIII, Porte Rapp

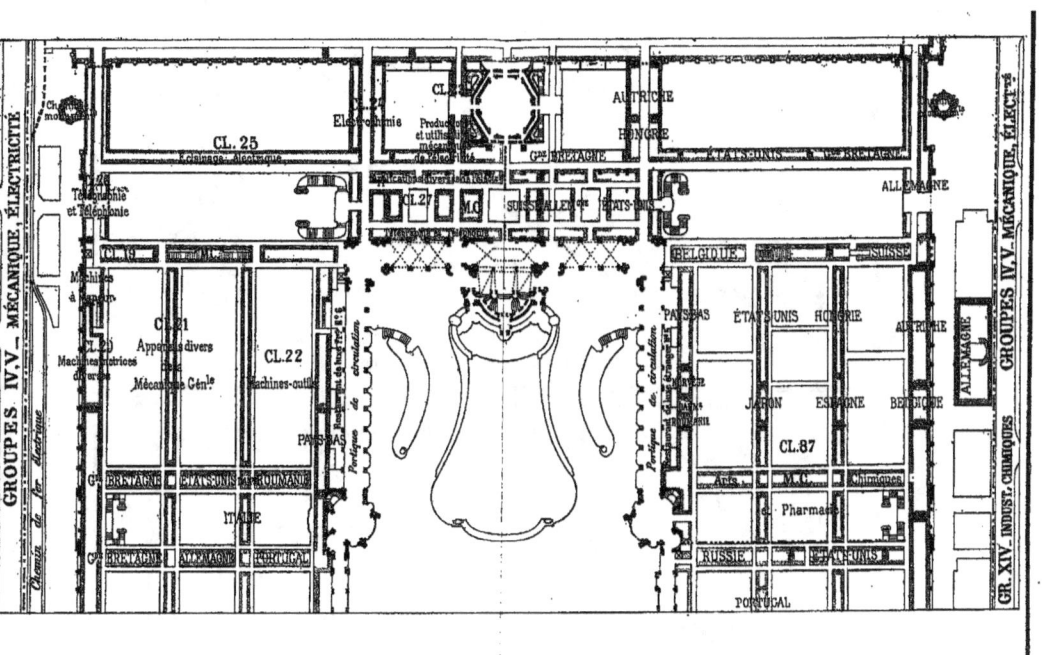

M. C. Musée Centennal.

14ᵉ SECTION DU GUIDE
Champ de Mars, premier étage.
Mécanique, Électricité, Chimie.

A. JOUVEAU

CONSTRUCTIONS MÉCANIQUES ET FONDERIE
ORANGE (Vaucluse)

Recherches
Canalisation
Distribution
Élévation
d'eau

L'EAU PARTOUT

MOTEURS ET Pompes à Vent
Nouveau système
Béliers hydrauliques
NORIAS, POMPE A CHAPELET
A BRAS ET A MANÈGE

PLANS, DEVIS, PROJETS SUR DEMANDE, RENSEIGNEMENTS & PRIX COURANTS FRANCO
Médaille d'or aux principales expositions

MOTEURS A GAZ DE VILLE
Consommant 500 litres par cheval-heure

Turbines Hydrauliques Françaises
A AXE VERTICAL OU HORIZONTAL
Rendement 80 à 85 0/0

Jph FOURNIER
Ingénieur-Constructeur, E.C.P et A et M
Chemin Saint-Isidore, 1, (LYON-MONTCH'T)

ACCOUPLEMENTS ÉLASTIQUES ZODEL
PURGEURS AUTOMATIQUES
POMPES A VAPEUR A GRAND DÉBIT
MACHINES POUR PATES ALIMENTAIRES
Installations complètes d'usines
MACHINES A VAPEUR FIXES
A DÉTENTE VARIABLE
par le régulateur et à condensation

MOTEURS A GAZ PAUVRE
Marchant au coke de gaz

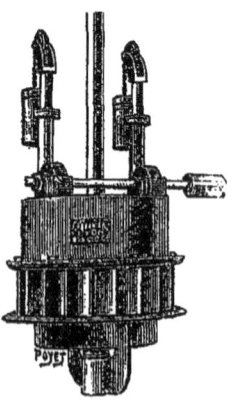

POMMADE MOULIN
Guérit **Dartres, Boutons, Rougeurs, Démangeaisons, Eczéma**
FAIT REPOUSSER LES CHEVEUX ET LES CILS. **2 fr 30** le Pot franco
Pharmacie MOULIN, 30, Rue Louis-le-Grand, Paris

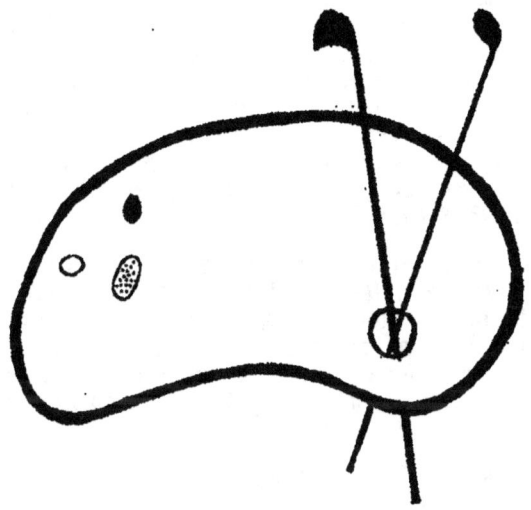

FIN D'UNE SERIE DE DOCUMENTS
EN COULEUR

Musée rétrospectif de l'électricité. — Ce musée, constitué avec beaucoup de soin et de patience par une commission spéciale, comprend de nombreux appareils, des machines et des objets divers rangés dans les quatre catégories suivantes : 1° *Électro-statique* : machine et batterie de Charles; électroscope dynamique à pile zèche de Zamboni (1847); appareil de Masson ayant servi aux mesures photométriques (1844); appareil de lord Kelvin à écoulement d'eau, etc. — 2° *Télégraphie* : appareils français à deux indicateurs sans mouvement d'horlogerie de Pouget-Maisonneuve; manipulateur à deux indicateurs Bréguet, premier modèle; appareils autographiques d'Arlincourt, de Caselli, de Meyer, de Lenoir, etc. — 3° *Téléphonie* : microphones Bourseul (essais primitifs); premières études du microphone Berthon; transmetteur Roulez, premier modèle; deux récepteurs Bell ayant servi aux premières expériences de téléphonie à longue distance entre Paris et Tours, etc. — 4° *Électro-chimie* : double pile de Volta (1814); accumulateur original de Faure; divers appareils de M. A. C. Becquerel, de M. Ed. Becquerel; moules et objets divers de la collection Christofle, etc. — À cette précieuse collection, prêtée à la commission par des établissements publics et des particuliers, s'ajoute une véritable bibliothèque de près de deux cents publications (de 1562 à nos jours).

Quand il aura vu entièrement le groupe de l'électricité, le visiteur parcourera les galeries du premier étage du groupe des fils, tissus et vêtements et du groupe des mines et de la métallurgie. Nous avons décrit ces classes dans notre visite du rez-de-chaussée. Nous n'aurons donc à lui signaler spécialement que les classes 80 et 82, qui ne figurent qu'au premier étage.

Classe 80. — Fils et tissus de coton. — Produits écrus et de couleur de MM. Waddington fils et Cie; — grande variété de tissus de la maison Esnault-Pelterie, Barbet-Massin et Cie; — fils à coudre et pour tissage de MM. Wallaert frères; — piqués fins et à plis de la maison Hugues fils et Cie; — draperies, tissus, jersey et châles de MM. Michau et Cie, etc.

Classe 82. — Fils et tissus de laine. — On remarquera particulièrement les tissus, les draps, les fantaisies pour costumes de la maison Jourdain-Defontaine fils; — le bel assortiment d'étoffes pour vêtements, ameublements, voitures, livrées de la maison Blin et Blin; — le grand choix de tissus pour robes, de draperies, de flanelles, de tissus nouveautés de MM. Seydoux et Cie; — les draperies nouveautés, les draps militaires et d'administration de la maison Nivert et Boulet; — l'exposition collective des fabricants de Vienne (Isère), etc.

Le visiteur pourra effectuer cette visite du premier étage de l'aile gauche des palais du Champ-de-Mars de manière à revenir par l'une ou l'autre des galeries vers le groupe de l'agriculture, où il lui reste à voir le premier étage.

L'Institution des Enfants arriérés

Établissement de traitement et d'éducation, l'Institution des Enfants arriérés, qui a déjà rendu tant de services, est destinée aux enfants et aux jeunes gens dont l'intelligence se développe lentement et dont quelque anomalie intellectuelle exige une éducation spéciale. Le docteur Belhomme fut, en 1820, le promoteur de cette idée si profondément humaine de l'amélioration des enfants arriérés. Le docteur Voisin suivait plus tard les traces de son éminent prédécesseur en créant l'Institut Orthophénique. Mais, c'est Séguin, le puissant pédagogue, nommé en 1843 instituteur à Bicêtre, qui organisa cet enseignement spécial qui réclamait une compétence et un dévouement éprouvés. Un de ses collègues de Bicêtre continua son œuvre et fonda, en 1847, l'Institution de Gentilly, destinée à la classe aisée, transférée plus tard à Eaubonne. C'est celle qui nous occupe. Il appliqua les méthodes de Seguin et obtint en peu de temps des résultats inespérés.

Ce n'est cependant qu'en 1869, sous la direction de M. Otto Baetge, que la maison de Gentilly devient une Sorbonne des déshérités de l'intelligence dont toutes les catégories reçoivent une éducation et un enseignement qui remédient progressivement à toutes les imperfections de leur état physique et moral, dans un milieu approprié où l'imitation qui joue un si grand rôle dans le développement espéré, parfait la mission des patients éducateurs. A M. Otto Baetge succède, en 1889, M. Langlois, un des meilleurs maîtres de l'Université, qui continue les traditions, élargit le programme et crée un établissement sans rival à Eaubonne. C'est là que dans un magnifique domaine de 10 hectares, où l'air est irréprochable, où n'existent aucun des inconvénients de la banlieue qu'il installe l'établissement modèle où les enfants arriérés retrouvent, sous les grands arbres centenaires, le calme nécessaire, la vie paisible et saine qui leur convient. M. Langlois s'était adjoint M. Rochet, l'architecte de l'Assistance publique, pour édifier un établissement modèle, bénéficiant de tous les progrès accomplis par le génie sanitaire et répondant, par conséquent, à toutes les conditions hygiéniques prescrites par la science moderne.

Deux groupes de bâtiments, l'un pour l'habitation, l'autre pour les classes et divers exercices, jeux, gymnastique, bains, hydrothérapie, etc., font l'admiration de tous les visiteurs.

Le peintre paysagiste Vauthier a reproduit tous les pittoresques aspects de l'Etablissement d'Eaubonne et l'on peut admirer son tableau au groupe I, classe 1, c'est-à-dire à l'exposition de l'Enseignement. C'est un panorama magnifique; mais quelle que soit la splendeur de la providentielle maison consacrée aux Enfants arriérés, ce qu'il faut retenir de l'idée qui préside à son œuvre, c'est la puissante méthode de l'enseignement et de l'éducation qu'on y donne : la culture spéciale à chaque élève; l'enseignement développé d'après les programmes universitaires ; la direction intelligente et sûre, imprimée à tous les degrés d'intelligence ; le groupement favorable aux plus chétives personnalités; œuvre immense et couronnée par des résultats prodigieux, qui la font bénir par tous ceux qui la connaissent.

La Maison **Edmond et Armand Sée**, ingénieurs-constructeurs, *15, rue d'Amiens,* **Lille**, s'est fait depuis de nombreuses années une spécialité de l'étude et de l'entreprise générale à forfait des *Bâtiments industriels* de tous genres et pour toutes industries. Elle étudie sans cesse les meilleures conditions à réaliser dans chaque cas et les perfectionnements à apporter aux types en usage. Elle vient de créer un nouveau type de toiture en dents de scie, dits *Toits Marquises*, brevetés s. g. d. g., qui présentent d'importants avantages pour la filature, le tissage, l'imprimerie, et pour un très grand nombre d'industries exigeant un éclairage naturel aussi diffusé que possible. Grâce à ces nouveaux toits, on obtient :

1º Un *très grand écartement de colonnes*, dans l'un des sens, ce qui facilite beaucoup le groupement des machines et du matériel ;

2º Une *diffusion parfaite* de la lumière naturelle et de la lumière artificielle, au point que les ombres portées sont totalement supprimées;

3º La *suppression de toute perte de lumière* artificielle par les vitrages ;

4º Une très notable *réduction du cube d'air à chauffer* dans les salles par suite de la disposition de plafonds et de vitrages horizontaux ;

5º La possibilité de disposer les *transmissions à volonté* dans le sens *longitudinal* ou dans le sens *transversal ;*

6º Le *maximum d'isolation* contre les influences extérieures du froid, de la chaleur et de l'hygrométrie.

Ces nouvelles toitures sont appelées à avoir un grand succès dans l'industrie, si nous en jugeons d'après les importantes applications qui en sont déjà faites et les éloges qu'elles ont valu aux inventeurs de la part des ingénieurs et des industriels les plus autorisés.

Société Anonyme pour la Fabrication de la Soie de Chardonnet

Usine et Siège social à BESANÇON (Doubs)

Société fondée en 1891 pour exploiter l'invention de M. le comte de Chardonnet. Les débuts de cette industrie furent très laborieux; le produit, de son côté, fut accueilli avec une hostilité marquée.

Grâce aux sacrifices énormes que s'imposa la Société, à l'énergie et à la ténacité de son administration, cette industrie qui avait peine à produire et à placer 200 kilogrammes de soie en 1893, 5.000 en 1895, de 10 à 14.000 de 1895 à 1897, est arrivée, par des développements successifs, à produire 48.000 kilogrammes en 1898, 120.000 en 1899, et peut marcher, depuis mars 1900, avec une production *journalière* de 1.000 kilogrammes de soie artificielle. Elle occupe maintenant plus de 1.300 ouvriers.

Cette soie, d'un brillant éclatant, a les deux tiers de la force de la soie naturelle cuite. Son élasticité est suffisante pour tous les emplois de trames. Elle entre dans la confection de certains tissus pour robes et ameublements, dans la rubanerie, dans la passementerie et dans quantité d'autres applications textiles.

Chimiquement, sa fabrication procède de la nitro-cellulose dissoute dans un mélange d'alcool et d'éther; le collodion ainsi obtenu est filé, puis mouliné; enfin, le fil est dénitré au sulfhydrate d'ammoniaque. La base en est la pâte de bois ou le coton.

La Société ne garantit que ses soies écrues ou teintes par les procédés qu'elle indique.

Pour tous renseignements, s'adresser à M. Ad. Trincano, Administrateur-Délégué, Directeur.

Adresse télégraphique : *Soieries Besançon.*

Exposition des Soies. Classe 83. Groupe XIII.
Exposition de Métiers. Classe 87. Groupe XIV.

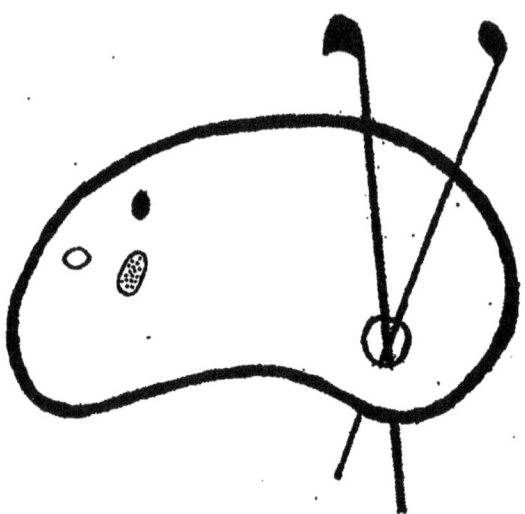

DEBUT D'UNE SERIE DE DOCUMENTS
EN COULEUR

15ᵉ SECTION DU GUIDE
Ancienne Galerie des Machines, premier étage.
Agriculture, Aliments.

ASTHME REMÈDE SOUVERAIN **GAMBIER** Échantillon franco contre 0f.40 timbres
COQUELUCHE TRAITEMENT SUR et FACILE **GAMBIER** f°° 2f25 c⁽ʳᵉ⁾ très ou m⁽ᵗ⁾
208 bis, rue du Faubourg-Saint-Denis, à PARIS

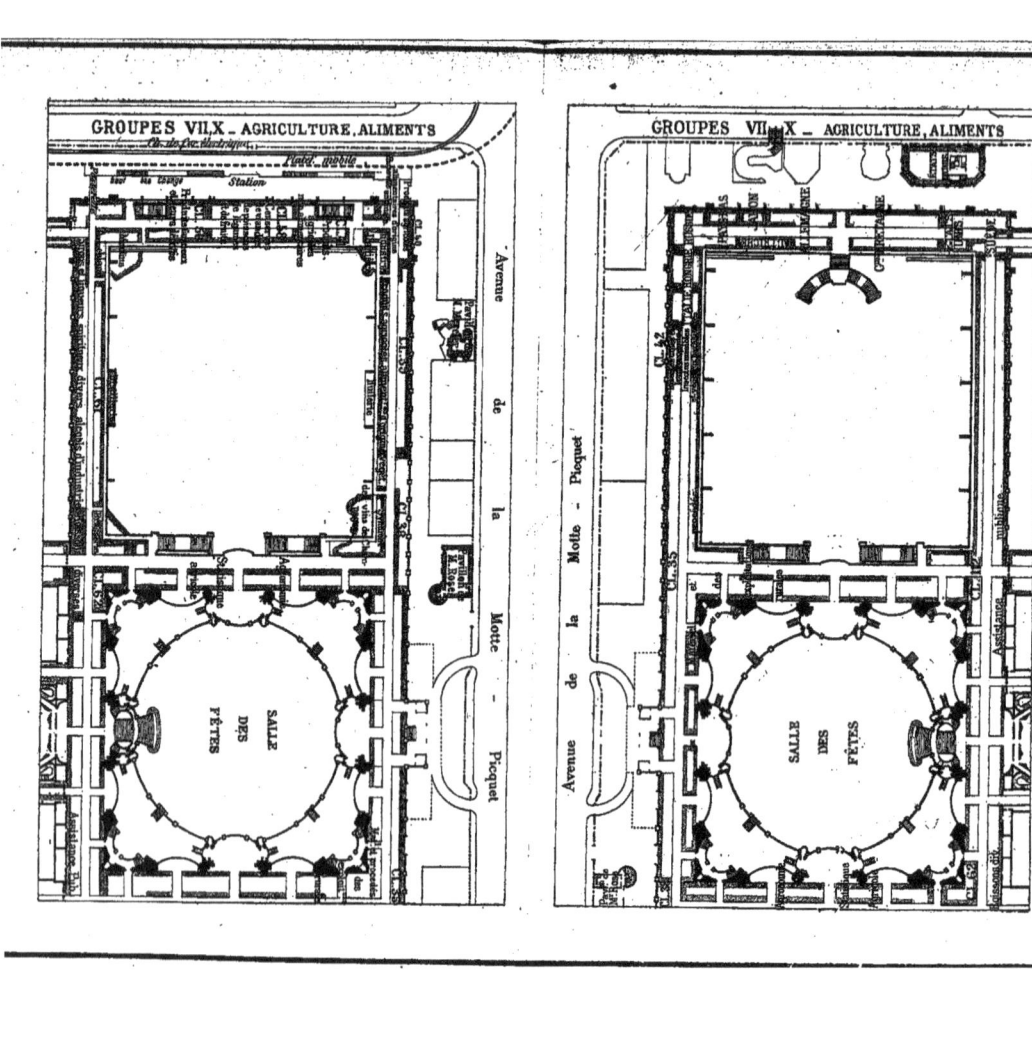

15ᵉ SECTION DU GUIDE
Ancienne Galerie des Machines, premier étage.
Agriculture, Aliments.

BAIN PENNÈS — HYGIÉNIQUE, RECONSTITUANT, STIMULANT
Remplace Bains alcalins, ferrugineux, sulfureux, surtout les Bains de Mer.
Exiger Marq. de Fabrique. PHARMACIES, BAINS.

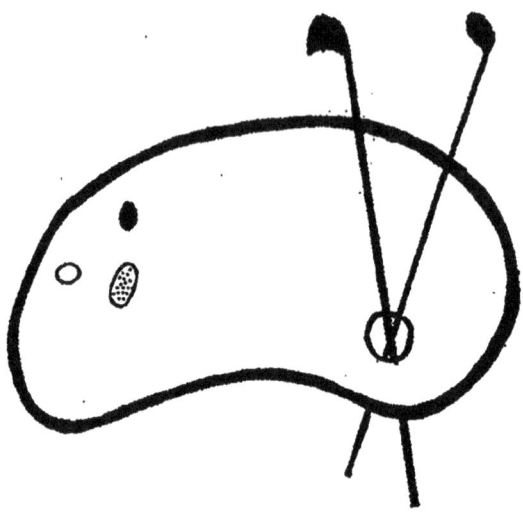

FIN D'UNE SERIE DE DOCUMENTS
EN COULEUR

XVᵉ Section du Guide
Groupes VII et X

Agriculture — Aliments
(PREMIER ÉTAGE)

Classe 35. — Matériel et procédés des exploitations rurales.
— **38.** — Agronomie, statistique agricole.
— **39.** — Produits agricoles alimentaires d'origine végétale.
— **40.** — Produits agricoles alimentaires d'origine animale.
— **41.** — Produits agricoles non alimentaires.
— **42.** — Insectes utiles et leurs produits. — Insectes nuisibles et végétaux parasitaires.
— **56.** — Produits farineux et leurs dérivés.
— **58.** — Conserves de viandes, de poissons, de légumes et de fruits.
— **61.** — Sirops et liqueurs; spiritueux divers; alcools d'industrie.
— **62.** — Boissons diverses (*Suite*).
— **112.** — Assistance publique.

La galerie de l'agriculture et des aliments
(PREMIER ÉTAGE)

Le visiteur montera au premier étage de la galerie par l'escalier d'honneur qui se trouve devant la porte monumentale de la salle des Fêtes. Il se dirigera à gauche et traversera le palais du champagne qu'il a déjà visité. Derrière ce palais, il trouvera d'abord la **classe 38** qui concerne l'**agronomie** et la **statistique agricole**. On y montre notamment les progrès réalisés depuis 1889 et les institutions ayant pour objet le développement de l'agriculture. La Société des Agriculteurs de France expose son beau laboratoire de chimie agricole, avec un outillage complet. La maison Vilmorin-Andrieux présente d'intéressants documents de statistique agricole ; elle a son exposition générale dans un grand pavillon élevé par elle avenue de La Motte-Piquet, vis-à-vis de l'Ecole Militaire. Les personnes qui s'intéressent à l'agriculture s'arrêteront devant les cartes

TRUFFES EN GROS
BOUTON

PÉRIGUEUX   **PÉRIGUEUX**

Provenance exclusive des meilleurs crus DU PÉRIGORD

EXPORTATION UNIVERSELLE

HORS CONCOURS — MEMBRE DES COMITÉS
de l'Exposition de 1900

Maison la plus ancienne, et une des plus importantes dans la conserve, en général, et plus spécialement dans la truffe; possède une usine modèle très importante, aménagée à la moderne, et selon les derniers perfectionnements de la science et de l'art culinaire, à Périgueux, centre du pays de production de la célèbre et incomparable truffe du Périgord, dont la réputation a été consacrée de temps immémorial. — La maison BOUTON, dont l'exportation est universelle, prime depuis vingt ans dans toutes les grandes Expositions internationales.

Adresse télégraphique : **Bouton** PÉRIGUEUX

MAISON FONDÉE EN 1862

SIMON Aîné, Chalon-sur-Saône

GRANDES LIQUEURS EXTRA-FINES

SUC

SIMON AINÉ

Le meilleur, le plus exquis Digestif

APRICOT BRANDY
FINE ABRICOT
Délicieuses Liqueurs à base de fine champagne
CURAÇAO BRANDY
Royal Mark
SIMON'S CHERRY BRANDY

Maison à PARIS : 159, Faubourg Poissonnière

BIÈRE BURGELIN
CAFÉS — MÉNAGE — EXPORTATION
NANTES

géologiques, les cartes agronomiques, climatériques, etc., les statistiques, les diagrammes, etc., elles examineront notamment les tableaux par lesquels un agronome en renom, M. Louis Nicolas, indique les résultats de l'application de la science agricole sur ses terres.

Classe 39. — Vient ensuite, derrière le superbe décor de l'Huilerie, la classe des **produits agricoles alimentaires d'origine végétale**, c'est-à-dire tous les genres de céréales, les plantes légumineuses; les tubercules et les racines; les plantes oléagineuses, etc.

Classe 40. — Cette classe, qui embrasse l'ensemble des **produits agricoles alimentaires d'origine animale** est installée dans le voisinage de la belle et originale laiterie que nous avons vue au rez-de-chaussée. Lait frais et conservé, beurre frais et salé, toutes les variétés de fromages, huiles animales, etc.

Classe 41. — La classe des **produits agricoles non alimentaires** s'étend à gauche du grand vaisseau Menier. Elle contient les plantes textiles : coton, lin, chanvre, ramie, etc. ; les graisses et huiles non comestibles ; les plantes tinctoriales, médicinales, pharmaceutiques, les tabacs, les houblons, etc.

Classe 55. — **Conserves de viandes, de poissons, de légumes et de fruits** : viandes salées ; conserves de viande en boîtes ; tablettes de viande et de bouillon ; produits divers de la charcuterie ; variété de conserves de poissons, de légumes ; fruits secs et préparés.

Classe 56. — Sur le joli marché aux grains qui se trouve entre le vaisseau Menier et le moulin Abel Leblanc sont installés les **produits farineux et leurs dérivés** : farines de céréales ; fécule de pommes de terre ; farine de riz, de lentilles, de fèves ; gluten ; tapioca ; sagou ; pâtes d'Italie, etc. On visitera avec intérêt l'exposition des Grands Moulins de Corbeil, qui présentent un ensemble de leurs produits, depuis les farines supérieures jusqu'aux déchets de fabrication, avec une collection des principales espèces de blés cultivées dans le monde entier. Cette maison, dont la fabrication est actuellement de 500.000 kilos par 24 heures, montre dans un bocal la production de ses usines pendant une seconde.

Classe 61. — Après avoir tourné l'angle du moulin, nous entrons dans la longue galerie qui a pour décor la distillerie monumentale. Elle contient les **sirops et liqueurs; spiritueux divers; alcools d'industrie** : toute la variété des liqueurs de table (anisette, curaçao, cassis, chartreuse, etc.) et des apéritifs; les alcools d'industrie; enfin les spiritueux divers, tels que genièvre, rhum, tafia, kirsch, etc.

Notre visite des expositions françaises des groupes de l'agriculture et des aliments se terminera par une halte dans la classe 62 (boissons diverses) déjà vue au rez-de-chaussée.

Pour nous rendre dans la section étrangère de ces groupes nous avons à traverser toute la galerie qui longe la salle des fêtes. Là commence l'exposition de la **classe 112** qui n'a pu trouver place dans le palais de l'économie sociale. Elle comprend les belles institutions de l'**assistance publique**. C'est un champ spécial d'observations. Il intéresse tous ceux qui pensent aux déshérités, qui se préoccupent du sort des petits, des faibles, des pauvres et des infirmes. La classe 112 s'étend jusqu'au fond de la galerie. Il faudrait de nombreuses pages pour la décrire. Nous signalerons simplement ses divisions principales : 1° *Protection et assistance de l'enfance :* asiles-ouvroirs pour les mères, mutualité maternelle, crèches, enfants trouvés, dispensaires, etc. ; — 2° *Assistance des adultes* ; assistance mutuelle ; bureaux de bienfaisance ; malades ; vieillards, etc. ; — 3° *Assistance des aliénés* ; — 4° *Assistance des aveugles* ; — 5° *Assistance de sourds-muets* ; — 6° *Mont-de-piété*.
— On s'attardera devant une maquette de la crèche Furtado-Heine ; devant l'exposition des ateliers d'aveugles (concert une ou deux fois par semaine) ; devant l'exposition si complète et si touchante des hôpitaux d'enfants ; devant celle des crèches ; devant celle de l'assistance par le travail. A signaler encore une œuvre nouvelle « La Pouponnière » de Mme Charpentier. En ce qui concerne les hôpitaux, il est à remarquer que la partie la plus nouvelle figure au pavillon de la ville de Paris, où le visiteur trouvera les dessins et les plans des derniers bâtiments construits selon les règles de l'hygiène moderne.

Exposition rétrospective de la classe 112. — Cette exposition présente des maquettes, des objets et des documents relatifs aux développements des œuvres que nous venons d'énumérer.

Nous visiterons ensuite les expositions étrangères du premier étage dans l'ordre suivant (voir le plan) : Suède, Etats-Unis, Grande-Bretagne, Allemagne, Autriche, Japon, Pays-Bas, Russie, Hongrie, Italie. Nous avons indiqué, en visitant le rez-de-chaussée, ce que chacun de ces pays expose de plus remarquable.

Une partie de la galerie qui fait face à celle de l'assistance publique est occupée par la **classe 42 : insectes utiles et leurs produits, — insectes nuisibles et végétaux parasitaires.** — On y voit des collections systématiques d'insectes utiles et d'insectes nuisibles ; le matériel de l'élevage et de la conservation des abeilles et des vers à soie ; le matériel et les procédés de la destruction des insectes nuisibles, etc.

Puis nous entrons dans une suite de la classe 35 (matériel et procédés des exploitations rurales) déjà décrite, par laquelle nous terminerons notre visite aux remarquables groupes de l'agriculture et des aliments.

La Section d'alimentation a permis à une maison renommée, la maison **Rivoire et Carret**, de faire une très remarquable exposition de ses produits, que l'on considère à bon droit comme un bienfait pour toutes les familles, comme une inépuisable ressource pour tous les foyers. Les pâtes alimentaires de Rivoire et Carret constituent la marque populaire par excellence et c'est à leur parfaite fabrication qu'elles doivent leur renommée grandissante. C'est aux semoules de blés durs, provenant d'Algérie, de Tunisie et de Russie, qu'elles doivent leur incontestable supériorité. Elles sont les plus nourrissantes et les plus fines, et c'est par la comparaison impartiale qu'elles ont définitivement triomphé.

La haute industrie lyonnaise a toujours joui d'une réputation de conscience et de probité qui a désespéré toute concurrence. La maison **Rivoire et Carret**, que le public regarde avec raison comme un centre indiqué d'alimentation, possède aujourd'hui des usines considérables à **Lyon**, son quartier général, à Marseille, à Saint-Loup-les-Marseille, à Saint-Denis, près Paris et à Mulhouse, en Alsace.

Le chef de la maison, M. J. Carret père, est chevalier de la Légion d'honneur depuis 1894. C'est à l'Exposition de Lyon, la ville où l'industrie des pâtes alimentaires fait d'incessants progrès, qu'il a vu sa maison classée hors concours. Jamais un jury n'a plus solennellement confirmé les arrêts de l'opinion publique.

Constant Cassard, à **Guérande**. Maison fondée en 1870, et devenue, par l'excellence de ses produits, une des principales distilleries de l'Ouest. Principaux produits de la Maison : eau-de-vie de vin, guérandine, sève de prunelle, menthe faloise, kina grenache. Médaille d'or, Bruxelles 1897; or et argent, Rennes 1897; argent, Rouen 1896 et Bordeaux 1895.

Maag-Bitter. Amer Rouge

Deux grands prix,
   Cinq médailles d'or,
      Onze diplômes d'honneur.

Membre des Jurys - Hors concours.

Paris, Lyon, Bordeaux, Angers,
   Rennes, Rochefort et Dijon.

E. Dufour, seul fabricant,
   Nantes (Loire-Inférieure).

Après avoir admiré les grandes attractions de l'Exposition, le visiteur ne devra pas négliger de se rendre au magnifique Palais de l'Alimentation. C'est là qu'il verra tous les produits indispensables à l'existence et il gardera de sa visite un souvenir intéressant de tout ce que les peuples, par leurs efforts répétés, arrivent à tirer des produits naturels qui sont nos éléments vitaux. Là, en effet, l'ingéniosité humaine se manifeste, car le champ est vaste et d'une importance capitale.

Parmi ces différents produits, le promeneur examinera avec soin une branche des plus importantes de l'Alimentation : les boissons, les vins, les bières, les cidres et les liqueurs de tous les pays offrant au regard une gamme d'une longue et riche étendue, satisfaisant tous les goûts.

Tout le monde sait à quel point de perfection l'art distillatoire a été poussé en France. Qui n'a dégusté, après le repas, ces délicieuses liqueurs françaises qui procurent une sensation toujours agréable et qui exercent souvent, n'en déplaise à quelques-uns, une influence salutaire sur la santé, ce bien si précieux. C'est parmi les liqueurs françaises, parmi les plus grandes marques, qu'il faut distinguer tout particulièrement le **vrai triple sec Dr Guillot** qui, complètement exempt de décolorants, d'acide citrique ou autres, jouit d'une universelle réputation, de la plus ancienne renommée en France et a eu sa supériorité consacrée par l'usage qu'en fait un des plus grands et des plus sympathiques souverains de l'Europe.

Le **vrai triple sec blanc Dr Guillot** fabriqué avec de l'eau-de-vie de vin, conserve dans toute sa pureté l'arome de l'orange amère qui en est la base. C'est, sans contredit, un puissant tonique et digestif présenté sous la forme d'une liqueur agréable. Additionné d'eau, il constitue, pendant les chaleurs de l'été, une boisson rafraîchissante dont le goût exquis est celui de l'orange, de cette célèbre pomme d'or du jardin des Hespérides.

Le dépôt, à Paris, du **vrai triple sec Dr Guillot** est rue du Faubourg-Saint-Honoré, 182. On le trouve également dans les maisons de premier ordre tant en France qu'à l'étranger. Il est logé dans un cruchon de verre rouge brun, revêtu de deux étiquettes blanches, et porte un original cachet de cire rouge sur lequel sont empreints les mots : **Curaçao Dr Guillot**, triple sec, Bordeaux

Le **vrai triple sec Dr Guillot**

a été hautement récompensé dans les principales Expositions
et notamment à l'Exposition universelle de Paris 1889

où un jury compétent lui a décerné la

Médaille d'or

Les Grandes Brasserie et Malterie Eugène Burgelin. Cette importante maison qui, depuis le 31 janvier 1900, s'est transformée en Société anonyme au capital de 1.500.000 fr., existe depuis plus de cinquante années.

Fondée par M. Frédéric Burgelin père, continuée par son fils, M. Eugène Burgelin, suivant les loyales traditions, cette maison est devenue une des premières Brasseries de l'Ouest.

Depuis 1886, rien n'a été négligé pour donner à sa nombreuse clientèle des produits de tout premier ordre. La maison Burgelin a toujours obtenu les plus hautes récompenses aux Expositions où elle s'est présentée : médaille d'or, Nantes 1882; diplôme d'honneur, Nantes 1886 et 1893, Angers 1895.

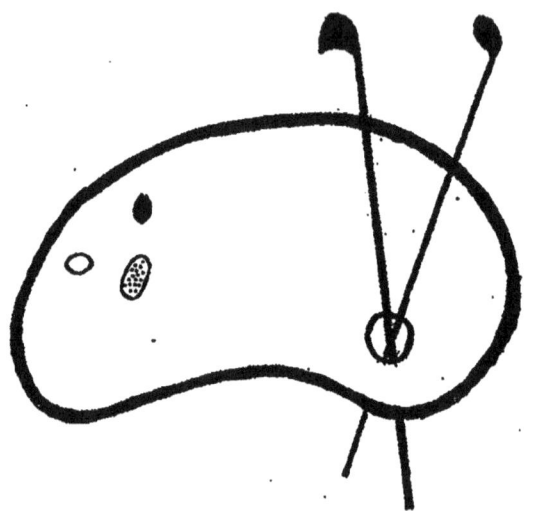

DEBUT D'UNE SERIE DE DOCUMENTS
EN COULEUR

16ᵉ SECTION DU GUIDE
Quai d'Orsay.
Navigation de commerce. — Forêts, Chasse.

 PHÉNOL BOBŒUF
préserve des maladies, cicatrise les plaies. En injections
(1 cuill. par litre). Guérit MÉTRITES, PERTES BL., etc. Le Fl. 1 fr. 50.

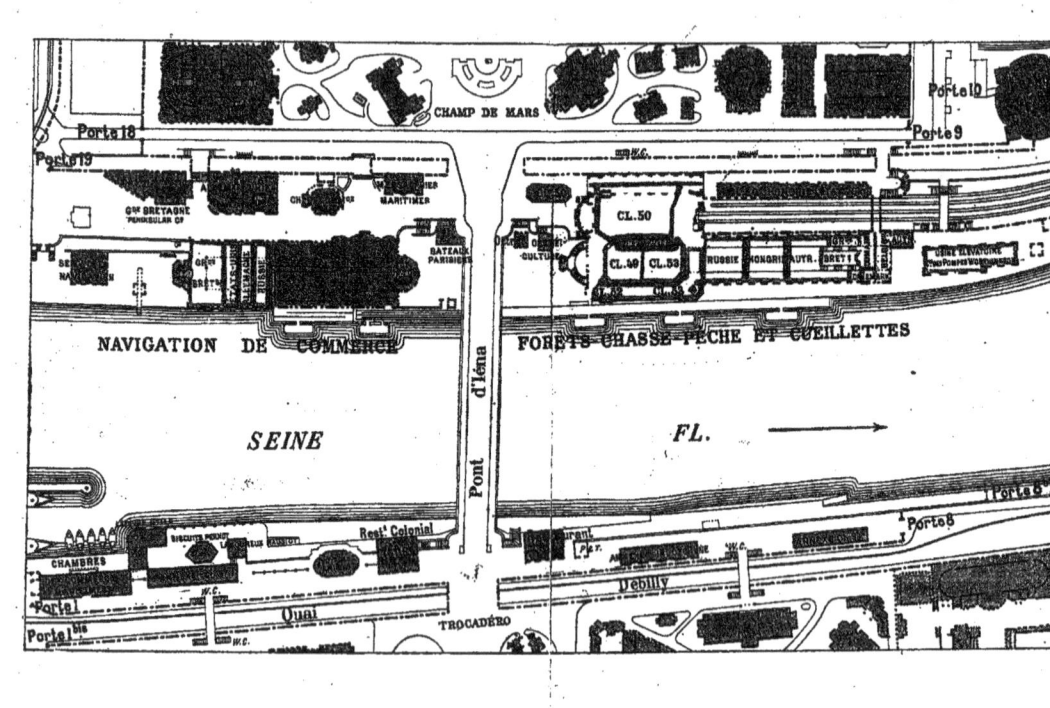

16ᵉ SECTION DU GUIDE
Quai d'Orsay.
Navigation de commerce. — Forêts, Chasse.

Société Française des Pompes ⟶ Worthington

43, RUE LAFAYETTE PARIS

Concessionnaire exclusif

DU

SERVICE DES EAUX

à l'Exposition universelle de 1900

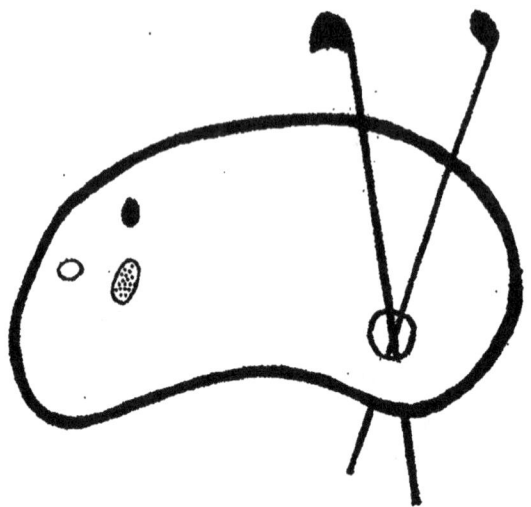

FIN D'UNE SERIE DE DOCUMENTS
EN COULEUR

XVIᵉ Section du Guide

Groupes VI (Suite) et IX

Navigation de Commerce
Chasse, Pêche, Forêts

Classe 33. — Matériel de navigation de commerce.
— **49.** — Matériel et procédés des exploitations et des industries forestières.
— **50.** — Produits des exploitations et des industries forestières.
— **51.** — Armes de chasse.
— **52.** — Produits de la chasse.
— **53.** — Engins, instruments et produits de la pêche et de l'Agriculture.
— **54.** — Engins et produits des cueillettes.

COMPAGNIE des FORGES et ACIÉRIES de la MARINE et des CHEMINS de FER

SOCIÉTÉ ANONYME — CAPITAL : VINGT MILLIONS

Service des Armes portatives

14, Rue de la République
à SAINT-ÉTIENNE (Loire)

ARMES GIFFARD à gaz liquéfié.

Armes de chasse pour l'emploi des poudres pyroxylées.

Armes de tir de haute précision.

Carabines et Pistolets de salon, FUSILS de jardin.

Armes de guerre à répétition, à tir rapide.

TRANSFORMATIONS D'ARMES DE GUERRE

Revolvers de guerre, d'appartements, de poche.

CATALOGUES ENVOYÉS FRANCO

NOUVEAU SYSTÈME
DE
Construction des Navires ou Bateaux

LEUR ASSURANT UNE COMPLÈTE INSUBMERSIBILITÉ

BREVETÉ EN FRANCE ET A L'ÉTRANGER

L. BOUDREAUX & P. MANCHIN

INGÉNIEURS

PARIS, 8, *Rue Hautefeuille*, *PARIS*

Nous ne croyons mieux faire, pour la description du système, que de reproduire ici la revendication des inventeurs, qui a été admise, après examen préalable, par les Ingénieurs du Patentamt de Berlin, pour l'obtention du brevet allemand :

REVENDICATION

» Un système d'insubmersibilité des navires, consistant dans l'application de
» compartiments formés et isolés de la coque, disposés dans l'intérieur du navire
» dont ils n'occupent qu'une partie du volume, et se caractérisant en ce que ces
» flotteurs en forme de caisses, s'élèvent en superstructure par rapport au pont
» du navire, jusqu'à la hauteur nécessaire pour retrouver un volume au moins égal
» au déplacement d'eau dudit navire, de façon à conserver à celui-ci la faculté de
» flotter, lorsque son pont arrivera à être submergé par suite d'avaries à la coque. »

Les dessins, coupes et modèles réduits exposés cl. 33, groupe VI, montrent l'application du système à la construction d'un navire de la Compagnie Générale Transatlantique Française.

QUINQUINA BRETON

BATARD, A NANTES, 1, RUE FRANKLIN, 1

Le grand globe céleste

Parmi toutes les attractions de l'Exposition, en voici une qui tient une place à part. Son but n'est pas seulement d'amuser, mais d'être aussi un puissant moyen d'enseignement scientifique, mis à la portée de tous.

Situé en plein centre de l'Exposition, au coin de l'avenue de Suffren et du quai d'Orsay, le **grand globe céleste**, par son aspect original, par son caractère artistique et scientifique, par ses dimensions colossales, retient l'attention de tous, du monde savant comme de la masse du public.

Sur un piédestal haut de 20 mètres, ajouré de façon à en laisser voir toutes les parties, repose l'immense sphère de 40 mètres de diamètre, sur le fond bleu azur de laquelle se détachent, en reliefs d'or, les figures mythologiques des constellations qui, le soir, brillent du vif éclat de gros cabochons stellaires colorés et lumineux.

Le globe est orienté comme la sphère céleste qui nous entoure. Dans l'équateur incliné, de vastes escaliers conduisent jusqu'au sommet où atterrissent également des ascenseurs intérieurs, électriques. De la plateforme établie au point culminant les visiteurs, dans un superbe panorama, voient se dérouler devant eux toute l'Exposition.

Dans l'intérieur du bâtiment on se trouve dans une seconde

sphère de 35 mètres de diamètre reproduisant exactement l'ensemble du monde planétaire avec l'illusion de l'espace infini.

Au centre est la terre avec autour la voûte céleste où scintillent les corps stellaires de tout ordre et de toute grandeur, accomplissant mathématiquement leurs mouvements dans l'espace.

A côté de l'enseignement scientifique qu'a si brillamment conçu M. Galeron, l'éminent architecte, l'érudit promoteur du grand globe céleste, on voit des attractions dont le choix ingénieux est dû à M. Cinqualbre, l'avisé administrateur délégué. Voici d'abord en quelque sorte le complément du globe lui-même, les *dioramas animés*, qui montrent au public « l'Histoire du Monde ou la Terre à travers les âges » ; puis *Paris et l'Exposition à vol d'oiseau*, ou le miroir magique de M. Leclerc et enfin l'orgue monumental, unique en son genre, que MM. Abbey ont construit spécialement et pour lequel le maître Camille Saint-Saëns a écrit des pages superbes.

Des concerts, des représentations s'ajoutent encore à tous les attraits et font du grand globe céleste un endroit vraiment merveilleux où l'ouïe et la vue sont également charmés.

Le palais des forêts
chasse, pêche et cueillettes

Pour juger de l'importance du palais des forêts, qui est, comme édifice, le point *terminus* de l'Exposition sur la rive gauche de la Seine, il ne faut pas oublier qu'il n'est pas seulement consacré à nous montrer dans un curieux ensemble toutes les ressources du domaine forestier du pays, mais qu'il abrite en même temps les expositions forestières, de chasse, de pêche et de cueillettes des nations étrangères. En 1889, le palais des forêts eut un grand succès. En 1900, son cadre est agrandi et son succès augmentera en proportion.

Le palais des forêts est situé sur le quai en aval du pont d'Iéna : il repose en partie sur le quai supérieur et en partie sur le quai inférieur. Ces différences de niveau ont mouvementé les façades, mais elles n'ont pas facilité l'œuvre de ses deux architectes, MM. Tronchet et Rey. Toute la construction est en bois et, comme les halls ont 25 mètres de portée ; on a adopté des charpentes apparentes de forme ogivale, avec arbalétriers droits.

La façade sur la Seine a 185 mètres de long : elle se compose de deux parties bien distinctes, celle où se trouvent les deux grands halls accolés, et la galerie d'annexes. Le bâtiment principal est accusé par deux pavillons formant pans coupés avec de hauts pignons saillants plaqués sur des combles très élevés en forme de campaniles.

La décoration est relative aux matières et objets que renferme le bâtiment. Des congélations en stalactites, plaquées sur les bossages du rez-de-chaussée, rappellent la mer, les rivières, toute la nature aquatique; des massacres, des têtes de cerfs, font allusion à la forêt. Ajoutez à ces synthèses deux très belles statues, placées dans des niches : *Diane chasseresse*, de M. Laporte-Blairsy, et *Amphitrite*, de Seysses. D'autres artistes ont collaboré à l'œuvre de MM. Tronchet et Rey. Un groupe très vivant de bêtes à cornes est dû à MM. Dagomer et Auban; une *Chasse au cerf*, à M. Baffier, et un *Groupe de cerfs*, à M. Gardet.

La façade latérale du côté du pont d'Iéna est ornée d'une fresque remarquable de M. Francis Auburtin. Le peintre a représenté des pêcheurs dans une barque au-dessus d'un superbe paysage sous-marin.

Le palais des forêts, chasse, pêche et cueillettes comprend tous les produits des classes 49, 50, 51, 52, 53 et 54.

Classe 49. — Cette classe comprend le **matériel** et les **procédés des exploitations et des industries forestières.** — Collection de graines; plants et spécimens d'essences forestières. Outillage et procédés de culture. Cartes et documents concernant la topographie forestière; le reboisement, le gazonnement; la fixation des dunes.

Classe 50. — Nous voyons ici les **produits des exploitations et des industries forestières**, c'est-à-dire, à côté des variétés d'essences, les produits des industries forestières : boissellerie, vannerie, sparterie, sabots, etc. — La maison Bouves, de Salins, expose de beaux bois de sapin en grume et débité. M. Chossonnerie nous montre, d'une part, une fine exposition de placages de bois des îles très rares et, d'autre part, sur le terrain découvert de la classe 50, la masse monstre d'un noyer des Alpes dauphinoises mesurant $3^m,89$ de longueur et 6 mètres de circonférence, etc.

Joli panneau décoratif avec statue d'un bûcheron armé de sa cognée, en bois sculpté.

Classe 51. — Le connaisseur fera une longue station dans la classe des **armes de chasse**. — Parmi les belles armes exposées par M. Fauré Le Page, nous signalons un fusil sans chiens à éjecteur dont les deux corps de platines sont ciselés et composés par M. Bottée ; un poignard en acier ciselé par M. Brateau ; — la maison Lefaucheux expose différentes armes de chasse. — On remarquera dans l'exposition de la maison Rivolier, de Saint-Etienne, des armes fines de chasse à percussion centrale ; des fusils Hammerless de luxe (modèles de 1900) à quadruple fermeture pour l'emploi de poudres pyroxylées, etc. — Voir aussi un très beau choix d'armes de MM. Verney-Carron frères, de Saint-Etienne, notamment une paire de fusils doubles, du système Hammerless, à éjecteur automatique, fermeture à quadruple verrou, fabriqués d'après des ordres du regretté M. Félix Faure ; — des fusils sans chiens de la maison Gerest, de Saint-Etienne, avec mécanisme se démontant à la main, sans le secours d'outils, etc.

La Société française des **Pompes Worthington** a installé dans un pavillon spécial ses machines pour l'élévation et la distribution des eaux, service dont elle est concessionnaire.

Musée rétrospectif de la classe 51. — Cette exposition se trouve au milieu de la galerie du premier étage. Elle offre un très grand intérêt en raison de la richesse artistique et des souvenirs historiques que présentent les armes anciennes qui y figurent. Le visiteur y suivra les perfectionnements depuis le fusil à mèche jusqu'au fusil sans chiens à éjecteur automatique.

L'empereur de Russie a confié à M. Fauré Le Page, président de la classe 51, des armes de grande valeur faisant partie des musées impériaux de l'Ermitage et du Trésor, à Moscou. On

---

Manufacture d'armes **Verney-Carron frères**,
           à **Saint-Etienne**,
Membres du jury à l'Exposition d'Amsterdam 1883.
Membres du jury à l'Exposition de Paris 1889.
Membres du comité d'admission et d'installation de la classe 51,
 à l'Exposition de Paris 1900.

remarquera une carabine à deux coups, une paire de pistolets, une épée avec fusée, pommeau et coquille en lapis avec appliques ciselées en or et diamants (armes très riches de la manufacture de Versailles, offertes par la Ville de Paris au général de Sacken, à la signature de la paix de 1814); des armes ciselées et damasquinées ayant appartenu à l'impératrice Elisabeth Petrowna, au grand-duc Paul Petrovitch et à d'autres membres de la famille impériale. — Les ducs Nicolas et Georges de Leuchtenberg ont promis à M. Fauré Le Page de lui prêter, pour l'exposition, les armes ayant appartenu à leur ancêtre, le prince Eugène de Beauharnais, parmi lesquelles l'épée que Napoléon a portée à Lodi, Arcole, Rivoli, au passage du Tagliamento.

De nombreux amateurs ont prêté des armes à ce musée : M. le duc de Chartres, M. le prince de Saxe-Cobourg, M. le comte Potoki, M. le prince de Wagram, et autres. — M. le comte de Montaigu expose : 1° une série d'armes de chasse choisies dans les meilleurs spécimens des différentes époques : épieu aux armes d'Autriche (XVI° siècle); épée de chasse (XVI° siècle); couteaux et coutelas (XVI°, XVII° et XVIII° siècles); pistolets et fusils de chasse rares (XVII° et XVIII° siècles) de mécanismes variés; 2° une série de dagues et d'épées, dont une pièce est hors de pair; c'est une épée intacte de la fin du XI° siècle.

Classe 52. — **Produits de la chasse** : collections et dessins d'animaux, pelleteries et fourrures, peaux, poils, crins et soies, plumes, cornes, ivoire, os, écaille. MM. Revillon frères présentent des pelleteries et des fourrures confectionnées sous la forme attractive de scènes de la vie réelle. Ils exposent, au palais du Costume, la reconstitution d'une boutique de fourrures sous Louis XV. — Intéressante exposition d'objets en corne de la maison Paisseau, etc.

Classe 53. — C'est la classe des **engins, instruments et produits de la pêche** et de l'aquiculture : matériel flottant, filets et instruments divers; matériel et procédés de la pisciculture; aquariums, perles, coquilles, nacre, corail, éponges, ambre, etc. — Au centre du hall, exposition par la chambre syndicale des négociants en diamants, perles, pierres précieuses et des lapidaires de l'*Histoire de la perle*. Exposition du ministère de la Marine; expositions collectives du port de Boulogne, du groupe nautique Paimpolais, de la société ostréicole du bassin d'Auray, etc., etc.

La maison Georges Weill fils, qui a contribué pour une grande part à amener en France le principal marché des éponges, met sous les yeux du visiteur, à la classe 53 (pêche), une intéressante exposition, où l'on peut suivre toutes les transformations de l'éponge, depuis le moment où elle est arrachée du fond de la mer jusqu'à son utilisation par l'industrie. Le portique, servant d'entrée aux deux ateliers qui forment cette importante exposition, se compose de deux parties reproduisant : l'une, le comptoir de la maison Georges Weill fils, à Sfax (Tunisie), l'autre, la rustique cabane des pêcheurs cubains à Batabana. Sur la façade postérieure on trouve réunis les engins de pêche, les modèles d'embarcations, des collections curieuses d'éponges, d'écailles de tortue, de plumes d'oiseaux rares, etc.

— La maison Carré fils aîné et Cie expose un modèle de parc aux huîtres alimenté par des appareils permettant l'aération de l'eau, au grand avantage de la culture de l'huître.

Classe 54. — On montre ici des **engins et produits des cueillettes** : appareils et instruments pour la récolte des produits de la terre obtenus sans culture : plantes, racines, écorces, etc., utilisés par l'herboristerie, la pharmacie, la teinture, la fabrication du papier, etc.; caoutchouc, gutta-percha, gommes et résines.

Les expositions étrangères du 9e groupe sont également fort curieuses. Nous les visiterons dans l'ordre suivant : Russie, Hongrie, Autriche, Grande-Bretagne, Roumanie, Danemark, Belgique, Etats-Unis, Pays-Bas, Suède, Espagne, Allemagne.

Russie. — La Russie compte ici vingt-six exposants dont le principal est la direction générale des forêts, qui expose des collections de grains, des outils pour travailler le sol, tous les instruments se rattachant à l'aménagement des forêts, des plans et descriptions des travaux de reboisement des steppes. A mentionner des échantillons de bois des divers cantonnements de Russie (exactement 160 spécimens); des troncs d'arbres de mélèze plantés sur l'ordre du czar Pierre le Grand (ces troncs ont donc aujourd'hui plus de 160 ans d'âge); une belle collection de produits des industries forestières : bois de merain, bois de sciage, objets de bois ouvrés.

Parmi les exposants privés, il faut citer la Société moscovite des Industries forestières, MM. Tewiachoff, Poliakoff, Kriecsmann, Rœhler, etc.

Hongrie. — L'exposition hongroise, dans le pavillon des forêts, est tout à fait remarquable. Elle ne compte pas moins de 180 exposants, dont les principaux sont l'Etat hongrois, les écoles forestières hongroises, principalement l'académie forestière de Selmeczbánya, quatre écoles de gardes forestiers, la station centrale d'expérimentation forestière de Selmeczbánya, l'administration des forêts de la Croatie-Slavonie, etc.

A remarquer d'immenses troncs d'arbres provenant des forêts de l'Etat (Croatie-Slavonie); — une reproduction en relief de la montagne du Kast située non loin de la mer Adriatique (le Kast était une montagne absolument aride, ne contenant pas la moindre végétation et qu'on est parvenu à boiser); — une sécherie-calorifère à l'usage des pommes de pins; — des constructions hydrauliques de différents modèles pour le flottage du bois. On voit fonctionner une écluse s'ouvrant et se fermant automatiquement (invention de M. Abrúdbányai).

On s'arrêtera devant une reproduction, en miniature, de maisons forestières. Voir aussi : une collection complète d'instruments pour le mesurage et l'arpentage; une carte en relief représentant toutes les essences prédominantes des bois de la Hongrie.

Un stéréoscope, placé à l'intérieur d'un arbre creux, montre tout ce qui a trait à la gestion forestière de la direction de Besstercrebánya. Tout le travail de fabrication des douves en Slavonie est représenté par des ouvriers minuscules, sciant, taillant, arrondissant, etc. — La station centrale d'expérimentation forestière de Selmeczbánya expose une collection remarquable montrant les maladies des plantes ligneuses. Des ouvrages et publications officielles traduits en français sont mis à la disposition des hommes de la profession. Enfin, un catalogue spécial, en hongrois et en français, donnera une large idée de l'exposition forestière hongroise.

Chasse. — La partie de la chasse compte dix exposants, dont le principal est le souverain qui expose quatre superbes têtes de sangliers tirés par lui. Le clou de cette exposition est certainement la reproduction panoramique des principaux gibiers de la Hongrie. Au sommet d'un rocher fidèlement reproduit, des chamois sont prêts à s'élancer; plus loin, un ours brun de Transylvanie, des loups la gueule ouverte, des aigles, une jolie collection d'oiseaux aquatiques, un magnifique cerf blessé par le prince Charls Croy.

Autriche. — Très riche en forêts, disposant de chasses abondantes, l'Autriche présente ici une remarquable exposition collective de l'arboriculture et de l'industrie du bois; ainsi que des armes, engins et produits de la chasse. — Curieuse réduction d'une scierie moderne.

Grande-Bretagne. — Engins de pêche, armes de chasse. — A remarquer la vitrine de la maison Edward Gerrard et fils, naturalistes de Londres, où l'on voit un superbe lion attaquant un zèbre.

Roumanie. — La Roumanie est l'un des pays les plus boisés. Le Ministère roumain de l'Agriculture expose une superbe carte forestière, dont l'exécution a coûté plus de 30,000 francs. — Collection d'essences forestières, d'écorces textiles, de matières colorantes, odorantes, résineuses. — Exposition détaillée des installations de pêcheries, des instruments de pêche, etc., avec cartes, dessins, photographies. — Collection d'oiseaux aquatiques, etc.

Belgique. — Les fabricants d'armes de Liège ont réuni dans un pavillon spécial une exposition des plus remarquables. On sait que la fabrication des armes a atteint dans ce centre de production une grande perfection, grâce à l'habileté des ouvriers liégeois et à l'organisation du travail.

Etats-Unis. — Exposition très complète d'armes de chasse et d'articles de pêche. Transparents montrant des paysages de forêts. Dans l'annexe située à gauche du palais on peut voir plus de deux cent cinquante espèces de bois d'Amérique, ainsi qu'un grand nombre de produits qui en dérivent.

Pays-Bas. — Miniatures de barques de pêche; costumes de pêcheurs; poissons, etc.

Suède. — La Suède représente la réduction d'un quai de débarquement du bois avec un grand magasin où s'empilent les bois de toutes natures.

Espagne. — Reproduction en liège de la Tour de la marine à Séville, qui attire l'attention.

Allemagne. — Belles armes de chasse de la maison E. Kettner.

Pavillon des Pompes Worthington

La Société française des Pompes Worthington, concessionnaire du service des eaux de l'Exposition, a établi dans un pavillon spécial situé à l'extrémité du Palais des Forêts, en aval, quatre pompes élévatoires destinées à assurer le service des machines des sections mécaniques, celui de l'incendie et la marche des cascades du Château d'eau. Ces pompes peuvent envoyer, au réservoir placé derrière le Château d'eau, deux mille litres à la seconde.

Le palais de la navigation de commerce

Cet édifice, situé au quai d'Orsay, fait pendant au palais des forêts. Il est dû aux mêmes architectes, MM. Tronchet et Rey. Il est moins important et disposé de la même façon, en raison de la différence de niveau entre la chaussée du quai et la berge. La charpente intérieure a la même disposition, et ses pièces en bois verni, presque brut, forment à leur extrémité ou à leur rencontre une ornementation très originale qui rappelle la charpente des proues ou des poupes de navire. Les architectes ont obéi à la préoccupation de synthétiser par la forme extérieure du bâtiment l'exposition à laquelle il est destiné. Conformément à cette méthode, l'ornementation extérieure se compose d'attributs maritimes, ancres, cordages, etc. Le dôme est surmonté d'une sphère terrestre. La partie du monument qui donne sur le pont d'Iéna forme un gracieux pavillon avec terrasse et balustres.

Les objets exposés appartiennent à la **classe 33: matériel de navigation de commerce**. Ils se rapportent aussi bien à la navigation qu'aux moyens de transport. Ces objets sont des plus intéressants: matières premières, outillage de construction, dessins et modèles de navires; canots, embarcations diverses, remorqueurs, toueurs, appareils moteurs, treuils, palans, chaînes, ancres, etc., appareils à gouverner; transmetteurs d'ordres, mécanisme pour la manœuvre des voiles, feux de position, de signaux; appareils d'éclairage, de chauffage, d'aérage et de ventilation ; appareils spéciaux de production et d'emploi d'électricité ; appareils frigorifiques ; instruments spéciaux de précision et d'horlogerie ; pavillons et signaux ; mobilier spécial ; appareils de sauvetage, bouées et appareils de natation.

Cette classe, vraiment considérable, renferme également la navigation de plaisance pour laquelle a été aménagée une annexe spéciale, située sur la rive droite de la Seine, en face du palais de la navigation commerciale.

La Compagnie Générale Transatlantique présente dans la classe 33 un modèle très complet et très exact, à l'échelle de 2 centimètres par mètre (1/50me) des deux nouveaux paquebots qu'elle construit dans son chantier de Penhoët, près Saint-Nazaire, pour le service postal du Havre à New-York, *la Lorraine* et *la Savoie*. Les dimensions principales de ces navires seront les suivantes : longueur totale : 177^m,50 ; largeur extrême : 18^m,30 ; creux au pont principal : 12 mètres ; déplacement en charge : 15.300 tonneaux ; puissance des machines : 22.000 chevaux. Le visiteur a vu dans le panorama d'Alger, de Poilpot, la représentation d'une partie de la flotte de la Compagnie.

Dans l'exposition de la Compagnie universelle du Canal maritime de Suez nous signalons un beau plan en relief du Canal ; des cartes et des plans concernant l'exploitation de ce grand domaine ; des modèles de navires et d'appareils, etc.

Voir aussi l'exposition de la Compagnie des Bateaux à vapeur du Nord ; de la Société générale des Transports maritimes à vapeur ; de la Compagnie Havraise Péninsulaire ; de la Société anonyme des Forges et Chantiers de la Méditerranée ; des Ateliers et Chantiers de la Loire ; enfin, une élégante exposition de jonques, périssoires, etc., de la maison Strickland et Co d'Ontario (Canada).

La Compagnie des Messageries Maritimes expose dans un pavillon spécial une très curieuse collection de modèles de navires et de plans qui permet de se rendre compte des progrès qui ont été réalisés dans ses constructions, depuis sa fondation jusqu'en 1900.

La **Chambre de Commerce** de la Ville de Paris a élevé son pavillon à côté de celui des Messageries Maritimes.

Les expositions de la Russie, de l'Allemagne, des Etats-Unis, de la Grande-Bretagne et de l'Autriche sont également fort remarquables.

Russie. — La Russie compte vingt-huit exposants : le ministère des Voies et Communications (direction des voies navigables et chaussées), la Société impériale de sauvetage de Russie, la direction des chemins de fer de Sibérie, le Yacht-club de la Néva, la Société d'encouragement de la navigation de commerce de Moscou, etc. Tous les exposants montrent les différents types et modèles de bateaux ; les plus curieux sont les bateaux brise-glace en usage sur le lac de Baïkal, en Sibérie. — Dessins, projets et tableaux concernant la navigation maritime de commerce.

Allemagne. — Le pavillon allemand de la navigation est construit par la maison Boswau et Knauer, de Berlin, d'après les plans de M. George Thielen, architecte à Hambourg. La partie inférieure est du style des maisons édifiées sur les côtes allemandes. Elle est surmontée d'une imitation du phare « Rothe Sand » situé à l'embouchure du Weser. L'intérieur, décoré avec une véritable originalité, contient l'exposition de la marine marchande. On remarquera une très belle collection de modèles construits avec la plus grande précision. Ce sont de charmantes réductions de paquebots des lignes Nord Deutsch Lloyd et Hambourg American. — Engins divers de marine, appareils de sauvetage.

États-Unis. — Série de reproductions finement exécutées montrant les développements du yachting aux Etats-Unis. Dans le pavillon annexe des Etats-Unis est installé un bureau météorologique qui occupe une surface de 233 mètres carrés et fonctionne régulièrement. Les visiteurs peuvent examiner les instruments enregistreurs et se rendre compte des méthodes employées pour prédire le temps, imprimer et expédier les bulletins.

Grande-Bretagne. — La Grande-Bretagne expose toute une série de types et modèles de bateaux et de navires marchands en réduction ; des dessins, des projets, etc. — On remarquera avec intérêt, dans un pavillon spécial, l'exposition de la Compagnie *Peninsular et Oriental*, qui contient la réduction des principaux navires de la Compagnie.

Autriche. — Au premier étage du palais : réductions de navires marchands ; très belle vue du port et de la ville de Trieste.

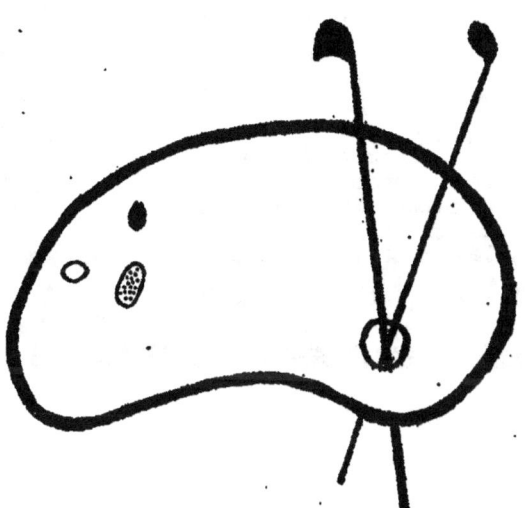

DEBUT D'UNE SERIE DE DOCUMENTS
EN COULEUR

17e SECTION DU GUIDE
Trocadéro.
Colonies françaises

Alimentation d'épargne KOLA-FOOD

Produit naturel « FARINE DE NOIX DE KOLA FRAICHE » très digestif, léger à l'estomac

KOLA-FOOD est le plus puissant des réparateurs; il réussit admirablement aux débilités, épuisés, affaiblis, convalescents.

KOLA-FOOD se recommande comme aliment de premier ordre, que l'on peut prendre au lait ou à l'eau. En absorbant plusieurs tasses par jour on pourrait se passer de toute autre nourriture.

KOLA-FOOD est inaltérable et se conserve sous tous les climats.

Prix, la boîte pour 50 tasses, 2 fr. 50; franco par la poste contre mandat de 3 francs.

Nota. — Toute commande de 10 boîtes accompagnée d'un mandat de 25 fr. sera expédiée f° port et embal. dans toutes les colonies.

E. MAUSSEY & Cie, 16, rue du Parc-Royal, PARIS

VENTE AU DÉTAIL - ÉPICERIES DE CHOIX

Champagne THÉOPHILE ROEDERER & C° Reims
MAISON FONDÉE EN 1864
VOIR L'ANNONCE, page 4

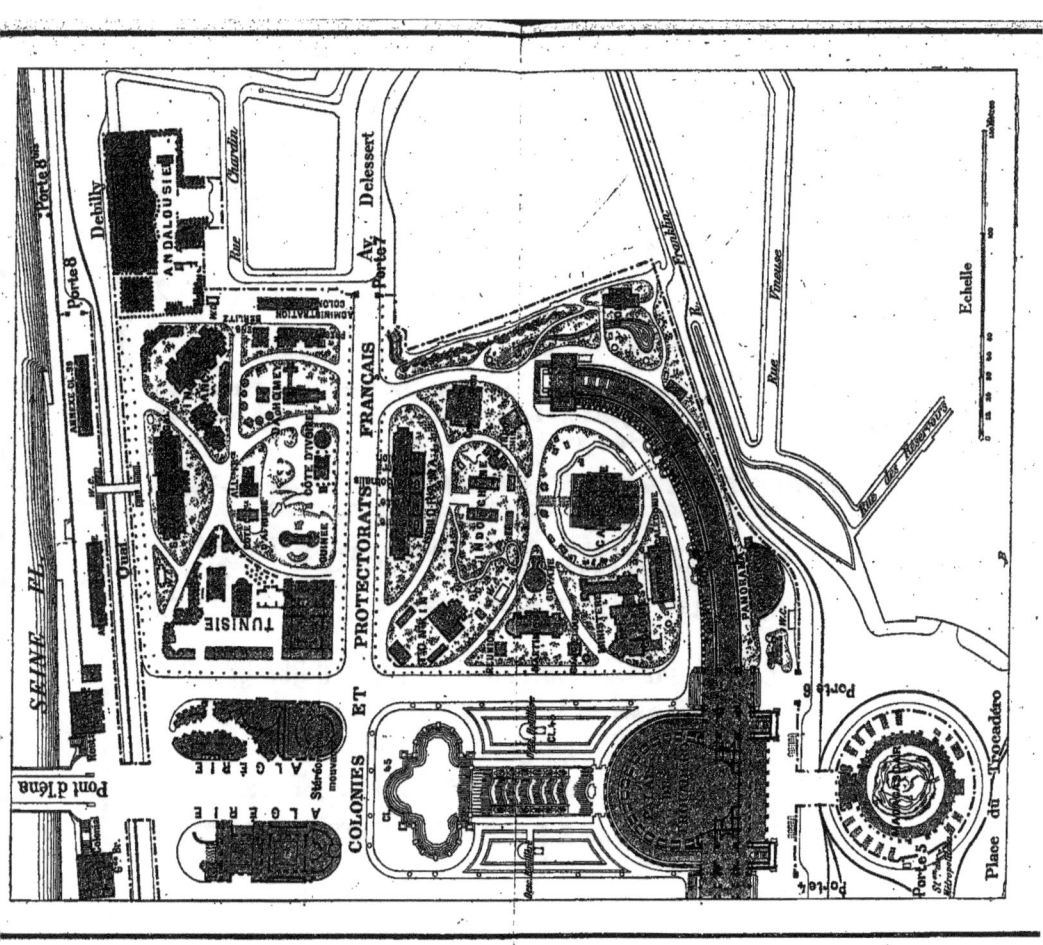

17ᵉ SECTION DU GUIDE
Trocadero.
Colonies françaises

Pilules de Blancard
à l'Iodure ferreux inaltérable
APPROUVÉES par l'ACADÉMIE de MÉDECINE

ANÉMIE - CHLOROSE
TUBERCULOSE
SCROFULES
GOÎTRE
etc.

PILULES DE BLANCARD

DOSES
2 à 6 Pilules
1 à 3 cuillerées de Sirop } par jour

Sirop de Blancard
à l'Iodure ferreux inaltérable.

Exiger pour avoir les Véritables Produits : la Signature **BLANCARD**, l'adresse : 40, Rue Bonaparte, Paris, et le Timbre de Garantie.

Compagnie des Moteurs Niel
PARIS — 22, RUE LAFAYETTE, 22 — PARIS

Moteurs à gaz et à pétrole — Moteurs à gaz pauvre
Voir Stands classes 20, 34, 35, 114, 117 (au CHAMP-DE-MARS)

ANNEXE DE VINCENNES
MOTEURS A GAZ PAUVRE ET A PÉTROLE en fonctionnement

CHICORÉE EXTRA SUPÉRIEURE
Paul MAIRESSE
CAMBRAI (Nord) **A LA FRANÇAISE**

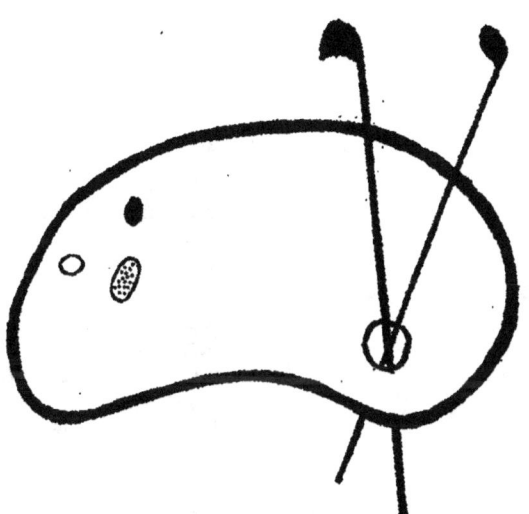

FIN D'UNE SERIE DE DOCUMENTS
EN COULEUR

XVIIᵉ Section du Guide

Groupe XVII

Colonisation

Classe 113. — Procédés de colonisation.
— **114.** — Matériel colonial.
— **115.** — Produits spéciaux destinés à l'exportation dans les colonies.

Colonies françaises

Algérie.
Congo.
Côte-d'Ivoire.
Dahomey.
Guadeloupe.
Guinée française.
Guyane.
Inde française.
Indo-Chine.
Madagascar.
Martinique.
Miquelon.
Nouvelle-Calédonie.
Réunion.
Saint-Pierre.
Sénégal.
Soudan.
Tunisie.
Pavillon du Ministère des Colonies.
Presse coloniale.

Pavillons divers

Alliance française.
Andalousie au temps des Maures.
Berlitz school of languages.
Panorama Marchand.
Panorama de Madagascar.

Portes d'entrée : Portes nº 5, place du Trocadéro, palais de Madagascar ; — nº 6, centre du palais du Trocadéro ; — nº 7, avenue Delessert.

COMBAT NAVAL

Porte des Ternes (Ancien Buffalo)

Grand Spectacle Réaliste

30 Navires de Guerre

ÉVOLUANT ET COMBATTANT SUR UNE MER VÉRITABLE
DE 8.000 MÈTRES CUBES

Spectacle classé parmi les Clous de l'Exposition
Pour son grand succès en 1899

Tous les Jours Matinée & Soirée

Prix des places à partir de 1 franc.

MOYENS DE COMMUNICATIONS :
Chemins de fer de la Gare Saint-Lazare à la Porte-Maillot et Ceinture.
Tramways de la Madeleine à la Porte de Neuilly.
Omnibus : Hôtel-de-Ville-Porte-Maillot, Filles-du-Calvaire-Les Ternes
et toutes Correspondances.

Le Trocadéro

Le **Trocadéro** et ses dépendances constituent l'exposition coloniale française et étrangère. Elle comprend par conséquent les classes du XVIIe groupe qui ont leur exposition dans la galerie du Trocadéro et dans les palais et pavillons du jardin.

Classe 113. — Procédés de colonisation. — Documents relatifs à la production, à l'importation, à l'exportation. — Organisation de la propriété. — Main-d'œuvre. — Sociétés de propagande et d'encouragement pour la colonisation. — Enseignement. — Missions, explorations, etc.

A l'entrée de cette galerie, on remarque l'exposition des Missions protestantes et de l'Union coloniale, société qui a pris l'initiative des cours d'enseignement colonial à la Sorbonne, sous la direction de M. Chailley-Bert ; l'Enseignement Berlitz expose des graphiques montrant la progression de cet enseignement dans les colonies.

A la suite de l'enseignement colonial, le visiteur peut admirer l'**exposition coloniale danoise**, très importante et d'un grand intérêt etnographique. Les Iles Feroë, l'Islande et le Groënland font l'objet de cette exposition, où l'on peut, grâce à d'intéressants tableaux et à des photographies, se faire une idée des paysages et des mœurs des habitants de ces colonies de l'extrême nord. A remarquer une série de modèles très réduits de fermes, d'églises, de ruines historiques, notamment la reconstitution d'habitations des anciens Normans. A citer encore les costumes, armes, fourrures de peaux d'ours blancs, de phoques ou de duvet d'oiseaux ; les modèles des traîneaux attelés de chiens, d'embarcations légères, de patins à neige, etc.

L'**exposition coloniale des États-Unis** est consacrée tout particulièrement à Cuba et à l'île d'Havaï.

L'exposition cubaine s'étend sur une superficie de 80 mètres carrés ; celle aux îles d'Havaï, sur 40. Les deux îles donnent par leur exposition, autant que l'espace un peu restreint qui leur a été accordé le permet, une idée assez complète de leurs ressources agricoles, industrielles et commerciales.

La **Belgique** et l'**Autriche-Hongrie**, qui occupent également un emplacement important dans cette galerie, exposent principalement les produits de leurs industries destinés à l'exportation dans les colonies.

Classe 114. — Matériel colonial. — Matériaux et systèmes de constructions spéciaux aux colonies. — Habitations des indigènes. — Constructions commerciales. — Factoreries. — Habitations des colons. — Constructions défensives. — Outillage.

Parmi les nombreux exposants de cette classe, nous citerons particulièrement la Compagnie du chemin de fer de Dakar à Saint-Louis (locomotives, voitures, matériel divers) ; la société des constructions démontables et hygiéniques (campement démontable); les Messageries fluviales de Cochinchine (modèles de bateaux, cartes, albums); la société des établissements Henry Lepaute; la maison Daydé et Pillé (modèle du pont d'Hanoï); MM. Carré fils aîné et Cie (travaux spéciaux d'élévation des eaux aux colonies, etc., etc.

Classe 115. — *Produits spéciaux destinés à l'exportation dans les colonies.* — Ce champ est immense; aussi comprend-il presque tous les produits. Cette grande classe est installée : 1° dans l'aile droite du Trocadéro; 2° dans un pavillon annexe au coin de la rue de Magdebourg et de l'avenue du Trocadéro; 3° dans le pavillon dit « des collectivités » sur l'emplacement de la rue de Magdebourg. C'est là que sont exposés les produits à la Kola-Food, aliments d'épargne de la maison Ed. Maussey et Cie.

L'impérieux besoin d'expansion qui sollicite le vieux continent, donne un intérêt de premier ordre à ce groupement pittoresque où les plus lointaines régions sont représentées, historiquement, par leurs monuments et leurs mœurs; économiquement, par leurs plus importants produits.

Pour guider le lecteur dans les jardins du Trocadéro, où la plus étrange des villes cosmopolites s'est élevée comme par enchantement, nous suivrons l'ordre topographique, afin que le visiteur puisse, sans faire un détour, admirer au passage toutes les expositions particulières.

Les colonies françaises et les protectorats nous occuperont tout d'abord.

A l'entrée des jardins, à droite et à gauche de l'allée centrale qui conduit au palais du Trocadéro, c'est l'Algérie qui occupe le premier rang.

Viennent ensuite, à gauche : la Tunisie, le Soudan, le Sénégal, la Guinée, la Côte occidentale d'Afrique, l'Alliance française, la Côte d'Ivoire, le Dahomey, l'Océanie, Mayotte, la Côte des Somalis, Saint-Pierre et Miquelon, l'Indo-Chine, le Tonkin, la Martinique, la Guadeloupe, la Guyane, la Réunion, l'exposition du ministère des Colonies, la Nouvelle-Calédonie, le Cambodge, le Congo et Madagascar.

Les architectes de la section coloniale française sont MM. Scellier et Gisors, architectes en chef, et Yvon, architecte adjoint.

Après avoir visité cette dernière exposition, nous redescendrons vers la Seine en passant en revue l'exposition des colonies étrangères.

Colonies françaises et protectorats

Algérie. — C'était à la plus belle de nos colonies que revenait de droit la place d'honneur au Trocadéro. Juste au débouché du pont d'Iéna, dans l'axe du parc, s'élèvent les deux groupes de l'exposition algérienne, séparés par l'avenue médiane. A droite, c'est le palais officiel; à gauche, les attractions diverses et l'Algérie pittoresque.

La déclivité du sol a motivé, pour le palais officiel, un large degré extérieur qui mène à l'étage ; or, celui-ci, à l'extrémité du bâtiment, se trouve de niveau avec le sol : l'étage du rez-de-chaussée, presque souterrain, constitue une série de galeries, dans le demi-jour, et dont la température est nécessairement un peu fraîche, conditions très favorables pour la conservation

des vins exposés, car cette partie de la production algérienne est largement représentée au Trocadéro.

M. Albert Ballu, l'architecte de la section, a pris pour modèles les monuments de l'architecture mauresque, dont la province d'Oran nous offre les spécimens les plus nombreux et les plus élégants. Le palais tout entier demeure dans une tonalité blanche, relevée par des frises nombreuses et des panneaux formés de carreaux de faïence, de colorations très douces.

La partie pittoresque, symétrique au palais, offre une grande fantaisie dans l'allure et les détails. D'abord, c'est, en face du quai, l'entrée en fer à cheval, Bab-el-Oued, la *porte de la rivière*. Des degrés accidentés s'offrent aux pas du visiteur. La rue en escalier est bordée de maisons basses dont les étages surplombent : c'est une restitution d'une rue de la Kasbah, dans le quartier du vieil Alger. Le long de la voie sinueuse s'ouvrent des boutiques minuscules où d'habiles artisans travaillent sous les yeux du public, tandis que de tous côtés retentissent les accords des orchestres indigènes, accompagnant, ici, les exercices des Aïssouas, là-bas, la danse du sabre exécutée par les filles des Ouled-Naïls. A ces attractions, nombre d'autres viennent s'ajouter : un stéorama mouvant, voyage nautique de Bône à Oran ; un diorama saharien ; un restaurant avec couscous et tous les mets poivrés de la cuisine arabe.

Mais c'est au palais officiel que se concentre l'intérêt. L'exposition charmera les plus indifférents. Elle comprend une section consacrée aux produits algériens et une exposition de l'art ancien et de l'art moderne en Algérie. Une section est réservée à une exposition pédagogique : on y voit les travaux des jeunes élèves des écoles algériennes, tant français qu'arabes. Des plans descriptifs, extrêmement détaillés, des photographies, font connaître par le menu les étonnantes ressources que l'Algérie offre aux colons, les lieux propices aux différentes cultures, les mêmes habitudes et les occupations coutumières de la vie algérienne.

On a l'impression absolue d'une maison moderne en Algérie, mais la tradition y dispute la place au confort. Les anciens meubles algériens, les coffres en bois de santal précieusement travaillés, les trophées d'armes luisantes, les tapis anciens, les costumes, tout est là. De larges et profonds divans placés dans des salles où règne la fraîcheur offrent au visiteur fatigué leurs tapis épais, si harmonieux de couleurs. Une vasque de marbre blanc, placée au milieu de la cour, laisse susurrer un mince jet d'eau, tandis que du palais annexe viennent les ronflements sourds des tambourins et des *derboukas*.

Une salle spéciale, réservée à l'archéologie, renferme les résultats des fouilles faites sur le sol proprement dit de l'Algérie, notamment à Timgad.

Mais le public voudra visiter, plus longuement peut-être, la véritable ville algérienne, à gauche du palais officiel, formée de maisons, de dômes et de minarets, de cafés et de boutiques, et percée d'une rue tortueuse et accidentée comme celles qui conduisent à la Kasbah.

Tunisie. — La section tunisienne est à gauche du pont d'Iéna, en bordure du quai et du boulevard Delessert. Elle couvre une superficie de 4,000 mètres environ.

C'est une petite ville, avec ses murailles de défense, ses poternes d'accès, ses boutiques, ses cafés, ses restaurants, ses *souks* ou bazars, et enfin ses mosquées, dont l'une est consacrée au culte. Les bâtiments se succèdent, comme dans les villes d'Orient, sans souci d'un alignement quelconque : ils avancent, reculent, laissant entre eux des passages voûtés, des ruelles couvertes où s'ouvrent des boutiques et des porches d'abri. Et partout, ce sont des détails charmants qui varient à l'infini : des cours de maisons avec colonnades, que ferment des balustrades en bois tournés, des échoppes à auvents, et des pans de murs décorés par des briques arrangées en dessins géométriques.

Le visiteur accédant par le pont d'Iéna à l'exposition tunisienne aperçoit tout d'abord la porte qui est à l'angle du quai et de l'avenue montante. Cette porte, flanquée à gauche d'un minaret, appartient à la mosquée du Barbier, à Kairouan. Ce barbier était un marabout qui avait recueilli quelques cheveux du prophète.

Jetons un coup d'œil sur l'enfilade des murs d'enceinte où

s'encastre une vieille porte de Tunis, au XIIIᵉ siècle, et, par le porche ouvert, pénétrons dans la rue des *souks*. Là, sont rassemblés les marchands et les artisans indigènes, les tapis de Kairouan, les tellis, les freschias aux tons éclatants et aux dessins naïfs, les armes en argent repoussé et guilloché, couvertes d'incrustations de corail, les cuirs brodés de soie et de fils d'or, les burnous laineux. Les *souks* débouchent par une porte monumentale sur une petite place irrégulière, où nous apercevons le café maure de Sidi-bou-Saïd, vis-à-vis d'un pavillon qui reproduit l'hôpital français de Tunis, qui fut jadis une caserne turque.

Sortons par la poterne, une vieille porte de Sousse, et contemplons ces murailles vénérables, ces fortifications crénelées qui sont les anciens murs de Cafsa, la *Capsa* latine. Ils s'interrompent pour faire place à la mosquée de Sidi-Maklouf, au Kef. C'est cette mosquée qui est consacrée au culte musulman.

Plus loin, le long du quai, nous passons devant une maison arabe : c'est le restaurant où l'on déguste le couscous authentique et la cuisine au felfel (poivre rouge) si chère aux gourmets tunisiens. Non loin de là, nous voyons une petite zaouïa, qui existe à Tunis, sur la place de la Kasbah. *Zaouïa* est le terme générique qui désigne toutes les écoles.

Entrons maintenant dans la grande cour. A droite, se dresse la mosquée de Sidi-Mahrès. A gauche, un pavillon consacré à l'Instruction publique. L'édifice en saillie qui vient ensuite est la copie exacte du pavillon de la Manouba. Ce petit monument, d'une rare élégance, est décoré de sculptures et de découpures moulées sur l'original.

Enfin, une troisième construction, en façade sur la droite, est attribuée au service des antiquités puniques, romaines et arabes. Nous ne saurions trop insister sur le pittoresque de bon aloi, la vérité d'interprétation qui distinguent toutes les constructions de l'exposition tunisienne : le sol accidenté, les arbres nombreux, conservés en place, malgré la gêne que leur présence apportait à l'œuvre des travailleurs, ajoutent encore à l'heureux aspect.

La principale des expositions industrielles de la Tunisie est consacrée aux mines et aux carrières.

Soudan et Sénégal. — Derrière l'exposition tunisienne, nous rencontrons le pavillon du Soudan et du Sénégal, qui a été construit par M. Scellier de Gisors. Ce pavillon est consacré pour deux tiers au Soudan, et pour un tiers au Sénégal.

Le bâtiment est d'un style original soudanais. Il contient une exposition très importante de produits de nos deux colonies africaines, exposition complétée par des travaux graphiques et statistiques du plus haut intérêt.

Une curieuse exposition d'armes, d'étoffes et d'objets usuels, fabriqués par les indigènes des deux colonies, attirera tous les curieux que passionne la vie du colon dans ces lointaines possessions françaises.

Guinée française. — Le pavillon de la Guinée française reproduit deux cases circulaires, reliées entre elles par une grande galerie ouverte, et dont la toiture, dans le style *sousou*, est conique, avec couverture en chaume.

L'exposition de la Guinée nous permet de nous rendre compte de toutes les ressources de cette colonie qui, au point de vue du rapport, est la plus florissante. C'est le docteur Ballay, son gouverneur actuel, qui l'a menée sans bruit à cet état de prospérité.

A l'entrée du terrain réservé à la Guinée, est placé un poste de milice indigène dans une petite enceinte fortifiée. Dans l'intérieur de cette enceinte est édifiée une case, type de celles des tirailleurs de Konakry, en briques séchées.

L'agriculture n'a pas été oubliée. Un jardin situé dans le poste renferme des spécimens de la culture indigène, tels que : manioc, mil, arachides, bananiers, riz, café, cacao, caoutchouc, palmiste, etc.

Côte d'Ivoire. — Placé dans le parc du Trocadéro, entre le Dahomey et la Guinée française, le pavillon de la Côte d'Ivoire est composé d'un hall central qui s'ouvre sur une véranda large et haute. Il est édifié en grande partie en bois du pays. Tout à côté, un petit pavillon, construit pour les exposants, contient des meubles variés, des portes, fenêtres, devantures, fabriqués avec des essences indigènes.

Au pavillon de la colonie figurent : une grande carte murale, des photographies des villes, stations et sites intéressants, des collections minéralogiques, des tableaux et graphiques, des collections complètes de meubles, outils, nattes, lits, vêtements, armes, instruments de chasse et de pêche, des vases, des paniers et des bijoux.

Les objets d'importation dans la colonie font l'objet d'un échantillonnage complet, avec indication des quantités importées et des lieux de provenance.

L'exposition de la Côte d'Ivoire nous montre une curieuse collection de produits pharmaceutiques et toxiques, oléagineux, tinctoriaux, des gommes et résines, principalement du caoutchouc, du café, du cacao ; — de l'arachide, avec lequel il est fait l'huile sous les yeux du public.

Deux cases habitées par des familles indigènes donnent de la vie à cet ensemble des plus curieux et des mieux compris pour éveiller l'attention du visiteur en l'instruisant par les yeux.

Pavillon de la Compagnie française de la Côte occidentale d'Afrique. — Derrière les pavillons de la Guinée française et de la Côte d'Ivoire, la Compagnie française de la Côte occidentale d'Afrique, occupe un bâtiment original ayant l'aspect d'une factorerie. Son exposition comprend les produits indigènes ; des statistiques ; des photographies montrant aux visiteurs les principales villes et les établissements commerciaux des contrées où la Compagnie a son centre d'opérations. Une grande partie de ces documents concerne la vie et les mœurs des indigènes. Quatre panneaux décoratifs du peintre Thévenot représentent des scènes vécues de la Côte d'Ivoire, du Sénégal, de Foutah-Djallon (Guinée française) et de Sierra Leone. D'autres panneaux, en frise, font connaître, d'une façon originale, les statistiques sur la progression du commerce de ces régions, sous l'aspect soit d'une caravane, soit d'un convoi de batellerie, etc.

Alliance française. — On sait que cette Société s'est fondée pour répandre notre langue sur toute la surface du globe. Elle a dépensé cette année, pour son œuvre si louable, la somme de 250.000 francs. Le nombre de ses adhérents augmente chaque jour dans des proportions considérables.

Elle nous montre, dans son petit pavillon, une des écoles où se fait l'enseignement aux indigènes dans nos possessions d'outre-mer.

Pour toute la durée de l'Exposition, l'Alliance française a organisé des cours élémentaires de langue française et de conversation pratique à l'usage des étrangers qui ont été amenés à Paris par les diverses colonies ou pays de protectorat, et à l'usage des étrangers qui sont venus à Paris pour le service de leurs expositions respectives. Ces cours sont gratuits.

Dahomey. — Le Dahomey expose en 1900 pour la première fois. Par sa brillante conquête, à laquelle est attaché le nom du général Dodds, par sa pacification, son organisation, ses progrès rapides, dus à l'énergie, à l'initiative et à la haute compétence de M. Victor Ballot, qui préside à ses destinées depuis 1887, cette colonie mérite de fixer tout particulièrement l'attention.

Les bâtiments composant l'exposition dahoméenne sont l'œuvre de trois architectes : MM. Béraud, Brunet et L. Siffert.

Une pelouse de 2.000 mètres superficiels a été concédée au Dahomey : elle est située en bordure du boulevard Delessert et de la rue Le Nôtre. Le groupe des bâtiments principaux se décompose ainsi : 1° du côté du boulevard Delessert, un porche servant d'entrée principale et surmonté d'une « tour-mirador » rappelant la tour des sacrifices, chère à Behanzin ; 2° faisant suite à cette pittoresque entrée, une immense salle réservée à l'exposition officielle de la colonie et qui contient les cartes, graphiques, statistiques, documents historiques et géographiques, collections, photographies, etc. La décoration intérieure de cette salle est empruntée aux peintures et aux sculptures, à la fois si naïves et si originales, qu'on rencontre dans certaines constructions dahoméennes ; 3° une salle réservée aux expositions particulières, ayant accès sur la précédente et lui faisant suite. Pour augmenter autant que possible les surfaces destinées aux expositions privées et pour faciliter la présentation des objets de grandes dimensions, des galeries dans le caractère des constructions coloniales ont été disposées autour de cette dernière salle. Une des affectations les plus intéressantes du reste des bâtiments est certainement celle du musée des religions fétichistes, si curieuses et si nombreuses au Dahomey. C'est dans cette salle qu'on donne des conférences sur la colonie.

Les commissaires ayant voulu développer le plus possible les exhibitions ethnographiques, toujours si goûtées du public et d'un enseignement social des plus élevés, les espaces libres de la pelouse ont été utilisés pour la construction de postes miliciens indigènes, de paillottes et autres constructions des diverses régions dahoméennes. Ces paillottes abritent des artisans, ouvriers d'art très habiles, des équipes de porteurs, etc. Une pièce d'eau a été ménagée pour permettre à des piroguiers d'exécuter sous les yeux du public leurs exercices surprenants.

Inde française. — L'exposition de l'Inde française démontre qu'on n'a, en France, qu'une idée imparfaite de cette colonie. La valeur de ses territoires est immense, et le nombre des exposants suffit à faire voir les ressources du pays.

Nous pouvons assister à une pittoresque reconstitution de nos établissements à Pondichéry, Chandernagor, Mahé, Karikal, avec les mœurs de l'Inde, sa vie, ses coutumes familiales et religieuses. Le principal édifice est une pagode de Vichnou, où ont lieu de somptueuses cérémonies du culte des brahmines. Dans une section se trouve une exposition de produits manufacturés ou naturels de nos établissements de l'Inde. Des artistes indigènes travaillent, sous les yeux du public, les matières d'or et d'argent, les bijoux, les armes et les tissus.

L'exposition des Indes françaises peut se subdiviser de la façon suivante : un palais du gouvernement ; un théâtre hindou pouvant contenir 600 personnes, et une rue hindoue. Dans un restaurant annexé, on peut goûter aux mets et aux boissons. *(Cette exposition est provisoirement fermée).*

Saint-Pierre et Miquelon, etc. — Saint-Pierre et Miquelon, Mayotte, Obock et les établissements français de l'Océanie sont placés dans un pavillon commun où les objets exposés se présentent dans le cadre de paysages dioramiques.

Tout ce qui appartient à l'industrie du pêcheur de morue et à la vie de Saint-Pierre figure dans ce diorama : outils du pêcheur, piquois, gaffes, aulxs à morue, cuillers à énocter, filets, mannes à boettes, coffres, etc... C'est le plus étrange matériel d'une profession plus dangereuse que lucrative.

Indo-Chine. — L'emplacement de l'exposition de l'Indo-Chine représente, à lui seul, le tiers de la superficie affectée à l'exposition coloniale tout entière.

Quatre groupes de constructions la composent. Dans le premier, M. Marcel, architecte, nous offre une restitution de la colline de Pnom-Penh, avec la pagode du roi du Cambodge au faîte, et, tout autour, un village laotien. La pagode royale est une des plus extraordinaires parures du Trocadéro. Son grand campanile, en forme de cloche renversée, s'érige sur une terrasse de 12 mètres de hauteur. Toutes les pièces destinées à la décoration de cette pagode ont été envoyées du Cambodge. Certaines d'entre elles sont très curieuses : telle un *Bouddha* de six mètres, dont la masse dorée se dresse au seuil de l'édifice royal.

Le village laotien, formé de quelques huttes, est habité par une quarantaine d'indigènes qui y exercent leurs petits métiers sous les yeux des promeneurs: tressage de nattes, tissage d'étoffes de soie, etc... Sous l'escalier de la pagode a été creusé un vaste hall où sont disposés cinq dioramas : scènes de la vie indo-chinoise, aspects du pays, vues des plus récents travaux entrepris en Indo-Chine sous l'autorité de M. Doumer et de ses derniers prédécesseurs.

Le deuxième groupe de la section indo-chinoise est constitué par le palais des Produits, placé immédiatement au-dessous de la pagode royale. Il contient l'exposition des produits naturels d'Indo-Chine, ainsi qu'une abondante collection de documents, graphiques et maquettes des grands travaux en cours.

Le palais du Tonkin forme le troisième groupe de l'exposition d'Indo-Chine. Il est situé à gauche et un peu au-dessous du palais des Produits. Les Tonkinois y exposent leurs tissages, leurs incrustations, leurs procédés de travail du bois et des métaux. Deux cents Annamites y figurent, exerçant leurs plus caractéristiques industries. A côté de leurs maisons, s'élève le *vanki*, c'est-à-dire l'école, où les enfants sont réunis et écoutent la leçon du maître indigène.

Le quatrième groupe est formé par le palais des Forêts. L'édifice est la reproduction d'une de ces riches maisons de province entièrement construites en bois et qui caractérisent d'une façon intéressante le luxe bourgeois en Annam.

Les trois palais : palais indo-chinois, Tonkin et Forêts, comprennent l'ensemble des expositions officielles et privées. Les expositions officielles sont faites au nom de chaque province et réunissent, séparément classés, les produits de chacune d'elles. Les expositions privées comprennent les produits naturels et manufacturés, — étoffes, meubles, charbons, thé, café, riz, minerais, — envoyés par l'indigène et le colon. Les exposants particuliers sont au nombre de trois cents.

Un théâtre cambodgien, construit par M. Brossard, sera une des curiosités de l'exposition de l'Indo-Chine. Deux vraies troupes célèbres dans le pays y jouent : celle de la cour de Hué et celle de Pnom-Penh. Une vingtaine de danseuses cambodgiennes, toutes jeunes et jolies, forment le corps de ballet. Elles sont la propriété du roi du Cambodge.

Guyane. — Nous rencontrons le pavillon de la Guyane française, qui contient une belle collection de ses produits si variés. On remarquera surtout les diverses essences de bois excellents pour la construction et pour l'ébénisterie. Sa production agricole est aussi largement représentée : sucre, café, coton, épices, cacao, et les céréales : le manioc, le riz et le maïs.

Martinique, Guadeloupe et la Réunion. — Les anciennes colonies de la Guadeloupe et de la Réunion forment un groupe spécial avec celle de la Martinique.

Les deux premières sont en façades sur la grande allée,

L'Andalousie au temps des Maures. — On a reconstitué, sous ce titre, les plus beaux monuments de Cordoue, de Séville et de Grenade. Dans ce décor, des représentations, tournois, danses et ballets sont donnés au public.

Une piste de 60 mètres se prête à ces exhibitions. Les principales parties du programme sont : des tournois entre Maures et chevaliers chrétiens, des chasses à la gazelle avec des lévriers arabes, la cérémonie d'un mariage de Gitanes et l'attaque d'une caravane par les Touaregs.

Berlitz school of languages. — L'école Berlitz a installé un pavillon voisin de celui du Ministère des colonies. Elle a institué un cours de langue française pour les indigènes malgaches qui viennent à l'Exposition. Dans une autre salle, des professeurs spéciaux feront pour tous les auditeurs qui s'y plairont, des cours de langues étrangères. C'est, en résumé, une Sorbonne polyglotte, installée au Trocadéro.

La Presse coloniale. — Entre le pavillon du Dahomey et le pavillon de l'Administration des colonies, nous trouvons le pavillon de la Presse coloniale.

C'est là que se réunissent les membres de l'association qui porte ce nom et dont M. Louis Brunet est le syndic.

Il y a dix ans, les journaux traitant spécialement les questions coloniales n'existaient pas. Aujourd'hui, ils forment un groupe important qui, naturellement, devait avoir sa place au Trocadéro, au milieu de ces colonies françaises dont ils soutiennent la cause dans la métropole, en éclairant non seulement pour le public mais pour le parlement, les discussions de plus en plus fréquentes sur les intérêts souvent méconnus de notre domaine colonial.

vis-à-vis de la fontaine monumentale. La Martinique est en arrière, occupant, comme les précédentes, un pavillon séparé, mais un emplacement plus important.

Ces trois pavillons sont construits, ainsi que le pavillon voisin de la Presse coloniale, dans le style des maisons coloniales modernes, avec un premier étage et une galerie, abritée par le toit et contournant l'édifice.

La Guadeloupe expose ses produits principaux : le sucre, le café, le cacao, la vanille, le tabac, le bois de campêche et des liqueurs très estimées.

La Réunion ou île Bourbon nous montre que la culture de la canne et la fabrication du sucre sont ses industries favorites, merveilleusement outillées. Les autres produits dont elle expose de nombreux échantillons, sont : l'arrow-root, un café excellent, de la vanille d'une qualité supérieure, du tabac, des clous de girofle, de la muscade, du thé, du poivre et du quinquina.

La Martinique : du sucre, du cacao, du café, du tabac, et ses rhums justement renommés.

Pavillon du ministère des Colonies. — Il comprend une galerie, éclairée latéralement, sur laquelle s'ouvrent deux grandes salles et quatre petites renfermant les expositions des différents services du ministère des Colonies.

Il contient la partie technique et scientifique de l'ensemble de l'exposition coloniale : procédés de colonisation (participation du ministère à la classe 113); cartes des colonies françaises, dressées par le service géographique; cartes des communications postales et télégraphiques; organisation et fonctionnement de l'Office colonial.

C'est là que le service géographique du ministère des Colonies expose ses principales publications. Le public peut se rendre compte des principaux résultats obtenus en Afrique, spécialement dans la boucle du Niger, dans le Soudan septentrional, dans le Sahara, dans la Guinée et au Congo français. Une place spéciale a été réservée aux travaux de la mission Marchand, qui a recueilli, sur la partie centrale du continent noir, de si précieux documents.

En ce qui concerne l'Asie, l'exposition du ministère comprend notamment les travaux de M. Pavie dans la presqu'île indochinoise.

Dans le pavillon du ministère des Colonies, il a été réservé à l'Office colonial trois salles dans lesquelles il expose son propre fonctionnement. La première sert de salon de réception et contient une bibliothèque composée d'ouvrages choisis parmi les 8.000 volumes qui appartenaient à l'ancienne exposition permanente des Colonies. On y a ajouté les publications les plus récentes, en y comprenant, bien entendu, les rapports de nos explorateurs et chargés de missions et un grand choix de photographies.

Dans la seconde est installé le bureau proprement dit de l'Office colonial, dont les fonctionnaires donnent sur place les renseignements commerciaux ou autres qui leur sont demandés et distribuent des échantillons de produits coloniaux.

La troisième salle contient des échantillons de produits, dont une partie est mise à la disposition du public désireux d'obtenir des indications pratiques sur nos cultures coloniales.

Ces trois salles, en dehors du mobilier particulier à chacune d'elles, sont décorées au moyen d'emprunts faits aux riches collections de l'ancienne exposition permanente, et c'est ainsi que les œuvres d'art les plus remarquables viennent atténuer la sévérité d'une exhibition purement commerciale.

Au bout de la galerie latérale, un pavillon central, avec serres de chaque côté, a été construit par M. Dybowski. Il contient les plantes exotiques, économiques et d'ornement qui sont cultivées dans nos possessions d'outre-mer.

On remarquera, dans le jardin qui précède les serres, la reproduction de la statue de Jules Ferry, inaugurée à Tunis, et le monument que le Comité de Madagascar va faire élever à Tananarive à la mémoire des soldats morts pendant la conquête de la grande île africaine.

Nouvelle-Calédonie. — La Nouvelle-Calédonie a installé dans un pavillon très original trois expositions particulières, qui jetteront un jour nouveau sur cette colonie dont les multiples ressources ne sont pas assez connues du public français.

Et d'abord, une exposition de tous ses produits agricoles : ils sont d'une immense variété. On en jugera par l'énumération suivante : le bois de santal et de beaux bois de construction et d'ébénisterie, le bananier, l'ananas qui sert à fabriquer l'alcool, l'arbre à pain, l'arrow-root, le cocotier, en assez grand nombre pour fournir beaucoup d'huile, le taro, le choux palmiste, l'igname, le tabac, la vanille, l'abaca, le quehoc, plante textile dont les filaments sont excellents pour faire les filets, et l'indigo sauvage.

Le caféier, l'olivier, le figuier, l'oranger, le citronnier, le maïs, le riz, ont parfaitement réussi dans le pays : de nombreux échantillons l'attestent. Le coton et la canne à sucre sont au nombre des produits spontanés de la Nouvelle-Calédonie.

Les richesses minérales ne sont pas moins importantes. On trouve, en effet, dans notre colonie, du nickel, du cobalt, du fer chromé, du cuivre, de la houille et du fer. Elles font l'objet de la seconde exposition.

La troisième est consacrée aux machines et à tous les appareils employés pour les industries spéciales à la Nouvelle-Calédonie.

On peut voir une dizaine de machines différentes pour la préparation du café : des décortiqueurs fonctionnant à un ou deux bras, à manège et à moteurs, des vanneurs, des séparateurs et des ventilateurs.

A citer un moteur à huile de naphte très curieux et destiné à la préparation du café. C'est une machine qui dépulpe, décortique et polit le café. Elle peut traiter 1200 kilos par jour.

Congo. — C'est dans un des sites les plus pittoresques des jardins du Trocadéro, entre la galerie gauche du Palais et la partie accidentée qui monte jusqu'au niveau de la rue Franklin qu'est situé le pavillon d'une de nos plus jeunes colonies affricaines, le Congo.

Ce pavillon, auquel on accède par un pont rustique d'un charmant effet, est placé entre le panorama de la mission Marchand, dont nous parlons ailleurs, et le restaurant du Congo.

L'exposition du Congo comprend les produits du pays. Les plus remarquables sont : l'ivoire, le plus beau que l'on connaisse, l'huile de palme, le caoutchouc, la noix de coco, l'ébène, le bois rouge pour la teinture. Viennent ensuite, parmi les productions : le cacao, l'orange, le citron. le poivre, le piment, le gingembre, la muscade, la vanille et la canne à sucre.

Madagascar. — L'exposition de Madagascar est située sur l'emplacement du bassin de la place du Trocadéro. Elle se compose de deux parties distinctes : l'une officielle ; l'autre, privée, et dont l'accès n'a lieu que contre un droit d'entrée. Cette dernière consiste dans l'œuvre du peintre Louis Tinayre, le panorama de la conquête de Madagascar. (Voir page 265).

L'édifice a la forme d'un cirque. Au milieu, on a établi une île couverte de plantations et de cases indigènes.

L'exposition officielle est au rez-de-chaussée du pavillon de Madagascar. Les objets exposés sont des produits naturels, des vêtements, des bijoux et des instruments de musique. De plus, quelques produits agricoles et des bois magnifiques constituant la principale richesse du pays. On voit encore des échantillons de terre prise dans les différentes zones de Madagascar : elles ont été analysées par les chimistes de l'institut agronomique de France et les résultats sont portés à la connaissance du public qui pourra ainsi se rendre compte des cultures nouvelles qu'il serait possible de porter sur le sol de l'île africaine.

Une des curiosités de l'exposition malgache est une série de superbes photographies qui ont été spécialement faites pour être montrées à Paris ; elles représentent les paysages de Madagascar et nous laissent entrevoir toute la puissance de la végétation de cette colonie qui a tout ce qu'il faut pour devenir une des plus riches.

Au premier étage, on a installé des panneaux décoratifs, dus à M. Cornillon. Ils rappellent des types et des scènes malgaches, des porteurs, des marchands, une réception du gouverneur.

La situation isolée du palais de Madagascar était un avantage au point de vue des installations intérieures et de l'autonomie de l'exhibition, mais il fallait que l'édifice fût relié au reste de l'Exposition, de façon à ne pas obliger les visiteurs à sortir de l'enceinte pour aller le visiter. Aussi, a-t-on eu soin de construire une passerelle qui unit le monument au palais du Trocadéro.

Le Panorama de la Mission Marchand

au Trocadéro (section du Congo)

A celui dont la gloire a fait tressaillir le monde, à l'héroïque commandant Marchand, dont un galon de plus orne aujourd'hui la manche, Castellani a dédié une œuvre considérable, un Panorama merveilleux que tout le monde voudra contempler plusieurs fois pour vivre quelques instants la vie mémorable du soldat-explorateur.

Castellani a fait d'après nature toutes les études qui ont servi à la composition de son œuvre magistrale. Son Panorama est un document précieux de l'histoire contemporaine et, l'Exposition passée, il restera comme le plus durable hommage rendu à un de nos plus vaillants officiers.

Voici les principaux tableaux du *Panorama Marchand* :

1° *Le panorama du centre africain*; 2° *la marche dans le Mouzoube* (commandant Marchand et ses officiers à travers la forêt); 3° *le capitaine Baratier et le peintre Castellani sur le Guillon*; 4° *les caïmans sur le Viari*; 5° *le combat de la caserne de Macabondilon*; 6° *les rapides du Pool*; 7° *l'incendie d'un village révolté (route de Mayenga)*; 8° *course sur l'Oubangui*; 9° *une tournade dans les rapides de l'Eléphant*; 10° *marais du lac*; 11° *l'entrevue avec le Négus*.

M. Henry Roy, qui a présidé à l'organisation du Panorama, et M. Vermare, qui a collaboré avec le maître Castellani, seront bien récompensés de leurs efforts. Ils ne se sont pas contentés d'attirer à eux les curiosités que le seul nom de Marchand provoque : ils ont reconstitué avec une conscience admirable tous les aspects si divers et si étranges du continent noir. L'histoire, l'art et le patriotisme les ont merveilleusement inspirés.

Le Panorama de Madagascar

Il est construit sur l'emplacement de l'ancien bassin de la Place du Trocadéro, derrière le Palais de ce nom auquel il est relié par une plate-forme élevée de 5 mètres au-dessus du sol. Le public y a accès par un tapis roulant de 20 mètres de longueur. Complètement entouré par l'Exposition des produits malgaches, le Panorama peint par M. Louis Tinayre est une œuvre artistique de premier ordre, reproduisant avec une scrupuleuse exactitude la vue d'un pays éminemment pittoresque, et une véridique page d'histoire reconstituant notre expédition lointaine depuis le débarquement jusqu'à la prise de Tananarive. C'est l'héroïque mission du général Duchesne qui passe sous les yeux ravis du public.

Dans une galerie circulaire qui fait partie du Panorama de Madagascar, douze dioramas, admirablement exposés pour être détaillés par le regard du visiteur, obtiennent un immense succès. Ils représentent : 1° *Majunga, la pointe de sable* ; 2° *le combat de Manouga* ; 3° *le combat de Mavetanana* ; 4° *la vue générale de Suberbieville* ; 5° *l'exécution des Sakalaves* ; 6° *l'attaque de Tsurasoka* ; 7° *la route, mort du Kabyle* ; 8° *marche sur Tananarive, départ de la colonne légère* ; 9° *la vue de Tamatave* ; 10° *la traversée de la forêt* ; 11° *l'exploitation d'une mine d'or* ; 12° *l'entrée du général Gallieni à Tananarive*. Les quatre dernières vues sont postérieures à la prise de Tananarive.

La partie supérieure de l'édifice est consacrée à la *Prise de Tananarive* par la colonne légère sous les ordres du général Duchesne, rendue avec une merveilleuse précision ; c'est l'œuvre maîtresse du *Panorama de Madagascar* qui occupe une surface peinte de 120 mètres de long sur 14 mètres de hauteur et est animée par 200 silhouettes découpées, portraits de tous les officiers qui ont concouru à la prise de Tananarive. La plate-forme qui sert de point de vue, figure une case avec meubles et armes indigènes.

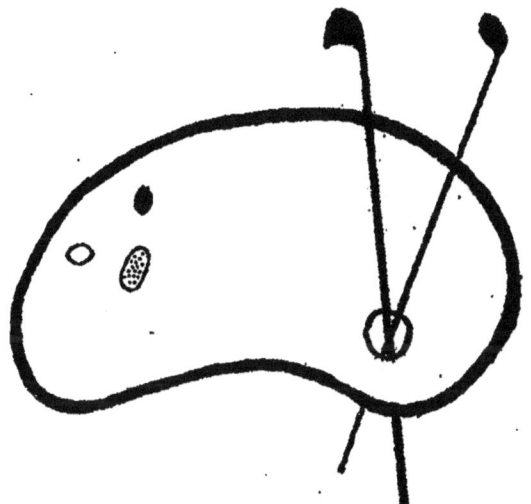

DEBUT D'UNE SERIE DE DOCUMENTS
EN COULEUR

18ᵉ SECTION DU GUIDE
Trocadéro:
Colonies étrangères

Orgues d'Alexandre

81, RUE LAFAYETTE, PARIS — Demander le Catalogue général Illustré

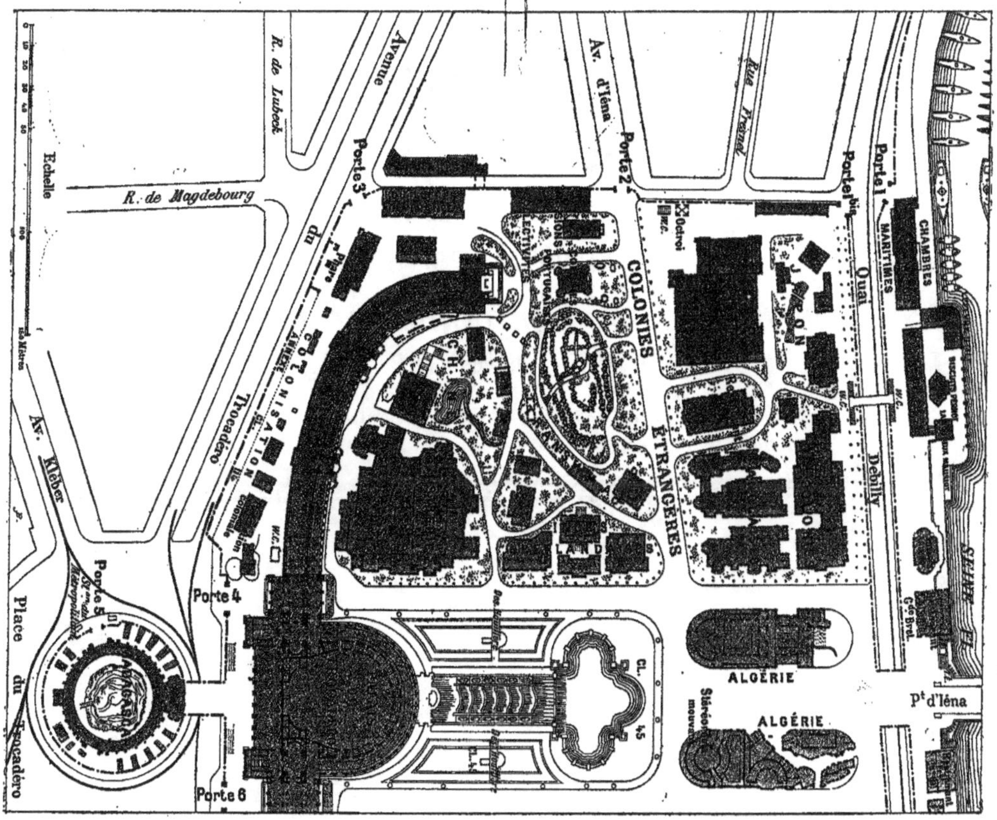

Avenue du Trocadéro
R. de Lubeck
R. de Magdebourg
Av. d'Iéna
Rue Fresnel
Porte 1
Porte 2
Porte 3
Porte 4
Porte 5
Porte 6
Echelle
Av. Kléber
Place du Trocadéro
COLONIES ÉTRANGÈRES
CHAMBRES MARITIMES
Quai Debilly
ALGÉRIE
ALGÉRIE
Pt d'Iéna
SEINE

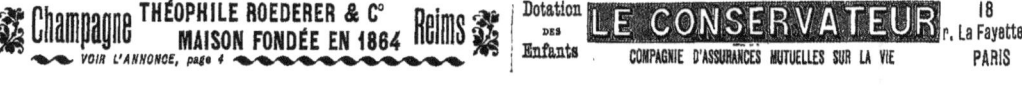

18ᵉ SECTION DU GUIDE
Trocadéro.
Colonies étrangères

Restaurant International

DE

L'EXPOSITION DE 1900

Jardins du Trocadéro

Entre l'Égypte, les Colonies Anglaises et face au Transvaal

SITUATION PRIVILÉGIÉE

Service de premier ordre par un personnel parlant toutes les langues

Man spricht deutsch.	Se habla español.
English spoken.	Si parla italiano, etc., etc.

CHICORÉE   EXTRA SUPÉRIEURE
Paul MAIRESSE   **A LA FRANÇAISE**
CAMBRAI (Nord)

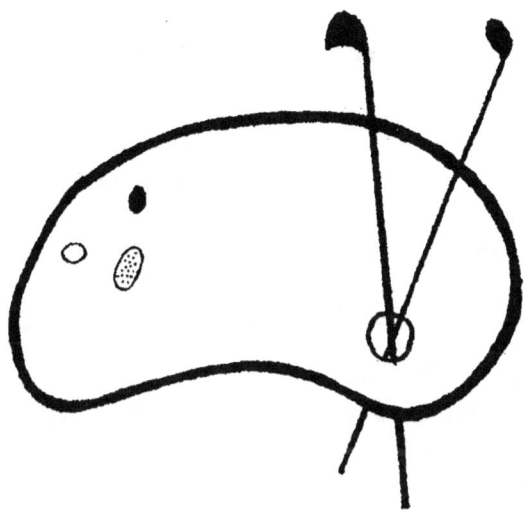

FIN D'UNE SERIE DE DOCUMENTS
EN COULEUR

XVIIIe Section du Guide
Groupe XVII

Colonisation

Colonies étrangères et autres pays d'outre-mer

Asie russe.
Chine.
Égypte.
Colonie des États-Unis.
Colonies anglaises.
Indes néerlandaises.

Japon.
Missions.
Colonies portugaises.
Transsibérien.
Transvaal.

Pavillons divers

Musée du Dépôt des Phares.

L'exposition minière souterraine (annexe de la classe 63).

Le monde souterrain.

Les voyages animés.

Les biscuits Pernot.

Portes d'entrée : Portes n° 1 *bis*, quai Debilly, angle de la rue de Magdebourg ; — n° 2, rue de Magdebourg, face à l'avenue d'Iéna ; — n° 3, rue de Magdebourg, angle de l'avenue du Trocadéro ; — n° 4, centre du palais du Trocadéro ; — n° 5, place du Trocadéro, palais de Madagascar.

Restaurant : Entre le palais de l'Égypte et celui des colonies anglaises.

Biscuits Pernot

USINES A DIJON
& GENÈVE
Maison à Paris

Grands Succès.

Suprême Pernot
le meilleur des desserts fins.

SUGAR PERNOT
Nouvelle Gaufrette vanille.

Madrigal Pernot
Dessert Sec, Exquis, Léger.

Le Piou-Piou
DESSERT NATIONAL

RÉVEILLON PERNOT
SEC ET SALÉ

La Chanoinesse Pernot
A LA GELÉE

BIÈRE SCHAEFFER
NANTES

L'Exposition minière souterraine

Chevalet de Mine au-dessus du bâtiment.

La classe 63 a une annexe qui répond admirablement aux besoins de curiosité scientifique qui sont l'honneur de cette fin de siècle. La Société de l'**Exposition minière souterraine**, organisée par le Comité central des Houillères de France, nous offre deux attractions qui se distinguent par leur valeur instructive et pittoresque. Parlons tout d'abord de l'Exposition minière proprement dite. En temps et lieu, nous aurons à revenir sur le *Monde souterrain*, une des plus remarquables créations qui puissent éterniser le séjour des visiteurs au Trocadéro.

L'*Exposition minière* nous fait assister à une véritable descente dans une mine, ou plutôt dans toute une série de mines en pleine activité. Toutes les richesses que la nature a cachées dans le sol et qui tentent l'homme depuis le premier jour où il chercha des armes, des ressources et, plus tard, des capitaux, toutes les substances qui ont quelque prix à ses yeux, sont là, dans leur milieu, dans leur patrie, et, que ce soit du charbon, de l'or, de l'argent, du plomb, du cuivre, du sel ou du diamant, nous voyons livrer sous nos yeux le combat que soutient l'intelligence contre la matière inerte, qui oppose si souvent les plus rudes obstacles à celui qui veut la conquérir. On descend dans un puits de mine actionné par une grande machine d'extraction du type le plus parfait. On a l'illusion d'arriver à 300 mètres de profondeur, et la mine en action

Galerie de Mine.

apparaît, avec tous les systèmes de travail, toutes les catégories d'ouvriers. On circule dans les galeries sinueuses, dont les bois ou les cadres métalliques soutiennent les parois; on rencontre à chaque pas quelque machine qui attaque la roche ou la houille ou quelque wagon qui s'avance vers vous, traîné par un cheval, un homme, une locomotive électrique.

Mais, ce qui prend un immense intérêt d'actualité, c'est la représentation d'une vérité absolue d'un quartier de mine d'or au Transvaal, exploité par des mineurs cafres. Après cette exotique vision, on trouve, en remontant, l'usine de traitement des mines d'or, avec son matériel spécial, et l'on peut ainsi se rendre compte de toute l'histoire de l'or, depuis le minerai grossier encore jusqu'au lingot éblouissant.

L'Exposition minière souterraine fait grand honneur à ses organisateurs. Elle commande notre curiosité, tout en écrivant un des chapitres les plus suggestifs de l'histoire industrielle contemporaine.

Le Monde souterrain

Scène prise dans le tombeau de Memphis.

Le **Monde souterrain** est la succursale archéologique et historique de l'*Exposition minière* dont nous avons constaté, à la classe 63, l'intérêt tout particulier. Celle-ci est une merveilleuse leçon de choses, mais la question technique préoccupait surtout les organisateurs. Dans le Monde souterrain, au contraire, on s'adresse plus volontiers à tous ceux qui sont épris du passé, aux archéologues, aux érudits, aux lettrés et aux touristes. Mais le grand public y trouvera aussi son compte, ne serait-ce qu'en passant en revue les curiosités naturelles qui défilent sous ses yeux.

Le Monde souterrain reconstitue archéologiquement une mine au temps des Phéniciens et une mine au moyen-âge. Rien n'est étrange comme l'outillage de ces époques, instruments primitifs qui décuplaient le temps avant d'arriver à l'heure des résultats. Mais, qu'importait le temps, quand c'était celui des esclaves ou des serfs? Une attraction d'un autre ordre sollicitera l'attention de tous : c'est le tombeau d'Agamemnon à Mycènes, avec la représentation des rois au masque d'or et couverts d'or de la tête aux pieds. C'est l'illustre explorateur de Troie, Schliemann, qui les a trouvés dans ses fouilles, où chacun de ses efforts levait un des voiles qui recouvrait l'histoire des héros d'Homère et des villes immenses qui furent l'orgueil des temps disparus et qui semblaient ne plus devoir frapper un regard humain. La partie archéologique du Monde souterrain comprend encore une nécropole de Memphis, en Basse-Egypte, avec les magnifiques sculptures de ses somptueuses sépultures.

Le spectacle du monde géologique ancien est l'histoire physique de la terre, en tableaux graduels, reproduisant les aspects de la terre à l'époque houillère, à l'époque jurassique et à l'époque tertiaire, avec leurs paysages extraordinaires, leur flore invraisemblable et leur faune apocalyptique.

Le Monde souterrain a rassemblé enfin, pour nous en faire jouir en quelques instants, toute une série de curiosités naturelles qui font l'admiration des voyageurs qui ont eu la bonne

Tombeau étrusque à Pérouse (Italie).

fortune de les visiter. Voici les Causses du Tarn, à qui M. Martel, qui fut leur Christophe Colomb, a consacré un livre d'un si puissant intérêt, les Causses, où des rivières souterraines, si longtemps inconnues, forment tant de grottes merveilleuses et tant de lacs mystérieux. Citons encore la fameuse grotte d'azur, près de Naples; les grottes des montagnes de marbre de l'Annam, avec leurs antiques pagodes souterraines; les grottes des ermites de la Mer Morte, avec les paysages bibliques de la Palestine, etc.

En voilà beaucoup plus qu'il n'en faut pour garantir au Monde souterrain le plus grand et le plus légitime succès.

Colonies étrangères

Asie russe. — Comme dans toutes les sections de l'Exposition de 1900, la Russie s'est distinguée au Trocadéro, et l'on peut affirmer qu'une visite à l'Asie russe laissera d'inoubliables souvenirs. Un immense palais, qu'on appelle maintenant le palais sibérien, a été construit, par des ouvriers russes, dans le style du xvie siècle. Les motifs d'architecture sont tous empruntés à des monuments russes et sont reproduits fidèlement par des moulages ou copiés sur des pièces artistiques.

Le palais sibérien mérite une description particulière.

A gauche de l'entrée principale se trouve la salle des réceptions destinée au czar et aux grands dignitaires de l'empire. En face de l'entrée principale est une grande cour richement décorée et à droite se trouvent les apanages de la famille impériale, avec l'exposition des produits de ses biens : vins, bois et pierres dures. En face, la grande salle de l'Asie centrale, avec l'exposition des produits sibériens : bois, tapis, tissus, peaux. Puis, la salle des pétroles Nobel.

A gauche, deux salles sont consacrées : l'une, à la Sibérie proprement dite, l'autre, au nord de la Sibérie, dans laquelle sont exposés tous les produits de l'Oural et des provinces septentrionales : fourrures, bois, pierre, or, malachite, etc. Enfin, trois salles sont réservées à des expositions scientifiques : chemins de fer de Sibérie, avec cartes et maquettes de ponts.

Au premier étage on trouve le panorama du couronnement, par Gervex, et un restaurant où les dîners, composés pour la majeure partie de plats nationaux, sont servis par des Russes en costume. Une entrée à part, sous la tour de l'Horloge, à gauche, donne accès à l'exposition du train transsibérien, à laquelle nous avons consacré une notice particulière.

Le palais sibérien représente une cité russe dont toutes les constructions s'appuient à des tours et à des murs. Au centre de la ville s'élève une grande tour, construite en briques et couverte d'une toiture en majolique polychrome. Toutes les façades sont richement décorées de majoliques et les voûtes sont peintes avec des motifs relevés sur les plus célèbres monuments de la Russie. Dans un jardin contigu à ce palais, se trouve un village russe, où des paysans se livrent aux travaux et aux petites industries qu'ils exercent pendant les longs chômages de l'hiver.

Chaque jour, des concerts sont donnés dans la cour d'entrée par la *Fanfare du Kremlin* (directeur : M. Zebart) dont le répertoire est composé des œuvres des grands maîtres russes.

L'exposition de l'Asie russe est reliée à l'exposition chinoise par le transsibérien.

Rendons hommage au prince Ténicheff, commissaire général, qui a si bien servi les desseins de S. M. Nicolas II. Trois architectes ont été les dignes collaborateurs du prince : MM. Robert Melzer, architecte principal, Staborowski et Leblanc, architectes conseil; le peintre Korovine a été chargé de la décoration et des peintures murales.

Le train "Transsibérien" de la Cie des Wagons-Lits

DE MOSCOU A PÉKIN

Gare de Moscou.

Dans le haut des jardins du Trocadéro, en face la porte d'entrée donnant sur la place de ce nom, nous trouvons la section de l'Asie Russe d'où l'on domine les rives de la Seine et le fourmillement de palais et d'attractions multiples qui charment et étonnent tour à tour.

Cette évocation du Kremlin rappelle l'architecture de ce palais intimement lié à l'histoire de la grandeur croissante de la sainte Russie et rappelle les gloires des czars, pères de ce peuple immense qui leur doit sa prospérité actuelle précédant un avenir plein de superbes promesses.

C'est au pied de la tour d'Ivan Veliki qu'est située l'exposition du Transsibérien. Cette tour, sœur d'un jour de celle qui associe depuis des siècles ses glas funèbres et ses gais carillons aux tristesses et aux joies de la Russie, est la première à inviter l'Empire aux fêtes du couronnement de l'empereur. Aujourd'hui, surtout à la fin de ce siècle si fécond en entreprises d'une audace tenant du prodige, elle semble être là pour annoncer les merveilles du Transsibérien, cette œuvre unique conduite avec autant de rapidité que d'entente.

C'est à la *Compagnie internationale des Wagons-Lits* que nous devons la reproduction de cette ligne historique. Installée à cheval sur la section de l'Asie Russe et sur la section chinoise, nous pouvons, grâce à elle, faire ce superbe voyage de Moscou à Vladivostock et Pékin, contemplant ainsi les différents embranchements de ce chemin de fer.

Les confortables et superbes trains de luxe de cette Compagnie font déjà un service régulier jusqu'à Irkoutsk, point terminus actuel. Ces services s'étendront au fur et à mesure de l'ouverture des différentes sections.

Mais, se demandera-t-on? comment peut-on parcourir en quelques minutes tout un pays qu'il est impossible de traverser en moins de quinze jours? La *Compagnie internationale des Wagons-Lits* a résolu ce difficile problème en établissant devant son « train de luxe transsibérien » un panorama mouvant qui permet de voir, en vingt-cinq minutes, tous les points intéressants de ces régions.

Le spectacle est saisissant et les plus difficiles restent émerveillés devant cette œuvre d'art exécutée par les peintres Jambon et Bailly, dont nous admirons tous les jours les merveilleux décors et les œuvres artistiques.

L'illusion se continue d'un bout à l'autre, car le visiteur part de la gare de Moscou, entouré de tout ce qui rappelle la Russie. Monté dans les wagons-restaurants du Transsibérien où une centaine de convives peuvent toute la journée s'asseoir et manger commodément devant le panorama mouvant, il descend ensuite à la gare de Pékin, transporté comme par enchantement dans l'Empire du milieu dont la célèbre muraille semble s'être abaissée pour l'accueillir plus vite.

Indépendamment de ces wagons-restaurants qui composent un train avec une voiture-lits et une voiture-salon-salle de bains, terrasse, nous trouvons, dans les gares de Moscou et Pékin, un restaurant russe et un restaurant chinois, installés par la *Compagnie internationale des Wagons-Lits*. Le premier, artistiquement aménagé dans le style local, avec un personnel russe, vous offre les mets les plus délicats des cuisines française et slave. Vous retrouvez les mêmes avantages dans le second, le restaurant de Pékin-

Gare de Pékin.

gare, servi par de vrais Chinois, dans un cadre aussi original et aussi pittoresque.

Chine. — La Chine n'avait pas exposé en 1889, mais elle a été tentée par l'Exposition de 1900. Malgré des résistances presque insurmontables, l'esprit nouveau y pénètre peu à peu. Une des meilleures preuves en est la participation du Céleste-Empire à l'œuvre française qui couronne si dignement le siècle.

La Chine a été admirablement secondée par M. Charles Vapereau, un Français qui l'a habitée pendant plus de trente ans et qui a conquis, à la cour impériale, une situation telle qu'il était naturellement désigné pour les hautes fonctions de commissaire général. Nos lecteurs se rappellent certainement ses récits de voyage, parus dans *le Tour du Monde*. M. Vapereau était revenu de Pékin par le Japon, la Corée, l'île de Saghalien, le fleuve Amour et la Sibérie, magnifique exploration dont l'éminent voyageur, accompagné de sa vaillante femme, avait rapporté les plus intéressants souvenirs.

L'exposition de la Chine aura un succès considérable. Il était bon d'en louer sans réserves son principal initiateur. Les visiteurs du Trocadéro peuvent s'attendre à bien des surprises.

En avant du terrain occupé par les divers palais et pavillons chinois et à droite des jardins touchant à l'extrémité de la galerie de droite du palais du Trocadéro, une porte monumentale frappe tout d'abord l'attention. Trois portes chinoises lui ont servi de modèle. La première fait partie d'un temple de Confucius, situé à Pékin; la seconde existe dans un autre temple du Dieu couché, situé à 15 kilomètres de la ville; la troisième, à même distance, dans un parc impérial de chasse. La porte monumentale est une reproduction et non pas une œuvre originale. Le monument n'en est que plus intéressant puisqu'il est absolument conforme à la réalité.

Au-dessus d'un bassin, dominant l'exposition chinoise, s'élève un palais central, qui représente une des neuf portes de l'enceinte fortifiée de Pékin. Un escalier, à droite, ressemble, par ses côtés, à celui du Dragon noir où se font les prières officielles pour obtenir la pluie, et, par la disposition de ses marches séparées par des dalles sculptées, il rappelle aussi les escaliers des palais, des grands temples et des sépultures impériales.

A gauche, à la hauteur du premier étage, un pont relie la Chine à la Russie. C'est sur ce pont que passe le chemin de fer transsibérien qui a fait l'objet d'une notice spéciale.

Citons, parmi les pavillons de l'enceinte chinoise, à droite de la porte monumentale, un pavillon à deux toits, copie de l'un des six pavillons qui constituent le palais de l'Empereur de Chine.

A gauche s'élève un autre pavillon où tous les amateurs feront une longue halte. C'est là qu'est exposée une magnifique collection de porcelaine ancienne, évaluée à un million, et dont les pièces admirables pourront être acquises par les collectionneurs, car l'exposant est un marchand chinois d'antiquités.

Au fond, longeant la galerie du palais du Trocadéro, on remarque toute une pittoresque série de boutiques chinoises où sont vendus des articles de l'industrie indigène.

Musée du dépôt des phares. — Le ministère des Travaux publics a fait relier le musée du dépôt des phares aux jardins du Trocadéro par un escalier et une passerelle aboutissant à la galerie centrale du dépôt des phares sur la rue Magdebourg. A droite et à gauche de l'escalier de communication, sur le terrain même de l'Exposition universelle, sont établies deux lanternes contenant les grands appareils destinés aux phares de l'île Vierge et du mont Saint-Clair, dont les dimensions ne permettent pas l'installation dans l'intérieur de la galerie.

L'exposition des phares et balises comprend les appareils d'éclairage, les modèles et les dessins représentant les principales améliorations réalisées depuis 1889. On remarque les appareils électriques des phares de Planier et de Créach d'Ouessant; ceux du cap Béar, de Camarat et de Suzac, qui fonctionnent au moyen de l'incandescence par le pétrole; les modèles du phare d'Eckmühl, d'un nouveau feu flottant; les brûleurs à incandescence par le gaz et la vapeur de pétrole, etc.

L'exposition rétrospective se compose du premier appareil lenticulaire à éclats (Cordouan), des premiers appareils de feu fixe et varié par des éclats, d'un appareil à tambour de lentilles verticales pour feu électrique.

Les Missions. — Dans la partie supérieure du parc du Trocadéro, les *Missions catholiques*, sur l'initiative du cardinal Richard, ont voulu montrer, dans une exposition particulière, la large part que nos missionnaires ont prise dans l'œuvre de la colonisation.

Cette exposition comprend : les collections ethnographiques et scientifiques de nature à traduire l'influence civilisatrice des missionnaires; les modèles d'établissements scolaires, professionnels et hospitaliers, avec exposition de travaux en tout genre.

Les beaux-arts eux-mêmes rentrent dans ce cadre, tant par suite des fouilles et des découvertes faites par le personnel des missions pour l'étude des monuments anciens qu'en raison de la construction des édifices modernes consacrés au culte.

L'exposition des *Missions* nous présente encore des itinéraires de caravanes et des relevés d'explorations faites par les missionnaires.

Portugal. — Le Portugal, par suite de la situation spéciale d'une de ses importantes colonies africaines, est largement représenté à l'Exposition.

On sait que le groupe colonial portugais est très important. Les Açores, que l'on appelle au Portugal les îles adjacentes, pour bien marquer qu'elles ne sont que le prolongement de la métropole, l'île de Madère, les îles du Cap Vert, offrent de grandes ressources. La province d'Angola, au sud du Congo, est, par suite de la proximité des grandes colonies européennes, appelée à jouer un grand rôle sur la côte occidentale d'Afrique. Tous les négociants connaissent enfin le prix qui s'attache à la possession de Diego-Marquez et du Mozambique.

Dans l'Inde, c'est l'île de Goâ et la ville de Damao, au sud de Bombay; en Chine, Macao, dans la grande baie de Canton; en Océanie, Dilly, dans la grande baie de Timor, etc.

Le pavillon consacré aux colonies portugaises est très curieux à visiter. Il est d'un bel effet décoratif avec le groupe de femmes qui orne la façade principale : elles symbolisent les colonies portugaises, soutenant l'écusson des armes nationales. Cette œuvre très remarquable est de M. Thomas Costa, statuaire, établi à Paris. Des frises peintes entourent les arcs formant les façades.

A l'intérieur, la superficie du pavillon a été notablement augmentée pour l'adjonction d'une galerie courant autour d'une sorte de hall. Le pavillon portugais se termine par une coupole où l'artiste a retracé des allégories relatives aux fastes de la navigation portugaise.

Transvaal. — L'exposition du Transvaal, à laquelle les événements actuels donnent un intérêt si considérable, se compose d'un pavillon principal où sont réunis tous les produits du pays et tous documents graphiques et autres y relatifs; d'une ferme boer, constituant une véritable exposition ethnographique, et d'une usine à traiter le minerai d'or, avec tous ses accessoires (usine fonctionnant) et galerie de mine en sous-sol.

Le pavillon principal contient : 1º l'exposition directe de l'Etat, administration, mines et travaux publics; 2º L'exposition des compagnies jouissant de monopoles de l'Etat; 3º L'exposition des objets prêtés à l'Etat.

Sous l'aspect d'une ferme boer et de tous les objets rustiques qui y sont en usage, le public assiste à la vie pastorale du pays, d'une si particulière originalité.

Le bâtiment de l'usine pour le traitement du minerai aurifère se compose de deux corps : dans l'un, sont les appareils pour le concassage, le triage et le broyage du minerai; dans l'autre, sont établis une fonderie d'or et un laboratoire où le public constatera, *de visu*, que l'industrie aurifère applique d'une façon remarquable les indications que lui apporte la science. Un puits équipé sert à monter le minerai emmagasiné dans le sous-sol, de manière à donner l'image d'une véritable usine.

A la sortie de l'usine, les visiteurs ont accès dans les galeries souterraines où l'on a installé, en revêtant les parois des galeries de minerai et de houille, des chantiers d'exploitation des deux grandes industries du pays : l'or et le charbon.

En résumé, l'exposition de la République sud-africaine montre au monde ce qu'a pu devenir le Transvaal, presque ignoré il y a vingt ans.

Indes néerlandaises. — L'exposition coloniale de la Hollande est, proportionnellement au petit, mais florissant Etat à qui nous la devons, une des plus importantes du Trocadéro, où elle occupe sur le bassin 80 mètres de façade. Elle se compose de trois constructions. La première reproduit la merveille architecturale hindoue, le temple de Tjandi-Sari ; il a 13 mètres de hauteur, 17 de largeur et 10 de profondeur.

Toutes les parties qui restent de ce monument unique ont été moulées et transportées à Paris. Ce qui avait été détruit a été

reconstitué par des archéologues, et nous possédons ainsi tout entier le merveilleux édifice de l'île de Java.

L'ordonnance en est imposante et l'ornementation, d'une prodigieuse richesse, est d'une pureté absolue. Partout, des bas-reliefs et des statues; partout, de prodigieux efforts d'artistes dont le nom s'est perdu dans la nuit des temps.

C'est sur deux terrasses superposées que s'élève le temple de Tjandi-Sari. A l'intérieur, l'architecture et la sculpture hindoue réservent au visiteur un continuel étonnement. Les dieux Vichnou et Cina y ont leurs statues grandioses et tous les Bouddha s'y présentent dans les différentes attitudes que leur ont prêté la fantaisie ou la piété des statuaires.

Sur cette même terrasse où s'élève triomphant le temple de Tjandi-Sari, l'une des plus magnifiques attractions de toute l'exposition coloniale, deux pavillons ont été construits, empruntant leurs noms à leur situation respective. Le pavillon Nord a été consacré à une véritable exposition militaire : on y voit les modèles de fortifications, dans les colonies de la Hollande, de matériel de campement, d'hôpitaux militaires, d'établissements de marine, etc... et une belle collection de cartes et de photographies.

Le pavillon Sud constitue trois expositions : ethnographique, minéralogique et agricole. On y a joint une exposition religieuse, le Panthéon des Dieux hindous, composé de soixante-dix grandes statues des divinités dont le culte n'est pas encore aboli.

Enfin, une salle de théâtre, où des danseuses et des musiciens javanais nous font goûter un spectacle que nous pouvions désespérer de voir un jour, ajoutera encore à l'attrait de l'exposition des Indes Néerlandaises, où nous pourrons encore savourer le thé et le café de si lointains pays, après une promenade féconde en enchantements.

Grande-Bretagne. — C'est autour d'un grand palais réunissant les plus précieuses ornementations des arts hindous et asiatiques que se dressent les pavillons des colonies britanniques.

L'intérieur rivalise d'éclat avec l'extérieur, car les commerçants et industriels de Calcutta et des grandes villes de l'Hindoustan se sont efforcés de rendre cette exposition aussi brillante que possible. Les Etats indigènes de Baroda, de Goualior et de Pendjab ont envoyé des œuvres d'art, produit du travail indigène. La Birmanie expose des bois sculptés et deux vérandas.

L'Inde toute entière a fait des efforts considérables pour contribuer au succès de sa métropole qui n'avait jamais eu, à aucune exposition internationale, un emplacement aussi étendu.

Le groupe colonial de la Grande-Bretagne comprend trois pavillons : indien, australien et canadien ; un restaurant exotique et une pittoresque boutique où l'on sert le thé récolté à l'île de Ceylan, servi par des Cingalais.

Mais c'est le pavillon indien qui frappera tout particulièrement la curiosité des visiteurs. Il est la reproduction exacte d'un magnifique palais. De grandes marches en marbre vert, apporté de Baroda, conduisent à un immense vestibule et forment un étrange contraste avec l'éblouissante blancheur de l'édifice.

De plus il a une attraction très originale : c'est un trophée impérial, œuvre d'art de 36 pieds de long, sur 12 de large et 25 de haut, fait en bois sculptés, choisis parmi les essences du pays, et en pierres ouvragées, rehaussées de joyaux et de glaces. Ce superbe travail a pour objectif de faire connaître la beauté des bois du pays, l'art consommé de ses sculpteurs et la splendeur des matériaux employés dans les constructions monumentales.

Dans un hall réservé aux exposants, on a placé les plus beaux produits des manufacturiers indiens. Un autre hall, destiné aux commerçants, contient l'exposition pratique des denrées : café, thé, jute, etc...

L'île de Ceylan présente une merveilleuse exposition de joyaux.

L'Australie Occidentale expose des spécimens de ses minerais aurifères.

Le pavillon canadien a une originalité propre. On sent le lien politique avec l'Angleterre, mais aussi l'autonomie de l'œuvre commune. Le Canada est le pays des grandes chasses. Aussi, de nombreux spécimens de têtes de cerfs, de bisons, de rennes, d'élans et d'ours décorent les murs. De gigantesques pins, — l'espèce porte le nom significatif de *pin Goliath*, — nous montrent que les merveilles de la flore sont aussi remarquables que les merveilles de la faune dans ce pays qui nous a

appartenu et où la littérature française est toujours cultivée.
Un restaurant indien-colonial est installé entre le pavillon indien et la Seine.

Egypte. — En bordure sur l'avenue d'Iéna et à l'angle de la rue de Magdebourg, la section égyptienne se compose de trois corps de bâtiments distincts et reliés entre eux. Leur superficie est de 2.640 mètres environ.

Ces trois bâtiments constituent : un temple, un bazar arabe et un théâtre.

L'architecture du temple est celle de l'antique Egypte. On en remarquera tout d'abord la grande porte majestueuse. Dans les sous-sols, des caveaux reproduisent les chambres funéraires

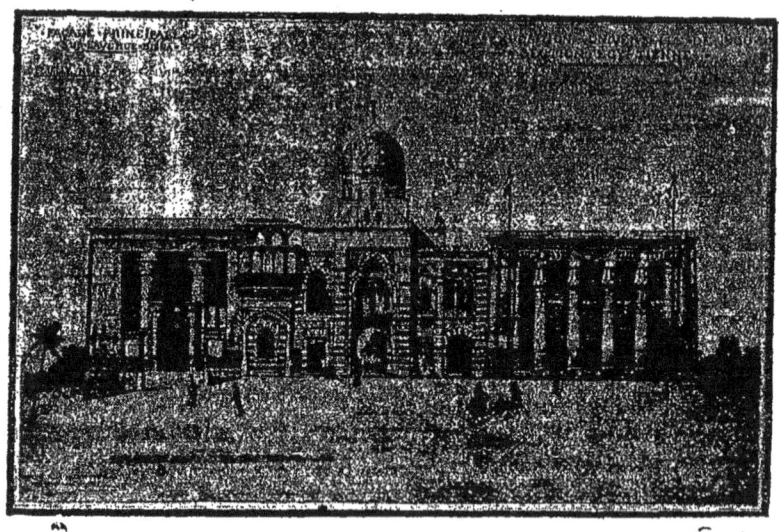

ou *hypogées* des anciennes dynasties. Les temples célèbres de Philœ, d'Abydos et de Karnak ont fourni les principaux motifs de décoration. C'est dans le temple égyptien que sont exposés des produits agricoles ou manufacturés; des objets d'art, des bijoux, des manuscrits, des armes et des tapis anciens ou modernes de l'Egypte, du Soudan et de tout l'Orient.

La seconde construction, le bazar, est destinée à la vente des produits du sol et de l'industrie par des commerçants égyptiens. Le *Salon du Ministre de France* en termine les deux grandes galeries latérales : il est d'une grande richesse de décoration. En face, un cinématographe a été installé; il reproduit des vues égyptiennes et soudanaises et des scènes de la vie orientale.

Le troisième monument est un magnifique théâtre de style antique égyptien, richement orné de décorations polychromes, où l'on donne des représentations arabes, soudanaises et égyptiennes antiques, avec danses et ballets. C'est le premier théâtre de ce genre qu'il ait été donné de voir.

Partout, dans cette exposition remarquable, les souvenirs si suggestifs du passé ont guidé les organisateurs : c'est dire que la science et la curiosité y seront absolument satisfaites.

Japon. — L'exposition du Japon, située à l'intersection du quai Debilly et de la rue de Magdebourg, comprend un palais, deux pavillons et un bazar qui entourent un étrange jardin peuplé d'arbres et de plantes indigènes.

Le palais symbolise le vieux Japon et rappelle le style qui était en honneur dans ce pays vers le VIIe siècle de notre ère. Les Japonais s'en sont entièrement remis à l'habileté et au goût des ouvriers parisiens pour l'élever; mais il est vrai que ceux-ci ont été minutieusement guidés par les plans et les dessins reproduisant détail par détail toutes les parties de l'édifice.

La décoration intérieure consiste en panneaux peints et sculptés par des artistes français, d'après des maquettes établies également au Japon, sur des documents historiques.

Ce palais renferme une magnifique exposition des plus riches collections de l'art japonais ancien, appartenant au Trésor impérial. Les pièces les plus rares y figurent; certaines sont uniques.

Deux pavillons et un bazar, construits dans le style moderne, complètent l'exposition du Japon. L'un des pavillons est consacré au saké (vin de riz), qu'on peut consommer sur place et dans l'autre, c'est le thé qui a élu domicile.

Parallèlement à la rue Magdebourg, s'étagent les constructions d'un bazar japonais, d'où les visiteurs peuvent rapporter d'authentiques bibelots.

Nous avons dit que l'enceinte de l'exposition du Japon était formée par un délicieux jardin. C'est, à vrai dire, un petit parc, créé suivant les plans et les vues des plus magnifiques de Tokio. Le décor en est des plus curieux, avec son aspect un peu tourmenté, avec les sinuosités de ses allées aboutissant à des kiosques, à des passerelles jetées sur des ruisselets contournant des cèdres ou des massifs de plantes exotiques : on remarque surtout de magnifiques spécimens de lotus, pivoines et chrysantèmes; cette dernière espèce est représentée par des sujets qui portent habituellement sur le même pied 300 ou 400 fleurs de la plus épanouissante beauté.

Les Voyages animés

Au pied du Trocadéro, près du pont d'Iéna.

Le gracieux Pavillon des *Voyages Animés* attirera tous les visiteurs. Tandis que d'autres entreprises artistiques se sont efforcées de nous montrer les pays étrangers, ici, c'est la France pittoresque qui se déroule sous nos regards enthousiasmés, la France si poétiquement belle et qui reste encore méconnue par le plus grand nombre de ses enfants, bien que le tourisme ait des adeptes de plus en plus nombreux et que le goût des excursions se soit, en ces dernières années, considérablement développé. Le spectacle des *Voyages Animés* sera donc aussi attrayant qu'instructif.

Devant nous se déroulent les superbes paysages de la Savoie, du Dauphiné, des Vosges, de la Bretagne, de l'Auvergne, des Pyrénées, de la Provence et les horizons enchanteurs de la Côte d'Azur; c'est la beauté nationale qui nous rappelle le culte qui lui est dû.

Des poésies, avec musique du maître Francis Thomé, accompagnent cette leçon de splendeurs naturelles, laissant aux spectateurs une impression d'art des plus exquises.

Tous les soirs, à la suite de chaque représentation, les *Voyages Animés* nous donneront des auditions des chansons de France par nos meilleures diseuses, telles que Mmes Miette et Suzanne Dalbray; toujours le culte de la patrie, mais enseigné dans le plus délicieux des endroits, d'où l'on pourra jouir d'une vue merveilleuse sur l'Exposition, en face de la Tour Eiffel, des palais somptueux du Champ-de-Mars et des pittoresques constructions coloniales du Trocadéro.

Les Biscuits Pernot

Le nom si populaire des **Biscuits Pernot** rappelle à tous nos lecteurs un établissement industriel qui fait honneur au pays. Nous donnons ici la vue du *Pavillon des Biscuits Pernot* à l'Exposition. C'est là qu'on peut admirer dans son ensemble l'œuvre si considérable des *Usines de Dijon*, qui sont, autant pour les profanes que pour les initiés, un véritable sujet d'émerveillement. Leur superficie atteint 8.600 mètre carrés ; elles sont d'un aspect grandiose, et l'art des architectes a paré avec un goût et un luxe merveilleux ce temple du travail, que domine une tour de 27 mètres. C'est le donjon du succès ; c'est aussi le donjon du progrès, car la tour contient 30.000 litres d'eau sous pression pour inonder sans retard tout commencement d'incendie.

Ce qui se dégage à première vue de l'ensemble de la *Manufacture des Biscuits Pernot*, c'est une impression de souveraine élégance et d'impeccable propreté. Les fers, les aciers, les cuivres, les trains, les wagons, les machines, les appareils de toute sorte reluisent comme les armes d'un bon soldat, le matin d'une revue. Toute une légion d'employés est chargée de leur donner un éblouissant éclat, non seulement pour le plaisir de l'œil, mais pour assurer l'hygiène absolue sans laquelle il n'y a pas de fabrication parfaite dans tous les établissements qui ont l'alimentation pour objectif.

L'installation mécanique des *Usines des Biscuits Pernot* est due à l'éminent ingénieur, M. Lucien Richard, ancien élève de l'Ecole Polytechnique. Vingt-cinq moteurs électriques communiquent l'activité au puissant machinisme que nécessite l'importance de la production, chaque jour plus considérable.

La fabrication des gigantesques *Usines de Dijon* se divise en quelque sorte en trois parties principales : la *gaufretterie*, où l'on cuit les petites gaufrettes vanillées ainsi que le *Suprême Pernot*, qui est la joie et l'orgueil de toutes les tables ; la *pâtisserie*, industrialisée dans ces immenses ateliers; et enfin, la *biscuiterie*, comprenant les biscuits secs, sucrés ou salés qui sont l'objet d'une consommation universelle. A l'usine de pâtisserie est annexée la fabrication de pain d'épices de Dijon, dont la renommée est due tout à la fois au respect des anciennes traditions locales et à un perpétuel souci de tous les perfectionnements modernes.

L'organisation du travail aux *Usines des Biscuits Pernot* est une des principales causes de leur suprématie. Un véritable luxe préside à la tenue des ouvrières, admirablement hiérarchisées. Leurs longues blouses gris bleu, en tussor pour les surveillantes, et le maillot rouge et blanc des ouvriers jettent partout leurs notes variées. Nulle part la préoccupation du costume des travailleurs n'a été plus grande, parce que sa distinction relative permettait le contrôle si nécessaire, si impérieux, dans une des plus brillantes industries d'alimentation où la propreté doit régner et règne en souveraine maîtresse. Tous les collaborateurs et toutes les collaboratrices de cette œuvre grandiose vivent dans une atmosphère de lumière et de clarté, soustraits par une constante sollicitude aux inconvénients qui sont le triste partage de la vie industrielle dans les grandes agglomérations.

Tout le monde connaît les produits des *Usines Pernot*. Citons, pour mémoire, en dehors du *Suprême Pernot*, qui a révolutionné la biscuiterie, le *Sugar Pernot*, gaufrette à la vanille; le *Madrigal Pernot*, le talon rouge du dessert; le *Pioupiou*, populaire comme le nom du petit soldat qui lui porta bonheur; le *Réveillon*, sec et salé, providence des gosiers altérés, et la *Chanoinesse*, à la gelée, faisant survivre les gâteries monastiques en imposant leur culte aux plus profanes gourmets.

Maints autres produits, biscuits secs, petits fours fins aux amandes dont la nomenclature serait trop longue, tels le *moscovite* et le *florentin* donnent à la fabrication générale une importance considérable, et pas une famille ne se résout à résister à leur charme et à leur suavité.

Dans une semaine, les *Usines Pernot* consomment 10.000 litres de lait, 50.000 œufs, 50 quintaux d'amandes de Provence. Ces chiffres en disent assez et les statisticiens qui ont en vue le progrès des industries françaises les enregistrent avec fierté.

MM. Lucien et Georges Richard, qui dirigent ces établissements célèbres, en ont fait une véritable institution, comme un ministère de la biscuiterie, dont le portefeuille n'est pas soumis aux fluctuations ordinaires. Les grands services sont organisés avec une hauteur de vues qui frappe l'observateur et ravit les plus indifférents. Les services accessoires ne sont pas moins supérieurement compris, si bien que les *Usines Pernot*, pour se suffire à elles-mêmes, abritent sous leur drapeau triomphant presque toutes les corporations d'ouvriers. Le personnel est aussi nombreux et aussi choisi que le matériel est puissant et ingénieux. Enfin, l'idée philanthropique la plus généreuse préside aux rapports de la direction et de ses légions de collaborateurs. Caisse de secours, société coopérative de consommation, assurances contre les accidents du travail, tous les principes de mutualité et de démocratie bien entendue qui sont l'honneur de ce siècle, sont la base morale sur laquelle s'édifia un des plus légitimes succès industriels de ce temps. Ce n'est pas seulement le sentiment social qu'il faut admirer dans ces merveilleuses *Usines*, c'est aussi le sentiment familial qui a inspiré de touchantes créations, entre autres les villégiatures, véritables cures d'air à la campagne pendant l'été, pour les employés et employées auxquels le médecin de la manufacture considère que ces vacances peuvent être utiles.

De fréquentes fêtes de famille soulignent les événements heureux, où personnel, invités et patrons se réunissent amicalement; et dernièrement à l'inauguration des nouveaux agrandissements, M. Mougeot, sous-secrétaire d'Etat, M. Michel, préfet de la Côte-d'Or, tous les hauts fonctionnaires, et le monde Dijonnais, ont rendu un éclatant hommage aux directeurs de cette magnifique industrie, et la presse française s'y est associée de tout cœur.

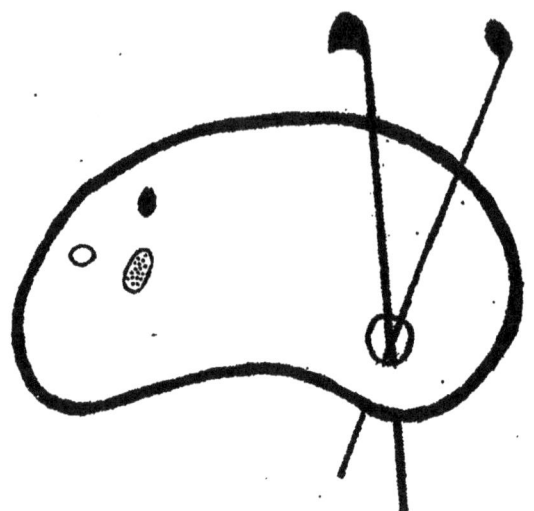

DEBUT D'UNE SERIE DE DOCUMENTS
EN COULEUR

19ᵉ SECTION DU GUIDE
Quai Debilly.
Navigation de plaisance. — Vieux Paris.

DÉJEUNER VELOUTÉ
au Malt d'Avoine et Cacao

MARQUE DÉPOSÉE — M.C.S — MARQUE DÉPOSÉE

ALIMENT PARFAIT
pour Enfants et Estomacs délicats

MALT D'AVOINE POUR POTAGES
ADAM
Rue Huber et 45, rue Caumartin, PARIS

POUR PURIFIER L'AIR BRULEZ DU **PAPIER D'ARMENIE** A. PONSOT — Le PLUS PUISSANT DÉSINFECTANT CONNU

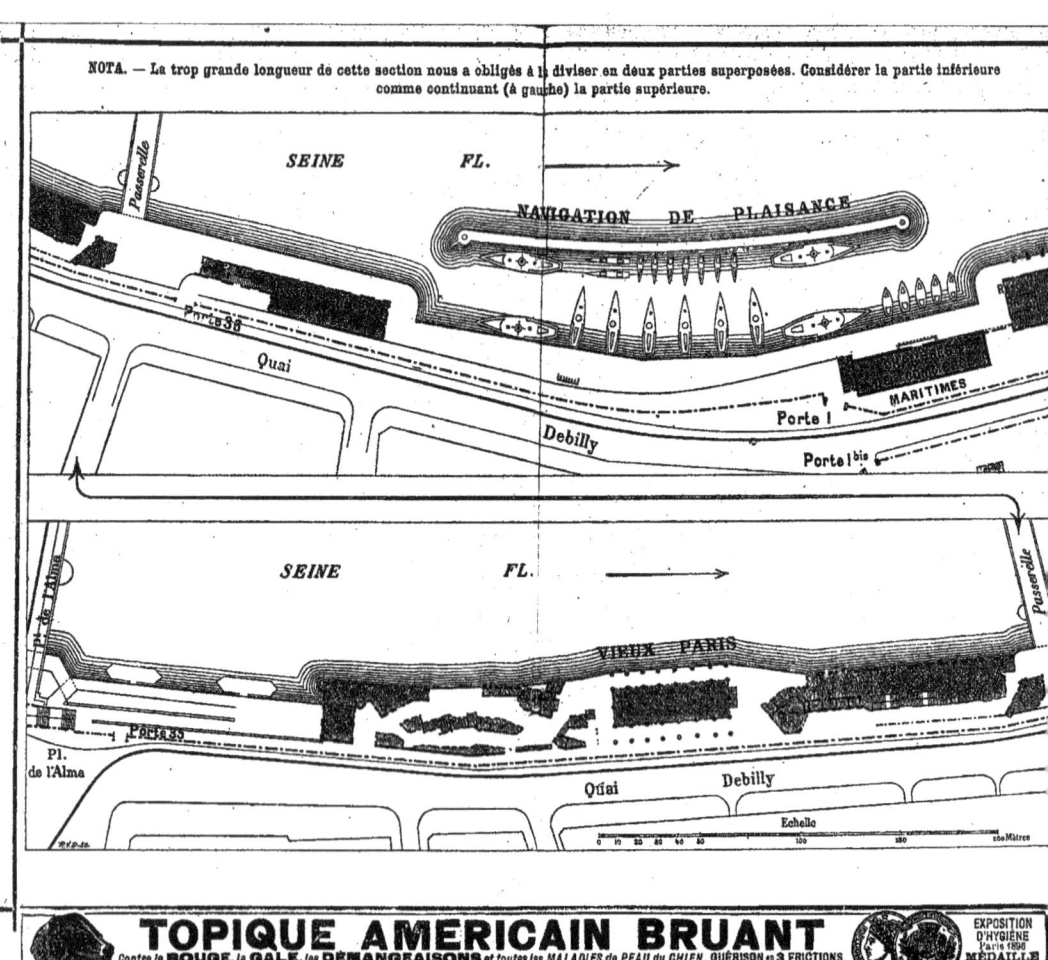

19ᵉ SECTION DU GUIDE
Quai Debilly.
Navigation de plaisance. — Vieux Paris.

Pureté du Teint
RENDUE ET CONSERVÉE PAR
LE LAIT ANTÉPHÉLIQUE OU LAIT CANDÈS

Durant le traitement, employer le Lait Candès à l'exclusion de tout autre cosmétique.

Cette préparation dont l'invention remonte à l'année 1849, doit ses propriétés cosmétiques à l'heureuse combinaison d'éléments empruntés à la matière médicale se tempérant par des proportions rigoureusement déterminées et dont l'action ne dépasse pas les couches artificielles de la peau.

Le *Lait Candès* s'emploie en lotions à dose bénigne ou à dose stimulante, suivant les altérations que l'on veut prévenir ou corriger.

1º DOSE BÉNIGNE

Employé à cette dose, c'est-à-dire mélangé avec plus ou moins d'eau (*Voir le mode d'emploi*), le *Lait antéphélique* ou *Lait Candès* est certainement la plus saine et la plus utile des eaux de toilette. Il entretient les pores libres; il dépure, tonifie et raffermit insensiblement les muscles de la face conjurant ainsi, retardant ou effaçant les rides ; il détruit les boutons sans les répercuter ; il dissipe le hâle, les rougeurs, les efflorescences farineuses et furfuracées, les rugosités et autres altérations de la surface du derme ; combiné avec un traitement interne il restitue le teint naturel aux visages couperosés ; il prévient généralement chez les adultes (rarement chez les adolescents) la reproduction des taches de rousseur, qu'il enlève à dose stimulante; il rend et conserve la peau du visage à la fois souple et ferme, unie et transparente.

2º DOSE STIMULANTE

Employé à cette dose, c'est-à-dire à l'état pur ou mêlé avec une égale quantité d'eau (suivant la délicatesse de l'épiderme), le *Lait antéphélique* ou *Lait Candès* détruit les *éphélides* et le *lentigo*, taches siégeant sous l'épiderme et nommées vulgairement *masques de grossesse*, taches de rousseur, son, lentilles, etc.

MODES D'EMPLOI SELON LES CAS

DOSE BÉNIGNE ET EAU DE TOILETTE

Agiter le flacon jusqu'à ce que le liquide ait pris une apparence laiteuse; verser dans une soucoupe la valeur d'une cuiller à café; y ajouter : 1º une à deux fois autant d'eau contre les rougeurs et le teint couperosé ; 2º deux à trois fois contre le hâle, les rides précoces, les boutons, les rugosités, gerçures, efflorescences farineuses ou furfuracées et autres altérations accidentelles ; 3º trois à à quatre fois, comme eau de toilette, pour entretenir la peau du visage ferme, claire et unie. Imbiber de ces mélanges un tout petit linge fin et humecter deux fois par jour le siège des affections. Comme eau de toilette, une lotion suffit, de préférence le matin, quelques minutes avant de se laver.

DOSE STIMULANTE CONTRE LE MASQUE ET LES TACHES DE ROUSSEUR.

Les deux premiers jours, ajouter au peu de *Lait* versé dans la soucoupe une quantité d'eau égale, dose qu'il faut continuer si les effets décrits plus bas commencent à se produire : sinon, dès le troisième jour, on emploie le *Lait* à l'état pur, et on humecte *sans frotter*, les taches une fois, deux fois, trois fois *au plus* dans la journée (selon la délicatesse de la peau), jusqu'à ce que l'épiderme qui les recouvre passant par deux phases prévues et sans gravité, — 1º cuisson plus ou moins vive ; 2º légère tumescence accompagnée d'un sentiment de tension, — ait pris une teinte cendrée et se dessèche. Ce résultat obtenu, on opère avec addition de trois quarts d'eau. L'épiderme s'exfolle, et la peau passagèrement rouge, apparaît (après dix à quinze jours de traitement) blanche et fraîche, délivrée des taches qui la ternissaient.

PURETÉ DU TEINT
Fl. 5 fr. en France.
Étranger port en sus.
Étendu d'eau le
LAIT ANTÉPHÉLIQUE
ou Lait Candès
Dépuratif, Tonique, Détersif, dissipe Hâle, Rougeurs, Rides précoces, Rugosités, Boutons, Efflorescences, etc., conserve la peau du visage claire et unie. — A l'état pur, il enlève, on le sait, Masque et Taches de rousseur.
Il date de 1849
CANDÈS, Paris.
Bᵈ Sᵗ Denis, 16.

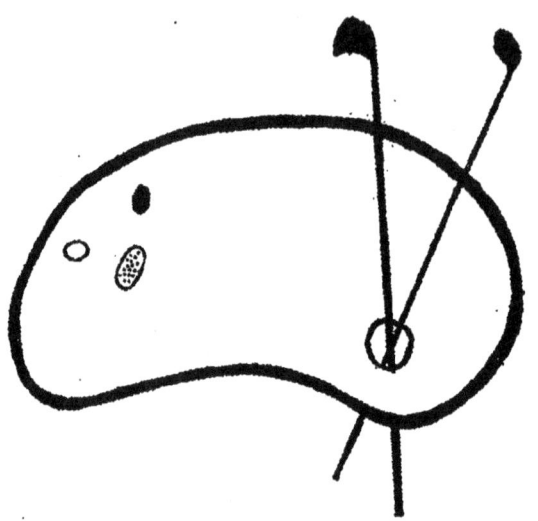

FIN D'UNE SERIE DE DOCUMENTS
EN COULEUR

IIIᵉ Section du Guide

Groupes XII et XV (SUITE)

Palais des Manufactures nationales
Palais de la Décoration et du Mobilier
Palais des Industries diverses

(REZ-DE-CHAUSSÉE DE DROITE DES PALAIS DE L'ESPLANADE DES INVALIDES)

Classe 72. — Céramique.

Puissances étrangères.

Portes d'entrée : Portes nº 24, angle du pont des Invalides et du quai d'Orsay ; — nº 25, rue Fabert ; — nº 26, au milieu de la façade, face à l'Hôtel des Invalides.

Stations de la plate-forme roulante : Rue Fabert, en face des rues Saint-Dominique et de l'Université. — Quai d'Orsay, au pont des Invalides.

Station du chemin de fer électrique : Près de la porte nº 25.

Restaurant : Restaurant viennois, près la station du chemin de fer électrique. Restaurant de la Vieille Auvergne.

Rez-de-chaussée de droite des palais de l'esplanade des Invalides

En entrant au rez-de-chaussée des palais de droite, par la porte située à l'angle du quai d'Orsay, le visiteur se trouve dans la classe 72.

Classe 72. — C'est le domaine de la **céramique**. Matières premières et matériel de la fabrication, biscuits de por-

SIMONS & CIE

MAISON FONDÉE EN 1868

Le Cateau (Nord) - Paris, 49, rue de Trévise

Marque de Fabrique déposée

Carreaux unis et incrustés

EN GRÈS CÉRAME

POUR

Carrelages et Revêtements

Mosaïque Romaine

EN GRÈS CÉRAME

RÉCOMPENSES INDUSTRIELLES

PHILADELPHIE 1876, Prix Unique;
PARIS 1878, Médaille d'Argent;
PARIS 1889, deux Médailles d'Or.

A l'occasion de l'Exposition de 1889, M. Paul SIMONS qui, il y a quarante ans, créa, en France, le premier Établissement pour la Fabrication des Carreaux céramiques, fut nommé Chevalier de la Légion d'Honneur.

EXPOSITION DE PARIS 1900 (Classe 72)

Céramique et Mosaïque artistiques en grès cérame du sol du Grand hall elliptique du Grand Palais des Champs-Élysées (Avenue d'Antin).

XIXᵉ Section du Guide

Groupe VI *(Suite)*

Navigation de Plaisance.
Le Vieux Paris.

Classe 33. — Matériel de la navigation de commerce *(Suite)*.

Portes d'entrée : Portes nº 1, quai Debilly, en face de la rue de Magdebourg ; — nº 35, place de l'Alma ; — nº 36, quai Debilly, en face de la rue de la Manutention.

Restaurant Duval : Près la porte nº 36.

USINES PÉTOLAT A DIJON

Chemins de fer portatifs à pose rapide
Nouveau système de VOIES PORTATIVES sans Éclisses ni Boulons

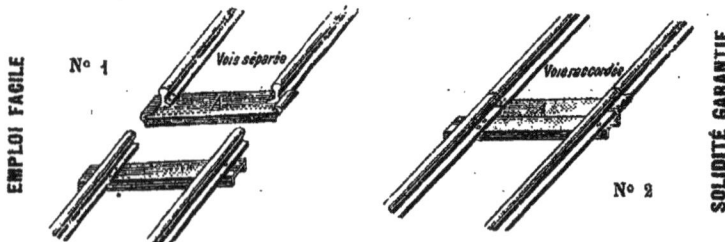

EMPLOI FACILE — SOLIDITÉ GARANTIE

WAGONS en FER et en BOIS
EN TOUS GENRES
Construction garantie

Nous construisons indifféremment tous les types de **Wagons** pour quelque usage que ce soit, d'après les indications de nos clients.

LE CATALOGUE GÉNÉRAL est envoyé *franco* sur demande.

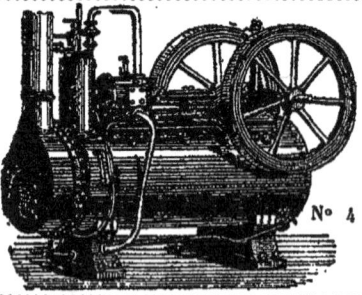

VENTE et LOCATION de Matériel NEUF et d'Occas'on

| LOCOMOTIVES
| LOCOMOBILES
| WAGONS
| RAILS
| POMPES A BRAS ET A VAPEUR

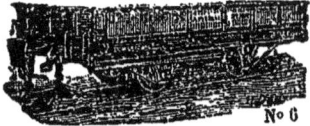

Spécialité de Plateformes, Wagons-Tombereaux et Fourgons
Pour Chemins de fer départementaux

La Maison PÉTOLAT a constamment, à Dijon, à la disposition des Entrepreneurs et Industriels, une quantité de **Matériel d'occasion** de toutes sortes, savoir : Locomotives, Locomobiles, Machines a vapeur fixes et demi-fixes, Chaudières de toutes dimensions, Bacs de toutes grandeurs, Transmissions, Poulies, Machines-Outils, Tours, Poinçonneuses, Cisailles, Scies circulaires, Scies a ruban, Raboteuses, Pompes a bras et a vapeur, Grues, Treuils, Wagons, Chariots, Tombereaux, etc., en un mot tout ce qui peut servir soit dans l'Industrie, soit dans l'Entreprise et le tout à des *conditions avantageuses*.

Maison Jules LALA **A Saint-Sulpice** Maison Jules LALA
4, rue de Sèvres PARIS 4, rue de Sèvres

SOIERIES

Grand dépôt des meilleures fabriques lyonnaises, voir la notice page 155.

Pavillon des Chambres de commerce maritimes

Le pavillon des Chambres de commerce maritimes est situé à cheval sur le quai Debilly et sur la berge de la Seine, à très peu de distance du pont d'Iéna. A une époque où notre commerce extérieur cherche et trouve des débouchés dans les pays les plus lointains, l'exposition des Chambres de commerce maritimes est tout particulièrement intéressante. Elle nous présente un historique complet de ce commerce dans nos grands ports, d'après lequel on se rend compte des progrès accomplis et d'une prospérité qui grandit lentement, mais sûrement.

Dix-sept Chambres de commerce ont répondu à l'appel des organisateurs de cette Exposition : Bordeaux, Bayonne, Boulogne, Calais, Caen, Cette, Dieppe, Dunkerque, Granville, Le Havre, Honfleur, Fécamp, Marseille, Rouen, Nantes, La Rochelle et Cherbourg. Toutes ces Chambres exposent des plans de leur installation maritime, des spécimens des produits compris dans le rayon de leur action commerciale, des états du trafic des ports. Une exposition particulière du Havre est à remarquer : on y voit une très grande variété d'échantillons servant à l'industrie et au commerce français. Voir aussi les beaux plans en relief des ports de Nantes, de Dunkerque, de Bayonne, etc. et de la Seine maritime ; les tableaux anciens et les vieilles gravures relatifs à l'histoire des ports du Havre et de Rouen ; le tableau de Tattegrain, dans l'exposition de Calais (débarquement des passagers du bateau de Douvres).

Navigation de plaisance

En sortant du pavillon des Chambres de commerce, le visiteur fera avec grand plaisir une halte devant les multiples et élégantes embarcations de plaisance, suite de l'exposition de la classe 33 : yachts et embarcations à vapeur ou à voile, embarcations à avirons, outriggers, skifs, etc., tableau très animé, très gai, avec ses multiples pavillons. Entre autres exposants, M. Tellier, architecte naval, présente quelques-unes de ses meilleures constructions : une embarcation à pétrole, en bois de cèdre, de la force de 8 chevaux ; une embarcation rapide, à pétrole, de 12 mètres de long sur $1^m,30$ de large, à triple portée, en bois de cèdre (force 14 chevaux) ; vitesse moyenne 24 kilomètres, etc.

On verra également avec intérêt tout ce qui concerne la navigation sous-marine. Là aussi figure le matériel pour le sauvetage des navires et des personnes : bateaux, porte-amarres, lignes, va-et-vient, ceintures et gilets de sauvetage, etc.

Nous entrons ensuite dans le Vieux Paris.

Le Vieux Paris

Vue prise avec jumelle MACKENSTEIN, 15, rue des Carmes, Paris

C'est sur les bords de la Seine, au quai Debilly, près de la place de l'Alma, que s'élève le **Vieux Paris**, halte indiquée entre le Cours-la-Reine et le Trocadéro. Le maître imagier Robida a fait revivre, pour la plus grande joie des archéologues et des lettrés, la vieille et glorieuse cité qui devait faire l'admiration du monde, et il a groupé, dans un ensemble harmonieux, toutes les pittoresques constructions, abolies par le temps, et qui font partie de notre histoire parisienne, si féconde en événements de toute sorte. Monuments restitués, hôtels aristocratiques, coins d'édifices fameux, logis bourgeois, boutiques et tavernes, tout le Paris du moyen-âge, que nos dramaturges exhumèrent avec tant de succès sur nos scènes, revit avec une vérité de couleur qui déconcerte et ravit les plus indifférents.

Notre époque a les yeux fixés sur l'avenir, mais c'est plus qu'un délassement pour elle de se tourner vers le passé, c'est un besoin de l'esprit, admirablement servi par les créateurs érudits de cette ville des ancêtres, ressuscitée par leur baguette magique.

A travers les merveilles modernes, entre les palais du Cours-la-Reine et les pavillons exotiques du Trocadéro, nous nous réfugions quelques heures dans la vie de nos pères et ce n'est pas une joie banale que celle de pénétrer dans la cité ancestrale qui mire dans la Seine ses vieux murs, ses tours et ses clochers.

Trois quartiers principaux, sillonnés de rues et coupés de places diverses, avec une profusion d'attractions du temps, constituent ce *Vieux Paris* où des journées s'écouleront aussi rapides que bien remplies. C'est avec un charme infini qu'on lira cet abrégé des siècles passés et que l'on s'attardera dans l'histoire vivante que ce magnifique décor fera palpiter devant nous.

Le *Vieux Paris* est divisé en trois groupes : le quartier Moyen-âge, qui s'étend de la porte Saint-Michel (face au pont de l'Alma) jusqu'à l'église des Ménétriers (vi[e] siècle); le quartier des Halles, qui occupe le centre des constructions (xviiie siècle); le groupe formé par le Châtelet et le Pont-au-Change, la rue de la Foire-Saint-Laurent (xviiie siècle) et le Palais (Renaissance).

Sur une façade de 260 mètres, nous voyons tout ce qui mérite d'être conservé par la mémoire des yeux, tous les cadres pittoresques de la vie d'autrefois : tavernes escholières, boutiques des métiers des rues du moyen-âge, installations élégantes et confortables des siècles suivants, auberges exploitées dans les divers styles et sous les divers costumes des époques choisies, spectacles et concerts.

Restaurants du Vieux Paris

Les stations seront longues à l'*Auberge des Nations*, au *Cabaret des Halles* et au *Restaurant du Pré-aux-Clercs*, construits pour la *Compagnie internationale des Grands Hôtels* qui, elle aussi, a rivalisé d'érudition et de goût archéologique pour ne rien faire perdre à ce superbe ensemble de ses qualités originales et artistiques. Les motifs architecturaux sont empruntés à l'ancien Palais, à la Sainte-Chapelle, à l'Archevêché, etc. Les terrasses de ces auberges, laissons-leur l'antique dénomination, ont la Seine pour splendide panorama, à droite et à gauche, la grande ville moderne avec ses magnifiques horizons, les palais qui se succèdent depuis la porte monumentale, les jardins du Trocadéro, et, en face, le Palais des Armées de terre et de mer et cette splendide rue des Nations où l'architecture universelle a donné un libre cours à son génie.

La *Compagnie internationale des Grands Hôtels*, qui abrite tous les voyageurs de marque au Caire, à Constantinople, à Lisbonne, à Nice, à Monte-Carlo, à Ostende, à Ardenne, à Brindisi, partout enfin où se complaît la haute société cosmopolite, règne également en souveraine à l'Elysée-Palace, aux Champs-Elysées, quartier-général indiqué de l'élite des visiteurs étrangers à l'Exposition : elle est donc toute voisine des trois remarquables créations dont elle a embelli le *Vieux Paris* et où elle continuera ses anciennes traditions de luxe, de confort et de parfaite hospitalité.

L'*Auberge des Nations* a tenu à se rajeunir; c'est un désir qu'elle partage avec bien des mortels. La *Bodinière*, oui, notre extra-moderne Bodinière, a pris possession de la salle des fêtes de la charmante hôtellerie, et c'est là qu'ont lieu deux représentations quotidiennes où des conférenciers et des artistes d'élite se succèderont, répandant à flots l'esprit et la gaîté de France.

TARIF DES VOITURES DE PLACE

	INTÉRIEUR DE PARIS		BOIS de BOULOGNE et de VINCENNES	COMMUNES contiguës à PARIS (1)
1° LA COURSE	de 6 h. m. en été, de 7 h. m. en hiver à minuit 30.	de minuit 30 à 6 h. m. en été, à 7 h. m. en hiver	de 6 h. matin à minuit en été, à 10 h. soir en hiver	
Voitures à *deux* places.................	1 50	2 25	»	»
Voitures à *quatre* places...............	2 »	2 50	»	»
Landaus à *quatre* places et voiture à *six* places.......................	2 50	3 »	»	»
2° L'HEURE				
Voitures à *deux* places.................	2 »	2 50	2 50	2 50
Voitures à *quatre* places...............	2 50	2 75	2 75	2 75
Indemnité de retour, quand les voyageurs quitteront la voiture hors des fortifications..	»	»	1 »	1 »
Landaus à *quatre* places et voitures à *six* places.......................	3 »	3 50	3 »	3 50
Indemnité de retour, quand les voyageurs quitteront les voitures à *six* places ou les landaus hors des fortifications...........	»	»	2 »	2 »

Voitures prises en dehors des fortifications à destination de Paris :

A deux places..		L'heure	2 »
A quatre places...		—	2 75
Landaus et voitures à six places { Dans les bois de Boulogne et de Vincennes........		—	3 »
Dans les communes contiguës (1)...............		—	3 50

BAGAGES

1 colis, 0 fr. 25 c. ; — 2 colis, 0 fr. 50 c. ; — 3 colis et au-dessus, 0 fr. 75 c.

Tous les colis que le voyageur fait placer sur l'impériale des voitures ou le siège des cochers, quels que soient leur nature ou leur volume, sont assujettis à la taxe fixée ci-dessus.

Les cochers sont tenus d'en effectuer le chargement et le déchargement.

Ne sont pas regardés comme colis, et doivent dès lors être transportés gratuitement, les cartons, sacs de voyage, valises, parapluies, cannes, épées, et généralement tous les objets que les voyageurs peuvent porter à la main ou tenir dans l'intérieur de la voiture, sans la détériorer.

Interprétation du § 12 ci-dessus de l'arrêté de M. le Préfet de la Seine :

Par sa lettre du 6 mars 1863, M. le Préfet de police fait connaître ce qui suit :

« Il sera bien entendu, à l'avenir, que tous les objets désignés dans le dernier alinéa du § 12, et placés dans l'intérieur des voitures, devront être transportés gratuitement, et qu'*au contraire*, les malles en bois, les lourdes caisses, les meubles et objets divers en fer ou autre métal, et que le voyageur ne pourra porter à la main, seront soumis à la taxe, *bien qu'ils puissent être placés à l'intérieur des voitures.* »

(1) Arcueil, Aubervilliers, Bagneux, Bagnolet, Boulogne, Charenton, Clichy, Gentilly, Issy, Ivry, Les Lilas, Les Prés-St-Gervais, Levallois-Perret, Malakoff, Montreuil, Montrouge, Neuilly, Pantin, Romainville, St-Denis, St-Mandé, St-Maurice, St-Ouen, Vanves, Villejuif, Vincennes.

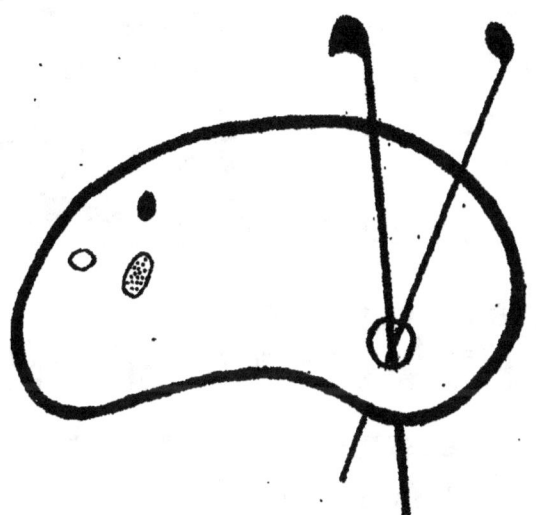

DEBUT D'UNE SERIE DE DOCUMENTS
EN COULEUR

20ᵉ SECTION DU GUIDE
Cours-la-Reine.
Économie sociale. — Horticulture. — Ville de Paris.

MOREAUX FILS CHARLEVILLE

THUIN — Belgique
4 heures de Paris

CASINO ouvert toute l'année

CERCLE PRIVÉ D'ÉTRANGERS

Pour admission, écrire au Secrétariat

HYGIÈNE FÉMININE

Salicophène

Demander Brochure explicative adressée franco

Pharmacie GUYOT, à Chalon-sur-Saône.

NOTA. — La trop grande longueur de cette section nous a obligés à la diviser en deux parties superposées. Considérer la partie inférieure comme continuant (à gauche) la partie supérieure.

20ᵉ SECTION DU GUIDE
Cours-la-Reine.
Économie sociale. — Horticulture. — Ville de Paris.

Hydrothérapie chez Soi
APPAREILS A PRESSION D'AIR
Chauffe-bains instantané (au gaz et au pétrole) " LE DAUPHIN "

Appareils pour bains et douches de vapeur

WALTER-LECUYER
138, Rue Montmartre, à PARIS

Désinfection des Locaux Habités   TÉLÉPHONE 251.86
CHAMBRES D'HOTELS, DE MALADES, WAGONS, ETC.

Préservation
DES
Maladies Contagieuses

EN BRÛLANT DU **PAPIER D'ARMÉNIE**

En vente partout.
Dépôt: 26, rue St-Claude, Paris.   QUI PARFUME EN PURIFIANT

Exiger le VÉRITABLE PAPIER D'ARMÉNIE A. PONSOT

SPÉCIALITÉ DE CHAUFFAGE DE SERRES

CHAUDIÈRES
EN FONTE OU CUIVRE

*A retour de flammes facilement démontables,
sans maçonnerie.*

T. CLINARD, à Saint-Denis (Seine)

Société Suisse d'Assurances Générales
SUR LA VIE HUMAINE
DE ZURICH

SOCIÉTÉ MUTUELLE FONDÉE EN 1857

Assurances en cours 150 *millions*, Actif: 52 *millions*, Passif: 45 *millions*
Réserve de bénéfices: 7 *millions*
ASSURANCES SUR LA VIE ET RENTES VIAGÈRES

DEMANDER LES NOTICES OU TARIFS A L'EXPOSITION, GROUPE XVI
ou à la Direction pour la France: 97, rue Saint-Lazare

A. SANGLIER   NUMÉROTEURS — PERFORATEURS
GRAVURE EN TOUS GENRES
GRAVEUR-MÉCANICIEN   Exposition: Classe 92.
Ateliers: 70, rue d'Angoulême. — Maison de Vente: 23, rue Vivienne.

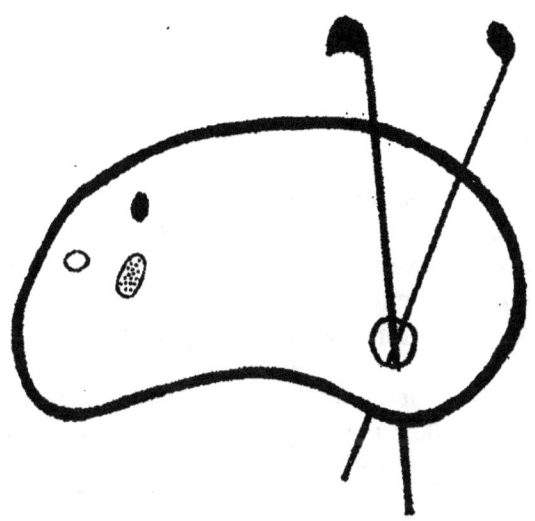

FIN D'UNE SERIE DE DOCUMENTS
EN COULEUR

XXe Section du Guide

Groupes VIII et XVI

Horticulture et Arboriculture
Économie sociale
Pavillon de la Ville de Paris
Attractions
Palais de la danse, Maison du Rire

Classe 43. — Matériel et procédés de l'horticulture et de l'arboriculture.
— **44.** — Plantes potagères.
— **45.** — Arbres fruitiers et fruits.
— **46.** — Arbres, arbustes, plantes et fleurs d'ornement.
— **47.** — Plantes de serre.
— **48.** — Graines, semences et plants de l'horticulture et des pépinières.
— **101.** — Apprentissage, protection de l'enfance.
— **102.** — Rémunération du travail, participation aux bénéfices.
— **103.** — Grande et petite industrie ; Associations coopératives, syndicats professionnels.
— **104.** — Grande et petite culture, syndicats agricoles, crédit agricole.
— **105.** — Sécurité des ateliers, réglementation du travail.
— **106.** — Habitations ouvrières.
— **107.** — Sociétés coopératives de consommation.
— **108.** — Institutions pour le développement intellectuel et moral des ouvriers.
— **109.** — Institutions de prévoyance.
— **110.** — Initiative publique ou privée en vue du bien-être des citoyens.

Portes d'entrée : Portes n° 33, au pont des Invalides ; — n° 34, au pont de l'Alma.

Restaurants : Près de la porte n° 34 (restaurant des Congrès) ; — entre le Palais de l'Horticulture et le Pavillon de la Chanson.

Pour les Familles
(LA SANTÉ PRATIQUE)

Il faut recommander à toute personne intelligente la lecture des ouvrages médicaux du Dr MONIN, vulgarisation attrayante pour les gens du monde et d'une énorme utilité pratique journalière.

Les Arthritiques. — La Santé de la femme. — L'Hygiène de la beauté. — Les maladies de la Peau. — Les Remèdes qui guérissent. — La Santé par l'Exercice. — L'Hygiène de l'Estomac. — Les Troubles digestifs. — L'Hygiène des riches. — Formulaire pratique :

tels sont les titres des principaux manuels du Dr MONIN, en vente chez tous les libraires.

N. B. — Pour renseignements et consultations, s'adresser directement au Dr MONIN, spécialiste pour l'estomac et la nutrition, chevalier de la Légion d'honneur, officier de l'Instruction publique, 7, rue Royale, **Paris** (de 1 heure à 3 heures).

Frédéric BROSSY

GRAINES & PLANTES

6, Quai de la Guillotière   LYON

GRANDE DISTILLERIE D'EAU-DE-VIE DE MARC
A FEU NU   Fondée en 1852
(Brevetée S. G. D. G.)

Médailles or et argent aux Expositions universelles :
Paris 1889. — Anvers 1894. — Bruxelles 1897.
Exposition Nationale et Coloniale, Rouen 1896 : Hors Concours, Membre du Jury
EXPOSITION UNIVERSELLE 1900, MEMBRE DU JURY (HORS CONCOURS)

A. THOMACHOT, distillateur
A PRISSÉ-LÈS-MACON (Saône-et-Loire)

Le palais de l'économie sociale et des congrès

Les blanches façades du palais de l'économie sociale et des congrès ont un aspect sévère qui ne manque pas de grandeur. Les architectes, MM. Mewès et Bliault se sont inspirés de l'époque de Louis XVI. La décoration est sobre et du meilleur goût, bien en rapport avec la destination de l'édifice. De larges baies font entrer dans les salles des expositions et des congrès des flots de lumière, qui permettent aux personnes, de plus en plus nombreuses, qui s'intéressent aux questions de l'économie sociale, d'examiner en détail les inscriptions murales, les tableaux graphiques, les cartogrammes et les documents de toute nature qui sont réunis dans le groupe XVI.

L'édifice forme un rectangle de 100 mètres de long sur 25 mètres de large. Deux escaliers d'honneur conduisent au premier étage. Le rez-de-chaussée est consacré à l'exposition d'Economie sociale; au premier étage se trouvent les salles des Congrès.

Les somptueux palais que nous avons parcourus avant d'arriver à celui de l'économie sociale et des congrès nous ont montré, dans leurs merveilleuses variétés, les trésors des lettres, des arts, des sciences, de l'industrie et de l'agriculture. Il semble qu'ici on doive s'arrêter et se recueillir, et, après avoir vu l'œuvre, penser à l'ouvrier. Toutes les institutions qui ont pour but d'améliorer les conditions matérielles du travail et la rémunération des ouvriers et des employés; les multiples organisations de prévoyance créées en vue de la maladie et de la vieillesse; les nombreuses initiatives, souvent si ingénieuses, qui tendent à développer le bien-être des travailleurs de tous ordres, à élever ceux-ci moralement et intellectuellement, sont représentées et expliquées au moyen de tableaux muraux et de documents placés sur des tablettes et dans des vitrines.

L'entrée principale est sur le Cours-la-Reine. C'est par ce côté que nous pénétrerons dans le palais pour visiter d'abord, dans la partie de gauche, les expositions françaises; ensuite, dans l'autre partie, les expositions étrangères. Nous rencontrons les classes dans l'ordre suivant : classes 109, 104, 105, 107, 103, 102, 108, 110, 101 et 106.

Classe 109. — La classe 109 : **institutions de prévoyance** est la plus étendue. A elle seule, elle occupe le tiers de l'emplacement de la partie française du groupe. Elle comprend près de six cents exposants. Ses dévoués organisateurs ont dû faire des prodiges pour placer, dans un espace relativement restreint, toutes ces œuvres intéressantes : caisses d'épargne, sociétés de secours mutuels, caisses de retraites, assurances sur la vie, etc. Nous voyons toutes les variétés de la mutualité; les remarquables institutions patronales de nos grandes maisons, créées par la seule initiative privée, sans aucune intervention de l'Etat : Baccarat, le Creusot, Anzin, Saint-Gobain, etc.; les puissantes caisses de retraites des Compagnies de chemins de fer, etc.

Classe 104. — La classe 104 a pour objet **la grande et la petite culture; les syndicats agricoles; le crédit agricole.** Son programme est des plus importants : la division de la propriété et de l'exploitation du sol; la condition du personnel de la grande culture, de la moyenne et de la petite culture; les causes, les conditions et les effets de l'émigration des campagnes dans les villes et à l'étranger; les services rendus par les syndicats, dont l'action a été très féconde dans l'agriculture, notamment en ce qui concerne l'achat des instruments de culture, des animaux, la vente des produits; enfin les différentes formes du crédit agricole dont s'occupent aujourd'hui tant d'esprits éclairés.

Classe 105. — **Sécurité des ateliers; réglementation du travail.** Risques inhérents aux différentes professions; responsabilités; assurances. Le visiteur examinera avec intérêt les multiples et ingénieuses dispositions qui ont pour but de prévenir les accidents du travail. Il pourra étudier aussi la législation sur la durée du travail; l'organisation de l'inspection du travail dans les manufactures et dans les ateliers.

Classe 107. — **Sociétés coopératives de consommation.** Ici on est à même de se faire une idée complète de l'objet et de la forme des différentes associations coopératives de consommations; de leurs développements; des dispositions diverses concernant les achats, les ventes, la répartition des bénéfices, etc.

Classe 103. — La classe 103 : **grande et petite industrie; associations coopératives de production et de crédit, syndicats professionnels**, mérite une étude toute particulière, en raison des graves questions de son programme : statistiques et documents relatifs à la concentration de l'industrie dans de grands établissements; petits ateliers; industries domestiques. Résultats comparés au point de vue matériel et au point de vue moral. Nous y suivons le développement, en France, des associations ouvrières de production; l'action de la chambre consultative de ces associations; nous nous rendrons compte des variétés d'associations coopératives de crédit et de banques populaires; enfin nous observerons le mouvement des syndicats : syndicats de patrons, syndicats d'ouvriers, syndicats mixtes; leurs rapports, la législation qui les régit, les arbitrages qui peuvent prévenir les grèves ou les rendre moins funestes.

Classe 102. — **Rémunération du travail, participation aux bénéfices.** Dans cette classe, d'importantes Maisons (Le Creusot, Firminy, etc.) exposent les différentes formes de salaire : travail à la journée, travail aux pièces, primes, sursalaires, etc., qu'elles ont appliquées. L'Office du travail présente les volumes et les albums de sa grande enquête de 1891-1893 sur les salaires (publiée en 1897) avec des cartes et des graphiques représentant le mouvement des salaires et du coût de la vie. Parmi les établissements qui appliquent le système de la participation du personnel dans les bénéfices de l'entreprise, nous remarquons la Maison Leclaire (entreprise de peinture en bâtiments), la Papeterie Laroche-Joubert, la Société du Familistère de Guise, etc. Un panneau entier est occupé par les Compagnies d'assurances, qui pratiquent ce régime d'une manière très large.

Classe 108. — Cette classe présente les **institutions pour le développement intellectuel et moral des ouvriers** : conférences, bibliothèques, musées, cercles d'ouvriers, sociétés de musique, de sport, etc.

Classe 110. — **Initiative publique ou privée en vue du bien-être des citoyens.** Réglementation du travail et des salaires; taxe du pain, de la viande; offices du travail; musées d'économie sociale; bureaux de placement, etc.

Classe 101. — La classe 101 concerne **l'apprentissage et la protection de l'enfance ouvrière.** On peut y étudier les divers régimes et les diverses méthodes de l'apprentissage dans l'atelier, avec leurs résultats (petits ateliers et écoles professionnelles dans de grands établissements : Chemins de fer de l'Est, de l'État, Cristallerie de Baccarat, Imprimerie Chaix, etc.); de l'enseignement professionnel dans les écoles (Écoles des Frères de Saint-Nicolas et autres), dans les orphelinats, dans les ouvroirs; les mesures législatives et d'initiative privée concernant la protection de l'enfance; l'action des sociétés de patronage (Société de Protection des Apprentis, Société des Amis de l'Enfance, etc.)

Classe 106. — Les **habitations ouvrières** occupent une place dominante dans les préoccupations relatives à l'amélioration du sort de la classe ouvrière. On examinera avec intérêt les plans d'habitations salubres et à bon marché : maisons individuelles; maisons collectives; les modes d'acquisition par amortissements successifs; les résultats matériels et moraux. La classe 106 expose des spécimens d'habitations ouvrières dans une annexe de l'Exposition de Vincennes.

Après avoir parcouru ces dix classes, le visiteur examinera avec un égal intérêt les remarquables institutions de même nature qui sont exposées dans les salles des puissances étrangères. En sortant de la classe 106, on les rencontre dans l'ordre suivant : **Belgique, Autriche, Suède, Pays-Bas, Etats-Unis, Allemagne, Suisse, Russie, Italie, Portugal, Japon, Hongrie, Grande-Bretagne.**

Exposition contemporaine synthétique et exposition centennale de l'économie sociale. — Inventaire social du siècle. — Dans le vestibule de l'entrée et dans celui du grand escalier, on a organisé, d'abord, une *exposition contemporaine cartographique*, donnant la synthèse des expositions de classes. Elle comprend quinze cartes de France diversement teintées suivant le développement, dans chaque région, du phénomène social figuré : comparaison des salaires, syndicats, épargne, mutualité, retraites. Ensuite une *exposition centennale* montrant, au moyen de diagrammes, la marche des mêmes phénomènes pendant la durée du siècle : les patronages, le mouvement des salaires, l'évolution du coût de la vie, le développement progressif des syndicats, la marche de l'épargne, de la mutualité, de la retraite, des assurances.

On monte au premier étage par les deux escaliers monumentaux, d'un effet réellement grandiose. Ils conduisent à une admirable galerie longue de cent mètres, éclairée par de larges et hautes baies, d'où l'on jouit d'une vue unique sur le panorama des bords de la Seine, et particulièrement sur les palais et les pavillons des puissances étrangères. Chacune des classes de l'Economie sociale a exposé ici ses institutions les plus remarquables. A signaler particulièrement les beaux panneaux du Musée social, des Chambres syndicales patronales de l'Industrie et du bâtiment, de la Caisse d'épargne de Paris, de la Caisse nationale des retraites, des maisons Leclaire, Laroche-Joubert, Godin, etc., etc. Le long de la galerie s'ouvrent de spacieuses salles où se tiendront, pendant la durée de l'Exposition, cent vingt-sept congrès.

La Rue de Paris

C'est l'endroit le plus animé de l'Exposition et aussi le plus bruyant. Elle s'étend depuis le sévère palais de l'Économie sociale jusqu'au pavillon de la Ville de Paris. Nous énumérons ci-après les principales attractions qu'on y rencontre. C'est le soir surtout que le public y est attiré par la musique, les parades, l'illumination des arbres, etc.

Le palais de la Danse

Matinée et Soirée. — Grand Ballet International nouveau, en 8 tableaux, d'Adolphe Thalasso, musique de Léo Pouget. — Toutes les danses de tous les pays

Le palais de la Danse est le seul théâtre véritable placé dans l'enceinte de l'Exposition ; il est situé dans la rue de Paris (cours la Reine).

Pendant toute la durée de l'Exposition, les spectateurs du **palais de la Danse** applaudiront à tour de rôle les artistes les plus célèbres dans le monde entier, un corps de ballet spécialement recruté dans toutes les cap'tales, des troupes exotiques qu'il sera seul à montrer. Aussi cette attraction sera un des grands succès de l'Exposition. Ce sera le théâtre des étrangers qui ne comprennent pas notre langue; des provinciaux que le spectacle des ballets séduit toujours plus que les fantaisies particulières de la vie du boulevard, des artistes, des Parisiens.

Les spectacles de ce théâtre ne sont pas formés de numéros distincts, mais sont arrangés en divertissements comprenant une action. La reconstitution des danses antiques, modernes, provinciales, exotiques, est également comprise dans le programme du **palais de la Danse**. Avec un soin scrupuleux d'exécution et de mise en scène, l'art de la danse est représenté ainsi, sous toutes ses formes. La direction chorégraphique en a du reste été confiée à Mme Mariquita. M. F. Desgranges a la charge de la partie musicale.

Palais de l'horticulture

Le palais de l'horticulture, dont l'architecte est M. Ch. Gautier est composé de deux splendides serres symétriques séparées par un vaste terre-plein formant un jardin à la française. Avec sa parure de grands végétaux des tropiques, ses immenses éventails de treillages, sur lesquels des lianes exotiques s'enlacent pour retomber gracieusement en festons, ce palais de verre, qui miroite au soleil, complète de la façon la plus heureuse la décoration féerique des deux rives de la Seine. La serre de droite contient les expositions de la section française ; celle de gauche a été réservée aux sections étrangères.

Du joli jardin à la française, on descend jusqu'au fleuve par un large escalier. Les berges, entre le pont des Invalides et le pont de l'Alma, partie qu'on appelle *Bassin des Fêtes*, sont décorées de parapets sur lesquels reposent des vases uniformes garnis de plantes qui forment de véritables gerbes de fleurs. Le long de ces parapets poussent les végétaux grimpants les plus florifères. C'est une véritable balustrade fleurie.

Les deux serres contiennent les fleurs des concours temporaires, qui, par suite, se renouvelleront fréquemment et présenteront sans cesse l'aspect le plus frais. A chaque extrémité une serre chaude circulaire ayant les expositions les plus luxuriantes. Remarquer particulièrement dans un bassin spécial de la serre chaude de droite la belle plante des Indes " Victoria regia ".

Au fond du jardin à la française, une grande exposition de graines, de plantes de parcs et jardins, d'outils de jardinage, etc.

On voit quel superbe concours les fleurs, les arbustes et les arbres apportent à l'ornementation et au coloris de l'Exposition. Le groupe VIII (horticulture et arboriculture) est réparti dans tous les quartiers de l'Exposition : au quai de la Conférence et sur le Cours-la-Reine, où sont centralisés les différents concours de plantes de serre, de plantes de pleine terre, d'arbrisseaux et d'arbustes ; — dans l'avenue Nicolas II, où la verdure et les fleurs encadrent si gracieusement les palais ; — sur les berges de la Seine (rive droite et rive gauche), surélevées à cet effet, où se trouvent les collections d'arbres fruitiers ; — sur l'esplanade des Invalides, réservée aux plus belles collections de roses ; — au Champ-de-Mars, qui présente 650 espèces ou variétés d'arbres, d'arbustes et d'arbrisseaux ; — au Trocadéro, domaine colonial, où se trouvent les végétaux des pays lointains ; — enfin, dans le palais de l'horticulture que nous venons de voir.

Il est donc juste de rendre ici hommage au service des parcs et jardins ayant à sa tête : M. Bouvard, directeur ; M. Vacherot, jardinier en chef : MM. Luquet et Guernier, jardiniers principaux.

La Maison du Rire

Entrée de la MAISON DU RIRE.

Il n'est personne qui ne connaisse *le Rire*, dont les dessins satiriques ont un si grand retentissement et qui, par sa forme originale et nouvelle, n'a pas tardé à se placer au premier rang des journaux humoristiques du monde entier. *Le Rire* se devait donc à lui-même, et devait à ses lecteurs, d'être dignement représenté à l'Exposition de 1900.

La MAISON DU RIRE, située dans la rue de Paris, est le domaine du rire et de l'humour, l'exposition de la gaîté à travers le siècle sous toutes ses formes. En dehors de ses deux salles de spectacle où sont interprétés par des artistes de premier ordre, les chefs-d'œuvre du Rire, chansons, revues, monologues, marionnettes, guignols, pièces d'ombres, etc., elle comprend une salle d'exposition où l'on peut voir les œuvres originales des plus grands caricaturistes français et étrangers, des statuettes humoristiques, bibelots de toutes sortes anciens et modernes, tous du domaine de la fantaisie et du Rire, sans oublier nombre de surprises amusantes et inattendues.

L'entrée dans la MAISON DU RIRE est des plus modiques: 50 centimes; le prix des places variera suivant la nature et la durée des spectacles, de 1 à 4 francs.

Représentations continuelles de 1 heure de l'après-midi à 11 heures du soir.

Aquarium de Paris. — Ce remarquable établissement, le plus vaste aquarium du monde, entièrement à l'eau de mer, est situé entre les deux serres du palais de l'horticulture. Éclairé à l'électricité, il présente des tableaux réellement féeriques : poissons vivants, monstres marins, mer de corail, banquise, volcan sous-marin, navires sombrés, scaphandriers, plongeurs, pêcheurs d'éponges et de perles.

Parallèlement aux palais et pavillons de l'économie sociale, de l'horticulture, etc., s'élèvent, le long du Cours-la-Reine, un certain nombre de constructions originales qui offrent aux visiteurs des attractions diverses.

Nous les signalons dans l'ordre où elles se présentent lorsqu'on vient de la place de l'Alma :

Tour du merveilleux ou manoir à l'envers (avec un bar).

Théâtre de la Loïe Fuller. — Danses lumineuses.

Théâtre des auteurs gais. — De 2 h. à minuit. — Parades. — Comédies. — Farces. — Attractions diverses. — Femmes Boërs dans leurs chants nationaux, etc. — Ce petit théâtre répond amplement à son titre. Avec sa baraque foraine, son paradis, ses spectacles joyeux, — ils durent environ une demi-heure, — il est assuré d'un succès d'autant plus durable que les auteurs sont Pierre Wolf, Courteline et Maurice Donnay.

Le **théâtre des Bonshommes Guillaume** donne, à l'aide de marionnettes d'un réalisme imprévu, des scènes mondaines, des revues, des scènes rustiques qui auront du succès. L'artiste qui lui a donné son nom a créé une œuvre très ingénieuse où sa verve fantaisiste s'est donné un libre essor. A l'entrée, un bar.

Le Grand Guignol de l'Exposition. — Le biographe américain ; scènes de la guerre au Transvaal, etc. ; fanfare des dames Viennoises. — Les chansonniers de Montmartre, etc. ; 1 fr. en matinée ; 2 fr. en soirée. — Au sous-sol de gauche : Dickson, magie, fantasmagorie. — Au sous-sol de droite : le théâtrophone, auditions des théâtres de l'Opéra et de l'Opéra-Comique.

La **Roulotte** a émigré de Montmartre. Elle est dirigée par MM. Lartigue et Charton. Matinée de 1 heure à 6 heures ; toutes les heures spectacle pour les familles. — Tous les soirs deux représentations à 8 h. 1/2 et 10 h. — En matinée : illusion, magie, apparitions cinématographiques, danses lumineuses, chansons animées. — Le soir : comédies, fantaisies, revues. — Les chansonniers de Montmartre dans leur répertoire. — Matinée : 1 fr., 2 fr. et 3 fr. — Soirée : 2 fr., 3 fr. et 5 francs.

Le Jardin de la Chanson. — Audition des œuvres des maîtres chansonniers Désaugiers, Béranger, Pierre Dupont, Darcier, Nadaud, etc.; de 3 h. à 6 h. 1/2 et de 8 h. 1/2 à 11 h. 1/2. — Prix d'entrée : 1 fr. et 2 fr. — On peut consommer et fumer à toutes les places.

Les **Tableaux vivants**, spécialité de ce théâtre, sont réglés par Melchior Bonnefois, et accompagnés de poèmes d'Armand Silvestre, récités par des élèves du Conservatoire. Les sujets ne sont pas tous profanes. On donne le *Paradis perdu* et le *Chemin de la Croix*, alternant avec les *Poèmes d'amour*. L'orchestre, invisible comme celui de Bayreuth, est composé d'exécutants de premier ordre.

Le **Phono-Cinéma-Théâtre** présente au public, sur un grand écran et dans une salle obscure, des tableaux et scènes animés, avec leurs couleurs naturelles. Ces scènes sont synchronisées avec le phonographe et produisent un effet réaliste très saisissant. Le Phono-Cinéma-Théâtre est un système original de projections artistiques de la plus ingénieuse variété.

Théâtroscope. — Projections phonochromatiques animées; illusion complète de la vie. — Changement fréquent de programme.

Le pavillon de la Ville de Paris

Le pavillon de la Ville de Paris occupe sur le Cours-la-Reine une place en vedette à proximité de la passerelle du pont des Invalides. Sa façade principale se développe parallèlement à la Seine sur une longueur de 100 mètres, avec un avant-corps de 53 mètres sur 8 mètres. Malgré la sobriété de ses lignes, l'édifice a réellement grand air. Ce côté de la Seine, avec l'élégante sévérité du palais de l'économie sociale et du pavillon de la Ville de Paris, avec la grâce incomparable du palais de

l'horticulture, avec ses merveilleux festonnages de fleurs, forme un digne pendant de l'admirable rive opposée.

On remarque dans tout le développement des façades du pavillon de la Ville des médaillons aux armes de la Ville depuis l'an 1200 et, à hauteur de la corniche, une frise courante aux armes des corporations et des communautés. Sur les avant-corps de la façade principale regardant la Seine et des façaces latérales, six grands motifs des armes de la Ville de Paris viennent se silhouetter sur des toits agrémentés de galeries ajourées, avec épis et girouettes de l'époque de la Renaissance.

La surface du rez-de-chaussée est d'environ 3.200 mètres; celle des galeries et salons du premier étage d'environ 1.700 mètres.

Au rez-de-chaussée, un large et spacieux péristyle précède un vestibule où des escaliers conduisent aux salons de la municipalité, aux galeries contenant les beaux-arts, les musées municipaux, Carnavalet et le service des travaux de la bibliothèque historique de la Ville de Paris.

Les principales œuvres d'art que possède la Ville ont été prêtées par elle au Ministère de l'Instruction publique et des Beaux-Arts pour figurer dans l'exposition centennale du grand palais. Le pavillon de la Ville de Paris ne contient comme œuvres d'art, que des fragments de travaux décoratifs exécutés actuellement dans diverses mairies de Paris et de la banlieue, ainsi que des modèles de sculpture, de reliure, des spécimens de gravures et de médailles, le tout exécuté de 1889 à 1900.

Symétriquement placés par rapport au vestibule et du côté du Cours la-Reine, deux autres escaliers reliés aux précédents par des portiques décoratifs, donnent accès à l'exposition de la direction de l'enseignement, aux services d'architecture, à ceux des promenades et plantations.

Au rez-de-chaussée se trouvent groupées les expositions du service de la voie publique et de l'éclairage, des eaux et égouts, de l'assainissement de l'habitation et des travaux sanitaires. A remarquer une aquarelle de 6 mètres de long sur 4 mètres de haut représentant une vue intérieure de l'usine de Colombes pour l'élévation des eaux d'égout, exposée par la Compagnie de Five-Lille et exécutée par la maison Laugonnet et Langlet. Voir ensuite les expositions de la direction des affaires municipales, de l'assistance publique, du mont-de-piété, de l'observatoire de Montsouris, de la direction des affaires départementales, de la Préfecture de Police, etc.

Au centre de la nef, dans le jardin à la française, une fontaine donne un spécimen des eaux de source et de rivières : Seine, Ourcq, Avre et Vanne, employées pour les services de la Cité, ce qui permet aux visiteurs de juger de la limpidité des eaux. On s'arrêtera avec plaisir dans les jardins garnis des plus belles plantes à feuillage et à fleurs des serres de la Ville de Paris. Le service des promenades et des plantations a également encadré l'extérieur de l'édifice de ses arbres et de ses arbustes les plus remarquables.

Des statues, groupes, vases et bancs de repos complètent la décoration du jardin.

Dans une partie du sous-sol en façade sur le promenoir qui longe la Seine sont exposés des appareils types pour l'installation du tout à l'égout et de l'hygiène de l'habitation. On y voit aussi un cinématographe. Là est établi un poste de secours.

De nombreuses pages ne suffiraient pas à la description en détail de ces expositions. Nous devons nous borner à les signaler.

Exposition rétrospective de la Ville de Paris. — Œuvres d'art. — La série des toiles de Boilly (appartenant à M. Lutz) : le *Café turc*, la *Main chaude*, les *petits Savoyards*. — Plusieurs portraits de David (collection Sosthène Moreau) : M. *Ceriziat*, beau-père du peintre ; M*me* *Ceriziat* ; le *Luxem-*

bourg peint par David dans sa prison. — *Thiers sur son lit de mort*, par Meissonier (collection de M. Sedelmeyer). — *Buste de Mirabeau*, par Houdon (collection Delagrave). — *Buste de Lafayette*, par David d'Angers (collection de Lasteyrie. — *Dix gouaches* exquises, par Lespinasse, sur Paris et Versailles (collection Jacques Doucet). — *Portrait de Greuze*, par Greuze (collection Georges Cain). — *Portrait de la Dubarry*, par Drouais; *Fanchon la Vielleuse*, par Fragonard (collection Lehmann). — *Portrait de David*, par lui-même, dédié à « mon ami Robespierre » (collection Beurdeley). — Suite de *dessins de Saint-Aubin, de Cochin, de Moreau le jeune*, etc. (collection Beurdeley). — Sculptures nombreuses d'artistes du siècle (monuments parisiens) : *Marqueste, Carpeaux* (groupe de la danse, en terre cuite), *Dubois, Dalou*. — Le berceau dessiné par Prudhon et offert par la Ville de Paris au roi de Rome, et la voiturette du même en argent doré (exposés par l'empereur François-Joseph). — Treize volumes de dessins originaux de Percier, représentant divers monuments parisiens; reliure aux armes de Russie (exposés par le Tsar), etc.

Exposition de la commission du Vieux Paris. — *Plan de la Ville de Paris* exécuté en 1540 en tapisserie, disparu vers 1788 et reproduit avec le plus grand soin en point de Hongrie par Mme Lépine. — Un *plan archéologique* avec les indications des fouilles faites par la commission. — Un *plan géologique* donnant la composition du sous-sol parisien, établi par le service des carrières ; des bocaux contenant des prélèvements opérés dans le sous-sol. — Deux plans à la même échelle du *théâtre de la rue Racine* et *des arènes de la rue Monge*. — Un choix de reproductions en peinture, aquarelles, dessins ou photographies des *principales curiosités du Vieux Paris* et en particulier pour les quartiers disparus ; enfin, une exposition d'objets, d'armes, d'ustensiles, de bijoux trouvés dans le sous-sol parisien. — Le *plan en relief de la place de Grève*. — Une notice explicative est à la disposition du visiteur.

Travaux historiques. — Ouvrages divers publiés par le service des travaux historiques. Choix de plans extraits de la collection des anciens plans de Paris, reproductions photogravées.

Choix de planches extraites des ouvrages de l'histoire générale de Paris : carte, par de Mortillet, du *bassin parisien aux âges préhistoriques*. — Vues photographiques des *maisons portant des inscriptions commémoratives* (particulièrement celles prises avant les grands travaux de voirie). — *Epitaphier du Vieux Paris*, dessins originaux et d'armoiries sur les monuments funéraires. — Reproduction photographique du *plan original des paroisses* existant aux Archives nationales (fin du xviiie siècle.) — Vues des *anciens collèges, églises et couvents*. — Fac-simile des miniatures tirées du *missel de Juvénal des Ursins*, chromolithographies.

Plan archéologique de Paris depuis l'époque romaine jusqu'au xvie siècle inclusivement, commencé par MM. Albert Lenoir et

Adolphe Berty, continué par M. Pétrovich. — Plan de Paris à l'époque gallo-romaine, d'après les documents trouvés dans la succession de M. Théodore Vacquer, par M. Hochereau.

Cérémonies observées à Paris, le 2 juin 1739, pour la publication de l'ordonnance royale rendue à l'occasion de la paix entre la France et l'empereur (traité de Vienne), reproduction photographique de vingt documents originaux de Ch. Parrocel.

Choix de planches extraites de l'ouvrage de M. Brette, intitulé : *Histoire des édifices où ont siégé les assemblées parlementaires de la Révolution.*

Archives départementales et municipales. — I. *Documents originaux :* plans manuscrits de Clamart, de Fontenay-aux-Roses, du quartier Notre-Dame-des-Champs, des jardins du Palais-Bourbon et de la place du Trône (xviiie siècle). — Doléances des épiciers de Paris en 1560. — Bilans de la faillite Gouthière et de celle du théâtre des Jeunes Artistes (xviiie siècle.) — Carte de la Société populaire de Sceaux. — Prospectus commerciaux (xviiie siècle.) — Spécimens d'actes d'état-civil parisien (xvii-xixe siècles.) — Affiche de vente du château de Madrid (1792).

II. *Fac-simile :* Registres de théâtres et de marchands de curiosités (xviiie siècle.) — Etiquettes de papetiers parisiens (xviiie siècle). — Sentence des juges consuls (xviie siècle). — Plan d'Issy (xviie siècle).

III. Vue de l'Hôtel de la juridiction consulaire, cloître Saint-Merry, par H. Vial, d'après les documents authentiques. — Vue du bâtiment des Archives départementales et municipales. — Tableau des principales séries des archives.

En sortant du pavillon de la Ville de Paris, nous serons arrivés au terme de notre visite à l'Exposition.

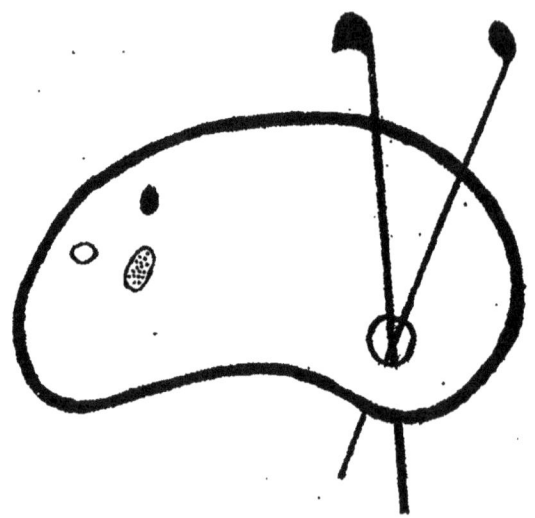

DEBUT D'UNE SERIE DE DOCUMENTS
EN COULEUR

ANNEXES DE VINCENNES

Anciens Établissements AUGUSTE BOLLET et S. FESSARD

E. Lebert
successeur
20, RUE SAINTE-HÉLÈNE, LE MANS

RECHERCHE, ÉLÉVATION
DISTRIBUTION DES EAUX

Éoliennes SYSTÈME AUG. BOLLÉE
Moteurs A GAZ ET A PÉTROLE
Pompes RÉSERVOIRS
Canalisations BORNES-FONTAINES ROBINETTERIE

ÉTUDES, PLANS & DEVIS D'INSTALLATIONS

Compagnie des Moteurs Niel
PARIS — 22, RUE LAFAYETTE, 22 — PARIS

Moteurs à gaz et à pétrole — Moteurs à gaz pauvre
Voir Stands classes 20, 34, 33, 114, 147 (au CHAMP-DE-MARS)

ANNEXE DE VINCENNES
MOTEURS A GAZ PAUVRE ET A PÉTROLE en fonctionnement

ORDONNANCE DU CORPS MÉDICAL
Traitement le plus efficace
DE
L'ASTHME
ET TOUTES CRISES D'ÉTOUFFEMENT
Par la POUDRE et les CIGARETTES
du docteur CLÉRY, de Marseille.
EN VENTE DANS TOUTES LES PHARMACIES

Conduites d'Eau à haute pression
POUR CHUTES HYDRAULIQUES

BOUCHAYER & VIALLET, constructeurs-fondeurs

Avenue de la Gare
GRENOBLE
  | 48, rue Victor-Hugo
LYON

CHAUFFAGES A AIR CHAUD, A VAPEUR ET A EAU CHAUDE
Chauffage moderne par la vapeur à basse pression

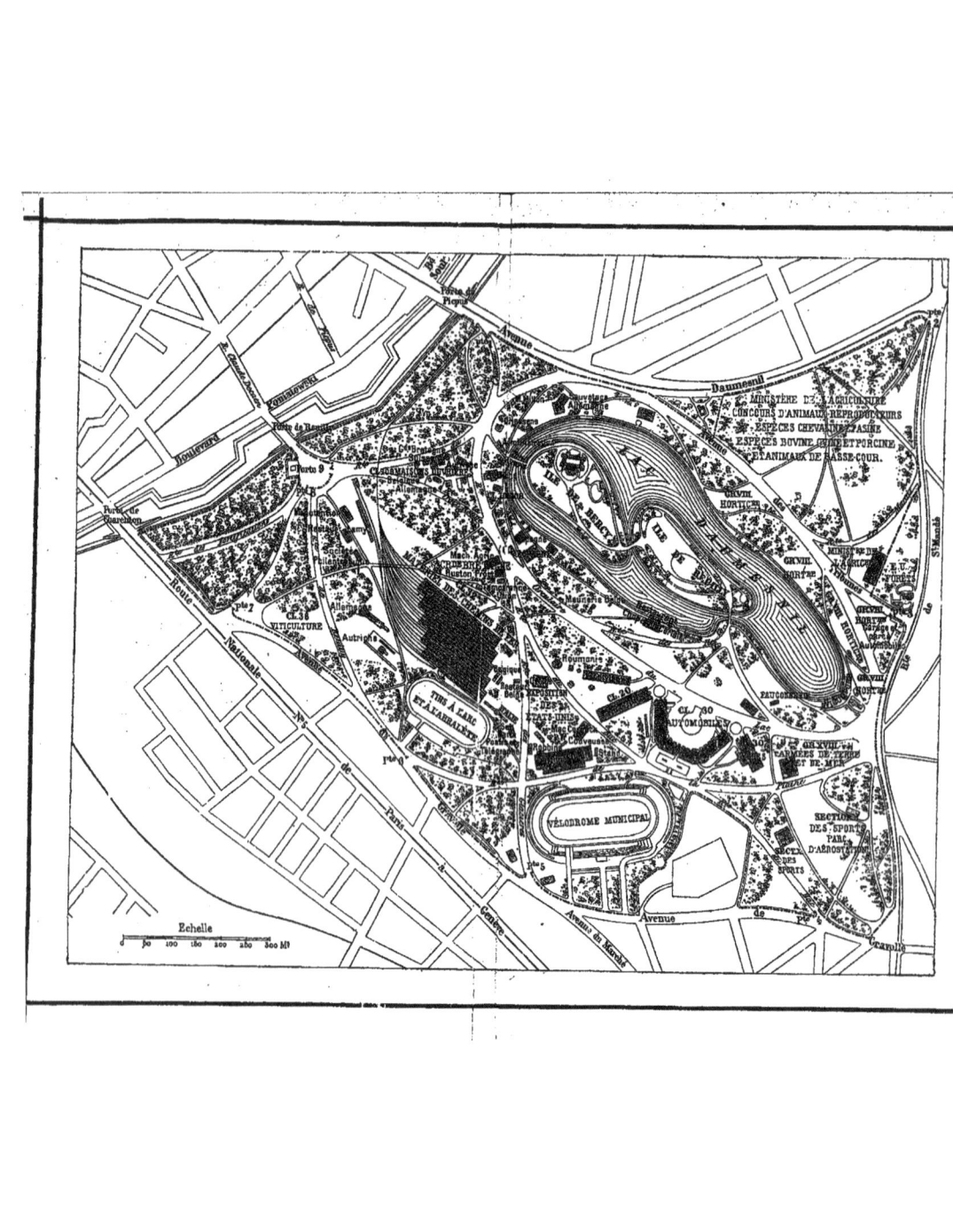

ANNEXES DE VINCENNES

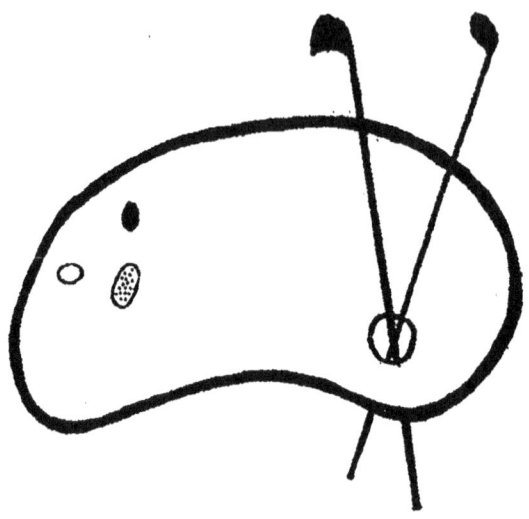

FIN D'UNE SERIE DE DOCUMENTS
EN COULEUR

Annexes de Vincennes

Les annexes de Vincennes, groupées autour du lac Daumesnil, sont surtout consacrées au matériel roulant des chemins de fer, aux automobiles, aux cycles, aux concours des sports et autres, etc.

En faisant le tour du lac par la route circulaire, nous rencontrons ces expositions dans l'ordre suivant :

Une annexe de la **classe 106 : habitations ouvrières** où se trouvent élevés d'intéressants types des maisons ouvrières existant en France, en Angleterre, en Allemagne, en Autriche, en Belgique, en Suisse.

Une école type d'Économie domestique où sont professés gratuitement tous les jeudis, de 3 à 5 heures, par M. Ch. Driessens, des cours de cuisine, de direction de ménage, etc.

Une importante exposition de **machines agricoles** de la Grande-Bretagne, comprenant le matériel canadien.

Tout à côté de ce pavillon l'on voit un terrassier à vapeur, de la maison Ruston, Proctor et Cie, de Lincoln (Angleterre). Cette puissante machine produit le travail de cent hommes ; le godet, qui enlève près de 2 mètres cubes à chaque foulée peut, selon le terrain, faire de soixante à quatre-vingts foulées à l'heure. Elle a fonctionné en France pour les travaux de la Grande Ceinture, à Jouy-en-Josas et dans le port de Calais.

Derrière cette exposition est le grand hall formant l'annexe de la **classe 32 : matériel des chemins de fer et tramways** : — *Compagnie P.-L.-M.* : une voiture à quatre lits-salons et un compartiment de luxe ; une voiture de 1re classe à 7 compartiments ; une voiture à couloir de 3ᵉ classe ; une locomotive électrique E. I. sans fourgon. — Un ensemble de signaux avec leurs accessoires : appareils de Block enclenché ; appareil Vignier ; serrures Bouré ; appareils télégraphiques et phonoporiques, etc. — Le type de voie le plus récent. — Dans l'exposition rétrospective, des rails et accessoires provenant de la ligne de Saint-Étienne à Andrézieux (1828), de la ligne de Saint-Étienne à Lyon (1832) et de Rhône et Loire.

Compagnie du Nord. — Une locomotive compound à grande vitesse avec son tender ; une voiture mixte à bogies ; un wagon à houille de 20 tonnes ; un wagon spécial sur bogies, de 35 tonnes, avec châssis surbaissé, pour le transport des grosses pièces. — Différents appareils appartenant au matériel de voie. — De remarquables appareils block-système de double et simple voie ; des serrures Bouré ; des appareils avertisseurs de passage des trains. — La manœuvre électrique des aiguilles ; l'éclairage électrique des signaux avec un ingénieux système d'avertissement en cas d'extinction. — L'éclairage électrique des trains, etc.

Compagnie de l'Ouest. — Trois belles machines locomotives types de 1888, 1897 et 1898. — Une voiture de 1re classe à couloir partiel, water-closets et lavabo, avec 8 couchettes réparties dans deux compartiments ; une voiture mixte (2e et 3e classes) à couloir partiel, water-closets et lavabo indépendants pour chaque classe ; une voiture de 2e classe à plates-formes pour lignes de banlieue ; une voiture mixte (1re et 2e classes) à frein avec compartiment pour la poste (lignes à voie de un mètre du réseau breton exploité par la société des chemins de fer économiques.) — Des spécimens de voies de divers types — Un poste de manœuvre électro-mécanique. — Signal, aiguille, pédale, porte-pétards manœuvrés électriquement.

Compagnie de l'Est. — Une machine compound grande vitesse et son tender ; une voiture de 1re classe et une autre de 2e classe à intercirculation ; une voiture de 3e classe à couloir partiel et banquettes garnies ; un wagon plat, dernier type, pour transport de marchandises. — Des portions de voie, des appareils de la voie ; des signaux, etc.

Compagnie d'Orléans. — Sur une longueur de voie de 70 mètres, la Compagnie expose un train réduit composé d'une voiture de chaque classe de son dernier type à couloir, d'une de ses nouvelles locomotives compound à grande vitesse et d'une des locomotives électriques destinées à faire le service de la ligne souterraine de la place Valhubert au quai d'Orsay. — A côté : divers appareils de voie pourvus de dispositifs perfectionnés pour leur manœuvre, leur enclenchement avec les signaux et les appareils de block-système, etc.

Compagnie du Midi. — Trois locomotives compound ; une voiture à couloir avec cabinet de toilette et water-closet, à six compartiments et à deux essieux. Un wagon à houille à hauts bords pour chargement de 15 tonnes. — Un changement de voie avec système de calage spécial Perdrizet, permettant la prise en talon et le retour de l'aiguille dans sa position primitive. Une serrure d'enclenchement, système Bouré ; des appareils de calage et d'enclenchement ; un appareil Lecan pour conjugaison de signaux fixes ; une pédale Barbier ; un arrêt mobile, système Montagne.

Chemins de fer de l'État. — Diverses locomotives et voitures à voyageurs. Signaux et appareils de sécurité. Matériel des gares.

La *Compagnie internationale des wagons-lits* a une exposition des plus complètes de ses superbes voitures de luxe, répartie dans les diverses sections. Dans la section française notamment, elle expose un sleeping-car pour les pays chauds avec mobilier, ventilation et disposition des lits étudiés en vue de cette destination. Le visiteur a admiré au Trocadéro le beau et curieux train transsibérien.

Une grande partie du matériel roulant exposé par la *Russie* figure également à Vincennes ; — l'*Allemagne*, l'*Autriche*, l'*Italie*, la *Grande-Bretagne*, les *États-Unis*, la *Suisse*, etc. y font une importante exposition de locomotives et de wagons de chemins de fer.

Faisant suite aux bâtiments principaux, de très élégants

pavillons sont affectés spécialement aux chemins de fer adriatiques, au réseau italien de la Méditerranée, etc.

Dans le triangle formé par la route du Bac, la route des Glacières et la route de la Plaine, les États-Unis exposent des machines-outils, des cycles, des couveuses, etc. Ils ont fait élever un atelier mécanique modèle avec une force de 500 chevaux : machines à vapeur, dynamos, machines à comprimer l'air, etc.

Entre la route de la Plaine et la route circulaire du Lac, se trouve le pavillon de l'acétylène, offrant une intéressante exposition de générateurs d'air carburé et les diverses applications de cet éclairage ; tout à côté le pavillon original de la Roumanie, pour le pétrole ; plus loin, l'exposition des moteurs, suivie de l'annexe considérable consacrée à la classe 30, où l'on voit notamment toutes les variétés des automobiles et des cycles. Cette annexe attirera un grand nombre de visiteurs.

Là se trouve le **palais de l'automobile** composé d'un hall en demi-cercle auquel viennent de chaque côté se joindre deux autres halls placés en éventail, devant une vaste pelouse. Deux galeries contiennent de nombreuses expositions de cycles et d'automobiles.

Vient ensuite l'annexe du groupe XVIIIe : **armées de terre et de mer** : tentes dressées, ponts portatifs, fascines, etc., etc. Au milieu de la pelouse est alignée une batterie de pièces de bronze, ainsi que des obusiers, bombes, etc., formant le musée rétrospectif.

L'extrémité du lac est occupée par l'aviculture. Cette exposition, admirablement située, jette une note gaie avec ses nombreuses petites cabanes alignées sur le bord de l'eau et son concert assourdissant.

Sur le côté gauche, entre la route circulaire et le lac, si nous reprenons notre visite à partir de l'avenue Daumesnil, nous voyons d'abord une haute tour carrée à six étages rappelant le donjon de Vincennes. C'est le pavillon allemand où sont exécutées des manœuvres de sauvetage ; un bâtiment accolé à cette tour renferme un important matériel de sauvetage en mer : bateaux, bouées, etc. ; — puis différentes sections étrangères : une annexe de la section espagnole ; une autre de la section autrichienne ; le pavillon de la meunerie belge.

En continuant à suivre la route circulaire à laquelle succède l'avenue des Tribunes de l'autre côté du lac Daumesnil, nous rencontrons d'abord, un peu sur la droite, une intéressante annexe des **forêts**, puis sur tout le côté gauche, les très belles plantations qui constituent l'exposition de l'**horticulture**.

Sur la gauche également se dresse une immense tente destinée aux concours de laiterie. L'on peut y apprécier les beurres, fromages, etc., français et étrangers, car les Pays-Bas, la Russie, la Suisse, les Etats-Unis, etc., y offrent une exposition des plus intéressantes.

Une grande partie du vaste triangle formé par l'avenue des Tribunes, la route de Saint-Mandé et l'avenue Daumesnil est consacrée aux **concours d'animaux reproducteurs** (espèces chevaline et asine, bovine et porcine; animaux de basse-cour).

L'exposition et les concours qui touchent aux **sports** ont à Vincennes des emplacements considérables. Voici d'abord, derrière l'exposition des chemins de fer, le vaste champ de tir à l'arbalète, puis, derrière l'exposition des tats-Unis, le vélodrome municipal ; vient ensuite la section des sports et l'intéressant parc d'aérostation qui s'étendent sur tout le terrain compris entre la route du Bac et la route de la Plaine.

www.ingramcontent.com/pod-product-compliance
Lightning Source LLC
Chambersburg PA
CBHW050908230426
43666CB00010B/2070